Zum Wandel der zwischen- und innerbetrieblichen Qualifikationsstrukturen in der Bundesrepublik Deutschland

# Europäische Hochschulschriften
Publications Universitaires Européennes
European University Studies

**Reihe V**
**Volks- und Betriebswirtschaft**

Série V Series V
Sciences économiques, gestion d'entreprise
Economics and Management

**Bd./Vol. 3067**

PETER LANG
Frankfurt am Main · Berlin · Bern · Bruxelles · New York · Oxford · Wien

Christina Henke

# Zum Wandel der zwischen- und innerbetrieblichen Qualifikationsstrukturen in der Bundesrepublik Deutschland

## Eine empirische Untersuchung auf der Basis des IAB-Betriebspanels

PETER LANG
Europäischer Verlag der Wissenschaften

**Bibliografische Information Der Deutschen Bibliothek**
Die Deutsche Bibliothek verzeichnet diese Publikation in der Deutschen Nationalbibliografie; detaillierte bibliografische Daten sind im Internet über <http://dnb.ddb.de> abrufbar.

Zugl.: Trier, Univ., Diss., 2003

D 385
ISSN 0531-7339
ISBN 3-631-52498-6



www.peterlang.de

# Vorwort

Die vorliegende Arbeit wurde im Sommersemester 2003 von der Universität Trier im Fach Volkswirtschaftslehre als Dissertation angenommen.

Mein Dank gilt Herrn Prof. Dr. Heinz-Dieter Hardes für die Betreuung und Förderung dieser Arbeit. Ebenso bedanke ich mich bei Herrn Prof. Dr. Dieter Sadowski für die vielfältige Unterstützung und die Übernahme des Zweitgutachtens.

Dem Institut für Arbeitsmarkt- und Berufsforschung (IAB) danke ich für die Bereitstellung des Datensatzes und für die Unterstützung bei der Auswertung der Daten.

Die finanzielle Förderung durch die Bischöfliche Studienförderung Cusanuswerk hat diese Arbeit erst ermöglicht. Dafür und ebenso für die vielfältige ideelle Förderung danke ich dem Cusanuswerk sehr.

Danken möchte ich an dieser Stelle auch einigen Kollegen, die mir während der Promotionszeit mit Rat und Tat zur Seite gestanden haben. Insbesondere möchte ich in diesem Zusammenhang Dr. Alexandra Uhly, Dr. Florian Turk und Oliver Ludewig nennen.

Auch meiner Familie bin ich für die immerwährende moralische Unterstützung sehr dankbar.

Schließlich gilt mein ganz besonderer Dank meinem Freund Thorsten Anger. Sein liebvoller Beistand während der Entstehungszeit dieser Arbeit war mir eine große und wichtige Hilfe.

Trier, im Januar 2004 *Christina Henke*

# Inhaltsverzeichnis

# Abbildungsverzeichnis

## Tabellenverzeichnis

# 1. Forschungsfrage und Gang der Untersuchung

In den letzten Jahrzehnten können in vielen Industrieländern tief greifende wirtschaftliche Veränderungsprozesse festgestellt werden. Dazu zählen u. a. die Internationalisierung der Wirtschaft, der zunehmende technologische Fortschritt, die Entwicklung von einer Industrie- zur Dienstleistungs- und Informationsgesellschaft, aber auch ein gravierender Wandel auf dem Arbeitsmarkt. In vielen OECD-Ländern kann eine entscheidende Veränderung der Arbeitsnachfrage festgestellt werden. Während die relative Nachfrage nach hoch qualifizierten Arbeitnehmern deutlich ansteigt, nimmt der relative Bedarf an gering qualifizierten Arbeitnehmern kontinuierlich ab. Die Arbeitsmarktchancen für unterschiedlich qualifizierte Arbeitnehmer entwickeln sich somit auseinander. Diese Veränderungen in der Arbeitsnachfrage führen in Ländern mit einem flexiblen Lohnsystem – wie z. B. in den USA und in Großbritannien – zu sinkenden relativen Löhnen für die gering qualifizierten Arbeitnehmer und zu steigenden relativen Löhnen für die hoch qualifizierten Arbeitnehmer. In den Ländern mit einem weniger flexiblen Lohnsystem – wie z. B. in der Bundesrepublik Deutschland – führt diese Entwicklung eher zu einer überproportional steigenden Arbeitslosigkeit in der Gruppe der gering qualifizierten Arbeitnehmer.[1]
In der Bundesrepublik Deutschland bestimmte dieses Phänomen insbesondere zu Beginn dieses Jahrzehnts die arbeitsmarktpolitische Debatte. Die relativ steigende Nachfrage nach hoch qualifizierten Arbeitnehmern und der im Gegenzug relativ sinkende Bedarf an gering qualifizierten Arbeitnehmern veranlasste den Sachverständigenrat zur Begutachtung der gesamtwirtschaftlichen Entwicklung im Jahr 2000 zu der Feststellung, dass das Arbeitskräftepotenzial nicht optimal genutzt wird, denn „der deutsche Arbeitsmarkt ist durch ein Nebeneinander von hoher Arbeitslosigkeit bei den weniger qualifizierten Arbeitnehmern und Engpässen in anderen Bereichen gekennzeichnet“.[2] Diese „anderen Bereiche“ entfallen überwiegend auf hoch qualifizierte Fachkräfte.
Um diesem Problem entgegenzutreten, erließ die Bundesregierung zum 1. August 2000 die „Green-Card-Verordnung“. Mit dieser Maßnahme wird es bis zu 20.000 ausländischen Fachkräften ermöglicht, für maximal fünf Jahre in Deutschland zu arbeiten. Während mit dieser Regelung kurzfristig auf den Fachkräftemangel reagiert werden sollte, zielte der Entwurf eines Zuwanderungsgesetzes im November 2001 auf den langfristigen Bedarf an hoch qualifizierten Arbeitnehmern. Denn das Problem des Fachkräftemangels wird aufgrund der demografischen Entwicklung auch zukünftig relevant sein. Darüber hinaus

[1] Diese häufig getroffene Annahme – auch Krugman-Hypothese genannt – konnte inzwischen zumindest für den Vergleich Westdeutschland – USA empirisch bestätigt werden. (Vgl. Puhani (2003).)
[2] Sachverständigenrat zur Begutachtung der gesamtwirtschaftlichen Entwicklung (2000), S. 7.

wird eine verstärkte Konzentration auf die berufliche Weiterbildung gefordert, um auf die gestiegenen Qualifikationsanforderungen entsprechend reagieren zu können.[3] Denn nicht nur die formale Qualifikation wird immer mehr zum entscheidenden Wettbewerbsfaktor des Einzelnen, sondern die Arbeitnehmer müssen sich auch durch kontinuierliche Weiterbildung neue Qualifikationen aneignen. Besonders wichtig ist dies für die gering qualifizierten Arbeitnehmer, da sich die Arbeitsmarktchancen dieser Personengruppe zukünftig noch weiter verschlechtern werden.

Ob der Anstoß zu dem relativ steigenden Einsatz von hoch qualifizierten Arbeitnehmern von den Betrieben und damit von der Nachfrageseite ausging, indem von Seiten der Betriebe gestiegene Anforderungen an die Qualifikationen der Arbeitnehmer gestellt wurden, oder ob die zunehmende relative Nachfrage nach hoch qualifizierten Arbeitnehmern auf ein höheres Ausbildungsniveau der Bevölkerung zurückzuführen ist, ist in der Literatur umstritten und empirisch nur schwer nachweisbar.

Von einigen Autoren wird die Ansicht vertreten, dass erst durch das höhere Angebot an hoch qualifizierten Personen die Arbeitgeber damit begonnen haben, entsprechende Arbeitsplätze zu schaffen. Denn durch die gestiegene Anzahl an gut ausgebildeten Erwerbspersonen entsteht bei den Arbeitgebern ein Anreiz, in technologieintensive Arbeitsplätze zu investieren, da sie dann sicher sein können, den komplementären Faktor Arbeit auf dem Arbeitsmarkt zu finden.[4] Der zunehmende relative Einsatz hoch qualifizierter Arbeitnehmer wird somit nach dieser Auffassung durch einen exogenen Anstieg des Arbeitsangebots der hoch qualifizierten Arbeitnehmer verursacht. Dies führt zu einem Rückgang der Löhne für die Arbeitnehmer aus dieser Personengruppe. Da die Arbeitgeber nun höhere Gewinnerwartungen an die Bereitstellung von Arbeitsplätzen für hoch qualifizierte Arbeitnehmer knüpfen, werden zunehmend Erwerbsmöglichkeiten für diese Personengruppe geschaffen. Durch die steigende Nachfrage nach hoch qualifizierten Arbeitnehmern wird die ursprüngliche Lohnentwicklung kompensiert oder sogar überkompensiert.[5] Der steigende Bedarf an gut ausgebildeten Personen und die gestiegenen Löhne führen nun wieder zu einem steigenden Anteil der Bevölkerung mit einer hohen Schul- und Berufsausbildung. Somit nehmen die Arbeitsnachfrage nach hoch qualifizierten Arbeitnehmern und das Arbeitsangebot von hoch qualifizierten Arbeitnehmern gemeinsam zu.[6] Empirisch gestützt wird diese Argumentation durch die Betrachtung der Lohnentwicklung in den USA. Es konnte festgestellt werden, dass in den 70er Jahren

---

[3] Vgl. Sachverständigenrat zur Begutachtung der gesamtwirtschaftlichen Entwicklung (2001), S. 104; Kölling (2003), S. 1.
[4] Vgl. Kiley (1999), S. 711; Acemoglu (1998), S. 1082; Machin/Manning (1997), S. 509.
[5] Vgl. Acemoglu (1998), S. 1056f. und S. 1083.
[6] Vgl. Acemoglu (1998), S. 1058.

die Löhne für gut ausgebildete Personen sanken, während das Arbeitsangebot dieser Personengruppe zunahm. Ab den 80er Jahren konnten die Arbeitnehmer mit einem hohen Qualifikationsniveau jedoch deutliche Lohnsteigerungen verzeichnen.[7]

Überwiegend wird jedoch davon ausgegangen, dass die Veränderung der Qualifikationsanforderungen als der entscheidende Impuls für den zunehmenden Einsatz hoch qualifizierter Arbeitnehmer in den Betrieben anzusehen ist.[8] Dies bedeutet, dass die Arbeitgeber den wesentlichen Einfluss auf die betriebliche Qualifikationsstruktur ausüben, da die Arbeitsplätze von ihnen geschaffen und gestaltet werden. Die Arbeitnehmer müssen ihre Qualifikationen an die Arbeitsplätze anpassen, da sie nur so eine Chance haben, einen Arbeitsplatz zu erhalten. Obwohl das Vorhandensein von speziellen Qualifikationen unter den vorhandenen Erwerbspersonen eine wesentliche Voraussetzung für einen spezifischen Produktionsprozess im Unternehmen ist, kommt den Arbeitnehmern im Hinblick auf ihre Qualifikation eher eine reaktive Rolle zu.[9] Nach dieser Argumentation wurden somit zunächst von den Unternehmen Arbeitsplätze für hoch qualifizierte Personen geschaffen und dadurch ist die Nachfrage nach diesen Arbeitskräften angestiegen. Durch die Aussicht auf eine Beschäftigungsmöglichkeit und relativ hohe Löhne aufgrund des Nachfrageüberhangs entsteht für die Arbeitnehmer ein Anreiz, sich zu qualifizieren.

Es kann jedoch davon ausgegangen werden, dass beide Seiten sich gegenseitig bedingen und wechselseitig voneinander abhängen und ein höheres Angebot an hoch qualifizierten Arbeitnehmern die Tendenz zu der Bereitstellung von immer qualifikationsintensiveren Arbeitsplätzen unterstützt hat.

In dieser Arbeit werden die nachfrageseitigen Faktoren für den Wandel auf dem Arbeitsmarkt und damit die Suche nach Gründen für die Veränderung der Arbeitsplatzanforderungen im Vordergrund stehen. Der Schwerpunkt der Untersuchungen liegt auf der Analyse, inwieweit und in welche Richtung zwischen- und innerbetriebliche Erklärungsgründe die Qualifikationsanforderungen an die Arbeitnehmer verändern. Bisherige Studien versuchen, diese Veränderungen auf dem Arbeitsmarkt häufig mit gesamtwirtschaftlichen Entwicklungen zu erklären. (Vgl. z. B.: Borjas/Freeman/Katz (1992), Murphy/Welch (1991), Sachs/ Shatz (1994), Wood (1991, 1994), Schulte zur Surlage (1985), Kugler/Müller/ Sheldon (1988, 1989, 1990), Falk/Koebel (1997, 1998)). Diese Untersuchungen lassen sich danach differenzieren, ob sie die Veränderungen in der Arbeitsnachfrage gesamtwirtschaftlich hauptsächlich auf eine Zunahme des internationalen

---

[7] Vgl. Kiley (1999), S. 708f.; Acemoglu (1998), S. 1083.
[8] Vgl. Klodt/Maurer/Schimmelpfennig (1997), S. 179; Pfeiffer/Falk (1999), S. 30.
[9] Vgl. Baethge/Mickler/Mohr (1977), S. 180; Baethge (1978), S. 480.

Handels oder auf einen qualifikationsverzerrenden technischen Fortschritt[10] zurückführen. Die Auswertung der Resultate dieser Studien macht deutlich, dass sowohl der technische Fortschritt als auch der internationale Handel zu einer Verschiebung der relativen Arbeitsnachfrage zwischen verschiedenen Qualifikationsgruppen beitragen; durch beide Faktoren kann die Entwicklung auf dem Arbeitsmarkt jedoch nur zu einem Teil erklärt werden. Außerdem wird von einigen Autoren an beiden Untersuchungsansätzen methodische Kritik geübt. Dies rechtfertigt es, auf einer disaggregierteren Ebene nach weiteren Erklärungsgrößen zu suchen, die die zunehmende Arbeitsnachfrage nach hoch qualifizierten Arbeitnehmern bedingen können.

Daher wurden in den letzten Jahren einige Studien vorgenommen, in denen die Veränderungen in der Nachfrage nach unterschiedlich qualifizierten Arbeitnehmern durch innerbetriebliche Umstrukturierungsprozesse erklärt werden sollten. (Vgl. z. B: Doms/Dunne/Troske (1997), Falk/Seim (1999), Falk (2001), Caroli/Reenen (1999)). Es wurde gezeigt, dass der qualifikationsverzerrende technische Fortschritt auch ein Grund für die Veränderungen in der relativen Arbeitsnachfrage auf der betrieblichen Ebene sein kann. Viele Autoren haben den qualifikationsverzerrenden technischen Fortschritt in der größten und weit gestreutesten technischen Veränderung der heutigen Zeit gesehen, in der Einführung von Informations- und Kommunikationstechnologien. In vielen der bisherigen Studien, in denen die innerbetrieblichen Umstrukturierungsprozesse mit der Qualifikationsstruktur in Verbindung gebracht werden, wurden daher die Veränderungen innerhalb der Betriebe zunächst ausschließlich durch die Einführung von Informations- und Kommunikationstechnologien operationalisiert.[11]

Aufbauend auf diesen Studien entwickelten Bresnahan, Brynjolfsson und Hitt (1999, 2002) einen weiter gehenden Ansatz. Die Autoren kritisieren, dass in den Studien, in denen der technische Fortschritt durch die Einführung von Informations- und Kommunikationstechnologien operationalisiert worden ist, oftmals nicht berücksichtigt wurde, auf welche Art und Weise diese Technologien genutzt werden und welche Auswirkungen dies insbesondere auf die Produktions- und Organisationsstruktur der Betriebe hat. Nach Meinung der drei Autoren ist ein Blick in die „black box" der Produktionsfunktion nötig, um angeben zu können, wie die Informations- und Kommunikationstechnologien im Produktionsprozess eingesetzt werden. Dieses Vorgehen kann zu einer präziseren Hypothese über den qualifikationsverzerrenden technischen Fortschritt führen. Denn in der Regel investieren Firmen nicht nur in Computer- oder Telekommunikationsausrüstung, sondern sie müssen zusätzlich eine Reihe von komplementären Investitionen vornehmen, um Qualitäts- oder Effizienzgewinne zu erzielen. Dadurch

[10] Qualifkationsverzerrender technischer Fortschritt beschreibt einen technischen Fortschritt, der die Arbeitsnachfrage relativ zu Gunsten höher qualifizierter Arbeitnehmer verschiebt.

[11] Vgl. Bresnahan/Brynjolfsson/Hitt (2002), S. 340.

entsteht die Möglichkeit, dass die Einführung von Informations- und Kommunikationstechnologien die Arbeitsnachfrage nicht nur direkt, wie es in vielen Studien gezeigt wurde, sondern auch indirekt durch andere Veränderungen innerhalb des Betriebs beeinflussen kann. Die Einführung von Informations- und Kommunikationstechnologien ist somit in eine Gruppe von zusammenhängenden Innovationen eingebunden, die gemeinsam den qualifikationsverzerrenden technischen Fortschritt ausmachen, der zu einer steigenden Nachfrage nach hoch qualifizierten Arbeitnehmern führt.
Bresnahan, Brynjolfsson und Hitt führten ihre Analyse mit amerikanischen Unternehmensdaten durch. Es konnte gezeigt werden, dass der Einsatz neuer Technologien, die Einführung einer flexiblen Arbeitsorganisation und der Einsatz hoch qualifizierter Arbeitnehmer komplementär zueinander sind und dass arbeitsorganisatorische Veränderungen im Zusammenspiel mit technischen Veränderungen einen größeren Einfluss auf die betriebliche Qualifikationsstruktur haben als der technische Fortschritt alleine.[12] In dieser Arbeit soll die Annahme, dass die drei Inputvariablen in einer komplementären Beziehung zueinander stehen und dass der gemeinsame Einsatz neuer Technologien und einer flexiblen Arbeitsorganisation eine entscheidende Determinante für die Bestimmung der betrieblichen Qualifikationsstruktur ist, mit deutschen Betriebsdaten untersucht werden. Dieser Ansatz wurde bislang noch kaum empirisch untersucht. Die wenigen vorhandenen - überwiegend US-amerikanischen Studien - sind darüber hinaus fast ausschließlich empirisch ausgerichtet. Ihnen fehlt häufig eine umfassende theoretische Grundlegung. Zusätzlich zu einer Übertragung der Studie von Bresnahan, Brynjolfsson und Hitt auf die Bundesrepublik Deutschland soll daher auch der Versuch einer theoretischen Fundierung der genannten Zusammenhänge erfolgen. Da der Schwerpunkt der Arbeit jedoch auf den empirischen Analysen liegt, wird bei den theoretischen Überlegungen auf vorhandene Modelle zurückgegriffen und kein neues Modell entwickelt.
Diesen Untersuchungen werden Analysen auf der zwischenbetrieblichen Ebene vorangestellt. Auf dieser Ebene können möglicherweise weitere Erklärungsgründe für die betrachteten Veränderungen auf dem Arbeitsmarkt identifiziert werden. Es soll überprüft werden, ob das durch den sektoralen Strukturwandel bedingte Phänomen, dass zu jedem Zeitpunkt von einigen Betrieben neue Arbeitsplätze geschaffen werden, während gleichzeitig andere Arbeitsplätze mit einem häufig unterschiedlichen Qualifikationsniveau abgebaut werden, die Nachfrage nach unterschiedlich qualifizierten Arbeitnehmern ebenfalls zu einem Teil erklären kann. Es ist möglich, dass die Veränderung in der relativen Nachfrage nach unterschiedlich qualifizierten Arbeitnehmern auch dadurch bedingt ist, dass auf den neu geschaffenen Arbeitsplätzen vor allem hoch qualifizierte Arbeitnehmer eingesetzt werden, während gleichzeitig vorwiegend Arbeitsplät-

[12] Vgl. Bresnahan/Bryjolfsson/Hitt (2002), S. 371.

ze mit einem geringeren Qualifikationsniveau wegfallen. Dieser Ansatz wurde bislang in der Literatur noch kaum verfolgt.
Die möglichen Ursachen für die steigende relative Nachfrage nach hoch qualifizierten Arbeitnehmern werden somit in gesamtwirtschaftliche, zwischen- und innerbetriebliche Erklärungsgründe unterteilt.
Da in dieser Arbeit nachfrageseitige Faktoren für den qualifikatorischen Strukturwandel untersucht werden, sind für die empirischen Analysen auf der zwischen- und innerbetrieblichen Ebene Betriebsdaten erforderlich. Daher werden die empirischen Untersuchungen mit dem Betriebspanel des Instituts für Arbeitsmarkt- und Berufsforschung (IAB) durchgeführt. In diesem Panel wird eine repräsentative Anzahl deutscher Betriebe jährlich zu bestimmten betrieblichen Merkmalen befragt.

Die Arbeit ist folgendermaßen gegliedert: In Kapitel 2 werden zunächst die Begriffe „Qualifikation“ und „Qualifikationsstruktur“ geklärt. Neben den Definitionen werden verschiedene Elemente und Bezugsebenen der Qualifikation sowie Probleme bei der empirischen Erfassung von Qualifikationen genannt. Für die eigenen Untersuchungen ist es wichtig, herauszustellen, dass aufgrund der Mehrdimensionalität von Qualifikationen diese in empirischen Analysen immer nur unvollständig erfasst werden können. Darüber hinaus werden in diesem Kapitel für Ost- und Westdeutschland die Veränderungen des Arbeitsangebots und der Arbeitsnachfrage bezogen auf die Ausbildungsqualifikationen veranschaulicht. Bevor mit der Analyse von Gründen für die zunehmende Nachfrage nach hoch qualifizierten Arbeitnehmern begonnen wird, soll hier untersucht werden, wie ausgeprägt der qualifikatorische Strukturwandel auf dem deutschen Arbeitsmarkt beobachtbar ist.
Die Suche nach Erklärungsgründen für die relative Arbeitsnachfrageverschiebung zu Gunsten der hoch qualifizierten Arbeitnehmer beginnt in Kapitel 3 mit der Darstellung möglicher Einflussgrößen auf der gesamtwirtschaftlichen Ebene. Die beiden Erklärungsgründe, die hier im Vordergrund stehen, sind der internationale Handel und der qualifikationsverzerrende technische Fortschritt. Um die eigenen Analysen von diesem Teil der bisherigen Studien abgrenzen zu können und um einen Überblick über die vorhandene Literatur zu geben, wird den Untersuchungen auf der zwischen- und innerbetrieblichen Ebene ein Kapitel über die gesamtwirtschaftlichen Erklärungsgründe vorangestellt. Da auf diesem Gebiet schon eine Vielzahl von Studien vorhanden ist, wird auf dieser Ebene auf eine eigene empirische Analyse verzichtet. Stattdessen werden die wichtigsten Ergebnisse aus den vorhandenen Untersuchungen zusammengefasst.
In Kapitel 4 werden Überlegungen zu zwischenbetrieblichen Erklärungsgründen für den qualifikatorischen Strukturwandel vorgenommen. Es wird dabei untersucht, inwieweit die durch den sektoralen Strukturwandel bedingte zwischenbe-

triebliche Fluktuation von Arbeitsplätzen einen Einfluss auf die zunehmende Nachfrage nach hoch qualifizierten Arbeitnehmern ausübt. Für diese Untersuchungen wird der von der OECD entwickelte Job-Turnover-Ansatz mit dem sektoralen und qualifikatorischen Strukturwandel verknüpft. Nach einer theoretischen Darstellung des Job-Turnover-Ansatzes und Modellen zum sektoralen Strukturwandel werden die eigenen Ergebnisse über den Zusammenhang der zwischenbetrieblichen Fluktuation von Arbeitsplätzen mit dem sektoralen und qualifikatorischen Strukturwandel dargestellt. Im Mittelpunkt der Untersuchungen steht dabei die Frage, ob vor allem die neu entstehenden Arbeitsplätze im tertiären Sektor zu einem relativ höheren Beschäftigungsanstieg bei den hoch qualifizierten Arbeitnehmern führen, während vor allem die wegfallenden Arbeitsplätze im sekundären Sektor einen relativ stärkeren Beschäftigungsabbau bei den gering qualifizierten Arbeitnehmern bewirken. Die Analysen basieren auf den Daten des IAB-Betriebspanels.

Die Gliederungspunkte 5 und 6 beschäftigen sich mit Erklärungsgründen für den qualifikatorischen Strukturwandel auf der betrieblichen Ebene. Hier steht vor allem der Einfluss innerbetrieblicher Umstrukturierungen im Rahmen der Flexibilisierung der Produktion und der Organisation der Arbeitsaufgaben auf die zunehmende relative Nachfrage nach hoch qualifizierten Arbeitnehmern im Vordergrund. Im Kapitel 5 wird versucht, auf theoretischer Ebene zu zeigen, dass es für die Betriebe effizient ist, den Einsatz neuer Technologien, die Einführung einer flexiblen Arbeitsorganisation und den Einsatz von hoch qualifizierten Arbeitnehmern gemeinsam vorzunehmen und aufeinander abzustimmen. Die theoretischen Ausführungen basieren auf zwei Modellen von Milgrom/Roberts und Lindbeck/Snower. Im Kapitel 6 wird schließlich empirisch überprüft, ob die Investitionen in neue Technologien, die Einführung einer flexiblen Arbeitsorganisation und der Einsatz hoch qualifizierter Arbeitnehmer komplementär zueinander sind und die Nachfrage nach hoch qualifizierten Arbeitnehmern vor allem dann besonders groß ist, wenn die beiden anderen Faktoren ebenfalls eingesetzt werden. Für diese empirischen Analysen wird wiederum das IAB-Betriebspanel verwendet.

Die Arbeit endet mit einer Zusammenfassung und Bewertung der wichtigsten Ergebnisse.

## 2. Zusammenhänge zwischen Qualifikation und Arbeitsmarkt

Im Folgenden wird zunächst der zentrale Begriff der Qualifikation definiert und auf Schwierigkeiten bei empirischen Analysen hingewiesen, deren Untersuchungsgegenstand die Qualifikation ist. Es schließt sich eine Darstellung des qualifikatorischen Strukturwandels in der Bundesrepublik Deutschland an, dessen Erklärung der zentrale Inhalt dieser Arbeit ist. Dabei werden die Entwicklung der Qualifikationsabschlüsse in der Bevölkerung und die Veränderung der Arbeitsmarktsituation für unterschiedliche Qualifikationsgruppen veranschaulicht. Es wurde schon darauf hingewiesen, dass beide Entwicklungen sich gegenseitig bedingen und wechselseitig voneinander abhängen.

### 2.1 Zur Definition und den Dimensionen des Begriffs „Qualifikation"

Der Begriff „Qualifikation" spielt eine immer bedeutendere Rolle in der Bildungs- und Arbeitsmarktpolitik, ohne dass eine einheitliche Definition über den Begriffsinhalt vorliegt.[13] Die vielseitige Verwendung des Begriffs „Qualifikation" in der Literatur ist vor allem durch die Mehrdimensionalität von Qualifikationen und der ständigen Veränderung des Qualifikationspotenzials und der Anforderungen an die Qualifikationen bedingt. Indikatoren, mit denen Qualifikationen für empirische Analysen operationalisiert werden, können die Vielseitigkeit des Begriffs „Qualifikation" immer nur unvollständig erfassen.[14] Im Rahmen dieser Arbeit wird je nach Fragestellung, Methode und Datenlage darauf hinzuweisen sein, von welchem Qualifikationsbegriff jeweils ausgegangen wird. Damit kommt zum Ausdruck, dass der Qualifikationsbegriff oftmals situationsgebunden verwendet wird.

#### 2.1.1 Zum Qualifikationsbegriff

Der Begriff der Qualifikation hat im Laufe der letzten Jahrzehnte den klassischen Bildungsbegriff abgelöst, womit sich ein Wandel im Bildungsdenken andeutet. Das klassische Bildungskonzept basierte auf einem Persönlichkeitsideal und es gehörte zum Verständnis von Bildung, die Abhängigkeit zwischen der Ausbildungspolitik und den Anforderungen des Produktionsprozesses aus dem Bildungsbegriff auszublenden. Demgegenüber deutet der Begriff „Qualifikation" auf eine verstärkte Orientierung des Ausbildungsprozesses auf den ökonomischen und gesellschaftlichen Bedarf hin. Der Bezug auf die Arbeit gilt hier als bildungspolitische Orientierung.

---

[13] Vgl. Krause (1976), S. 352.
[14] Vgl. Schettkat (1989), S. 36.

Diese Begriffsveränderung in der bildungspolitischen Diskussion lässt sich auf den zunehmenden Stellenwert der Produktion in der Gesellschaft und die andauernde Veränderung der Produktionsweise zurückführen, die den Bedarf nach entsprechend qualifizierten Arbeitskräften nach sich zieht.[15]
Auch wenn ein Qualifikationsbegriff, der alle Dimensionen der Qualifikation umfasst, nur schwer zu formulieren ist, wird im Allgemeinen unter Qualifikation „die Gesamtheit der Kenntnisse und Fähigkeiten einschließlich der Verhaltensmuster und Fertigkeiten verstanden, die in Sozialisations- und Bildungsprozessen von Individuen erworben werden".[16] Dabei dient der Erwerb von Qualifikationen nicht nur der Erfüllung einer bestimmten Arbeitsaufgabe, sondern ist ebenfalls Voraussetzung für die sozialen und gesellschaftlichen Anforderungen, die an das Individuum gestellt werden. Somit hat die Qualifikation neben der arbeitsplatzbezogenen auch eine soziale und gesellschaftliche Dimension.[17]
Unter der Qualifikationsstruktur eines Betriebs soll im Folgenden die Gesamtheit des Bedarfs an unterschiedlich qualifizierten Personen verstanden werden, die zur Aufrechterhaltung und Weiterentwicklung der betrieblichen Produktion benötigt werden.[18]

### 2.1.2 Elemente und Bezugsebenen der Qualifikation

Um die Mehrdimensionalität des Begriffs „Qualifikation" zu verdeutlichen, werden zunächst verschiedene Elemente der Qualifikation dargestellt.
Das personenbezogene Arbeitsvermögen kann in eine fachliche und eine soziale Qualifikationskomponente unterteilt werden.[19] Die fachliche Komponente beruht auf der Sachaufgabe des Arbeitsplatzes und beinhaltet Wissenselemente bzw. Fachkenntnisse und Arbeitstechniken sowie Fähigkeiten zur Arbeitsplanung, Arbeitsdurchführung und Weiterqualifizierung. Die soziale Qualifikation lässt sich aus dem sozialen und organisatorischen Kontext der Tätigkeit ableiten. Sie umfasst die Einstellungen und Verhaltensweisen zu Arbeit und Beruf, zur „Umwelt" sowie die Eigenanforderungen.[20]
Die Bestandteile der einzelnen Qualifikationselemente sind in Abbildung 2-1 zusammengestellt.[21]

[15] Vgl. Baethge (1978), S. 478f.
[16] Alex (1991), S. 23; siehe auch: Lutz (1969), S. 227; Boehm (1974), S. 19f.; Baethge/Mickler/Mohr (1977), S. 178; Baethge (1978), S. 479; Brasche (1989), S. 79; Fischer/Heier (1983), S. 181.
[17] Vgl. Alex (1991), S. 23; Baethge/Mickler/Mohr (1977), S. 178; Alaluf (1991), S. 36.
[18] Vgl. Baethge (1978), S. 479.
[19] Vgl. Alex (1991), S. 23.
[20] Vgl. Alex (1991), S. 25.
[21] Abweichend von der dort dargestellten Unterteilung der Qualifikation in die Elemente „Fachkenntnisse", „Fähigkeiten" und „Verhaltensweisen" findet sich in der Literatur häufig eine Differenzierung von funktionalen (prozessspezifischen bzw. prozessgebundenen) und

Von Mertens wurde der häufig verwendete Begriff der „Schlüsselqualifikationen" in die Diskussion eingebracht. Darunter versteht er solche Qualifikationen, die nicht einen unmittelbaren Bezug zu bestimmten praktischen Fähigkeiten haben, sondern eine Eignung für eine große Zahl von Aufgaben und Funktionen ermöglichen sowie dabei behilflich sind, Änderungen von Anforderungen zu bewältigen. Nach der Definition von Mertens bestehen die Schlüsselqualifikationen aus Basis- und Horizontalqualifikationen, aus Breitenelementen und Vintage-Faktoren. Die Basisqualifikationen umfassen das logische und analytische Denken, die Horizontalqualifikationen beinhalten die Fähigkeit zur Gewinnung und Verarbeitung von Informationen, die Breitenelemente umfassen Kenntnisse und Fertigkeiten, die für das gesamte Berufsfeld relevant sind, und das Ziel der Vintage-Faktoren ist es, die Bildungsdifferenzen zwischen verschiedenen Generationen aufzuheben.[22]

Bezogen auf die in der Abbildung 2-1 dargestellten Qualifikationselemente können die Fähigkeiten zum analytischen, konzeptionellen Denken, die Lernfähigkeit und die wirtschaftliche Sensibilität / Intelligenz zu den Basisqualifikationen gezählt werden. In die Gruppe der Horizontalqualifikationen fallen die Informationsverarbeitungsfähigkeit und die Befähigung zum Umgang mit informationstechnischen Hilfsmitteln. Die berufsfeldbreiten Kenntnisse und Fertigkeiten können den Breitenelementen zugeordnet werden und ein wichtiger Vintage-Faktor ist die Lernqualifikation.[23]

Die bisherige Darstellung der Qualifikation bezieht sich ausschließlich auf das individuelle Qualifikationspotenzial der Arbeitnehmer, das für den Arbeitsprozess zur Verfügung steht, und damit auf die Angebotsebene. Es wurde gezeigt, dass sich dieses Qualifikationspotenzial aus der Fach- und Sozialkompetenz und damit aus der potenziellen Leistungsfähigkeit des Arbeitnehmers zusammensetzt.

Demgegenüber steht die Nachfrageebene der Qualifikation, die die Qualifikationsanforderungen umfasst, die innerhalb oder außerhalb des Arbeitsprozesses an den Arbeitnehmer gestellt werden.[24] Die Arbeitsanforderungen ergeben sich aus den für den Arbeitsprozess benötigten Fertigkeiten und Wissenselementen sowie

---

extra-funktionalen (prozessunabhängigen) Qualifikationen. Diese Unterteilung wird vorwiegend von Industriesoziologen vorgenommen. Die funktionale Komponente der Qualifikation enthält alle Fähigkeiten und Fertigkeiten, die für die technische Ausführung des Arbeitsprozesses benötigt werden, und unter die extra-funktionalen Qualifikationen fallen allgemeine Wissensvoraussetzungen und Verhaltenseigenschaften wie Flexibilität, Anpassungsfähigkeit, Verantwortung, technische Sensibilität oder Wahrnehmungs- und Reaktionsfähigkeit. (Vgl. Baethge (1978), S. 483, Beck (1980), S. 355f.; Fischer/Heier (1983), S. 181f.).

[22] Vgl. Mertens (1974), S. 40ff.

[23] Vgl. Alex (1991), S. 25.

[24] Vgl. Brasche (1989), S. 77; Alaluf (1991), S. 33; Lutz (1969), S. 227; Krause (1976), S. 353; Beck (1980), S. 355.

*Abbildung 2-1: Qualifikationselemente*

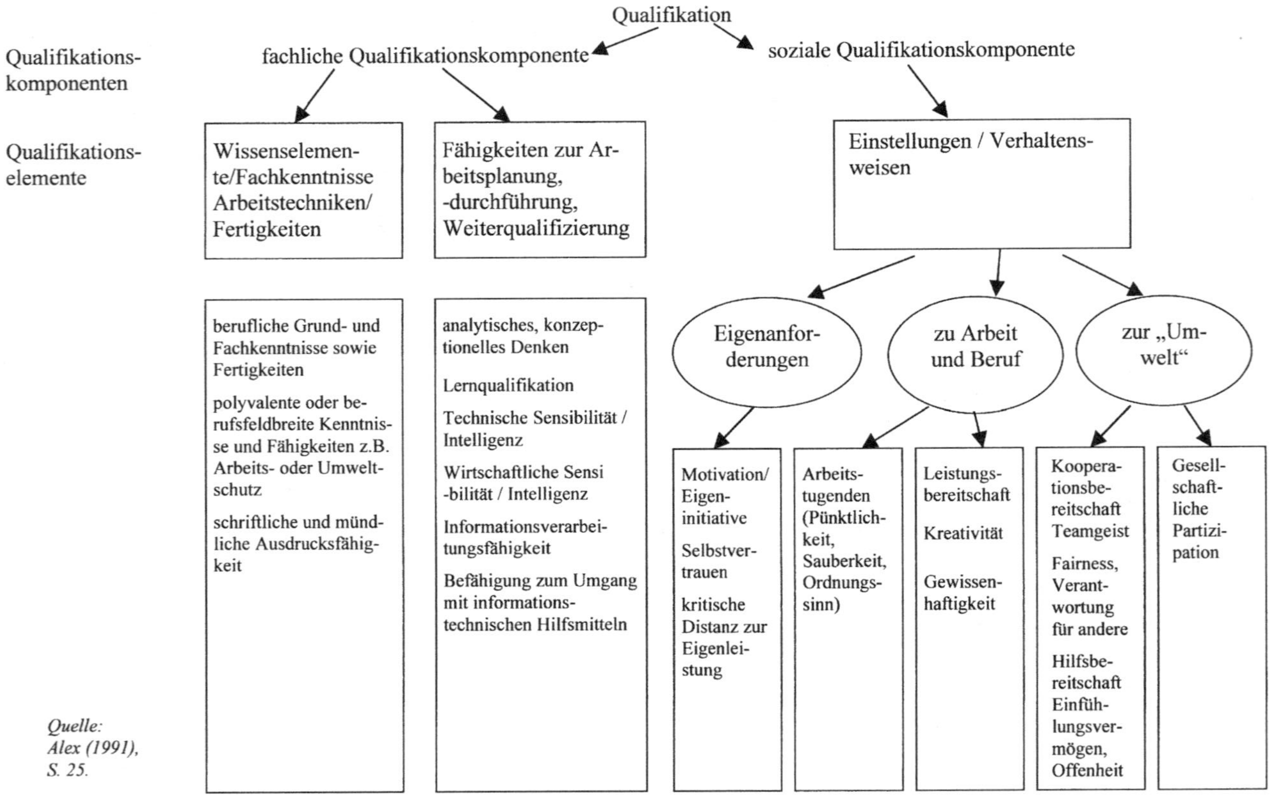


*Quelle: Alex (1991), S. 25.*

den Verhaltensanforderungen an den Arbeitnehmer. Somit stehen hier die tatsächlich genutzten Fähigkeiten im Vordergrund.[25]
Es wird selten eine vollkommene Entsprechung von Qualifikationspotenzial und den Anforderungen festzustellen sein. Dagegen spricht unter anderem die Möglichkeit der Substitution und des Transfers von Qualifikationen. Dies bedeutet, dass die gleichen Arbeitsaufgaben mit verschiedenen Qualifikationen bzw. dass mit dem gleichen Qualifikationspotenzial unterschiedliche Arbeitsaufgaben durchgeführt werden können.[26] Weiterhin kann eine ständige Veränderung der Qualifikationen der Arbeitnehmer sowie der Qualifikationsanforderungen festgestellt werden. Das Qualifikationspotenzial der Individuen kann durch veränderte Lerninhalte umstrukturiert und möglicherweise durch Faktoren erweitert werden, die nicht in innerorganisatorischen, sondern in außerorganisatorisch institutionalisierten Qualifizierungsprozessen bezogen werden.[27] Die Qualifikationsanforderungen können durch eine Vielzahl von Faktoren verändert werden. Auf der zwischenbetrieblichen Ebene kann der Strukturwandel, der zu einer Verschiebung der Beschäftigtenanteile zwischen einzelnen Branchen und zudem auch von einer Tertiarisierung des industriellen Sektors begleitet wird, zu einer Umstrukturierung der Arbeitsanforderungen beitragen.[28] Durch die Einführung neuer Technologien zur Durchführung der Arbeitsaufgabe sowie der Neuorganisation des Produktionsprozesses und der Arbeitsorganisation können auf der betrieblichen Ebene veränderte Arbeitsanforderungen herbeigeführt werden.[29] Im Zuge dieser Entwicklung wird häufig an die Arbeitnehmer eine höhere Erwartung an ihre Fachkompetenz und ihre Lernfähigkeit gestellt. Des Weiteren müssen die Arbeitskräfte eine höhere soziale Kompetenz aufweisen, die sie unter anderem zu mehr Leistungsbereitschaft, Eigenverantwortlichkeit und Teamarbeit befähigt.[30] Der ständige Wandel der Arbeitsanforderungen zwingt die Arbeitnehmer immer wieder zur Anpassung ihrer Qualifikationen, um im Produktionsprozess eingesetzt werden zu können.[31] Somit gehört es auch zur Qualifikation der Arbeitnehmer, sich den veränderten Bedingungen anpassen und ihr Arbeitsvermögen weiterentwickeln zu können.[32]
Im Mittelpunkt dieser Untersuchung wird die Frage stehen, inwieweit und in welche Richtung zwischen- und innerbetriebliche Erklärungsgründe die Qualifikationsanforderungen an die Arbeitnehmer verändern.

---

[25] Vgl. Alex (1991), S. 24; Schulte zur Surlage (1985), S. 40.
[26] Vgl. Fricke/Fricke (1974), S. 418f.
[27] Vgl. Krause (1976), S. 353; Brasche (1989), S. 79.
[28] Vgl. Brasche (1989), S. 79.
[29] Vgl. Krause (1976), S. 352; Brasche (1989), S. 79.
[30] Vgl. Alex (1991), S. 27.
[31] Vgl. Baethge/Mickler/Mohr (1977), S. 179f.
[32] Vgl. Straumann (1977), S. 73; Baethge/Mickler/Mohr (1977), S. 179.

### 2.1.3 Messung von Qualifikationen

In empirischen Analysen tritt regelmäßig das Problem der Operationalisierung der Qualifikation auf. Die weite und mehrdimensionale Definition der Qualifikation hat zur Folge, dass diese oft nur unvollständig erfasst werden kann.[33] Daher ist es für empirische Untersuchungen häufig notwendig, den Qualifikationsbegriff auf eine eindimensionale Größe einzugrenzen.

Die verwendeten Messgrößen lassen sich, je nachdem ob das personenspezifische Qualifikationspotenzial oder die Qualifikationsanforderungen untersucht werden, in personen- und arbeitsplatzbezogene Indikatoren einteilen. Zu den personenbezogenen Kriterien gehören z. B. der Ausbildungsabschluss, das Bildungsniveau und der erlernte Beruf. Diese Variablen beziehen sich nur auf die Fachkenntnisse und Wissenselemente des Individuums, da diese leichter messbar sind als die nicht direkt sichtbaren Fähigkeiten sowie die Einstellungen und Verhaltensweisen.[34]

Unter die arbeitsplatzbezogenen Messgrößen fallen der betriebliche Status oder die betriebliche Einstufung, das Lohnniveau oder die Leistungsgruppe, das Anforderungsprofil, die Tätigkeit und der ausgeübte Beruf.[35]

Viele der genannten Operationalisierungsmöglichkeiten der Qualifikation sind mit erheblichen Problemen behaftet. Einige der Kritikpunkte an den Indikatoren, die im Rahmen dieser Arbeit zur Messung des Qualifikationspotenzials bzw. der Qualifikationsanforderungen eingesetzt werden, werden im Folgenden exemplarisch genannt.

Für die Darstellung der Veränderung des Qualifikationsniveaus der Bevölkerung und die Entwicklung der Beschäftigungschancen verschiedener Qualifikationsgruppen werden im weiteren Verlauf dieses Kapitels zur Operationalisierung der personenspezifischen Qualifikationen die erreichten Schul- und Ausbildungsabschlüsse verwendet. Als Datengrundlage für diese Angaben dient der Mikrozensus.[36] Es werden somit eindimensionale Größen zur Erfassung des Qualifikationsniveaus benutzt, die das Potenzial an Humankapital nicht vollständig erfassen können. Die Verwendung der Schul- und Ausbildungsabschlüsse als Maß für die erreichte Qualifikation ist darüber hinaus mit weiteren Schwächen behaftet. Da nur der jeweils höchste erreichte Schul- und Ausbildungsabschluss

[33] Vgl. Schettkat (1989), S. 36.
[34] Vgl. Alex (1991), S. 23.
[35] Vgl. Brasche (1989), S. 82; Schulte zur Surlage (1985), S. 41ff.
[36] Der Mikrozensus ist die größte Repräsentativerhebung der Bevölkerung und des Arbeitsmarktes in der Bundesrepublik Deutschland. Die Stichprobe erfasst mit unterschiedlicher Periodizität und variierenden Auswahlsätzen (der Mehrzahl der erhobenen Variablen liegt ein Auswahlsatz von 1 % zu Grunde) Strukturdaten der Bevölkerung und liefert eine laufende Arbeitsmarktbeobachtung. (Vgl. Krug/Nourney/Schmidt (1994), S. 239f.; Lüttinger/Riede (1997), S. 19f.)

berücksichtigt wird, können Personen, die mehrere Ausbildungsabschlüsse absolviert haben, nicht von den Erwerbspersonen mit nur einem Ausbildungsabschluss unterschieden werden. Auch Qualifikationselemente, die Abbrecher bestimmter Ausbildungsgänge erworben haben, werden nicht berücksichtigt. Ebenso entfallen Qualifikationen, die über den Hochschulabschluss hinausgehen wie z. B. Promotionen, da diese in der statistischen Grundlage nicht erfasst werden. Eine Messung des Qualifikationsniveaus anhand der Schul- und Ausbildungsabschlüsse schließt außerdem die Fähigkeiten, die die Individuen am Arbeitsplatz durch Berufserfahrung und Weiterbildung erzielt haben, aus der Betrachtung aus.[37] Nicht auszuschließen ist auch, dass sich im Laufe der Zeit die Ausbildungsinhalte verändern, ohne dass sich die Bezeichnung des Bildungsabschlusses ebenfalls ändert. Der formale Ausbildungsabschluss muss somit nicht unbedingt etwas über die gegenwärtigen Kenntnisse und Fähigkeiten einer Person aussagen.[38] Speziell für die Untersuchungen auf der Basis des Mikrozensus muss bei der Interpretation der Ergebnisse schließlich berücksichtigt werden, dass die Angaben auf Selbsteinschätzungen der befragten Personen beruhen. Daher können die Resultate nach oben verzerrt sein, wenn bei einigen Befragten eine Statusorientierung unterstellt wird und sie dadurch höhere Qualifikationen angeben als es ihren erzielten Schul- und Berufsabschlüssen entspricht.[39] Vorteilhaft an der Verwendung dieser Indikatoren ist jedoch, dass sie über viele Jahre für einen großen Personenkreis vorliegen.

Auf der Grundlage des IAB-Betriebspanels wird für die Analyse der Erklärungsgründe der relativen Arbeitsnachfrageverschiebungen der betriebliche Status des Arbeitnehmers als Qualifikationsmerkmal verwendet. Bei dieser Variable wird in der verwendeten Datengrundlage zwischen un-/angelernten Arbeiter/innen, Facharbeiter/innen, Angestellte/Beamte für einfache Tätigkeiten, Angestellte/Beamte für qualifizierte Tätigkeiten, tätige Inhaber / Vorstände / Geschäftsführer, Auszubildende und Beamtenanwärter unterschieden. Diese Messgröße hat den Nachteil, dass die durch die Einordnung in eine bestimmte Statusgruppe zum Ausdruck gebrachte eingesetzte Qualifikation nicht mit dem formalen Qualifikationspotenzial des Arbeitnehmers übereinstimmen muss. Weiterhin sind die konkrete Tätigkeit des Arbeitnehmers und die damit verbundenen tatsächlichen und eingesetzten Qualifikationen nicht bekannt, auch wenn die Zuordnung zu einer Statusgruppe anhand der ausgeübten Tätigkeit erfolgt.[40]

[37] Vgl. Schüssler u. a. (1999), S. 9f.; Pfeiffer/Falk (1999), S. 30f.
[38] Vgl. Krämer (1982), S. 38.
[39] Vgl. Bellmann/Reinberg/Tessaring (1994), S. 21.
[40] Vgl. Brasche (1989), S. 85; Alaluf (1991), S. 34.

## 2.2 Veränderungen in den Qualifikationen der Arbeitnehmer in Ost- und Westdeutschland

Von der Angebotsseite wird das Qualifikationsniveau der Bevölkerung vor allem durch die Entscheidungen der Individuen über ihre Schul- und Berufsausbildung bestimmt. Die Wahl des Ausbildungsweges wird von der Situation am Arbeitsmarkt, der Existenz bestimmter Ausbildungsgänge, von dem Zugang zum Bildungssystem und von den eigenen Fähigkeiten beeinflusst.[41] Durch einen besseren Ausbildungszugang im Zuge der Bildungsexpansion haben sich die Möglichkeiten, einen guten Schul- und Berufsabschluss zu erlangen, verbessert. Für die letzten Jahre konnte daher ein Trend zu höheren Ausbildungsabschlüssen festgestellt werden. Dadurch, dass immer weniger gering qualifizierte Erwerbspersonen in den Arbeitsmarkt eintreten, steigt das durchschnittliche Qualifikationsniveau der Arbeitnehmer.[42]
Die Entwicklung des Qualifikationsniveaus der Bevölkerung im Zeitverlauf wird mithilfe der Daten des Mikrozensus dargestellt. Zur Messung der Qualifikation der Bevölkerung werden die formalen Schul- und Berufsabschlüsse herangezogen.

### 2.2.1 Das Qualifikationsniveau der westdeutschen Bevölkerung

Im Folgenden wird die Entwicklung des Qualifikationsniveaus der westdeutschen Bevölkerung anhand der Schul- bzw. Berufsabschlüsse dargestellt. Betrachtet werden die Angaben für die Jahre 1976 – 1999. In diesem Zeitraum wurden in der Regel im Zweijahresabstand Angaben zum allgemein bildenden Schulabschluss und zum berufsbildenden Abschluss erfragt.[43] Die dargestellten Prozentwerte der erreichten Schulabschlüsse beziehen sich auf die gesamte westdeutsche Bevölkerung ab einem Alter von 15 Jahren. Die unter 15jährigen Personen werden aus der Analyse ausgeschlossen, da sie in der Regel noch keinen Schul- und keinen Berufsabschluss besitzen. In Abbildung 2-2 wird die Veränderung des durchschnittlichen Qualifikationsniveaus der Bevölkerung ab 15 Jahren anhand der Strukturentwicklung der unterschiedlichen Schulabschlüsse dargestellt.
Im Zeitverlauf lässt sich für Westdeutschland ein deutlicher Trend zu einer Höherqualifikation der Bevölkerung feststellen.
Der Anteil der Personen, die einen Haupt- oder Volksschulabschluss aufweisen, ist von 74 % im Jahr 1976 kontinuierlich gesunken und hat im Jahr 1999 mit

[41] Vgl. Schüssler u. a. (1999), S. 4f.
[42] Vgl. Pfeiffer/Falk (1999), S. 14 und S. 37.
[43] Zwischen den Jahren 1982 und 1985 beträgt der Befragungsabstand einmalig drei Jahre und zwischen den Jahren 1995 und 1999 wurde die Erhebung jährlich durchgeführt.

einem Wert von 48,6 % seinen vorläufigen Tiefpunkt erreicht. Dagegen sind die Anteile der Personen mit Realschulabschluss[44] oder mit einer Fachhoch- oder Hochschulreife von Jahr zu Jahr angestiegen. Während 1976 noch 14,2 % der Bevölkerung einen Realschulabschluss besaßen, waren es im Jahr 1999 20,2 %.

*Abbildung 2-2: Entwicklung des Qualifikationsniveaus der westdeutschen Bevölkerung anhand der Schulabschlüsse von 1976 – 1999*[45]

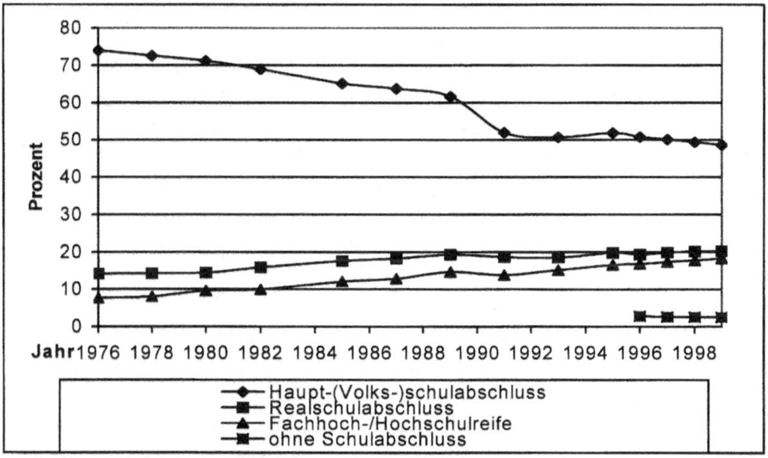


*Quelle: absolute Zahlen: Statistisches Bundesamt (verschiedene Jahrgänge); relative Zahlen: eigene Berechnungen.*

Der Anteil der Personen, die eine Fachhoch- oder Hochschulreife besitzen, ist noch stärker angestiegen. Während der Anteil dieser Personengruppe im Jahr

[44] Ab 1991 werden in die Angaben über den Realschulabschluss auch die Personen mit einbezogen, die eine Ausbildung an einer polytechnischen Oberschule in der DDR abgeschlossen haben.

[45] Eine Tabelle mit den zugrunde liegenden Prozentzahlen befindet sich im Anhang (Tabelle A-1).
Ab dem Jahr 1991 findet die Beantwortung der Fragen zur Berufsausbildung auf freiwilliger Basis statt. Dies kann zu leicht verzerrten Ergebnissen führen, da davon ausgegangen werden kann, dass sich die Antwortausfälle nicht gleichmäßig auf die verschiedenen Schulabschlüsse verteilen, sondern dass sie relativ häufiger bei den niedrigen und den hohen Qualifikationsabschlüssen auftreten. (Vgl. Schüssler u. a. (1999), S. 14). Die Differenzierung der fehlenden Angaben in Antwortverweigerer, Personen ohne Schulabschluss und in Personen, die sich noch in der Ausbildung befinden, stand erst ab dem Jahr 1993 zur Verfügung. Somit können erst ab diesem Zeitpunkt die Werte für die Personen ohne Schulabschluss ausgewiesen werden.

1976 bei 7,7 % lag, erreichte er 1999 einen Wert von 18,3 %. Damit besaßen 1999 fast ebenso viele Personen die Fachhoch- oder Hochschulreife wie einen Realschulabschluss. Der Anteil der Personen ohne abgeschlossene Schulausbildung ist in dem Zeitraum von 1993 bis 1999 leicht gesunken.
Betrachtet man die Verschiebung der Anteile der einzelnen Schulabschlüsse getrennt nach Männern und Frauen, so zeichnet sich eine ähnliche Entwicklung ab.[46] Für beide Personengruppen lässt sich eine Tendenz zu einer Höherqualifikation feststellen. Die Anteile der Personen, die die Fachhoch- bzw. die Hochschulreife erlangt haben, hat sich bei den Männern fast verdoppelt (von 10,5 % im Jahr 1976 auf 20,4 % im Jahr 1997) und bei den Frauen sogar verdreifacht (von 5,2 % im Jahr 1976 auf 14,4 % im Jahr 1997). Auch der Anteil der Personen, die einen Realschulabschluss aufweisen, ist in dem Untersuchungszeitraum in beiden Personengruppen angestiegen. Weiterhin lässt sich sowohl für die Männer als auch für die Frauen eine deutliche Abnahme des Anteils der Personen mit Haupt- oder Volksschulabschluss feststellen. In beiden Bevölkerungsgruppen betrug der Anteil der Personen mit einem Haupt- oder Volksschulabschluss im Jahr 1997 50 %, während er 1976 bei den Männern 72 % und bei den Frauen 76 % ausmachte. Der Anteil der Frauen mit einem Haupt- oder Volksschulabschluss hat sich somit bis zum Jahr 1997 dem Anteil der Männer angeglichen. Unterschiede zwischen den beiden Personengruppen liegen darin, dass relativ mehr Frauen einen Realschulabschluss und die Männer einen höheren Anteil an den Fachhoch- oder Hochschulabschlüssen besitzen. Daraus kann gefolgert werden, dass das durchschnittliche Qualifikationsniveau der Männer über dem der Frauen liegt. An der Steigerung des gesamten Qualifikationsniveaus in der Bevölkerung waren jedoch beide Personengruppen beteiligt.
In einer Tabelle, die im Anhang abgebildet ist (Tabellen A-4 – A-7), werden die Anteile an den verschiedenen Schulabschlüssen in den Jahren 1978, 1985, 1991 und 1997 nach Altersgruppen differenziert.[47] Auch in dieser Darstellung wird der Trend zur Höherqualifizierung deutlich. Der Anteil der Personen mit Haupt- oder Volksschulabschluss ist in allen Altersgruppen zwischen den vier Betrachtungszeiträumen gesunken. Bei dem Realschulabschluss und der Fachhoch- oder Hochschulreife kann demgegenüber ein gegenteiliger Trend festgestellt werden. Die Anteile der Personen, die einen dieser beiden Abschlüsse absolviert haben, sind in den meisten Altersgruppen angestiegen. Weiterhin kann für alle Beob-

[46] Eine Tabelle mit den Prozentangaben über die Verteilung der einzelnen Schulabschlüsse nach Geschlecht befindet sich im Anhang (Tabellen A-2 und A-3).

[47] Bei der Differenzierung nach Altersgruppen fällt der große Anteil an Personen ohne Schulabschluss bei den 15-19jährigen auf. Es kann angenommen werden, dass der Anteil dieser Kategorie unter den Jugendlichen so hoch ist, da sich ein Großteil von ihnen noch in der Ausbildung befindet. In allen anderen Altersklassen liegt der Anteil der Personen, die keinen Schulabschluss besitzen oder ab dem Jahr 1991 die Angabe ihres Schulabschlusses verweigert haben, deutlich niedriger.

achtungszeitpunkte festgestellt werden, dass der Anteil der niedrigen Schulabschlüsse bei den älteren Personen am höchsten ist und die jüngeren Personen größere Anteile an den höheren Abschlüssen besitzen. So ist der Anteil der Personen, die einen Realschulabschluss oder die Fachhoch- oder Hochschulreife erlangt haben, in allen vier Jahren bei den 20 – 34jährigen am höchsten. Demgegenüber weisen die Personen, die 50 Jahre und älter sind, jeweils die höchsten Anteile an Haupt- oder Volksschulabschlüssen auf.

In Abbildung 2-3 wird die Entwicklung des Qualifikationsniveaus anhand der erworbenen Berufsabschlüsse für die westdeutsche Bevölkerung ab 15 Jahren dargestellt. Auch in dieser Grafik ist die Höherqualifikation der Bevölkerung ersichtlich.

*Abbildung 2-3: Entwicklung des Qualifikationsniveaus der westdeutschen Bevölkerung anhand der Berufsabschlüsse von 1976 - 1998*[48]

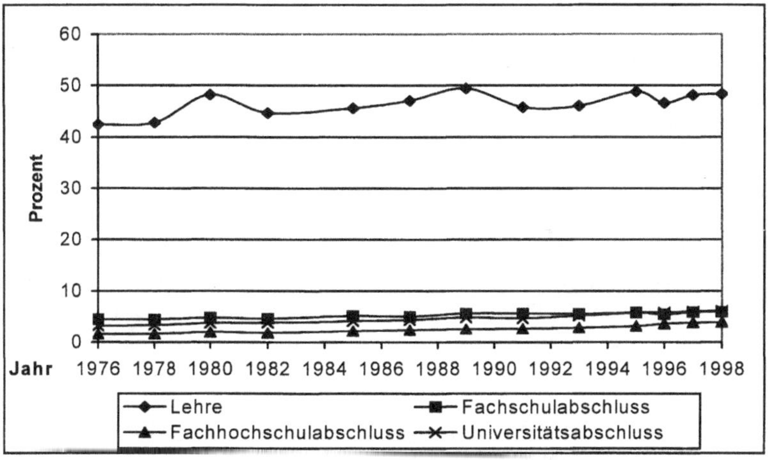


*Quelle: Statistisches Bundesamt (verschiedene Jahrgänge); relative Zahlen: eigene Berechnungen.*

Die Anteile der Personen, die einen Fachschul[49]-, Fachhochschul- oder einen Universitätsabschluss erworben haben, nahmen mit leichten Schwankungen, aber dennoch kontinuierlich zu. Während 1976 3,2 % der betrachteten Personen

[48] Eine Tabelle mit den zugrunde liegenden Prozentzahlen befindet sich im Anhang (Tabelle A-8).

[49] In den Angaben über den Fachschulabschluss sind auch die Personen erfasst, die einen Fachschulabschluss in der DDR erworben haben.

einen Universitätsabschluss besaßen, waren es 1998 schon 6,1 %. Die entsprechenden Werte für den Fachhochschulabschluss betragen 1,6 % bzw. 4,0 %. Trotz einiger Schwankungen lässt sich ebenfalls ein Trend zu einer steigenden relativen Anzahl von Fachschul- und Lehrabschlüssen feststellen.
Es kann damit zusammenfassend festgehalten werden, dass die Anteile aller Berufskategorien mit Ausbildungsabschlüssen in dem Untersuchungszeitraum angestiegen sind, auch die mit einem niedrigeren Qualifikationsniveau. Dies bedeutet, dass der Anteil der Personen, die keinen Berufsabschluss besitzen, gesunken sein muss.[50]
Vergleicht man die Entwicklung der verschiedenen Kategorien der Berufsabschlüsse getrennt für Männer und Frauen[51], so wird ersichtlich, dass über den gesamten Untersuchungszeitraum in allen Kategorien die Männer einen höheren Anteil an dem jeweiligen Berufsabschluss aufweisen als die Frauen. Zwar weisen in beiden Personengruppen die Anteile der einzelnen Berufsabschlüsse eine steigende Tendenz auf, aber bei den Männern ging diese Steigerung im Vergleich zu den Frauen von einem höheren Ausgangsniveau aus. Einzig bei den Lehrabschlüssen kam es bis zum Jahr 1997 zu einer Annäherung der Anteilswerte in den beiden Personengruppen. Über den Betrachtungszeitraum ist der Anteil der Männer, die eine Lehrausbildung absolviert haben, mit einem Anteil von 50 % ungefähr konstant geblieben, während die Frauen hier eine deutliche Steigerung erzielen konnten und sich mit einem Anteilswert von 47 % im Jahr 1997 den Männern angenähert haben.
Bei allen höheren Berufsabschlüssen (Fachschulabschluss, Fachhochschulabschluss und Universitätsabschluss) verringerte sich der Abstand zwischen den beiden Personengruppen nicht merklich. Somit lässt sich feststellen, dass die Männer im Durchschnitt besser qualifiziert sind als die Frauen; es lässt sich aber in beiden Personengruppen ein Trend zu einer steigenden Anzahl von Personen mit abgeschlossener Berufsausbildung feststellen.
Betrachtet man die Berufsabschlüsse in Westdeutschland differenziert nach verschiedenen Altersklassen für die Jahre 1978, 1985, 1991 und 1997[52], so wird deutlich, dass in den meisten Altersgruppen der Anteil der Personen mit dem jeweiligen Berufsabschluss angestiegen ist. Es erreichen demnach im Zeitverlauf in allen Altersgruppen immer mehr Personen einen Berufsabschluss; der Anteil der Personen ohne abgeschlossene Berufsausbildung wird somit vermutlich in allen Altersgruppen rückläufig sein.

---

[50] Für die Personen ohne Berufsabschluss können keine Angaben gemacht werden, da die Kategorie „ohne Berufsabschluss" nicht dahingehend differenziert wird, ob die betreffenden Personen sich noch in der Ausbildung befinden oder keinen Abschluss vorweisen können.
[51] Eine Tabelle mit den vollständigen Angaben befindet sich im Anhang (Tabellen A-9 und A-10).
[52] Eine Tabelle mit den vollständigen Angaben befindet sich im Anhang (Tabellen A-11 – A-14).

Weiterhin kann für die vier Beobachtungszeitpunkte festgestellt werden, dass die höchsten Anteile, die auf die „Lehre" entfallen, in den Altersgruppen zwischen den 20- und den 39jährigen Personen zu finden sind. Die höchsten Anteile für den Fachschulabschluss fallen auf die Personengruppe zwischen 30 und 49 Jahren und einen Fachhochschulabschluss bzw. einen Universitätsabschluss haben am häufigsten die 25- bis 45jährigen Personen erlangt. Dies bedeutet, dass die Personen unter 50 Jahren im Vergleich zu den über 50jährigen relativ häufiger einen höheren Berufsabschluss besitzen und somit besser qualifiziert sind. Dies bestätigt die Vermutung, dass die ältere Bevölkerung im Durchschnitt, zumindest formal, eine geringere Qualifikation besitzt als die jüngeren Bevölkerungsteile.

### 2.2.2 Das Qualifikationsniveau der ostdeutschen Bevölkerung

Es wird nun das Qualifikationsniveau der ostdeutschen Bevölkerung skizziert. Da erst seit dem Jahr 1991 Angaben über das Bildungsniveau der ostdeutschen Personen im Mikrozensus erhoben werden, lässt sich die Entwicklung des Qualifikationsniveaus nur über einen relativ kurzen Beobachtungszeitraum darstellen.[53] In der Abbildung 2-4 wird das Qualifikationsniveau der ostdeutschen Bevölkerung für die Jahre 1991 bis 1999 dargestellt. Trotz des kurzen Beobachtungszeitraums lässt sich auch für die ostdeutsche Bevölkerung eine Höherqualifizierung feststellen. Während im Jahr 1991 36 % der ostdeutschen Bevölkerung einen Hauptschulabschluss besaßen, ist der Anteil im Jahr 1999 auf 32,7 % ge-

[53] Auf einen Vergleich der Qualifikationsstrukturen in Ost- und Westdeutschland wird verzichtet, da das Bildungssystem der ehemaligen DDR sich von dem Westdeutschlands unterscheidet. Seit 1949 existierte in der DDR kein dreigliedriges Schulsystem (Hauptschule, Realschule, Gymnasium) wie in Westdeutschland mehr. An die Stelle dieses Systems rückte die „Zehnklassige Allgemeinbildende Polytechnische Oberschule", die als Einheitsschule fungierte und am ehesten mit einer integrierten Gesamtschule vergleichbar ist. Die Polytechnische Oberschule war auf zehn Jahre angelegt, so dass ein dortiger Abschluss mit der mittleren Reife gleichgesetzt werden kann. Mehr als 10 % der Schüler haben jedoch schon nach der 8. oder 9. Klasse ihre Schulausbildung beendet, so dass ihr Bildungsstand etwa mit dem eines Hauptschülers in der BRD vergleichbar ist. Ungefähr 8 % der Absolventen der Polytechnischen Oberschule hatten die Möglichkeit, die „Erweiterte Oberschule" zu besuchen. Diese Schulform wurde mit dem Abitur abgeschlossen und berechtigte zur Aufnahme eines Studiums an einer Universität oder Hochschule. Bis auf wenige Schulabbrecher absolvierten fast alle Jugendlichen in der DDR eine Berufsausbildung. Der Zugang zum Studium wurde jedoch nicht nur von der Leistung, sondern auch vom gesellschaftlichen Bedarf und der erwünschten sozialen Zusammensetzung der Studierenden abhängig gemacht. Somit konnte Einzelnen die Aufnahme eines Hochschulstudiums verwehrt werden. Dies bedeutet, dass die Quote der ostdeutschen Personen, die hohe Schul- und Berufsabschlüsse besitzen, möglicherweise höher liegen könnte, wenn die Abiturientenquote nicht geplant und nicht einigen Menschen der Zugang zum Studium verweigert worden wäre. (Vgl. Bundeszentrale für politische Bildung (1988), S. 23ff.)

sunken. Der Anteil der Personen, die die polytechnische Oberschule oder einen Realschulabschluss abgelegt haben, ist zwischen den beiden Beobachtungszeitpunkten fast konstant geblieben. Dagegen ist der Anteil der Bevölkerung, der die Fachhoch- oder Hochschulreife besitzt, von 11,8 % im Jahr 1991 auf 15,5 % im Jahr 1999 angestiegen. Ab 1996 können zudem Angaben über die Personen ohne Schulabschluss gemacht werden. In allen Beobachtungszeiträumen ist der Anteil dieser Personengruppe mit unter 1 % jedoch gering.

*Abbildung 2-4: Entwicklung des Qualifikationsniveaus der ostdeutschen Bevölkerung anhand der Schulabschlüsse von 1991 – 1999*[54]

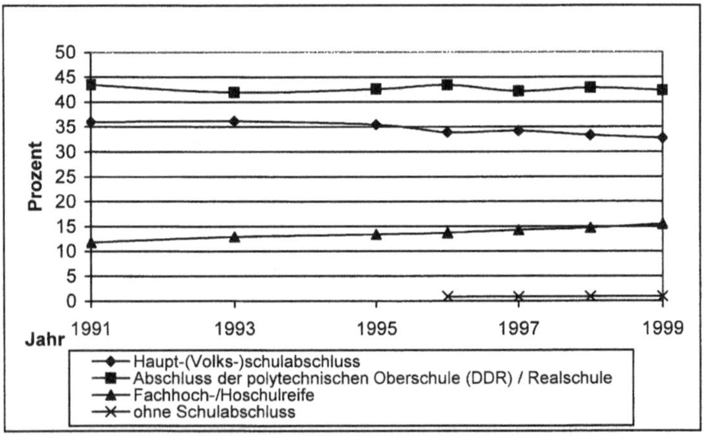


*Quelle: absolute Zahlen: Statistisches Bundesamt (verschiedene Jahrgänge); relative Zahlen: eigene Berechnungen.*

In Abbildung 2-5 wird die Verteilung der Berufsabschlüsse in der ostdeutschen Bevölkerung für die Jahre 1991 bis 1998 dargestellt. Während der Anteil der Personen, die eine Lehre absolviert haben, in dem Untersuchungszeitraum ungefähr konstant geblieben ist, ist der Anteil der Absolventen einer Fachschule von 15,8 % im Jahr 1991 auf 12,8 % im Jahr 1998 gesunken. Die relative Anzahl der Personen mit einem Fachhochschulabschluss ist in allen Beobachtungszeitpunkten sehr gering, es deutet sich jedoch eine leichte Zunahme des Anteils mit diesem Ausbildungsabschluss an. Leicht gestiegen ist zwischen den Jahren 1991 und 1998 auch der Anteil der Personen mit einem Universitätsabschluss, der im Jahr 1998 einen Wert von 7,3 % erreicht. Somit lässt sich trotz des kurzen Un-

[54] Eine Tabelle mit den zugrunde liegenden Prozentzahlen befindet sich im Anhang (Tabelle A-15).

tersuchungszeitraums ein leicht ansteigendes Qualifikationsniveau der ostdeutschen Bevölkerung anhand der Berufsabschlüsse feststellen.

*Abbildung 2-5: Entwicklung des Qualifikationsniveaus der ostdeutschen Bevölkerung anhand der Berufsabschlüsse von 1991 – 1998*[55]

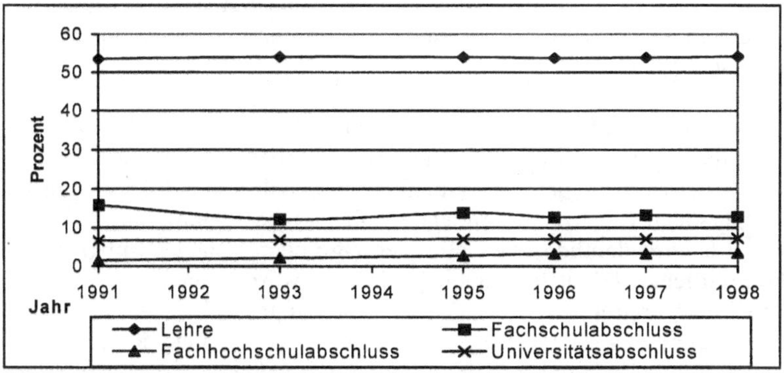


*Quelle: absolute Zahlen: Statistisches Bundesamt (verschiedene Jahrgänge), relative Zahlen: eigene Berechnungen.*

## 2.3 Veränderungen in den Qualifikationsanforderungen in Ost- und Westdeutschland

Von der Arbeitsnachfrageseite wird das Qualifikationsniveau der Bevölkerung durch die Qualifikationsanforderungen beeinflusst, die seitens der Arbeitgeber an die Arbeitnehmer gestellt werden. Die Qualifikationsanforderungen werden im Folgenden mithilfe der Entwicklung der Arbeitsmarktchancen verschiedener Qualifikationsgruppen operationalisiert und somit also nicht direkt gemessen. Berücksichtigt werden muss bei der Betrachtung der Ergebnisse weiterhin, dass sich in allen Qualifikationsebenen ein Teil von qualifikationsinadäquat beschäftigten Arbeitnehmern befindet.[56]

### 2.3.1 Qualifikationsspezifische Entwicklungen auf dem westdeutschen Arbeitsmarkt

Im Folgenden wird die Veränderung der Qualifikationsanforderungen seitens der Arbeitgeber in Westdeutschland für den Zeitraum von 1975 – 1998 dargestellt. Für die einzelnen Qualifikationsgruppen werden die Entwicklung der

---

[55] Eine Tabelle mit den zugrunde liegenden Prozentzahlen befindet sich im Anhang (Tabelle A-16).

[56] Vgl. Reinberg (1997), S. 4.

qualifikationsspezifischen Arbeitslosenquoten und die Veränderung der Beschäftigungsanteile der jeweiligen Qualifikationsgruppen beschrieben. Die Qualifikationen der Arbeitnehmer werden mithilfe der Berufsabschlüsse operationalisiert. Auf die Einbeziehung der Schulabschlüsse wird verzichtet, da die Erwerbspersonen in der Regel erst nach Abschluss einer Berufsausbildung als Arbeitsuchende auf dem Arbeitsmarkt in Erscheinung treten. Als Datengrundlage für die Untersuchung dienen Berechnungen des Instituts für Arbeitsmarkt- und Berufsforschung (IAB).[57]

Der qualifikatorische Strukturwandel auf dem Arbeitsmarkt wird zunächst durch die Veränderung der qualifikationsspezifischen Arbeitslosenquoten dargestellt.[58] Berechnet werden die Quoten als Anteil der Arbeitslosen in Prozent aller zivilen Erwerbspersonen (ohne Auszubildende) mit gleicher Qualifikation.[59] Aus Abbildung 2-6 wird deutlich, dass alle Berufsgruppen von der Entwicklung der durchschnittlichen Arbeitslosenquote beeinflusst worden sind.
In allen Personengruppen ist die Arbeitslosenquote - über den gesamten Betrachtungszeitraum gesehen - angestiegen. Die einzelnen Quoten nahmen in den Rezessionen der Gesamtwirtschaft am Anfang der 80er und am Beginn der 90er Jahre zu, während zwischen diesen Zeiträumen für fast alle Datenreihen ein leichtes Absinken der qualifikationsspezifischen Arbeitslosenquoten zu beobachten ist.
Darüber hinaus lassen sich Unterschiede in der Höhe der ausbildungsspezifischen Arbeitslosenquoten erkennen. Zunächst einmal liegen die qualifikationsspezifischen Arbeitslosenquoten der Personen mit einer abgeschlossenen Berufsausbildung durchweg unterhalb der durchschnittlichen Arbeitslosenquote, während die Arbeitslosenquoten der Personen ohne eine abgeschlossene Berufsausbildung in jedem Betrachtungszeitpunkt die durchschnittliche Arbeitslosenquote übersteigt. Für die Personen ohne eine abgeschlossene Berufsausbildung hat sich die Situation auf dem Arbeitsmarkt auch am deutlichsten verschlechtert. Während der beiden Rezessionen zu Beginn der 80er und zu Anfang der 90er Jahre ist für diese Personengruppe jeweils ein deutlicher Anstieg der Arbeitslosenquote zu erkennen.

---

[57] Als Grundlage für die Berechnung der qualifikationsspezifischen Arbeitslosenquoten und der Beschäftigungsanteile dienen dem Institut für Arbeitsmarkt- und Berufsforschung (IAB) die Strukturerhebungen der Bundesanstalt für Arbeit und Sonderauswertungen des Mikrozensus zur Erwerbstätigkeit. (Vgl. Reinberg/Hummel (2002a), S. 9.)

[58] Die Entwicklung der qualifikationsspezifischen Arbeitslosenquoten für Westdeutschland wurde mit derselben Datengrundlage ebenfalls untersucht von: Reinberg (1997), S. 5f.; Reinberg/Rauch (1998), S. 3f.; Reinberg (1999), S. 435; Reinberg/Hummel (2002b), S. 581f.

[59] Erwerbstätige, die keine Angabe zu ihrem Berufsabschluss abgegeben haben, werden in den Berechnungen des IAB proportional auf alle Qualifikationsgruppen verteilt. (Vgl. Reinberg/Hummel (2002a), S. 10f.)

*Abbildung 2-6: Qualifikationsspezifische Arbeitslosenquoten in Westdeutschland für die Jahre 1975 – 1998*[60]

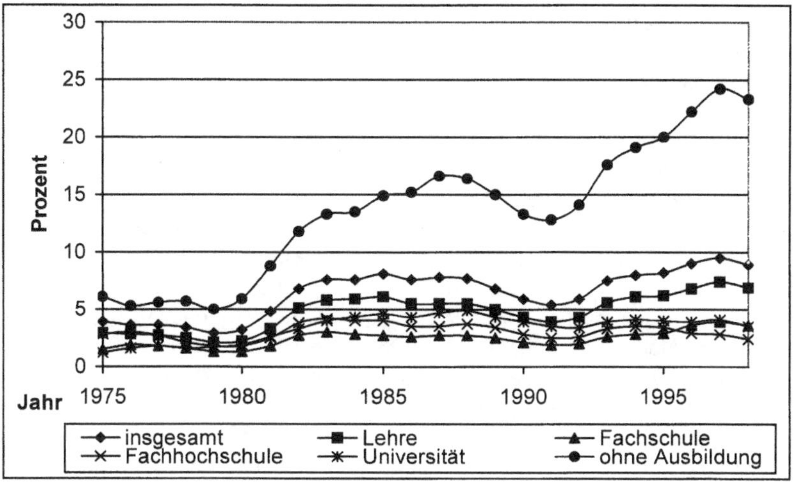


*Quelle: Reinberg/Hummel (IAB) (2002a), S. 27.*

Von 1980 bis 1987 stieg die spezifische Arbeitslosenquote für Personen ohne Berufsausbildung von 5,9 % auf 16,6 % und von 1991 bis 1998 von 12,8 % auf 23,3 %. Dies bedeutet, dass fast jede vierte Person, die keinen Berufsabschluss besitzt, im Jahr 1998 keinen Arbeitsplatz besaß. Erkennbar ist ebenfalls, dass sich der Abstand der spezifischen Arbeitslosenquote der Personen ohne Berufsabschluss zu den Personen mit abgeschlossener Berufsausbildung vergrößert hat.

Bei den Personengruppen, die einen Berufsabschluss absolviert haben, stellt sich die Situation auf dem Arbeitsmarkt für die Absolventen einer Lehre[61] am schlechtesten dar. Zwischen 1980 und 1987 ist die spezifische Arbeitslosenquote für diese Personengruppe von 2,2 % auf 5,5 % angestiegen und von 1991 bis 1998 hat die Quote von 3,9 % auf 6,9 % zugenommen. Vor allem seit 1991 vergrößert sich auch für diese Personengruppe der Abstand der spezifischen Arbeitslosenquote zu den entsprechenden Quoten der Personengruppen mit einem höheren Berufsabschluss.

[60] Eine Tabelle mit den genauen Angaben befindet sich im Anhang (Tabelle A-17).

[61] Die Qualifikationsgruppe „Lehre“ umfasst die betriebliche Berufsausbildung und Berufsfachschulausbildung; die Qualifikationsgruppe „Fachschule“ beinhaltet die Fachschul-, Meister- und Technikerausbildung.

Zwar verzeichnen auch die höheren Qualifikationsebenen einen Anstieg ihrer spezifischen Arbeitslosenquoten, der Anteil der arbeitslosen Personen, die einen Hochschul- oder Fachhochschulabschluss besitzen, ist jedoch in dem gesamten Beobachtungszeitraum relativ gering. Im Jahr 1998 fanden 2,4 % der Personen mit einem Fachhochschulabschluss keinen Arbeitsplatz und bei den Universitätsabsolventen waren es 3,5 %.
Paqué (1999) berechnete mit Daten der Bundesanstalt für Arbeit zusätzlich zu den Arbeitslosenquoten für qualifizierte und unqualifizierte Arbeitnehmer auch die Raten der Langzeitarbeitslosigkeit für die beiden Qualifikationsgruppen.[62] Die Rate der Langzeitarbeitslosigkeit ist definiert als Anteil der Personen, die länger als ein Jahr arbeitslos sind, an den gesamten Erwerbspersonen. Der Autor betrachtet die Entwicklung dieser Quote für Westdeutschland zwischen den Jahren 1975 bis 1990. Für die unqualifizierten Arbeitnehmer lässt sich von 1975 bis 1988 ein Anstieg in der Rate der Langzeitarbeitslosigkeit von 0,8 % auf 6,6 % feststellen. Nach dem Jahr 1988 nahm diese Rate wieder leicht ab. Die Entwicklung bei den qualifizierten Arbeitnehmern verlief ähnlich, allerdings nahm die Rate der Langzeitarbeitslosigkeit bei den qualifizierten Arbeitnehmern in allen Beobachtungszeitpunkten deutlich niedrigere Werte an als bei den unqualifizierten Arbeitnehmern. Auch die Langzeitarbeitslosigkeit ist somit vorwiegend ein Problem der unqualifizierten Arbeitnehmer.[63]
Schmidt u. a. (2001) berechneten auf der Basis des Sozioökonomischen Panels die Arbeitslosenquoten in Westdeutschland nicht nur für unterschiedlich qualifizierte Arbeitnehmer, sondern zusätzlich für verschiedene Altersgruppen. Denn die Qualifikation wird nicht das einzige personenbezogene Merkmal sein, dass die Chancen jedes Arbeitnehmers auf dem Arbeitsmarkt bestimmt. Die Arbeitslosenquoten wurden getrennt nach Männern und Frauen jeweils für drei Altersgruppen (16 - 24 Jahre, 25 - 49 Jahre, 50 - 64 Jahre) und drei verschiedene Qualifikationsgruppen (niedrig qualifiziert, mittel qualifiziert, hoch qualifiziert[64]) berechnet. Ausgewiesen wird die durchschnittliche Arbeitslosenquote einer bestimmten Personengruppe für die Jahre 1983 – 1994 als prozentuale Abweichung von der Arbeitslosenquote einer Referenzgruppe. Bei den Männern besteht die Referenzgruppe aus den Personen mit einem hohen Qualifikationsni-

[62] In die Gruppe der unqualifizierten Arbeitnehmer werden alle Personen eingeordnet, die keinen Berufsabschluss oder eine höhere Ausbildung besitzen. Die Gruppe der qualifizierten Arbeitnehmer umfasst alle übrigen Personen.

[63] Vgl. Paqué (1999), S. 120ff.

[64] Zur Gruppe der niedrig qualifizierten Arbeitnehmer werden alle Personen gezählt, die keinen Schulabschluss bzw. nur einen Hauptschul- oder Realschulabschluss ohne weiterführende Ausbildung aufweisen. Die mittel qualifizierten Arbeitnehmer bestehen aus allen Personen, die Abitur oder einen anerkannten beruflichen Ausbildungsabschluss haben, und zu den hoch qualifizierten Arbeitnehmern werden alle Personen mit einem Fachhochschul- oder Hochschulabschluss gezählt.

veau und einem Alter zwischen 25 und 49 Jahren, da diese Gruppe im Untersuchungszeitraum die geringste Arbeitslosenquote aufwies. Die Analysen der Autoren verdeutlichen, dass die höchste positive Abweichung von der Arbeitslosenquote der Referenzgruppe bei den niedrig qualifizierten Arbeitnehmern aus allen drei Altersgruppen auftrat.
Bei den Frauen wurde die Referenzgruppe von den Personen mit einem hohen Qualifikationsniveau und einem Alter zwischen 50 und 64 Jahren gebildet. Es kann wiederum gezeigt werden, dass die Personen mit einem niedrigeren Qualifikationsniveau deutlich höhere Arbeitslosenquoten aufwiesen als die hoch qualifizierten Arbeitnehmer. Die größte positive Abweichung von der Referenzgruppe wurde jedoch bei den Personen mit einem mittleren Qualifikationsniveau und einem hohen Alter festgestellt.
Insgesamt wird auch in diesen Untersuchungen deutlich, dass die gering qualifizierten Arbeitnehmer stärker von Arbeitslosigkeit betroffen sind als die höher ausgebildeten Arbeitnehmer.[65]

Dass sich die Arbeitsmarktchancen der gering qualifizierten Arbeitnehmer im Zeitverlauf verschlechtert und sich die der hoch qualifizierten Arbeitnehmer relativ verbessert haben, spiegelt sich auch in den Beschäftigungsanteilen der einzelnen Qualifikationsgruppen wieder. Diese Größe gibt den Anteil aller beschäftigten Personen einer Qualifikationsgruppe an den gesamten Erwerbstätigen (ohne Auszubildende) eines bestimmten Jahres an.[66]
Aus der Abbildung 2-7 wird deutlich, dass sich im Zeitraum von 1975 bis 1998 die Beschäftigungsanteile aller Qualifikationsgruppen mit einer abgeschlossenen Berufsausbildung erhöht haben. An der Gesamtbeschäftigung hat der Anteil der Personen mit einer Lehrausbildung von 49,9 % im Jahr 1975 auf 60,1 % im Jahr 1998 zugenommen. Seit Beginn der 90er Jahre stagniert der Beschäftigungsanteil dieser Personengruppe jedoch. Eine ähnliche Entwicklung kann für die Beschäftigungsanteile der Personen mit einem Fachschulabschluss festgestellt werden. Der Anteil dieser Personengruppe an der Gesamtbeschäftigung hat sich zwar in dem betrachteten Zeitraum von 6,3 % im Jahr 1975 auf 8,7 % im Jahr 1998 erhöht, seit Beginn der 90er Jahre weist jedoch auch dieser Anteil keinen weiteren Zuwachs auf. Der deutlichste Anstieg der Beschäftigungsanteile konnte bei den Personen mit einem Fachhochschul- und mit einem Universitätsabschluss verzeichnet werden. Der Anteil der Beschäftigten mit einem Fachhochschulabschluss an der Gesamtbeschäftigung hat sich in dem Untersuchungszeitraum verdreifacht. Während der Anteilswert im Jahr 1975 noch 2,1 % betrug,

[65] Vgl. Schmidt u. a. (2001), S. 7ff.
[66] Erwerbstätige, die keine Angabe zu ihrem Berufsabschluss gemacht haben, werden in den Berechnungen des IAB proportional auf alle Qualifikationsgruppen verteilt. (Vgl. Reinberg/Hummel (2002a), S. 32).

wies er im Jahr 1998 einen Wert von 6,3 % auf. Der Beschäftigungsanteil der Personen mit einem Universitätsabschluss hat von 5 % (1975) auf 10 % (1998) zugenommen und hat sich somit verdoppelt. In diesen beiden Qualifikationsgruppen kann zudem keine Stagnation, sondern ein kontinuierlicher Anstieg der Beschäftigungsanteile festgestellt werden.

*Abbildung 2-7: Die Beschäftigungsanteile für verschiedene Qualifikationsgruppen in Westdeutschland für die Jahre 1975 – 1998*[67]

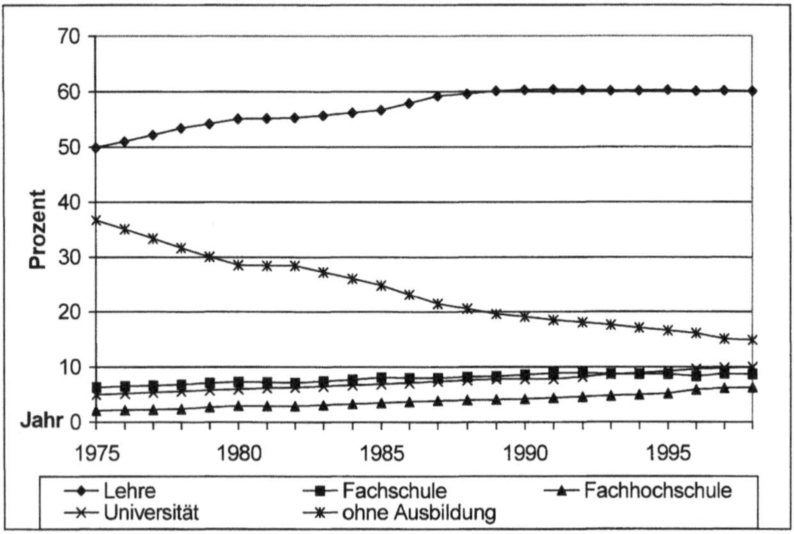


*Quelle: Reinberg/Hummel (IAB) (2002a), S. 32.*

Den zunehmenden Beschäftigungsanteilen der Personen mit einer abgeschlossenen Berufsausbildung steht ein sinkender Beschäftigungsanteil der Personen ohne Ausbildungsabschluss gegenüber. Der Beschäftigungsanteil dieser Personengruppe hat sich in dem betrachteten Zeitraum mehr als halbiert. Während er im Jahr 1975 noch 36,7 % betrug, sank dieser Wert bis zum Jahr 1998 auf 14,9 %. Es zeichnet sich auch nicht ab, dass dieser Beschäftigungsanteil schon seinen niedrigsten Wert erreicht hat.

Es wird somit insgesamt deutlich, dass sich die Arbeitsmarktchancen der hoch qualifizierten und der gering qualifizierten Arbeitnehmer immer weiter auseinander entwickeln. Während die Arbeitslosenquoten der hoch qualifizierten Arbeitnehmer relativ gering ausfallen und gleichzeitig der Beschäftigungsanteil dieser Personengruppe kontinuierlich zunimmt, verläuft die Entwicklung bei den

[67] Eine Tabelle mit den genauen Angaben befindet sich im Anhang (Tabelle A-18).

Personen ohne Ausbildungsabschluss entgegengerichtet. In dieser Personengruppe steigt die Arbeitslosenquote an und der Beschäftigungsanteil sinkt. Insgesamt kann gefolgert werden, dass je niedriger die berufliche Qualifikation einer Person ist, desto schlechter gestalten sich auch seine Arbeitsmarktchancen. Die Qualifikation jedes einzelnen Arbeitnehmers wird zu einem immer wichtigeren Wettbewerbsfaktor auf dem Arbeitsmarkt.[68]
Verschiedene Bedarfsprojektionen deuten darauf hin, dass sich der qualifikatorische Strukturwandel zukünftig weiter fortsetzt. In der IAB/Prognos-Projektion von 1999 wird beispielsweise der Qualifikationsbedarf bis zum Jahr 2010 prognostiziert. Die Projektion beschränkt sich auf die Qualifikationsstruktur der westdeutschen Bevölkerung. Als Grundlage der Vorausschätzung dient ein eindimensionaler Qualifikationsbegriff, der auf den Schul- und Berufsabschlüssen der Bevölkerung basiert. Den prognostizierten Ergebnissen zufolge wird der Beschäftigungsanteil der gering qualifizierten Personen weiter abnehmen. Sowohl die Kombination „Hauptschulabschluss / ohne Berufsausbildung" und „Hauptschulabschluss / Lehre" sowie „mittlere Reife / ohne Berufsausbildung" werden voraussichtlich zunehmend an Bedeutung verlieren. Die Beschäftigungsanteile der Personen mit Schul- und Berufsabschlüssen, die mit einer längeren Ausbildungszeit als die der mittleren Reife und der Lehre verbunden sind, werden vermutlich weiter ansteigen.[69]

Die relativ niedrigen Arbeitslosenquoten für hoch qualifizierte Arbeitnehmer und deren stetig steigender Anteil an der Gesamtbeschäftigung geben Anlass zu der Vermutung, dass in einer dynamischen Betrachtungsweise die Arbeitsplatzverlustraten bei den gering qualifizierten Arbeitnehmern größer ausfallen als bei den qualifizierten Arbeitnehmern und umgekehrt die Wiederbeschäftigungsraten bei den hoch qualifizierten Arbeitnehmern besonders hoch sind. Schmidt u. a. (2001) berechneten für die Jahre 1983 – 1994 auf der Basis des Sozioökonomischen Panels die westdeutschen Arbeitsplatzverlust- und Wiederbeschäftigungsraten für die schon erwähnten drei Alters- und Qualifikationsgruppen. Bei den Arbeitsplatzverlustraten werden die durchschnittlichen monatlichen Übertrittsraten aus der Beschäftigung in die Arbeitslosigkeit betrachtet. Dargestellt werden die Ergebnisse als prozentuale Abweichung der Arbeitsplatzverlustraten für jede Personengruppe von dem Wert einer Referenzgruppe.
Bei den Männern diente als Referenzgruppe wiederum die Personengruppe mit einem hohen Qualifikationsniveau und einem Alter zwischen 25 und 49 Jahren. Aus den Ergebnissen wird deutlich, dass bei den jungen Arbeitnehmern (16 – 24 Jahre) unabhängig von ihrem Qualifikationsniveau deutlich höhere Arbeits-

[68] Vgl. Reinberg/Rauch (1998), S. 3; Reinberg (1999), S. 435; Reinberg/Hummel (2002b), S. 582.
[69] Vgl. Schüssler u. a. (1999).

platzverlustraten auftraten als in der Referenzgruppe. Die älteren Arbeitnehmer mit einem hohen Qualifikationsniveau wiesen dagegen als einzige Gruppe eine geringere Arbeitsplatzverlustrate auf als die Referenzgruppe. Innerhalb der mittleren und höchsten Altersgruppe wird jedoch deutlich, dass die Arbeitsplatzverlustraten mit abnehmendem Qualifikationsniveau zunahmen. Insgesamt fällt der Einfluss des Qualifikationsniveaus hier jedoch geringer aus als bei den Arbeitslosenquoten. Die Ergebnisse deuten darauf hin, dass die Arbeitsplatzverlustraten neben dem Qualifikationsniveau des Arbeitnehmers vor allem vom Alter der Personen bestimmt werden.

Bei den Frauen wurde wiederum die Gruppe mit einem hohen Qualifikationsniveau und einem Alter zwischen 50 und 64 Jahren als Referenzgruppe für die Untersuchungen verwendet. Die jungen Arbeitnehmerinnen (16 – 24 Jahre) mit einem mittleren oder geringen Qualifikationsniveau wiesen die höchste positive Abweichung von der Referenzgruppe auf. Relativ geringe positive Abweichungen von der Referenzgruppe konnten bei den älteren Arbeitnehmerinnen mit einem niedrigen oder mittleren Qualifikationsniveau festgestellt werden, die damit jedoch höhere Arbeitsplatzverlustraten aufwiesen als die gleichaltrigen Arbeitnehmerinnen mit einem hohen Qualifikationsniveau. Auch bei den Frauen scheint somit das Alter neben der Qualifikation die Arbeitsplatzverlustrate maßgeblich zu beeinflussen.

Darüber hinaus wurden die Wiederbeschäftigungsraten, definiert als durchschnittliche monatliche Übertrittsraten aus der Arbeitslosigkeit in die Beschäftigung, analysiert. Bei den Männern wiesen - bezogen auf die Arbeitnehmer mittleren Alters und mit einer hohen Qualifikation - vor allem die älteren Arbeitnehmer unabhängig von ihrem Qualifikationsniveau eine deutlich niedrigere Wiederbeschäftigungsrate auf. Eine höhere Wiederbeschäftigungsrate als in der Referenzgruppe konnte bei den jungen Arbeitnehmern aus der mittleren Qualifikationsgruppe und vor allem bei den jungen Arbeitnehmern mit einem hohen Qualifikationsniveau festgestellt werden. Innerhalb der mittleren und jungen Altersgruppen kann beobachtet werden, dass die Wiederbeschäftigungsrate mit abnehmendem Qualifikationsniveau sinkt. Auch bei der Chance auf eine Wiederbeschäftigung scheint somit neben dem Qualifikationsniveau das Alter der Arbeitnehmer eine wesentliche Determinante zu sein.

Bei den Frauen dienten die älteren Arbeitnehmerinnnen mit einem hohen Qualifikationsniveau als Referenzgruppe. Nur die gleichaltrigen Arbeitnehmerinnen mit einem niedrigen oder mittleren Qualifikationsniveau wiesen eine niedrigere Wiederbeschäftigungsrate auf als die Referenzgruppe. In den beiden jüngeren Altersgruppen konnten für alle Qualifikationsniveaus höhere Wiederbeschäftigungsraten verzeichnet werden. Die höchsten positiven Abweichungen konnten dabei für die jungen Arbeitnehmerinnnen festgestellt werden.

Bei einer dynamischen Analyse des Zugangs und Abgangs in die bzw. aus der Arbeitslosigkeit wird somit deutlich, dass das Risiko, arbeitslos zu werden bzw. die Chance, wiederbeschäftigt zu werden, neben dem Qualifikationsniveau wesentlich durch das Alter der betroffenen Personen beeinflusst wird. Bei der alleinigen Betrachtung der Arbeitslosenquoten schien die Qualifikation das entscheidende Kriterium für die Arbeitsmarktchancen der Arbeitnehmer zu sein. Die dynamische Analyse hat aber deutlich gemacht, dass nicht ausschließlich die Qualifikation einer Person über die Arbeitsmarktchancen entscheiden muss; dennoch bleibt eine hohe Ausbildung ein wichtiger Wettbewerbsfaktor auf dem Arbeitsmarkt.[70]

### 2.3.2 Qualifikationsspezifische Entwicklungen auf dem ostdeutschen Arbeitsmarkt

Eine Entwicklung des qualifikatorischen Strukturwandels in Ostdeutschland kann nur mit Einschränkungen dargestellt werden, da die entsprechenden Daten aus dem Mikrozensus erst seit 1991 vorliegen.

*Abbildung 2-8: Qualifikationsspezifische Arbeitslosenquoten in Ostdeutschland für die Jahre 1991 – 1998*[71]

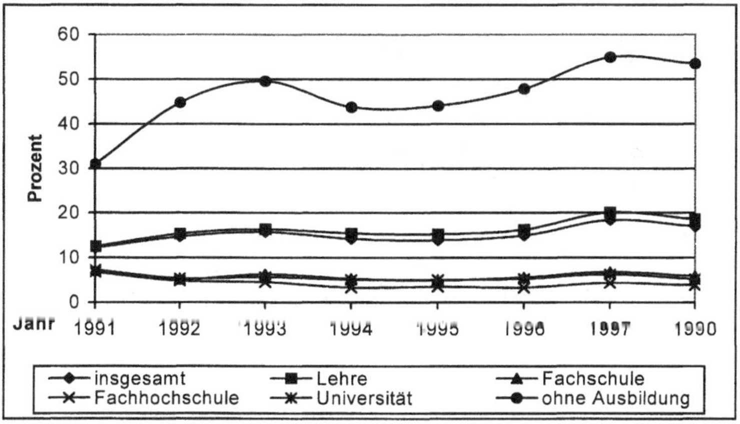


*Quelle: Reinberg/Hummel (IAB) (2002a), S. 27.*

[70] Vgl. Schmidt u. a. (2001), S. 10ff.; siehe auch: Schmidt (2000), S. 85ff.; Schmidt (1999), S. 15ff.

[71] Eine Tabelle mit den genauen Angaben befindet sich im Anhang (Tabelle A-19).

Die schon für Westdeutschland festgestellten Unterschiede in den spezifischen Arbeitslosenquoten für die verschiedenen Qualifikationsgruppen lassen sich ebenfalls für Ostdeutschland feststellen.[72] Nicht identisch zwischen den beiden Landesteilen ist jedoch das Niveau der Arbeitslosigkeit. In dem Betrachtungszeitraum liegt die durchschnittliche Arbeitslosenquote in Ostdeutschland deutlich über der westdeutschen Vergleichszahl. Damit einhergehend liegen auch alle qualifikationsspezifischen Arbeitslosenquoten über dem westdeutschen Niveau. Am höchsten sind die spezifischen Arbeitslosenquoten für die Personen ohne Berufsabschluss. Im Jahr 1998 liegt die Quote über 50 %, so dass jede zweite Person, die keinen Berufsabschluss besitzt, arbeitslos ist. Neben dieser Datenreihe liegen auch die Arbeitslosenquoten für die Personen mit einem Lehrabschluss in fast allen Beobachtungszeitpunkten über der durchschnittlichen Arbeitslosenquote. Im Jahr 1998 ist fast jede vierte Person mit einem Lehrabschluss ohne einen Arbeitsplatz.

Unterhalb des Durchschnitts befinden sich die Arbeitslosenquoten der Inhaber der anderen drei Berufsabschlüsse, die insgesamt ein deutlich geringeres Arbeitslosigkeitsrisiko aufweisen. Im Jahr 1998 sind 5,9 % der Personen mit einem Fachschulabschluss, 3,8 % der Fachhochschulabsolventen und 5,2 % der Universitätsabsolventen ohne einen Arbeitsplatz. Somit gilt ebenfalls in Ostdeutschland, dass das Arbeitslosigkeitsrisiko mit der Höhe des Qualifikationsniveaus abnimmt.

Die Entwicklung der Beschäftigungsanteile kann für Ostdeutschland wiederum nur für den Zeitraum von 1991 bis 1998 betrachtet werden. Aber auch in dieser kurzen Zeitspanne wird deutlich, dass die Beschäftigungsanteile der hoch qualifizierten Arbeitnehmer an der Gesamtbeschäftigung zugenommen haben. Die entsprechenden Ergebnisse sind in Abbildung 2-9 dargestellt.

Der Anteil der Fachhochschulabsolventen an der Gesamtbeschäftigung nahm von 2,1 % im Jahr 1991 auf 5,3 % im Jahr 1998 zu. Der entsprechende Anteil der Universitätsabsolventen stieg im gleichen Zeitraum von 9,9 % auf 12,2 % an. Die Beschäftigungsanteile für diese Qualifikationsgruppen sowie der Fachschulabsolventen übersteigen damit in Ostdeutschland die Vergleichswerte in Westdeutschland. Der Anteil der Fachschulabsolventen an der Gesamtbeschäftigung entwickelte sich leicht rückläufig und nahm in dem Untersuchungszeitraum von 20,8 % auf 17,5 % ab. In etwa konstant blieb der Anteil der Lehrabsolventen an der Gesamtbeschäftigung. Trotz des kurzen Untersuchungszeitraums kann ein deutlicher Rückgang des Beschäftigungsanteils der Personen ohne Ausbildungsabschluss festgestellt werden. Dieser Anteil nahm um ungefähr ein Drittel von 5,7 % im Jahr 1991 auf 3,9 % im Jahr 1998 ab. Der Anteil

[72] Die Entwicklung der qualifikationsspezifischen Arbeitslosenquoten in Ostdeutschland untersuchten mit den selben Daten ebenfalls: Reinberg (1997), S. 16; Reinberg/Rauch (1998), S. 8f.; Reinberg (1999), S. 435.

dieser Personengruppe an der Gesamtbeschäftigung liegt damit in Ostdeutschland deutlich unter den entsprechenden Werten für Westdeutschland.

*Abbildung 2-9: Die Beschäftigungsanteile für verschiedene Qualifikationsgruppen in Ostdeutschland für die Jahre 1991 - 1998*[73]

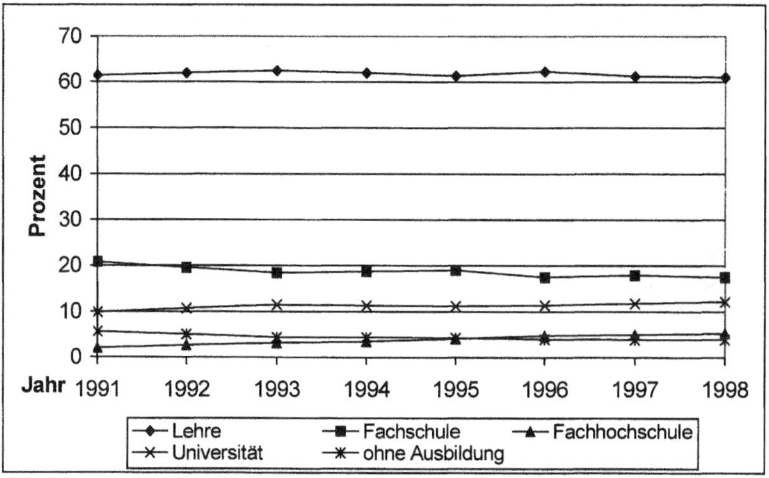


*Quelle: Reinberg/Hummel (IAB) (2002a), S. 32.*

Insgesamt kann somit auch für Ostdeutschland festgestellt werden, dass die Beschäftigungsanteile der gering qualifizierten Arbeitnehmer abgenommen und im Gegenzug die der hoch qualifizierten Arbeitnehmer angestiegen sind. Gleichzeitig weisen wie in Westdeutschland die hoch qualifizierten Arbeitnehmer relativ geringe Arbeitslosenquoten auf, während vor allem die Arbeitnehmer ohne Berufsausbildung von einer sehr hohen Arbeitslosigkeit betroffen sind.
Diese Beobachtungen geben Anlass zu der Vermutung, dass sich in beiden Landesteilen eine Tendenz zu der Bereitstellung von immer qualifikationsintensiveren Arbeitsplätzen abzeichnet. Angesichts dieser steigenden Arbeitsplatzanforderungen wird es für die Arbeitnehmer immer wichtiger, sich ausreichend zu qualifizieren, um die Chancen auf eine langfristige Erwerbstätigkeit zu erhöhen. Nach Reinberg lautet „das Gebot der Stunde: Ausbildung so viel und so gut als möglich".[74] Während weitere persönliche Merkmale, die die Arbeitsmarktchancen einer Person beeinflussen können wie z. B. das Alter oder der Gesundheitszustand, nur schwer oder gar nicht verändert werden können, ist eine unzurei-

[73] Eine Übersicht über die genauen Ergebnisse befindet sich im Anhang (Tabelle A-20).
[74] Reinberg (1999), S. 442.

chende Ausbildung zumindest bei einem Teil der betroffenen Personen verbesserungsfähig. Es müssen also verstärkt Maßnahmen ergriffen werden, um Erwerbspersonen, die keine abgeschlossene Berufsausbildung besitzen, nachzuqualifizieren, um ihre ansonsten schlechten Arbeitsmarktchancen zu verbessern.[75]

Im Folgenden wird versucht, zu begründen, warum die relative Nachfrage nach hoch qualifizierten Arbeitnehmern in den letzten Jahrzehnten stark angestiegen ist und weiter zunimmt. Begonnen wird mit der Darstellung von Erklärungsgründen auf der gesamtwirtschaftlichen Ebene.

[75] Vgl. Reinberg/Hummel (2002b), S. 598.

# 3. Gesamtwirtschaftliche Erklärungsgründe für den qualifikatorischen Strukturwandel

In der Literatur ist es umstritten, ob die relativen Nachfrageverschiebungen nach Personen aus verschiedenen Qualifikationsgruppen gesamtwirtschaftlich hauptsächlich durch eine Zunahme des internationalen Handels oder durch einen qualifikationsverzerrenden technischen Fortschritt zu erklären sind. Da schon eine Reihe von Studien existiert, in denen die Einflussstärke des internationalen Handels und des qualifikationsverzerrenden technischen Fortschritts auf die relative Nachfrage nach hoch qualifizierten Arbeitskräften untersucht wurde, wird an dieser Stelle nicht mehr empirisch überprüft, welcher der beiden Faktoren die bessere Erklärungsgröße für den qualifikatorischen Strukturwandel ist. Stattdessen wird auf die vorliegenden Ergebnisse verwiesen.

## 3.1 Die zunehmende Internationalisierung des Handels

In den letzten Jahrzehnten hat der internationale Handel aufgrund eines zunehmenden Abbaus der Handelsbeschränkungen zugenommen. Gleichzeitig ist in vielen Industrieländern der Anteil der Beschäftigten im Industriesektor, besonders im Bereich der Arbeitsplätze mit einer geringen Qualifikationsintensität, gesunken, während der Anteil der Importe in diesem Sektor zugenommen hat. Da ein Teil der Industrieländer sich einer zunehmenden Importkonkurrenz aus weniger entwickelten Ländern im Bereich der Produkte mit einer geringen Qualifikationsintensität und einer Verschlechterung der Arbeitsmarktsituation der gering qualifizierten Arbeitnehmer gegenübersieht, wird die steigende Handelsintensität oftmals mit Entwicklungen auf dem Arbeitsmarkt in Zusammenhang gebracht.
Die Befürworter der These, dass die gestiegene Nachfrage nach hoch qualifizierten Arbeitskräften vorwiegend auf die Zunahme des internationalen Handels zurückzuführen sei, stützen ihre Argumentation vor allem auf die neoklassische Außenhandelstheorie. Die Untersuchungen basieren auf der Heckscher-Ohlin-Theorie[76] und dem Stolper-Samuelson-Theorem[77].

[76] Das Originalmodell kann nachgelesen werden bei: Heckscher (1949), Ohlin (1968); gängige Lehrbuchdarstellungen des Modells befinden sich beispielsweise bei: Appleyard/Field (1992), S. 161ff.; Siebert (1994), S. 46ff.; Krugman/Obstfeld (1997), S. 67ff.

[77] Das Originalmodell kann nachgelesen werden bei: Stolper/Samuelson (1941); gängige Lehrbuchdarstellungen des Modells befinden sich bei: Appleyard/Field (1992), S. 169ff.; Siebert (1994), S. 61ff.; Krugman/Obstfeld (1997), S. 69ff.

Eine der Annahmen des Heckscher-Ohlin-Modells ist, dass von zwei Ländern unter Einsatz von zwei homogenen Produktionsfaktoren zwei homogene Güter produziert werden.[78]

Um die durch den internationalen Handel bedingte Veränderung der Beschäftigungsmöglichkeiten für verschiedene Qualifikationsgruppen untersuchen zu können, müssen als Produktionsfaktoren „einfache Arbeit" und „qualifizierte Arbeit" unterschieden werden.[79] Nach der Heckscher-Ohlin-Theorie produziert dann das Land, das relativ reichlich mit hoch qualifizierten Arbeitskräften ausgestattet ist, hauptsächlich das Gut, dessen Produktion einen hohen Humankapitalanteil benötigt. Dagegen spezialisiert sich das Land mit dem relativ größeren Anteil an gering qualifizierten Arbeitnehmern auf die Produktion des Produkts, welches mit einem relativ niedrigeren Qualifikationspotenzial hergestellt werden kann.[80]

Um feststellen zu können, inwieweit der Handel die Arbeitsmarktchancen verschiedener Qualifikationsgruppen beeinflusst[81], wird die Analyse des Faktorge-

---

[78] Vgl. Appleyard/Field (1992), S. 161; Brenton/Scott/Sinclair (1997), S. 79; Siebert (1994), S. 46.

[79] In vielen Darstellungen des Heckscher-Ohlin-Modells werden die Faktoren Kapital und Arbeit verwendet, die dann als homogen angenommen werden. Aber schon Ohlin wies darauf hin, dass der Faktor Arbeit in verschiedene Bestandteile aufgeteilt werden kann, da mehrere Gruppen von Arbeitnehmern identifiziert werden können, die unterschiedliche Qualifikationen besitzen und verschieden hohe Löhne erhalten. (Vgl. Ohlin (1968), S. 50ff.)

[80] Dieses modifizierte Faktorproportionen-Theorem, das zu dem Ergebnis führt, dass kapital- und qualifikationsreiche Länder Güter mit einem hohen Qualifikationsanteil produzieren und der Handelspartner Produkte mit einem relativ hohen Anteil an gering qualifizierten Personen herstellt, wird auch als Neo-Faktorproportionen-Theorem bezeichnet. (Vgl. Bender (1995), S. 447ff.)

In den meisten Studien über den Zusammenhang zwischen dem internationalen Handel und der gesamtwirtschaftlichen Qualifikationsstruktur wird Kapital als Produktionsfaktor aus der Analyse ausgeschlossen. Wood begründet den Ausschluss des Faktors Kapital aus der Analyse damit, dass Kapital in der Realität international mobil ist und damit in jedem Land die gleiche Kapitalausstattung geschaffen werden kann, sofern sie für das jeweilige Land bezahlbar ist. Weiterhin führen die internationalen Kapitalflüsse zu einem Ausgleich der Zins- und Profitraten in den einzelnen Ländern. Daher geht Wood davon aus, dass Kapital keinen entscheidenden Einfluss auf die Entstehung des Handels zwischen Ländern mit verschiedener Faktorausstattung hat, da kein Land einen komparativen Vorteil oder Nachteil bei kapitalintensiven Gütern habe. (Vgl. Wood (1994a), S. 32ff.; Wood (1994b), S. 20ff.)

[81] Im Heckscher-Ohlin-Modell wird angenommen, dass das Volumen der beiden Faktoren konstant bleibt und dass auch nach Aufnahme des Handels Vollbeschäftigung aller Produktionsfaktoren herrscht. Einerseits steigt die Nachfrage nach dem relativ reichlichen Faktor an, da die Produktion des Gutes, welches den relativ reichlich vorhandenen Faktor relativ intensiv nutzt, ausgeweitet wird und die Herstellung des anderen Gutes reduziert wird. Andererseits findet in allen Sektoren aufgrund des gestiegenen Preises dieses Faktors eine Reduktion in der Nachfrage nach dem relativ reichlich vorhandenen Faktor statt. Somit wird der Anteil des Faktors, mit dem das Land relativ gering ausgestattet ist, im Produktionsprozess erhöht. Im

halts internationaler Handelsströme herangezogen.[82] Mit diesem Ansatz wird untersucht, wie viel qualifizierte und wie viel einfache Arbeit für die Produktion der Exportgüter notwendig ist und wie hoch der Einsatz dieser Faktoren sein muss, um die Importe im Heimatland zu produzieren. Die Differenz zwischen den Produktionsfaktoren in den Ex- und in den Importen gibt die durch den Handel bedingte Veränderung des effektiven Angebots bzw. der Nachfrage nach gering oder hoch qualifizierten Arbeitskräften an. Da die Faktorintensitäten der Importe jedoch nur schwer zu ermitteln sind, basieren viele Autoren ihre Berechnungen auf die Intensitäten von ähnlichen Produkten, die im Inland produziert werden.[83]

Im Folgenden werden die Ergebnisse einiger Studien, in denen die Auswirkungen des internationalen Handels auf die Arbeitsnachfrage nach unterschiedlich qualifizierten Arbeitnehmern untersucht wurden, dargestellt.[84] Da diese Studien in der Literatur sehr umstritten sind, werden darüber hinaus die wichtigsten Kritikpunkte an diesen Untersuchungen zusammengefasst.[85]

---

theoretischen Modell gleichen sich diese beiden Prozesse aus. (Vgl. Sachs/Shatz (1994), S. 14f.; Appleyard/Field (1992), S. 169ff.) Bestehen die beiden Produktionsfaktoren in der Analyse aus „qualifizierter Arbeit“ und aus „gering qualifizierter Arbeit“, so findet dieser Ausgleichsprozess durch eine Veränderung der Lohnsätze für qualifizierte und für weniger qualifizierte Arbeit statt. Das Auftreten von Beschäftigungseffekten aufgrund des internationalen Handels für verschiedene Qualifikationsgruppen wird darauf zurückgeführt, dass die Annahme der vollständig flexiblen Löhne in der Realität nicht gegeben ist. Passen sich die Lohnsätze nicht vollständig an die Faktornachfrageveränderungen an, so können Beschäftigungsverluste auftreten. In diesem Fall ist dann nicht direkt der Handel die Ursache der Beschäftigungsrückgänge, sondern die mangelnde Anpassungsfähigkeit des Marktes. (Vgl. Hesse (1996), S. 337f.; Lücke (1997), S. 2; Fitzenberger (1997), S. 643; Fitzenberger (1999), S. 90f.)

[82] Dieser auf Wassily W. Leontief (1953) zurückzuführende Ansatz diente ursprünglich der empirischen Überprüfung der Heckscher-Ohlin-Theorie.

[83] Vgl. Paqué (1998), S. 370f.; Wood (1991a), S. 21; Wood (1995), S. 64.

[84] In vielen Studien wird nicht nur der Zusammenhang zwischen dem internationalen Handel und der gesamtwirtschaftlichen Qualifikationsstruktur untersucht, sondern ebenso die Auswirkungen des Handels auf die Lohnstruktur zwischen den Qualifikationsgruppen. Dieser Aspekt wird hier jedoch nicht behandelt.

Der Zusammenhang zwischen dem internationalen Handel und der Lohnstruktur wird von einigen amerikanischen Autoren bevorzugt untersucht, da in den USA das Lohnsystem flexibler ist als beispielsweise in Deutschland. In den Sektoren, die einer großen Auslandskonkurrenz ausgesetzt sind, wirkt sich der internationale Handel bei relativ flexiblen Löhnen stärker auf die Löhne aus als auf die Beschäftigung. (Vgl. Hesse (1996), S. 338).

[85] Eine Übersicht über die Ergebnisse der betrachteten Untersuchungen befindet sich im Anhang. (Tabelle A-21).

### 3.1.1 Ergebnisse ausgewählter Studien

Borjas, Freeman und Katz (1992) untersuchten die Auswirkungen des internationalen Handels auf das Arbeitsangebot in den USA für den Zeitraum von 1967 – 1985. In der Studie wurde der direkte Arbeitsinput in Form von Arbeitsstunden für die Herstellung der Ex- und Importe berechnet.[86] Als Basis diente der Arbeitseinsatz in dem heimischen Industriesektor. Die Arbeitsstunden, die zur Produktion der Exporte benötigt werden, können als eine Reduzierung des inländischen Arbeitsangebots angesehen werden, da sie das zur Verfügung stehende Arbeitspotenzial für die inländische Produktion reduzieren. Der Arbeitsinput der Importe kann dagegen als eine Vergrößerung des inländischen Arbeitsangebots angesehen werden. Die Auswirkungen des Nettoimports (Importe – Exporte) können einen positiven oder einen negativen Einfluss auf das Arbeitsangebot haben.[87] Während in den sechziger und siebziger Jahren das Arbeitsangebot in den USA durch den internationalen Handel leicht reduziert wurde, führte er seit den achtziger Jahren zu einem Anstieg des Arbeitsangebots.[88] Die Autoren führen diese Entwicklung auf die Zunahme des Handelsdefizits in den USA zurück. In der Untersuchung wurde die tatsächliche Beschäftigung mit einer theoretischen verglichen, die realisiert worden wäre, wenn im Untersuchungszeitraum keine Zunahme des Handelsvolumens aufgetreten wäre. Die Differenz zwischen diesen beiden Angaben wird als die Veränderung des Arbeitsangebots angesehen, die auf den internationalen Handel zurückgeführt werden kann.[89] Nach den Berechnungen der Autoren stieg das Arbeitsangebot in den USA bis zum Jahr 1985 - bedingt durch den internationalen Handel - um 1,6 %. Wurde die Veränderung des Arbeitsangebots getrennt für verschiedene Qualifikationsgruppen[90] untersucht, so konnte in den 70ern und in den frühen 80er Jahren, die durch eine ausgeglichene Handelsbilanz gekennzeichnet waren, nur eine geringe Auswirkung des Handels auf das Arbeitsangebot in den einzelnen Gruppen festgestellt werden. Dagegen deuten die Zahlen ab den frühen 80er Jahren darauf hin, dass die Zunahme des Handelsdefizits einen stärkeren Anstieg des Arbeitsangebots der gering qualifizierten Arbeitnehmer verursacht hat.

[86] Borjas, Freeman und Katz messen nur die direkten Faktorintensitäten und vernachlässigen bei ihren Berechnungen die indirekten Input-Output-Effekte auf das Arbeitsangebot. (Vgl. Borjas/Freeman/Katz (1992), S. 215.)

[87] In diesem Kapitel soll die Veränderung der gesamtwirtschaftlichen Arbeitsnachfrage untersucht werden. Da der berechnete Arbeitsinput der Importe auch als eine Verringerung der Arbeitsnachfrage und der Arbeitsgehalt der Exporte als eine Vergrößerung der Arbeitsnachfrage angesehen werden kann, wird die Studie von Borjas, Freeman und Katz hier aufgeführt.

[88] Alle Berechnungen wurden unter der Annahme konstanter Güterpreise durchgeführt.

[89] Vgl. Deardorff/Hakura (1994), S. 94.

[90] Als Qualifikationsgruppen werden hier unterschieden: High-School-Abrecher, High-School-Absolventen, College-Abbrecher und College-Absolventen.

Das Arbeitsangebot der gering qualifizierten Männer stieg im Jahr 1985 bedingt durch den Handel um 4 – 8 %[91] und bei den gering qualifizierten Frauen um 8 – 13 %. Die Auswirkungen auf die besser qualifizierten Personen blieben jedoch gering. Noch deutlicher werden die qualifikationsverzerrenden Auswirkungen des Handels, wenn die Arbeitsangebotsveränderungen nicht als Anteil an allen Beschäftigten berechnet wurden, sondern nur auf die Arbeitnehmer im Produktionssektor bezogen wurden.
Insgesamt konnte von den Autoren ein erheblicher Einfluss des Handels auf die Arbeitsmarktsituation der gering qualifizierten Personen in den USA festgestellt werden. Der Handel wird von ihnen jedoch nicht als die einzige Ursache für die Verschlechterung der Arbeitsmarktsituation der gering qualifizierten Arbeitnehmer angesehen.[92]

Murphy und Welch (1991) berechneten mithilfe von Daten für die Im- und Exporte von lang- und kurzlebigen Gütern, von handelbaren Dienstleistungen und nicht handelbaren Gütern die durch den Handel verursachten Nachfrageverschiebungen zwischen den Jahren 1976 – 1986 in den USA. Im Gegensatz zu Borjas, Freeman und Katz gehen Murphy und Welch nicht davon aus, dass ein Anstieg der Importe zwingend zu einem Rückgang der Arbeitsnachfrage im eigenen Land führt. Die beiden Autoren sehen einen Anstieg des Handelsdefizits als eine Zunahme in der Gesamtnachfrage an, die mit einem Anstieg der aggregierten Ausgaben verbunden ist. Somit wird davon ausgegangen, dass ein Handelsdefizit einen expansiven Effekt auf die aggregierte Nachfrage hat. Daraus folgt, dass der Anstieg der Nettoimporte zwei Effekte auf die Arbeitsnachfrage hat: Einmal führt er durch die zunehmende Importkonkurrenz zu einem Rückgang der Arbeitsnachfrage in dem komplementären Sektor im Inland. Gleichzeitig nimmt durch die steigenden Ausgaben die Nachfrage nach Gütern und damit auch nach dem Faktor Arbeit in allen Sektoren zu.[93] Da Murphy und Welch beide Effekte in ihren Berechnungen berücksichtigen, können sie in einigen Sektoren durch die Möglichkeit des internationalen Handels und die Verän-

[91] Die Spannbreite ergibt sich aufgrund verschiedener Berechnungsmethoden.
[92] So untersuchten die Autoren in dieser Studie zudem die Auswirkungen der Immigration auf das Arbeitsangebot. (Zu den Auswirkungen der Immigration auf den Arbeitsmarkt siehe auch: Borjas/Freeman/Katz (1996)). Freeman formuliert an anderer Stelle noch einmal, dass seiner Meinung nach der Handel nur eine Ursache für die Verschlechterung der Arbeitsmarktsituation der gering qualifizierten Arbeitnehmer ist und nicht der einzige Grund. (Vgl. Freeman (1998), S. 102, 126 und 130.)
[93] Die Arbeitsnachfrageveränderungen aufgrund der gestiegenen Ausgaben verteilen sich gleichmäßig auf alle Branchen, daher werden in dieser Analyse auch die nichthandelbaren Güter berücksichtigt.

derung der Gesamtnachfrage eine Zunahme der Arbeitsnachfrage und in anderen Bereichen einen Rückgang der Arbeitsnachfrage feststellen.[94]
Die Analysen führten zu dem Ergebnis, dass in dem Zeitraum von 1979 – 1986 die Beschäftigung im Bereich der nicht handelbaren Güter um 4,1 % angestiegen ist. Da dieser Sektor keine Importe zu verzeichnen hat, ist dieser Effekt vollständig auf die steigende Gesamtnachfrage zurückzuführen, die mit dem Handelsdefizit einhergeht.
Die stärksten Beschäftigungsrückgänge sind mit einem prognostizierten Wert von 14,7 % im Bereich der langlebigen Güter zu verzeichnen. Der Beschäftigungsabbau setzt sich dabei aus einem Rückgang der Beschäftigungsmöglichkeiten um 18,8 % durch die Substitution inländischer Produktion und einem Anstieg der Beschäftigung um 4,1 % durch die steigende Gesamtnachfrage zusammen. Bei den kurzlebigen Gütern kann insgesamt nur ein geringer Rückgang der Beschäftigung und bei den handelbaren Dienstleistungen kann sogar ein leichter Beschäftigungszuwachs festgestellt werden.
Wird der Effekt des internationalen Handels auf die Arbeitsnachfrage differenziert für verschiedene Qualifikationsgruppen betrachtet,[95] so wird deutlich, dass die relative Arbeitsnachfrage in den beiden unteren Qualifikationsgruppen (8 - 11 Jahre Ausbildung und 12 Jahre Ausbildung) um 1,6 % bzw. um 0,4 % abgenommen hat, während die Arbeitsnachfrage in den beiden höheren Qualifikationsgruppen (13 - 15 Jahre Ausbildung und 16 und mehr Jahre Ausbildung) um 0,5 % bzw. um 1,5 % zugenommen hat.[96] Somit kann auch in dieser Untersuchung festgestellt werden, dass sich der internationale Handel negativ auf die Arbeitsmarktchancen der gering qualifizierten Arbeitnehmer auswirkt. Der Effekt ist jedoch gering. Den geringen Einfluss erklären Murphy und Welch damit, dass der internationale Handel nur einen geringen Anteil an der Gesamtproduktion und dem gesamten Konsum in den USA ausmacht und damit auch keine größeren Auswirkungen auf die Arbeitsnachfrage erwartet werden können.[97]

---

[94] Vgl. Deardorff/Hakura (1994), S. 93f. Während Borjas, Freeman und Katz die tatsächliche Beschäftigung mit einer theoretischen verglichen, die realisiert worden wäre, wenn in dem Untersuchungszeitraum das Handelsvolumen konstant geblieben wäre, gingen Murphy und Welch zusätzlich davon aus, dass auch die Gesamtausgaben konstant geblieben sind. (Vgl. Deardorff/Hakura (1994), S. 94.) Die Güterpreise wurden auch in dieser Untersuchung als konstant angenommen.
[95] Die betrachteten Personen werden aufgrund ihrer unterschiedlichen Anzahl an Ausbildungsjahren in verschiedene Qualifikationsgruppen eingeteilt.
[96] Während bei den Männern nur in der höchsten Qualifikationskategorie ein Anstieg der relativen Arbeitsnachfrage festgestellt werden konnte, mussten die Frauen lediglich in der untersten Qualifikationsgruppe einen Rückgang der relativen Arbeitsnachfrage hinnehmen.
[97] Vgl. Murphy/Welch (1991), S. 59ff.

Sachs und Shatz (1994) berechneten den Faktorgehalt und die Auswirkungen des internationalen Handels auf die Beschäftigung in den USA für den Zeitraum von 1978 – 1990. Auch in dieser Studie wird die tatsächliche Beschäftigung mit einer theoretischen Beschäftigung verglichen, die hätte erzielt werden können, wenn die Importe seit 1978 nicht angestiegen wären. Die gesamte Nachfrage bis zum Jahr 1990 hätte dann durch die heimische Produktion abgedeckt werden müssen. Die Autoren berechneten zunächst für jeden Industriesektor, um wie viel Prozent die Produktion im Jahr 1990 höher wäre, wenn in dem Untersuchungszeitraum keine Importe stattgefunden hätten. Damit wird ein Maß ermittelt, welches angibt, um wie viel Prozent die heimische Produktion aufgrund des internationalen Handels reduziert wird. Es wurde davon ausgegangen, dass sich die Beschäftigung der gering oder besser qualifizierten Arbeitskräfte um den gleichen Prozentsatz verändert hat wie der Output. Die Beschäftigungsgewinne und –verluste wurden abschließend über alle Sektoren addiert.[98]

Sachs und Shatz kamen zu dem Ergebnis, dass der Anstieg der Nettoexporte nach 1978 zu einem Rückgang der Beschäftigung im Industriesektor um 5,9 %[99] geführt hat. Damit können 39 % des Beschäftigungsrückgangs in diesem Sektor durch den internationalen Handel erklärt werden.[100] Der Rückgang der Beschäftigung bei den gering qualifizierten Arbeitnehmern[101] belief sich auf 7,2 % und bei den höher qualifizierten Arbeitnehmern musste dagegen nur ein Beschäftigungsrückgang von 2,1 % hingenommen werden.

Bei den Berechnungen wurde danach differenziert, ob der Handel der USA mit Entwicklungsländern oder mit anderen Industrieländern stattgefunden hat. Es konnte festgestellt werden, dass die Beschäftigungsrückgänge bei den qualifizierten und den weniger qualifizierten Arbeitnehmern zu einem großen Teil durch den Handel mit den Entwicklungsländern bedingt sind. Dagegen führt der Handel mit anderen Industrieländern nur zu geringen Beschäftigungsverlusten

[98] Von der Heckscher-Ohlin-Theorie abweichende Beschäftigungsrückgänge sind aufgrund einer unflexiblen Lohnstruktur, alternativer Beschäftigungsmöglichkeiten oder einer positiven Angebotselastizität der Arbeitnehmer möglich. Die Erwerbspersonen, die im Industriesektor freigesetzt werden, müssen in die Nichthandelssektoren oder in die Arbeitslosigkeit wechseln oder sich vom Arbeitsmarkt zurückziehen. (Vgl. Sachs/Shatz (1994), S. 15; Sachs/Shatz (1998), S. 229). Lawrence kritisiert an dieser Stelle, dass die Möglichkeit außer acht gelassen wird, dass durch die sinkenden Löhne der gering qualifizierten Personen im Produktionssektor sie nicht nur im Nichthandelssektor sondern auch im Industriesektor nachgefragt werden können. (Vgl. Comment by Robert Z. Lawrence in Sachs/Shatz (1998), S. 248.)

[99] Als Bezugsgröße dient die Gesamtzahl der Beschäftigten im Industriesektor im Jahr 1978.

[100] Vgl. Sachs/Shatz (1994), S. 7.

[101] Als gering qualifizierte Personen werden die Beschäftigten bezeichnet, die im Industriesektor direkt mit dem Produktionsvorgang beschäftigt sind. Dagegen werden die Personen als höher qualifiziert bezeichnet, die im Industriesektor nicht mit Produktionsaufgaben betreut sind.

bei den gering qualifizierten Arbeitnehmern und führt sogar zu Beschäftigungszuwächsen bei den hoch qualifizierten Arbeitnehmern.[102]
Ein Rückgang der Beschäftigung im Bereich der qualifikationsarmen Arbeitsplätze kann damit unter anderem auf den Handel zwischen den USA und den Entwicklungsländern zurückgeführt werden, da die USA aus den Entwicklungsländern vorwiegend arbeitsintensive Produkte importieren. Zwischen den USA und anderen Industrieländern sind die Unterschiede in den Faktorintensitäten der Im- bzw. der Exporte jedoch geringer, so dass der Handel hier zwischen ähnlichen Produktkategorien stattfindet (intraindustrieller Handel) und damit nicht unbedingt zu einer Benachteiligung einer bestimmten Qualifikationsgruppe führt.[103] Auch Sachs und Shatz betonen, dass die Veränderung in der gesamtwirtschaftlichen Qualifikationsstruktur nicht vollständig durch den Handel der USA mit den Entwicklungsländern erklärt werden kann. Die beiden Autoren schließen nicht aus, dass ebenso wie der Handel auch der technische Fortschritt einen Einfluss auf die unterschiedlichen Arbeitsmarktchancen verschiedener Qualifikationsgruppen haben kann.[104]

Wood kritisiert die herkömmlichen Methoden zur Berechnung des Faktorgehalts internationalen Handels. Seiner Meinung nach wird der Einfluss des Handels auf die Arbeitsmarktsituation der gering qualifizierten Arbeitnehmer unterschätzt. Wood führt mehrere Kritikpunkte auf, die bei der Berechnung des Faktorgehalts nach der herkömmlichen Methode zu Verzerrungen führen können. Die Auswirkungen des internationalen Handels auf die Beschäftigung können mit der herkömmlichen Methode einmal überschätzt werden, da Güter, die aus den Entwicklungsländern importiert werden, oftmals billiger sind als wenn sie in den Industrieländern produziert worden wären. Somit kaufen die Konsumenten in den Industrieländern mehr von den Importen als sie von den heimischen Produkten gekauft hätten und somit ist das Volumen der Importe größer als der entsprechende Rückgang in der heimischen Produktion. Wenn nun das Volumen der Importe als ein Indikator für die Reduktion in der heimischen Produktion angesehen wird, dann werden die Beschäftigungsrückgänge im Industrieland überschätzt. Eine Unterschätzung der Auswirkung des internationalen Handels auf die Beschäftigung kann dadurch zu Stande kommen, dass in den herkömmlichen Berechnungen des Faktorgehalts angenommen wird, alle Importe aus den Entwicklungsländern ständen im Wettbewerb zu identischen Gütern aus den Industrieländern. Daher wird der Faktorgehalt der Importe mit Daten aus dem korrespondierenden Sektor des Heimatlandes geschätzt. In der Realität werden jedoch einige der arbeitsintensiven Güter in den Industrieländern gar nicht mehr

---

[102] Vgl. Sachs/Shatz (1994), S. 26ff.
[103] Vgl. Sachs/Shatz (1994), S. 14.
[104] Vgl. Sachs/Shatz (1994), S. 4.

produziert und der Import dieser Güter kann damit nicht im Wettbewerb zu heimischen Gütern stehen. Dadurch wird der Einfluss des Handels auf die Arbeitnehmer in den Industrieländern unterschätzt.[105]

Wood unternahm den Versuch, die bisherigen Ergebnisse bezüglich der Auswirkungen des Handels auf die Arbeitsnachfrage um diese Defizite zu korrigieren. Da er davon ausgeht, dass die Importgüter nicht im direkten Wettbewerb zu identischen Produkten im Industrieland stehen, konnte für diese Produkte die Arbeitsintensität der Importe nicht mithilfe der Faktorintensitäten ähnlicher Produkte aus der heimischen Produktion berechnet werden. Stattdessen war es notwenig, sich an den Daten aus den exportierenden Ländern zu orientieren. Die ermittelten Faktorgehaltskoeffizienten des Partnerlandes wurden zudem mit den Faktorpreisdifferenzen gewichtet. Somit konnte berücksichtigt werden, dass die Löhne in den Industrieländern höher sind als in den Entwicklungsländern und daher in diesen Ländern kapitalintensivere Produktionsverfahren angewendet worden wären, wenn die Güter dort produziert worden wären. Für diese Anpassung benutzte Wood die Substitutionselastizitäten zwischen den Produktionsfaktoren, um angeben zu können, wie viel von jedem Faktor eingesetzt worden wäre, wenn das Importgut im Inland zu anderen relativen Faktorpreisen hergestellt worden wäre. Weiterhin wurde ein Gewichtungsfaktor eingeführt, der berücksichtigt, dass die Güter bei heimischer Produktion teurer wären und damit weniger von ihnen gekauft würden.[106]

Durch diese Anpassungen erzielte Wood Resultate, die auf größere Beschäftigungseffekte durch den internationalen Handel hindeuten als andere Studien, die die herkömmliche Methode zur Berechnung des Faktorgehalts anwenden. In den Analysen wird der internationale Handel im Industriesektor zwischen den Entwicklungsländern und den Industrieländern berücksichtigt und dessen Auswirkungen auf die Arbeitsnachfrage nach unterschiedlich qualifizierten Personen[107] in den Industrieländern untersucht. Wood stellte fest, dass bis zum Jahr 1990 bedingt durch den internationalen Handel die Arbeitsnachfrage im Industriesektor um 9 Mio. (12,1 %) zurückgegangen ist.[108] Die Nachfragerückgänge konzentrierten sich in diesem Sektor ausschließlich auf die gering qualifizierten Arbeitnehmer (-9,2 Mio.), während die gut ausgebildeten Arbeitskräfte leichte

[105] Vgl. Wood (1991a), S. 24f.; Wood (1991b), S. 721ff.; Wood (1994a), S. 72ff.; Wood (1995), S. 64f.

[106] Vgl. Wood (1991a), S. 25; Wood (1991b), S. 722ff.; Wood (1994a), S. 122ff.; Wood (1995), S. 65.

[107] Als gering qualifizierte Arbeitnehmer werden in dieser Untersuchung diejenigen Personen angesehen, die keine weitere Ausbildung als eine grundlegende Schulausbildung absolviert haben. Als qualifizierte Arbeitnehmer werden die Personen bezeichnet, die eine weitergehende Ausbildung besitzen. (Vgl. Wood (1991a), S. 25; Wood (1991b), S. 726.)

[108] Die Berechnungen basieren auf der Anzahl der Beschäftigten im Industriesektor bzw. der Gesamtbeschäftigung im Jahr 1985.

Nachfragezuwächse erzielen konnten. Werden die durch den Nord-Süd-Handel verursachten Arbeitsnachfrageveränderungen im Industriesektor auf die Gesamtbeschäftigung hochgerechnet, so sank diese bis zum Jahr 1990 um fast 3 % und bei den gering qualifizierten Personen um etwas mehr als 5 %.[109]
Nach Meinung Woods unterschätzen diese Ergebnisse noch immer die Auswirkungen des internationalen Handels auf die Arbeitsnachfrage, da sie den Effekt des internationalen Handels auf den technischen Fortschritt vernachlässigen. Die Nachfrage nach gering qualifizierten Arbeitnehmern nimmt in den Industrieländern auch dann ab, wenn die Firmen technologische Innovationen vornehmen, um im Wettbewerb mit den Entwicklungsländern bestehen zu können. Diese Innovationen beinhalten oftmals Produktionsprozesse, die mit einem geringeren Anteil von Arbeit auskommen. Als einen weiteren Grund, warum die korrigierte Berechnung des Faktorgehalts internationalen Handels die Auswirkungen des Handels auf die gering qualifizierten Arbeitnehmer noch immer unterschätzt, führt Wood an, dass die Berechnung sich ausschließlich auf den Produktionssektor bezieht. Es wird außer acht gelassen, dass sich möglicherweise ähnliche Effekte in anderen Sektoren vollziehen.[110] Weiterhin kann auch die Nachfrage nach gering und nach hoch qualifizierten Arbeitnehmern in Sektoren mit nicht handelbaren Gütern beeinflusst werden, da sie oftmals Inputfaktoren für den Produktionssektor oder die handelbaren Dienstleistungen bereitstellen.[111]
Auch wenn der Rückgang in der Nachfrage nach gering qualifizierten Arbeitnehmern aufgrund des internationalen Handels nach den Berechnungen Woods größer ist als in den herkömmlichen Studien, ist er gemessen an der Gesamtbeschäftigung immer noch gering und zudem über fast drei Jahrzehnte verteilt.

### 3.1.2 Kritikpunkte an den aufgeführten Studien

Eine Reihe von Autoren kritisieren die vorausgegangenen Studien, die durch die Berechnung des Faktorgehalts der Handelsströme die durch den Handel bedingten Beschäftigungsveränderungen erklären wollen. Sie sind überwiegend der Meinung, dass der Handel keine größeren Auswirkungen auf die gesamtwirtschaftlichen Beschäftigungsstrukturen hat.

---

109 Vgl. Wood (1994a), S. 147ff.; Wood (1991b), S. 731ff.; Wood (1991a), S. 25f.

110 Vgl. Wood (1991a), S. 26; Wood (1991b), S. 737f.; Wood (1994a), S. 159ff.; Wood (1995), S. 67.
Aufgrund der Schwierigkeit eine Datengrundlage für diese Kalkulationen zu finden, nimmt Wood diese weiteren Korrekturen nicht vor. Er schätzt jedoch, dass unter zusätzlicher Berücksichtigung dieser beiden Faktoren der internationale Handel die relative Nachfrage nach gering qualifizierten Arbeitnehmern in der Gesamtwirtschaft der entwickelten Länder um ca. 20 % reduziert hat. (Vgl. Wood (1995), S. 68.)

111 Vgl. Wood (1991b), S. 737; Wood (1994a), S. 162ff.; Wood (1995), S. 67f.

Ein Hinweis darauf ist, dass in den USA der Anteil der im Industriesektor beschäftigten Arbeitnehmer seit dem Jahr 1950 gesunken ist. Der internationale Handel der USA mit anderen Ländern spielt jedoch erst seit den siebziger Jahren eine Rolle und kann erst ab diesem Zeitpunkt für Veränderungen in der Beschäftigtenzahl im Industriesektor verantwortlich gemacht werden. Somit müssen noch andere Gründe diese Entwicklung beeinflusst haben.[112] Zudem kann festgestellt werden, dass zwischen 1970 und 1990 nicht nur die Importe in die USA stark zugenommen haben; gleichzeitig ist der Anteil der Exporte stark angestiegen. Somit ist es möglich, dass ein Teil der Industriebetriebe die Beschäftigung aufgrund der Importkonkurrenz reduziert hat, gleichzeitig werden jedoch Arbeitnehmer benötigt, um die Exporte herzustellen. Um Auswirkungen des internationalen Handels auf die Beschäftigung feststellen zu können, muss der Nettoeffekt des Handels bestimmt werden. Für die USA kann festgestellt werden, dass zwischen den Jahren 1970 und 1990 der Anteil des Industriesektors am Bruttoinlandsprodukt sehr viel stärker zurückgegangen ist als der Anteil der Handelsbilanz in diesem Sektor. Somit kann der internationale Handel nicht der einzige Grund für einen Rückgang in der Produktion des Industriesektors sein.[113]
Der Hauptkritikpunkt an den Studien über den Faktorgehalt internationalen Handels ist jedoch die inkorrekte Anwendung der Heckscher-Ohlin-Theorie und des Stolper-Samuelson-Theorems, die als theoretische Grundlage der Untersuchungen angeführt werden. Einige Autoren weisen darauf hin, dass es nicht verwunderlich ist, dass Berechnungen auf der Grundlage des Heckscher-Ohlin-Modells und des Faktorgehalts internationalen Handels nur zu geringen Beschäftigungsänderungen auf dem amerikanischen Arbeitsmarkt führen, da ein erheblicher Teil des US-amerikanischen Handels mit anderen Industrieländern durchgeführt wird. Diese Länder weisen im Hinblick auf das Qualifikations- und das Lohnniveau Ähnlichkeiten zu den USA auf. Einige Studien unterscheiden jedoch nicht danach, ob der Handel mit Entwicklungsländern oder mit anderen Industrieländern stattfindet. Das Heckscher-Ohlin-Modell wird jedoch im Allgemeinen nicht als die adäquate Theorie angesehen, um den intraindustriellen Handel zwischen gleich entwickelten Ländern zu beschreiben.[114]
Weiterhin findet nach der Heckscher-Ohlin-Theorie nach Aufnahme des Handels eine Reallokation der Beschäftigten statt. Im qualifikationsintensiven Land werden mehr Arbeitnehmer in qualifikationsintensiven Industrien beschäftigt und gleichzeitig nimmt in allen Sektoren der Anteil der hoch qualifizierten zu den gering qualifizierten Arbeitnehmern ab, da sich die Lohnstruktur verändert. Für die USA konnte jedoch festgestellt werden, dass trotz eines steigenden rela-

[112] Vgl. Krugman/Lawrence (1993), S. 3.
[113] Vgl. Krugman/Lawrence (1993), S. 3ff.
[114] Vgl. Krugman/Lawrence (1993), S. 16; Lawrence/Slaughter (1993), S. 190; Lawrence (1994), S. 16; Lawrence (1996), S. 38.

tiven Lohns der hoch qualifizierten Arbeitnehmer ihr Anteil an den Beschäftigten in fast allen Industriesektoren zugenommen hat. Weiterhin konnte nicht gezeigt werden, dass die qualifikationsintensiven Industrien stärker wachsen als die weniger qualifikationsintensiven Bereiche. Somit kann die steigende Nachfrage nach hoch qualifizierten Arbeitnehmern eher auf Nachfrageveränderungen innerhalb von Industriesektoren als auf Auswirkungen des Handels zurückgeführt werden.[115]

Ein weiterer Kritikpunkt an den Studien über den Faktorgehalt der Handelsströme ist, dass der Wirkungsmechanismus des internationalen Handels auf den Arbeitsmarkt nicht korrekt dargestellt wird. Nach der Heckscher-Ohlin-Theorie und dem Stolper-Samuelson-Theorem führt die durch den internationalen Handel bedingte Veränderung der Güterpreise auf dem Weltmarkt zu Auswirkungen auf den Arbeitsmarkt.[116] In den Studien, in denen der Faktorgehalt des internationalen Handels untersucht wird, wird jedoch auf das Handelsvolumen zurückgegriffen und nicht untersucht, inwieweit sich die Güterpreise verändert haben, die dann Auswirkungen auf den Arbeitsmarkt haben können. Während in den

---

[115] Vgl. Krugman/Lawrence (1993), S. 12ff.; Lawrence/Slaughter (1993), S. 192ff.; Lawrence (1994), S. 16; Lawrence (1996), S. 55ff.; Baldwin (1995), S. 217.; Sachs/Shatz (1998), S. 217.

Neven und Wyplosz zeigen, dass ebenfalls in Deutschland und Frankreich der Anteil der hoch qualifizierten Arbeitnehmer an der gesamten Industriebeschäftigung relativ zu den gering qualifizierten Beschäftigten in dem Zeitraum von 1975 – 1990 angestiegen ist. (Vgl. Neven/Wyplosz (1996), S. 13f.)

[116] Ausgangspunkt des Handels sind in der Heckscher-Ohlin-Theorie die unterschiedlichen Güterpreise in den beiden Ländern. Nach Aufnahme des Handels stellt sich ein einheitliches Güterpreisverhältnis auf dem Weltmarkt ein, welches zur Folge hat, dass jedes Land die Produktion des Gutes, das den relativ reichlich vorhandenen Faktor intensiv nutzt, ausweitet und die Herstellung des anderen Gutes reduziert. Nach Aufnahme des Handels nimmt somit in jedem der beiden Länder die Produktion des Exportgutes zu und die Herstellung des Importgutes ab. (Vgl. Siebert (1994), S. 61; Borchert (1992), S. 52.) Damit wird in jedem Land im Vergleich zum Autarkiezustand eine größere Menge der Produktionsfaktoren in die Produktion des Exportgutes eingesetzt und weniger in die Produktion des Importgutes. Es kommt somit zu einer Reallokation der Faktoren und die relative Knappheit der Produktionsfaktoren ist in jedem Land reduziert worden. (Vgl. Ohlin (1968), S. 24; Siebert (1994), S. 62.) Da in jedem Land bei der verringerten Produktion des Importgutes weniger Einheiten von dem relativ reichlich vorhandenen Faktor freigesetzt werden, als für die Produktion einer zusäzlichen Einheit des Exportgutes benötigt wird, steigt die Nachfrage nach dem relativ reichlich vorhandenen Faktor. In jedem Land nimmt der relative Preis des relativ reichlich vorhandenen Faktors zu, so dass dieser Prozess zu einer Angleichung der Faktorpreisrelationen in den beiden Ländern führt. (Vgl. Heckscher (1949), S. 284ff.; Ohlin (1968), S. 24ff.; Samuelson (1948 und 1949). Während Ohlin nicht von einem vollständigen Ausgleich der Faktorpreise ausgeht, sondern von einer Annäherung an eine einheitliche Faktorpreisrelation, muss nach Samuelson unter den Annahmen von Heckscher und Ohlin eine vollständige Faktorpreisangleichung erfolgen. Siehe auch: Appleyard/Field (1992), S. 169ff.; Krugman/Obstfeld (1997), S. 69f. und 78f.; Bender (1995), S. 445f.; Siebert (1994), S. 61ff.)

vorausgegangenen Studien ein Importwachstum immer mit Auswirkungen auf den Arbeitsmarkt einherging, weist Hesse darauf hin, dass ein Importwachstum nicht nur durch verschärfte Konkurrenz, sondern auch durch ein zunehmendes Angebot an hoch qualifizierten Arbeitskräften im Industrieland oder durch eine steigende Nachfrage nach Importprodukten im Inland bedingt sein kann.[117] In diesem Fall können Bhagwati und Dehejia sowie Hesse in einem Modell zeigen, dass ein durch Nachfragesteigerungen nach dem Importgut bedingtes Handelsdefizit in einem kleinen Land nicht zu Güterpreisveränderungen und damit auch nicht zu Auswirkungen auf den Arbeitsmarkt führt.[118] In einem kleinen Land hat eine bei Vollbeschäftigung zunehmende Importnachfrage keine Auswirkungen auf die Güterpreise auf dem Weltmarkt. Das Handelsdefizit wird durch Kapitalabflüsse bezahlt und die inländische Wirtschaft bleibt vollbeschäftigt. Die heimischen Ausgaben übersteigen lediglich das Produktionspotenzial der Wirtschaft. Es kommt jedoch nicht zu einer Veränderung der effektiven Faktorausstattung eines Landes, wie es in den Studien über den Faktorgehalt des internationalen Handels angenommen wird. Treten jedoch Güterpreisveränderungen auf dem Weltmarkt auf, können sie selbst bei geringen Handelsströmen große Auswirkungen auf den Arbeitsmarkt haben.[119] Wenn sich somit die Güterpreise nicht in die von der Theorie vorausgesagte Richtung verändern, dann kann der Zusammenhang zwischen dem Faktorgehalt des Handels und dem Arbeitsmarkt nicht hergestellt werden. Die Studien werden daher nicht in dem Kontext eines klaren Modells vorgenommen.[120]

Anschließend an ihre Kritik über die mangelnde Berücksichtigung der Güterpreisveränderungen in den Studien über den Zusammenhang zwischen dem internationalen Handel und dem Arbeitsmarkt untersuchten einige Autoren die Veränderung des Preisverhältnisses zwischen den qualifikationsintensiven und den weniger qualifikationsintensiven Gütern. Nach der Heckscher-Ohlin-Theorie müssten in den Ländern, die relativ gut mit qualifizierten Arbeitnehmern ausgestattet sind, die relativen Preise der Güter mit einer relativ hohen Qualifikationsintensität ansteigen. Lawrence und Slaughter stellten jedoch für die USA fest, dass die relativen Preise der qualifikationsintensiven Güter in den 80er Jahren gesunken sind.[121] Sachs und Shatz kommen jedoch zu einem ande

[117] Vgl. Hesse (1996), S. 341ff.

[118] Vgl. Bhagwati/Dehejia (1994), S. 48ff.; Bhagwati (1998), S. 52f.; Hesse (1996), S. 341ff.

[119] Vgl. Lawrence/Slaughter (1993), S. 190ff.; Lawrence (1994), S. 16.

[120] Vgl. Lawrence/Slaughter (1993), S. 188 ff.; Bhagwati/Dehejia (1994), S. 46ff.; Bhagwati (1998), S. 51ff.

[121] Vgl. Lawrence/Slaughter (1993), S. 195ff.; Lawrence (1996), S. 54ff. Das gleiche Ergebnis wurde von Lawrence auch für die Bundesrepublik Deutschland und Japan erzielt. (Vgl. Lawrence (1996), S. 56f.) Neven und Wyplosz konnten für Frankreich, die Bundesrepublik Deutschland, Großbritannien und Italien zeigen, dass die Importpreise von Gütern mit einer

ren Ergebnis. Nach ihren Berechnungen sind die relativen Preise der Produkte mit einer relativ geringen Qualifikationsintensität in den USA seit den 80er Jahren gesunken. Der Zusammenhang ist jedoch sehr schwach und statistisch nicht signifikant.[122]

Auch Leamer kritisiert die vorhandenen Studien über die Auswirkungen des Handels auf den Arbeitsmarkt. Leamers Hauptkritikpunkt ist ebenfalls, dass in den Analysen, die auf der Heckscher-Ohlin-Theorie und dem Stolper-Samuelson-Theorem basieren, die Güterpreisveränderungen nicht untersucht wurden. Denn ohne Güterpreisveränderungen kann der Handel nach der zu Grunde gelegten Theorie keine Auswirkungen auf den Arbeitsmarkt haben. Er weist darauf hin, dass die neoklassische Handelstheorie keine Aussagen zum effektiven Faktorangebot macht und eine zunehmende Handelsintensität an sich nicht zu Auswirkungen auf dem Arbeitsmarkt führen muss. Aufgrund der methodischen Mängel sieht er diese Ergebnisse noch nicht als Beweis dafür an, dass der Handel nur geringe Auswirkungen auf den Arbeitsmarkt hat. Er ist davon überzeugt, dass ein nicht unerheblicher Zusammenhang zwischen dem Handel und dem Arbeitsmarkt besteht, auch wenn in den dargestellten Untersuchungen häufig nur ein geringer Teil der Beschäftigungsveränderungen auf den Handel zurückgeführt werden konnte.[123] Leamer untersucht ebenfalls die Güterpreisveränderungen für qualifikationsintensive und weniger qualifikationsintensive Güter. Die Preise für Textilien und Kleidung, die als weniger qualifikationsintensive Güter angesehen werden, sind von 1973 bis 1981 deutlich stärker gefallen als in den Jahren davor. Der Preisrückgang in den 70er Jahren wurde begleitet von einem starken Anstieg der Importe in Relation zu der heimischen Produktion und somit ist es nach Leamers Meinung schwierig, nicht den internationalen Handel als die Hauptursache für die Preisveränderungen auszumachen.[124]

Krugman kritisiert diese Vorgehensweise, nach der der Einfluss des Handels auf den Arbeitsmarkt an den Güterpreisveränderungen festgemacht wird. Eine Veränderung dieser Preise kann auch Entwicklungen widerspiegeln, die in Abwesenheit des Nord-Süd-Handels eingetreten sind, wie z. B. eine Veränderung des Faktorangebots oder der Technologie. Es tritt hier das Problem auf, die Auswirkungen des Handels auf die Güterpreise von anderen Einflussfaktoren zu trennen. Erst dann kann die durch den Handel bedingte Veränderung des Güter-

---

relativ geringen Qualifikationsintensität zwischen 1975 und 1990 im Vergleich zum Durchschnitt nicht merklich gesunken sind. (Vgl. Neven/Wyplosz (1996), S. 5ff.)

[122] Vgl. Sachs/Shatz (1994), S. 37ff.; Sachs/Shatz (1998), S. 235ff. Bhagwati kritisiert an diesen Berechnungen, dass die Preise von Computern aus der Analyse ausgeschlossen wurden. (Vgl. Bhagwati (1998), S. 59.)

[123] Vgl. Leamer (1994), S. 9f. und S. 26; Leamer (1996b), S. 2ff.; Leamer (1998), S. 147.

[124] Vgl. Leamer (1996a), S. 311f.; Leamer (1998), S. 161ff. und S. 167ff.

preisverhältnisses berechnet werden.[125] Berechnet werden muss demnach mit Hilfe von Angebots- und Nachfrageelastizitäten die Differenz zwischen dem aktuellen Güterpreisverhältnis und dem Güterpreisverhältnis im Autarkiezustand. Krugman führte diese Berechnung durch und kam zu dem Ergebnis, dass der Nord-Süd-Handel den relativen Preis arbeitsintensiver Produkte in den Industrieländern um weniger als ein Prozent gesenkt hat. Damit können auch nur geringe Auswirkungen des Handels auf den Arbeitsmarkt abgeleitet werden.[126] Aufgrund der Kritik an den Studien über den Faktorgehalt internationalen Handels wegen ihrer mangelnden theoretischen Fundierung wurden unter anderem von Sachs und Shatz alternative Wege genannt, wie die Handelsliberalisierung den Arbeitsmarkt beeinflussen kann. Das Heckscher-Ohlin-Modell geht davon aus, dass ausschließlich Güter gehandelt werden, nicht jedoch Produktionsfaktoren. Ein weiterer Grund für die Veränderung der gesamtwirtschaftlichen Qualifikationsstruktur können die durch die Handelsliberalisierung und die sinkenden Transport- und Kommunikationskosten möglich gewordenen Kapitalströme sein. Aufgrund der niedrigen Löhne für die Arbeitskräfte in dem Entwicklungsland kann für das Industrieland ein Anreiz bestehen, das Kapital dorthin zu transportieren und dort die qualifikationsarmen Güter zu produzieren, die anschließend in das Industrieland reexportiert werden. Dadurch nimmt das Volumen der qualifikationsarmen Importe aus dem Entwicklungsland zu. Dies hat zur Folge, dass die Löhne der gering qualifizierten Arbeitnehmer sinken oder sie sich alternativ bei abnehmenden Beschäftigungsmöglichkeiten in den Branchen mit Importkonkurrenz einen Arbeitsplatz im Nichthandelssektor suchen müssen. Bei dieser Art des Faktorhandels kann der Arbeitsmarkt auch ohne eine Veränderung der Güterpreise und der Qualifikationsintensität in der Produktion innerhalb des Industriesektors beeinflusst werden.[127] Diese Direktinvestitionen aus dem Industrieland in das Entwicklungsland führen häufig zu einem verstärkten Handel innerhalb von multinationalen Unternehmen, der weitergehend ist als der einfache Güterhandel, da er ebenfalls einen Austausch von Forschungs- und Entwicklungstätigkeiten, Technologien, Qualifikationen und Organisationen mit sich bringt. Die Wachstumsraten der Direktinvestitionen in den Entwicklungsländern sind im letzten Jahrzehnt relativ stärker angestiegen als die des Güterhandels.[128] Sachs und Shatz konnten feststellen, dass der Anteil des Handels zwischen den USA und den Entwicklungsländern, der über multinationale Unternehmen abläuft, bezogen auf das gesamte Handelsvolumen im Industriesektor

[125] Vgl. Krugman (1995a), S. 22ff.; Lawrence (1996), S. 54.
[126] Vgl. Krugman (1995b), S. 355ff.; Krugman (1995a), S. 25f.
[127] Vgl. Sachs/Shatz (1994), S. 15f.; Sachs/Shatz (1996), S. 235; Sachs/Shatz (1998), S. 219ff.; siehe auch: Paqué (1998), S. 367.
[128] Vgl. Sachs/Shatz (1994), S. 42ff.; Lawrence (1996), S. 89ff.; Zur Theorie von Direktinvestitionen und multinationalen Unternehmen siehe beispielsweise: Krugman/Obstfeld (1997), S. 168ff.; Appleyard/Field (1992), S. 279ff.

zwischen 1977 und 1990 von 8,7 % auf 13,4 % angestiegen ist. Weiterhin wurde überprüft, ob die USA die Entwicklungsländer als Exportbasis für Reexporte in die USA benutzen. Es konnte festgestellt werden, dass ein höherer Handel innerhalb von multinationalen Unternehmen zwischen den USA und den Entwicklungsländern zu einem höheren Nettohandelsdefizit der USA mit den Entwicklungsländern geführt hat. Daher kann davon ausgegangen werden, dass einige Unternehmen in den Entwicklungsländern produzieren, um von den niedrigeren Löhnen zu profitieren und diese Produkte wieder in die USA zu reexportieren. Dies lässt die Produktion von qualifikationsarmen Gütern in den USA sinken und kann je nach Flexibilität des Lohnsystems zu einer mehr oder weniger großen Verschlechterung der Beschäftigungsmöglichkeiten der gering qualifizierten Arbeitnehmer im Produktionssektor führen. Sachs und Shatz berechnen jedoch nicht, wie groß der Rückgang der Beschäftigungsmöglichkeiten in den USA durch Direktinvestitionen und Handel innerhalb von multinationalen Unternehmen in die Entwicklungsländer ist.[129]

Es wurde schon darauf hingewiesen, dass in vielen Industrieländern trotz höherer Löhne der Anteil der hoch qualifizierten Arbeitnehmer im Produktionssektor angestiegen ist. Dagegen hat der Anteil der Personen, die nur eine geringe Qualifikation besitzen, trotz des relativ gesunkenen Lohns in dieser Personengruppe abgenommen. Da diese Entwicklung im Widerspruch zur Wirkungsweise der Heckscher-Ohlin-Theorie und des Stolper-Samuelson-Theorems steht, wurde gefolgert, dass der internationale Handel nicht die einzige Ursache für die Veränderungen in den Qualifikationsstrukturen auf der gesamtwirtschaftlichen Ebene sein kann. Eine Erklärungsgröße, die sich mit der zunehmenden Qualifikationsintensität vereinbaren lässt, ist der qualifikationsverzerrende technische Fortschritt.[130]

## 3.2 Der qualifikationsverzerrende technische Fortschritt

Technischer Fortschritt liegt dann vor, wenn sich das technische Wissen vergrößert, so dass neue Produkte hergestellt werden oder effizientere Produktionsverfahren angewandt werden können.[131] Nach Hicks wird eine Innovation unter der Annahme eines vollkommenen Wettbewerbs dann eingeführt, wenn dem Unternehmen so die Möglichkeit gegeben wird, dasselbe Produkt mit einem geringeren Ressourceneinsatz zu produzieren. Dies geht mit einer Veränderung der Grenzproduktivitäten der Produktionsfaktoren einher. Der technische Fortschritt kann danach unterschieden werden, ob er die Grenzproduktivität aller Einsatzfaktoren um die gleiche Rate erhöht (neutraler technischer Fortschritt) oder ob

129 Vgl. Sachs/Shatz (1994), S. 44ff.
130 Vgl. Krugman/Lawrence (1993), S. 15; Lawrence/Slaughter (1993), S. 204 und S. 208f.
131 Vgl. Gabisch (1995), S. 363.

die Grenzproduktivität eines Faktors stärker ansteigt als die Grenzproduktivität eines weiteren Einsatzfaktors (faktorsparender technischer Fortschritt).[132] Ein Hicks-neutraler technischer Fortschritt[133] führt unter der Annahme von zwei Produktionsfaktoren zu einer gleichen anteilsmäßigen Reduzierung des Einsatzvolumens der beiden Faktoren, um die gleiche Outputmenge zu erzielen. Die Unternehmer haben keinen Anreiz, den einen Produktionsfaktor durch den anderen zu substituieren, so dass das Einsatzverhältnis der beiden Faktoren konstant bleibt. Steigt jedoch durch den technischen Fortschritt die Grenzproduktivität eines Faktors stärker als die des anderen Faktors, so wird der Faktor mit der geringeren Grenzproduktivität teilweise durch den zweiten Faktor substituiert. Das Einsatzverhältnis der beiden Produktionsfaktoren verändert sich zu Gunsten des Faktors, dessen Grenzproduktivität stärker angestiegen ist.[134] Dieser Ansatz des nicht neutralen technischen Fortschritts wurde von Griliches dahingehend erweitert, dass er die Beziehung zwischen drei Produktionsfaktoren untersuchte. Seine Hypothese lautete, dass die neuen Technologien, die im Rahmen des technischen Wandels eingeführt werden, in einer komplementären Beziehung zu den hoch qualifizierten Arbeitnehmern stehen, während die gering qualifizierten Arbeitnehmer als Substitut zu den Technologien angesehen werden können.[135] Durch das neu eingesetzte Sachkapital lassen sich gering qualifizierte Arbeitnehmer relativ leicht ersetzen und zum anderen erfordern die Bedienung und die Entwicklung der modernen Technologien Arbeitnehmer mit einem hohen Qualifikationsniveau. Somit müssten durch die veränderten Nachfrageverhältnisse entweder die relativen Löhne der gering qualifizierten Arbeitnehmer sinken oder bei einer unflexiblen Lohnstruktur die Beschäftigungsmöglichkeiten dieser Personengruppe abnehmen. Ein technischer Fortschritt, der zu einer relativen Verbesserung der Beschäftigungs- oder Einkommenssituation bestimmter Qualifikationsgruppen zu Ungunsten anders qualifizierter Personengruppen führt, wird als qualifikationsverzerrender technischer Fortschritt bezeichnet.[136]

Viele Studien, die die Auswirkungen des technischen Wandels auf die unterschiedlich qualifizierten Arbeitnehmergruppen untersuchen, verwenden einen ökonometrisch-produktionstheoretischen Ansatz.

Der technische Fortschritt kann sich auf zweierlei Arten auf die Beschäftigungssituation der verschiedenen Qualifikationsgruppen auswirken. Einmal werden

[132] Vgl. Hicks (1963), S. 121f.

[133] In der Literatur existieren weitere Definitionen eines neutralen technischen Fortschritts, wie z. B. von Harrod und Solow.

[134] Vgl. Kugler/Müller/Sheldon (1989), S. 210; Paqué (1998), S. 373; Bessau/Lenk (1999), S. 19f.

[135] Vgl. Griliches (1969), S. 465; siehe auch: Mincer (1989), S. 1f.; Berndt/Morrison/Rosenblum (1992), S. 2.; Bergström/Panas (1992), S. 540; Goldin/Katz (1998), S. 693f.

[136] Vgl. Möller/Bellmann (1996), S. 237; Kahn/Lim (1998), S. 1281.

die Unternehmen durch die Veränderung der relativen Faktorproduktivitäten dazu veranlasst, den Faktor, dessen Produktivität relativ stärker steigt, verstärkt einzusetzen und den Einsatz des anderen Faktors zu verringern.
Neben diesem direkten Effekt des technischen Fortschritts existieren indirekte Einflussmöglichkeiten auf die Nachfrage nach unterschiedlich qualifizierten Arbeitnehmern. Durch das veränderte Nachfrageverhältnis wird sich das Faktorpreisverhältnis der beiden Faktoren verschieben. Der Faktor mit der relativ geringen Produktivität wird relativ billiger werden und der relative Preis des zweiten Faktors wird zunehmen. Diese Entwicklung kann den direkten Freisetzungseffekt durch den technischen Fortschritt möglicherweise verringern. Die Höhe dieses Effekts hängt jedoch davon ab, ob die beiden Faktoren in einer substitutiven oder einer komplementären Beziehung zum technischen Fortschritt stehen.[137]
In den Studien werden einmal die direkten Freisetzungseffekte des technischen Fortschritts für unterschiedliche Beschäftigungsgruppen berechnet. Somit kann festgestellt werden, ob ein qualifikationsverzerrender technischer Fortschritt vorliegt oder nicht. Je nach dem, ob die Autoren ihre Berechnungen anhand einer Produktions- oder einer Kostenfunktion vornehmen, wird der qualifikationsverzerrende technische Fortschritt durch die Veränderung der Inputanteile oder der Faktorkostenanteile am Output bei konstanten Faktorpreisen gemessen. Steigt der Inputanteil bzw. der Faktorkostenanteil, wenn der technische Fortschritt zunimmt, dann kann von einem faktornutzenden technischen Fortschritt ausgegangen werden. Ist dagegen ein abnehmender Input- oder Faktorkostenanteil bei einem zunehmenden technischen Fortschritt zu beobachten, so liegt ein faktorsparender technischer Fortschritt vor.
Wie schon beschrieben, verändern die direkten Freisetzungseffekte des technischen Fortschritts die Knappheitsverhältnisse zwischen den Produktionsfaktoren und damit auch deren relative Preise. Dadurch kann es zu einer Faktornachfrageveränderung kommen, die den Freisetzungseffekten entgegenwirkt. Hierbei müssen jedoch die Substitutionsbeziehungen zwischen den Faktoren berücksichtigt werden. Der Faktor, der in einer komplementären Beziehung zum technischen Fortschritt steht, wird möglicherweise auch dann vermehrt eingesetzt, wenn sein relativer Preis gestiegen ist. Die Substitutionsbeziehungen zwischen den Faktoren lassen sich mithilfe der partiellen Allenschen Substitutionselastizitäten angeben, die mithilfe der Kostenanteilselastizitäten und der Kostenanteile der Faktoren berechnet werden. Die partiellen Substitutionselastizitäten messen die relative Änderung der Einsatzmenge eines Faktors $x_i$, wenn sich der relative Preis dieses Faktors $x_i$ bzw. der Preis eines anderen Faktors $x_j$ verändert. Somit lässt sich die Reaktion der Nachfrage auf Faktorpreisveränderungen ermitteln. Nimmt die partielle Substitutionselastizität für die beiden Faktoren $x_i$

[137] Vgl. Kugler/Müller/Sheldon (1989), S. 210 und S. 255f.

und $x_j$ einen negativen Wert an, so stehen die beiden betrachteten Faktoren in einer komplementären Beziehung. Bei einem positiven Wert für die partielle Substitutionselastizität kann von einer substitutiven Beziehung zwischen den beiden Faktoren ausgegangen werden.[138]
Das Problem, dass der technische Fortschritt nicht direkt beobachtbar ist, wird dadurch gelöst, dass in die Produktions- bzw. in die Kostenfunktion eine Residualgröße aufgenommen wird, durch die der technische Fortschritt approximiert werden soll. Der technische Fortschritt wird somit als exogene Größe betrachtet. Es wird dann die Veränderung des Outputs bzw. des Outputpreises und die Veränderung des Inputs bzw. der Faktorpreise zwischen zwei Zeitpunkten verglichen. Der Teil des veränderten Outputs bzw. des Outputpreises, der nicht durch die Veränderung des Faktoreinsatzes bzw. des Faktorpreises erklärt werden kann, wird auf die Residualgröße und damit auf den technischen Fortschritt zurückgeführt.[139]
Im Folgenden werden die Ergebnisse einiger Studien, in denen auf der gesamtwirtschaftlichen Ebene die Auswirkungen des technischen Fortschritts auf die Arbeitsnachfrage nach unterschiedlich qualifizierten Arbeitnehmern untersucht wurden, dargestellt.[140]

Eine der ersten Untersuchungen über den Zusammenhang zwischen dem technischen Fortschritt und unterschiedlich qualifizierten Arbeitskräften in Westdeutschland wurde von Schulte zur Surlage (1985) durchgeführt. Er führte die Analysen für die Hauptgruppen des Warenproduzierenden Gewerbes[141] durch und teilte die Beschäftigten in verschiedene Leistungsgruppen auf. Der Autor untersuchte zunächst auf der Basis einer CES-Produktionsfunktion, ob der technische Fortschritt in dem Zeitraum von 1960 – 1980 qualifikationsverzerrend war. Die Berechnungen ergaben, dass die Freisetzungseffekte durch den technischen Fortschritt bei den Arbeitern höher ausfielen als bei den Angestellten und dass sie mit abnehmendem Qualifikationsniveau zunahmen. Viele der berechneten Ergebnisse sind jedoch nicht signifikant. Anschließend wurden die partiellen Substitutionselastizitäten zwischen Kapital und Arbeitnehmern mit unterschiedlichen Qualifikationsniveaus mithilfe einer CRESH-Produktionsfunktion sowie mit einer Translog-Kostenfunktion analysiert. Der Autor konnte vorwie-

[138] Vgl. Kugler/Müller/Sheldon (1989), S. 211ff.; Kugler/Müller/Sheldon (1988), S. 491ff.; Kugler/Müller/Sheldon (1990), S. 86ff.; Kugler/Spycher (1992), S. 618ff.
[139] Vgl. Kugler/Müller/Sheldon (1989), S. 219; Falk/Koebel (1997), S. 5.
[140] Eine Zusammenfassung der Ergebnisse der beschriebenen Studien befindet sich im Anhang (Tabelle A-22).
[141] Die sieben Hauptgruppen des Warenproduzierenden Gewerbes bestehen aus Energie und Wasserversorgung, Bergbau, Grundstoff- und Produktionsgüterindustrie, Investitionsgütergewerbe, Verbrauchsgütergewerbe, Nahrungs- und Genussmittelgewerbe sowie Baugewerbe. (Vgl. Schulte zur Surlage (1985), S. 166; Kugler/Müller/Sheldon (1989), S. 218.)

gend im Verarbeitenden Gewerbe (Grundstoff- und Produktionsgüterindustrie sowie Investitionsgüterindustrie) eine stärker werdende Substitutionsbeziehung zwischen Kapital und Arbeit bei einem abnehmenden Qualifikationsniveau feststellen. Die Substitutionselastizitäten sind in diesen Sektoren zwischen Kapital und gut ausgebildeten Personen geringer als zwischen Kapital und den gering qualifizierten Arbeitskräften. Die berechneten Werte sind jedoch überwiegend sehr niedrig und häufig nicht signifikant. Insgesamt kann jedoch davon ausgegangen werden, dass qualifiziertes Humankapital eher in einer komplementären Beziehung zu Sachkapital steht, während gering qualifizierte Arbeitnehmer eher durch technologische Innovationen ersetzt werden können.[142]

Kugler, Müller und Sheldon (1988, 1989, 1990) analysierten auf der Grundlage einer Translog-Kostenfunktion die Beziehung zwischen den technologischen Innovationen und den hoch qualifizierten bzw. gering qualifizierten Arbeitnehmern für Westdeutschland zwischen den Jahren 1960 bis 1981 (bzw. bis 1984) und in einer weiteren Studie für den Zeitraum von 1970 - 1984. Untersucht wurde die Hypothese eines qualifikationsverzerrenden technischen Fortschritts für sieben bzw. fünf Hauptgruppen des Warenproduzierenden Gewerbes. Für die Untersuchung wurden die Angestellten und die Arbeiter in vier bzw. drei Leistungsgruppen eingeteilt. Die Autoren kamen zu dem Ergebnis, dass sowohl bei den Arbeitern als auch bei den Angestellten in fast allen Branchen ein Bias zu Gunsten der Personen in den höchsten Leistungsgruppen vorlag. In allen anderen Leistungsgruppen wirkte sich der technische Fortschritt zu Ungunsten dieser Personengruppen aus, so dass sich die Beschäftigungschancen der weniger qualifizierten Arbeitskräfte im Zuge des technischen Wandels verschlechtert haben.[143] Es kann davon ausgegangen werden, dass diese Freisetzungseffekte sich etwas reduzieren, da sich aufgrund der Nachfrageverschiebungen nach unterschiedlich qualifizierten Arbeitnehmern der relative Preis der gering qualifizierten Arbeitskräfte reduziert. Aber trotz dieser relativen Preisveränderungen profitieren von dem technischen Fortschritt vor allem die gut ausgebildeten Personen, wie es in der Untersuchung der Substitutionsbeziehungen zwischen Angestellten, Arbeitern und dem Ausrüstungskapital zum Ausdruck kommt. Während in nahezu allen Branchen eine substitutive Beziehung zwischen Arbeitern und dem Ausrüstungskapital festgestellt werden konnte, wurde eine komplementäre Beziehung zwischen den Angestellten und dem Ausrüstungskapital für einzelne Branchen beobachtet. Somit führt eine Preisänderung bei dem Faktor Ausrüs-

[142] Vgl. Schulte zur Surlage (1985), S. 161ff.

[143] Vgl. Kugler/Müller/Sheldon (1988), S. 494ff.; Kugler/Müller/Sheldon (1989), S. 221ff.; Kugler/Müller/Sheldon (1990), S. 92f.

tungen zu einer gegenläufigen Mengenreaktion bei den Angestellten und zu einer gleichläufigen Mengenreaktion bei den Arbeitern.[144]

FitzRoy und Funke (1995) überprüften ebenfalls für Westdeutschland die Hypothese der Komplementarität zwischen den neuen Technologien und dem Einsatz hoch qualifizierter Arbeitnehmer. Die Analysen der beiden Autoren wurden auf der Basis einer CES-Produktionsfunktion durchgeführt, die drei Produktionsfaktoren (physisches Kapital, gut ausgebildete Arbeitskräfte und gering qualifizierte Arbeitnehmer) enthält. Für die Analysen wurden jährliche Daten für 32 westdeutsche Industriesektoren für den Zeitraum von 1975 – 1990 verwendet. Die Autoren berechneten in ihrer Studie die Substitutionselastizitäten zwischen den drei betrachteten Faktoren. Die Hypothese, dass zwischen Kapital und hoch qualifizierten Personen eine komplementäre Beziehung besteht, kann jedoch nur dann bestätigt werden, wenn die Arbeiter als gering qualifizierte Personen und die Angestellten als hoch qualifizierte Personen angesehen werden. Werden dagegen die gut ausgebildeten Arbeiter und Angestellten zu einer Gruppe der „hoch qualifizierten Arbeitnehmer" und die weniger gut ausgebildeten Arbeiter und Angestellten zu der Gruppe der „gering qualifizierten Arbeitnehmer" zusammengefasst, so lässt sich die zu überprüfende Hypothese nicht bestätigen.[145] Die Klassifizierung der Arbeitnehmer in Angestellte und Arbeiter spiegelt jedoch vermutlich nur ungenau das tatsächliche Qualifikationsniveau der Arbeitnehmer wieder.

Auch Falk und Koebel (1997) untersuchten für Westdeutschland die Auswirkungen des technischen Fortschritts auf die Arbeitsnachfrage nach unterschiedlich qualifizierten Arbeitnehmern. Der Zeitraum ihrer Untersuchung erstreckte sich auf die Jahre 1977 – 1994. Die Autoren basierten ihre Analysen auf einer normalisierten quadratischen Kostenfunktion nach Diewert und Wales und untersuchten die Auswirkungen des technischen Fortschritts auf die Qualifikationsstruktur für fünf aggregierte Sektoren (Produktionsgüterindustrie; Energie, Wasser und Bergbau; Baugewerbe; Groß- und Einzelhandel sowie Banken und Versicherungen). Die Arbeitnehmer wurden dabei in drei Qualifikationsgruppen eingeteilt.[146] Zunächst konnte festgestellt werden, dass der technologische Fortschritt in dem Untersuchungszeitraum qualifikationsverzerrend war. Im Indust-

[144] Vgl. Kugler/Müller/Sheldon (1988), S. 497; Kugler/Müller/Sheldon (1989), S. 226f.; Kugler/Müller/Sheldon (1990), S. 93f.

[145] Vgl. FitzRoy/Funke (1995), S. 653ff.

[146] In die Gruppe der hoch qualifizierten Arbeitnehmer fielen alle Personen, die einen Universitäts- oder Fachhochschulabschluss aufweisen konnten. In die mittlere Qualifikationskategorie wurden alle Arbeitnehmer aufgenommen, die eine Berufsausbildung abgeschlossen haben und als gering qualifiziert wurden all jene bezeichnet, die keine formale Qualifikation vorweisen konnten.

riesektor wurde die Beschäftigung der unqualifizierten Arbeitnehmer aufgrund des technischen Fortschritts um durchschnittlich 1,9 % pro Jahr reduziert. Dies bedeutet, dass durch den technischen Wandel mehr als zwei Drittel der durchschnittlichen jährlichen Abnahme der Beschäftigten in dieser Qualifikationsgruppe für den Zeitraum von 1977 – 1984 erklärt werden können.[147] Mit Ausnahme des Sektors „Banken und Versicherungen" konnte auch in den anderen drei Sektoren eine Verschlechterung der Arbeitsmarktsituation für gering qualifizierte Personen aufgrund des technischen Fortschritts festgestellt werden.[148] Dabei kann sowohl für die Sektoren, die im Wettbewerb mit ausländischen Konkurrenten stehen, ein qualifikationsverzerrender technischer Fortschritt festgestellt werden, als auch für die Sektoren, die nicht durch den internationalen Handel betroffen sind. Somit kann nicht davon ausgegangen werden, dass der internationale Handel die alleinige relevante Ursache für den qualifikationsverzerrenden technischen Fortschritt ist.
Die zunehmende Nachfrage nach hoch qualifizierten Arbeitskräften kann in einigen Sektoren ebenfalls auf den technischen Fortschritt zurückgeführt werden. Im Industriesektor stieg die Nachfrage nach hoch qualifizierten Arbeitskräften aufgrund des technischen Wandels um durchschnittlich 1,2 % pro Jahr, so dass im Untersuchungszeitraum ein Drittel (50.000) der zusätzlich entstehenden Arbeitsplätze für diese Personengruppe auf den technischen Wandel zurückgeführt werden können. Die Ergebnisse für den Sektor „Energie, Wasser und Bergbau" sind ähnlich. In den anderen drei Sektoren konnte der technische Fortschritt die zunehmende Nachfrage nach hoch qualifizierten Arbeitskräften kaum erklären.
Des Weiteren berechneten die Autoren die Kreuzpreiselastizitäten zwischen den verschiedenen Einsatzfaktoren. Dabei fanden sie nur geringe Anhaltspunkte für die Hypothese, dass Kapital mit hoch qualifizierten Arbeitnehmern in einer komplementären und mit gering qualifizierten Arbeitskräften in einer substitutiven Beziehung steht. Nur für den Bausektor konnte eine substitutive Beziehung zwischen den gering qualifizierten Personen und Kapital beobachtet werden. In drei von fünf Sektoren (Groß- und Einzelhandelssektor, Banken und Versicherungen, Bausektor) konnte zudem eine substitutive Beziehung zwischen Kapital und hoch qualifizierten Arbeitnehmern festgestellt werden. Zudem überstieg in drei von fünf Sektoren der Grad der Substitutionalität zwischen gering qualifizierten Personen und Kapital nicht den der hoch qualifizierten Arbeitnehmer und Kapital. Somit konnte die Hypothese, dass Kapital und gut ausgebildete Personen in einer komplementären und gering ausgebildete Arbeitnehmer und Kapital

---

[147] In absoluten Zahlen entspricht dies einem Rückgang der Beschäftigungsmöglichkeiten für gering qualifizierte Arbeitnehmer im Industriesektor um 915.000.

[148] Für den gesamten Untersuchungszeitraum von 1977 – 1994 können 280.000 Arbeitsplatzverluste im Groß- und Einzelhandel, 110.000 im Baugewerbe und 28.000 im Energie, Wasser- und Bergbausektor auf den technischen Fortschritt zurückgeführt werden. (Vgl. Falk/Koebel (1997), S. 11.)

in einer substitutiven Beziehung stehen, in dieser Studie nicht bestätigt werden.[149]

Im Jahr 1998 führten die beiden Autoren eine ähnliche Studie durch. Für den Zeitraum von 1978 – 1990 untersuchten Falk und Koebel für FuE-intensive und sonstige Industrien die Auswirkungen des technischen Fortschritts auf die qualifikatorische Arbeitsnachfrage. Auch in dieser Untersuchung ließ sich ein qualifikationsverzerrender technischer Fortschritt feststellen. In den sonstigen Industriezweigen sank - bedingt durch den technischen Fortschritt - die Beschäftigung der gering qualifizierten Arbeitnehmer um 1,5 % pro Jahr und bei den Personen mit einem Lehrabschluss um 0,5 % pro Jahr. Im Bereich der FuE-intensiven Industriezweige führte der technische Fortschritt zu einem Beschäftigungsrückgang bei den gering qualifizierten Arbeitnehmern um 1,2 % pro Jahr. Dagegen werden in diesen Branchen im Zuge des technischen Wandels immer mehr hoch qualifizierte Arbeitskräfte benötigt. In beiden Industriegruppen stieg der Einsatz von hoch qualifizierten Personen; der Effekt ist jedoch gering.[150]

Wiederum ließ sich die Hypothese, dass Kapital in einer komplementären Beziehung zu hoch qualifizierten Arbeitnehmern und in einer substitutiven Beziehung zu gering qualifizierten Arbeitnehmern steht, nicht bestätigen, da keine nennenswerten Substitutionsbeziehungen zwischen den Teilgruppen des Faktors Arbeit und Kapital festgestellt werden konnten.[151]

## 3.3 Zusammenfassung und Bewertung der Ergebnisse

Auf der gesamtwirtschaftlichen Ebene werden die relativen Arbeitsnachfrageverschiebungen auf zwei Faktoren zurückgeführt: auf die zunehmende Internationalisierung des Handels und auf den qualifikationsverzerrenden technischen Fortschritt.

Die Untersuchungen über den Zusammenhang zwischen dem internationalen Handel und der relativen Arbeitsnachfrage nach unterschiedlich qualifizierten Arbeitnehmern verwenden die neoklassische Außenhandelstheorie als theoretische Grundlage. In den Analysen wird der Faktorgehalt des internationalen Handels bestimmt, indem untersucht wird, wie viel qualifizierte und wie viel einfache Arbeit für die Produktion der Exportgüter notwendig ist und wie hoch der Einsatz dieser Faktoren sein muss, um die Importe im Heimatland zu produzieren. Durch die Bildung der Differenz zwischen den Produktionsfaktoren in den Ex- und in den Importen kann die durch den Handel bedingte Veränderung

[149] Vgl. Falk/Koebel (1997), S. 4ff.
[150] Vgl. Falk/Koebel (1998), S. 356f.
[151] Vgl. Falk/Koebel (1998), S. 354f.

des effektiven Angebots bzw. der Nachfrage nach gering oder hoch qualifizierten Arbeitskräften bestimmt werden.[152]
Die vorliegenden Studien beziehen sich vorwiegend auf die USA oder auf die Gesamtheit der Industrieländer. Es gelingt den Autoren festzustellen, dass der internationale Handel zu einer Verschlechterung der Arbeitsmarktsituation der gering qualifizierten Arbeitnehmer und zu verbesserten Arbeitsmarktchancen der hoch qualifizierten Arbeitnehmer beigetragen hat. Der Effekt des internationalen Handels auf den qualifikatorischen Strukturwandel ist jedoch nur sehr gering. Die Internationalisierung kann damit zwar ein Grund für die relativen Arbeitsnachfrageverschiebungen sein, es muss aber noch weitere Gründe für diese Entwicklung geben. Darüber hinaus ist der Ansatz dieser Untersuchungen in vielfältiger Weise kritisiert worden. Als Hauptkritikpunkt an den Studien über den Faktorgehalt internationalen Handels werden Mängel an der theoretischen Fundierung angeführt.[153]
Als alternative Erklärung für den qualifikatorischen Strukturwandel wird der qualifikationsverzerrende technische Fortschritt genannt. Die diesem Untersuchungsansatz zu Grunde liegende Hypothese von Griliches lautet, dass die neuen Technologien, die im Zuge des technischen Wandels eingeführt werden, in einer komplementären Beziehung zu den hoch qualifizierten Arbeitnehmern stehen, während die gering qualifizierten Arbeitnehmer als Substitut zu den Technologien angesehen werden können.[154]
Für die Analyse der Auswirkungen des technischen Wandels auf die unterschiedlich qualifizierten Arbeitnehmergruppen wird in vielen Studien ein ökonometrisch-produktionstheoretischer Ansatz verwendet. Es werden einmal die direkten Effekte des technischen Fortschritts berechnet, die durch die Veränderung der relativen Faktorproduktivitäten entstehen. Ob der technische Fortschritt qualifikationsverzerrend gewirkt hat, wird durch die Veränderung der Inputanteile oder der Faktorkostenanteile am Output bei konstanten Faktorpreisen gemessen. Darüber hinaus werden die Substitutionsbeziehungen zwischen qualifizierter bzw. einfacher Arbeit und dem technischen Fortschritt berechnet. Hiermit wird untersucht, ob die veränderten Faktorpreisverhältnisse dem direkten Freisetzungseffekt des technischen Fortschritts eventuell entgegenwirken.[155] Da der technische Fortschritt nicht direkt beobachtet werden kann, muss er durch eine Residualgröße approximiert werden.
Bei der Betrachtung der Ergebnisse der vorgestellten Studien - die sich vorwiegend auf Westdeutschland beziehen - kann festgestellt werden, dass der techni-

[152] Vgl. Paqué (1998), S. 370.
[153] Vgl. Lawrence/Slaughter (1993), S. 188 ff.; Bhagwati/Dehejia (1994), S. 46ff.; Bhagwati (1998), S. 51ff.
[154] Vgl. Griliches (1969), S. 465.
[155] Vgl. Kugler/Müller/Sheldon (1989), S. 210ff. und S. 255f.

sche Fortschritt qualifikationsverzerrend gewirkt hat. Durch den technischen Wandel hat die relative Nachfrage nach hoch qualifizierten Arbeitnehmern zu- und nach gering qualifizierten Arbeitnehmern abgenommen. Es ist jedoch schwierig, dass quantitative Ausmaß der Fortschrittseffekte festzustellen. In einigen Studien werden nur geringe Auswirkungen des technischen Fortschritts auf die relativen Arbeitsnachfrageverschiebungen festgestellt. Andere Untersuchungen beobachten zumindest für einige Branchen einen nicht unerheblichen Einfluss des technischen Fortschritts auf die zunehmende relative Nachfrage nach hoch qualifizierten Arbeitnehmern. Gerade in diesen Studien kann aber die Hypothese, dass der Einsatz neuer Technologien in einer komplementären Beziehung zu hoch qualifizierten Arbeitnehmern steht, nicht bestätigt werden. Dies bedeutet, dass die Faktorpreisveränderungen, die durch die Arbeitsnachfrageverschiebungen entstehen, möglicherweise dem direkten Freisetzungseffekt des technischen Fortschritts entgegenwirken. In den entsprechenden Studien werden die direkten Freisetzungseffekte des technischen Fortschritts jedoch nicht um die Allokationswirkungen der Veränderungen der Faktorpreise korrigiert. Es ist aber wahrscheinlich, dass sich die direkten Freisetzungseffekte des technischen Fortschritts bei einer entsprechenden Korrektur reduzieren würden.

Insgesamt bieten die Studien nicht nur bezüglich der direkten Freisetzungseffekte des technischen Fortschritts sondern auch hinsichtlich der angenommenen Komplementarität zwischen den hoch qualifizierten Arbeitnehmern und den neuen Technologien ein sehr uneinheitliches Bild. In einigen Untersuchungen kann diese Hypothese bestätigt werden und in anderen nicht. Frondel und Schmidt (2001) führen diese widersprüchlichen Ergebnisse darauf zurück, dass der in diesen Studien häufig verwendete statische Translog-Ansatz dazu tendiert, die Frage der Faktorsubstitution auf eine Frage der Kostenanteile zu reduzieren. Die Autoren konnten zeigen, dass in Translogstudien die Kreuzpreiselastizitäten eines jeden Faktors i in Bezug auf den Preis eines anderen Faktors j hauptsächlich durch die Wichtigkeit des Faktors j, gemessen durch seinen Faktorkostenanteil, determiniert wird. Dagegen sind die Elastizitäten, die die Krümmung von Produktions-Isoquanten abbilden, in dieser Art von Studien von geringer Wichtigkeit.

Schließlich ist an diesen Untersuchungen auch der produktionstheoretische Ansatz kritisierbar, da der technische Fortschritt als residuale Einflussgröße modelliert wird, die vor allem dann eingesetzt wird, wenn andere Ursachen für die Veränderungen der Arbeitsnachfrage sich nicht empirisch belegen lassen.[156]

Der qualifikationsverzerrende Fortschritt weist jedoch vielfach eine größere Akzeptanz als Erklärungsgröße für den qualifikatorischen Strukturwandel auf als der internationale Handel. Denn in einzelnen Studien konnte gezeigt werden, dass sowohl in Branchen, in denen handelbare Güter als auch in Branchen, in

[156] Vgl. Schettkat (1989), S. 116; Paqué (1998), S. 347f.

denen nicht handelbare Güter produziert werden, die Humankapitalintensivierung zugenommen hat. Diese Tatsache spricht dafür, dass eher der technische Fortschritt zu der Veränderung der relativen Arbeitsnachfrage beigetragen hat als der internationale Handel.[157] Trotzdem scheint auch der technische Fortschritt auf der gesamtwirtschaftlichen Ebene kein umfassender und restlos überzeugender Erklärungsansatz für den qualifikatorischen Strukturwandel zu sein. Auch wenn davon ausgegangen werden kann, dass sowohl der internationale Handel als auch der qualifikationsverzerrende technische Fortschritt einen Einfluss auf den qualifikatorischen Strukturwandel haben können, kann durch beide makroökonomische Größen die untersuchte Entwicklung auf dem Arbeitsmarkt nur zu einem Teil erklärt werden. Dies rechtfertigt es, auf einer disaggregierteren Ebene nach weiteren Erklärungsgrößen zu suchen, die die relativ steigende Arbeitsnachfrage nach hoch qualifizierten Arbeitnehmern bedingen können. Dies sind im Folgenden die zwischen- und die innerbetriebliche Ebene.

[157] Vgl. Paqué (1998), S. 373f.

# 4. Zwischenbetriebliche Erklärungsgründe für den qualifikatorischen Strukturwandel

Während die Auswirkungen gesamtwirtschaftlicher Entwicklungen auf die relativen Arbeitsnachfrageverschiebungen schon in zahlreichen Studien analysiert wurden, ist der Zusammenhang der zwischenbetrieblichen Fluktuation von Arbeitsplätzen mit der relativen Nachfrage nach unterschiedlich qualifizierten Arbeitnehmern bislang kaum untersucht worden.
Die Ansätze der zwischenbetrieblichen Fluktuation der Arbeitskräfte differenzieren die Betriebe nach deren Beschäftigungsdynamik: In jeder Zeitperiode gibt es Betriebe mit Beschäftigungsgewinnen einerseits und Betriebe mit Beschäftigungsverlusten andererseits. Dieser zwischenbetriebliche Strukturwandel kann die Struktur des qualifikatorischen Bedarfs an Arbeitsplätzen verändern, sofern in den Betrieben mit positiver Beschäftigungsdynamik insgesamt höher qualifizierte Arbeitskräfte eingesetzt werden, während in den Betrieben mit einer negativen Beschäftigungsdynamik vor allem Arbeitsplätze für gering qualifizierte Arbeitnehmer abgebaut werden.
Die relativen Arbeitsnachfrageverschiebungen zu Gunsten der höher qualifizierten Arbeitnehmer könnten somit auch in der zwischenbetrieblichen Fluktuation von Arbeitsplätzen begründet sein.

## 4.1 Theoretische Überlegungen

### 4.1.1 Der Job-Turnover-Ansatz

Um die zwischenbetriebliche Fluktuation von Arbeitsplätzen untersuchen zu können, werden die unsaldierten Beschäftigungsgewinne und –verluste benötigt. Die Beschäftigungsströme, die aus der Anzahl der neu geschaffenen Arbeitsplätze in neu gegründeten und expandierenden Betrieben und der Anzahl der verlorenen Arbeitsplätze in schrumpfenden und schließenden Betrieben bestehen, übersteigen in der Regel die Nettoveränderung der Beschäftigung deutlich.[158] Somit findet in vielen Industrieländern eine Reallokation der Arbeitsmöglichkeiten auf der Mikroebene statt, die auf aggregierter Ebene nur zu geringen Veränderungen der Beschäftigungsmöglichkeiten führt.[159] Durch die Analyse der Beschäftigungsströme anstelle der Nettoveränderung der Beschäftigung werden somit zusätzliche Informationen über dynamische Prozesse auf dem Arbeitsmarkt und vor allem über strukturelle Veränderungen der Volks-

[158] Vgl. Dunne/Roberts/Samuelson (1989), S. 49; Schettkat (1995), S. 455; Roberts (1996), S. 18f.
[159] Vgl. Roberts (1996), S. 19.

wirtschaft erhältlich.[160] Die Bruttosummen der neu entstehenden und der wegfallenden Arbeitsplätze lassen sich mit dem Job-Turnover-Ansatz berechnen. Die Berechnung der Bruttosummen sowie deren Beziehung zur Nettobeschäftigungsveränderung werden in der Abbildung 4-1 dargestellt.

*Abbildung 4-1: Komponenten des Job-Turnover*

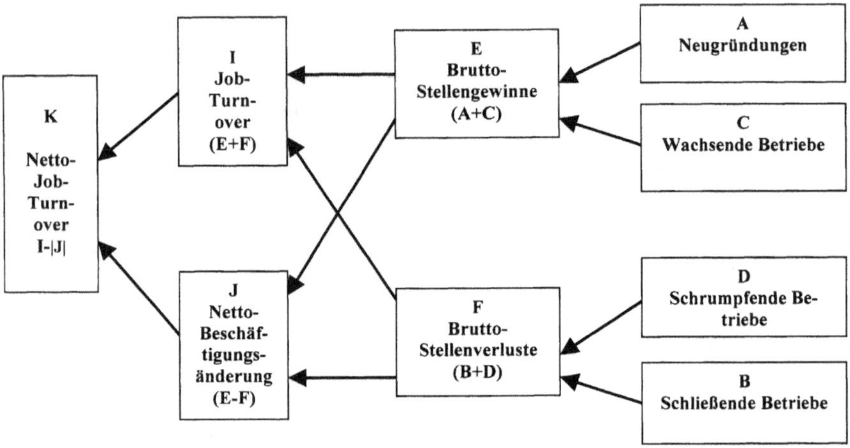


*Quelle: OECD (1987), S. 98.*

Zur Berechnung des Job-Turnover erfolgt zunächst eine Klassifikation der Betriebe in neu gegründete, wachsende, schrumpfende oder schließende Betriebe, indem die Beschäftigungszahlen in jedem Betrieb zu zwei Zeitpunkten (t,t+1) miteinander verglichen werden. Betriebe, die erstmals eine Beschäftigung im Jahr t+1 verzeichnen, werden den neu gegründeten Betrieben (A) zugeordnet; Betriebe, die in dem Betrachtungszeitraum ihre Beschäftigung ausgeweitet oder unverändert gelassen haben, werden den expandierenden Betrieben (C) zugerechnet; Betriebe, die zwischen den beiden Zeitpunkten ihre Beschäftigung reduziert haben, werden in die Kategorie „schrumpfende Betriebe" (D) eingeordnet und schließlich gehören diejenigen Betriebe zur Gruppe der Betriebsschließungen (B), die zwar zum Zeitpunkt t eine Angabe zu ihrer Beschäftigtenzahl machen konnten, jedoch nicht im Folgejahr t+1.[161]
Aus der Addition der absoluten Werte der neu geschaffenen Arbeitsplätze durch neu gegründete (A(t+1)) und expandierende Betriebe (ΔC(t)) erhält man die

[160] Vgl. Konings (1995), S. 5f.
[161] Vgl. Dunne/Roberts/Samuelson (1989); S. 51; Roberts (1996), S. 20f.

Brutto-Stellengewinne (E). Ebenso ergeben sich die Brutto-Stellenverluste (F) durch die Abnahme der Arbeitsplätze bei den schrumpfenden (ΔD(t)) und bei den schließenden (B(t)) Betrieben. Durch Subtraktion der Brutto-Stellenverluste von den Brutto-Stellengewinnen ergibt sich die Netto-Beschäftigungsveränderung. Die Addition der beiden Größen führt zu einem Wert für den Job-Turnover (JT), der die Gesamtzahl der verlorenen und hinzugewonnenen Beschäftigungsmöglichkeiten während eines Zeitraums misst:

(1) $JT = A(t+1) + \Delta C(t) + \Delta D(t) + B(t)$[162]

Durch die Bildung der Differenz aus Job-Turnover und Netto-Beschäftigungsänderung wird der Netto-Job-Turnover berechnet, der ein Maß für die Reallokation von Arbeitsplätzen in einer Volkswirtschaft darstellt.[163]
Die Division des Werts für den Job-Turnover durch die Anzahl der Gesamtbeschäftigten ergibt die Job-Turnover-Rate (JTR), die ebenso wie die absolute Zahl des Job-Turnover aus vier Komponenten besteht: aus einer Expansionsrate (ER), die angibt, um wie viel Prozent die Beschäftigung dadurch zunimmt, dass bestehende Betriebe ihre Beschäftigung ausweiten; aus einer Schrumpfungsrate (SR), durch die gemessen wird, um wie viel Prozent die Beschäftigung dadurch abnimmt, dass bestehende Betriebe ihre Beschäftigung reduzieren; aus einer Gründungsrate (GR), in der erfasst wird, um wie viel Prozent die Beschäftigung dadurch ansteigt, dass neue Betriebe gegründet werden und aus einer Schließungsrate (SchR), die angibt, um wie viel Prozent sich die Beschäftigung dadurch vermindert, dass Betriebe schließen.[164]

(2) $JTR = \frac{A(t+1) + \Delta C(t) + \Delta D(t) + B(t)}{L} = ER + SR + GR + SchR$

L = Gesamtbeschäftigung

Somit kann durch den Job-Turnover-Ansatz festgestellt werden, inwieweit Betriebe in der Lage sind, zusätzliche Beschäftigungsmöglichkeiten zu schaffen oder inwieweit sie die Anzahl ihrer besetzten Arbeitsplätze reduzieren müssen.[165] Es kommt somit zum Ausdruck, dass laufend neue Arbeitsplätze geschaffen und gleichzeitig bestehende Arbeitsplätze abgebaut werden. Gründe für dieses Phänomen können die allgemeine Konjunkturentwicklung, der Wettbewerb zwischen den Betrieben oder auch das durch den Strukturwandel bedingte

[162] Vgl. Baldwin/Gorecki (1990), S. 2f.
[163] Vgl. Wagner/Jahn (1997), S. 49.
[164] Vgl. Cramer/Koller (1988), S. 361 und S. 363.
[165] Vgl. Cramer/Koller (1988), S. 363.

Schrumpfen einiger Wirtschaftszweige und die gleichzeitige Expansion anderer Branchen sein.[166]
In den bisherigen Untersuchungen wurde der Job-Turnover-Ansatz vorwiegend dazu benutzt, um zu untersuchen, ob die Job-Turnover-Komponenten sich zwischen Sektoren bzw. Branchen oder Regionen[167], zwischen Betrieben verschiedenen Alters oder unterschiedlicher Größe[168] oder im Verlauf des Konjunkturzyklus[169] unterscheiden. Aus den Ergebnissen wurden politische Forderungen u. a. für die Bereiche der Regionalpolitik[170], der Existenzgründung[171], der Strukturpolitik[172] und der Konjunkturpolitik[173] abgeleitet.

An dieser Stelle soll untersucht werden, inwieweit die Fluktuation der Arbeitsplätze zwischen den Betrieben im Zusammenhang mit der zunehmenden relativen Nachfrage nach hoch qualifizierten Arbeitnehmern steht. Es wurde schon erwähnt, dass der Job-Turnover auf verschiedene Ursachen zurückgeführt werden kann. Im Zusammenhang mit dem qualifikatorischen Strukturwandel scheint sich die Erklärung des Job-Turnover durch den sektoralen Strukturwan-

[166] Vgl. Schettkat (1995), S. 455.
[167] Für Westdeutschland vgl. Cramer/Koller (1988), S. 366ff.
Für die USA vgl. Birch (1979), S. 27ff.; Dunne/Roberts/Samuelson (1989), S. 56ff.; Davis/Haltiwanger (1991), S. 9f. und S. 16f.; Davis/Haltiwanger/Schuh (1996), S. 37ff.
Für Kanada vgl. Baldwin/Gorecki (1990), S. 55ff.
Für Großbritannien vgl. Konings (1995), S. 13ff.
Für verschiedene Länder vgl. OECD (1987), S. 107ff.; OECD (1994), S. 114f.; Roberts (1996), S. 32ff.
[168] Für Westdeutschland vgl. Cramer/Koller (1988), S. 365; Wagner (1999), S. 140ff.
Für die USA vgl. Birch (1979), S. 29ff.; Dunne/Roberts/Samuelson (1989), S. 60ff.; Davis/Haltiwanger (1991), S. 16f.; Davis/Haltiwanger/Schuh (1996), S. 57ff.
Für Kanada vgl. Baldwin/Gorecki (1990), S. 53ff.
Für Großbritannien vgl. Blanchflower/Burgess (1994), S. 22.
Für verschiedene Länder vgl. OECD (1987), S. 120f.; OECD (1994), S. 121ff.
[169] Für Westdeutschland vgl. Cramer/Koller (1988), S. 364ff.; Boeri/Cramer (1992), S. 549ff.; Schettkat (1995), S. 458ff.
Für die USA vgl. Davis/Haltiwanger (1991), S. 23ff.; Davis/Haltiwanger/Schuh (1996), S. 83ff.
Für Großbritannien vgl. Konings (1995), S. 11ff.
Für verschiedene Länder vgl. OECD (1994), S. 111ff.; Boeri (1995), S. 5ff.; Roberts (1996), S. 25ff.
[170] Vgl. Cramer/Koller (1988), S. 375.
[171] Vgl. Cramer/Koller (1988), S. 375.
[172] Vgl. Davis/Haltiwanger/Schuh (1996), S. 161ff.
[173] Vgl. Davis/Haltiwanger/Schuh (1996), S. 176ff.

del besonders gut zu eignen, wie die Entwicklungen aus dem Mikrozensus, die in Abbildung 4-2 dargestellt werden, verdeutlichen.[174]

*Abbildung 4-2: Veränderung der Erwerbstätigkeit in den drei Sektoren in Westdeutschland zwischen 1991 und 1995 (in 1.000)*

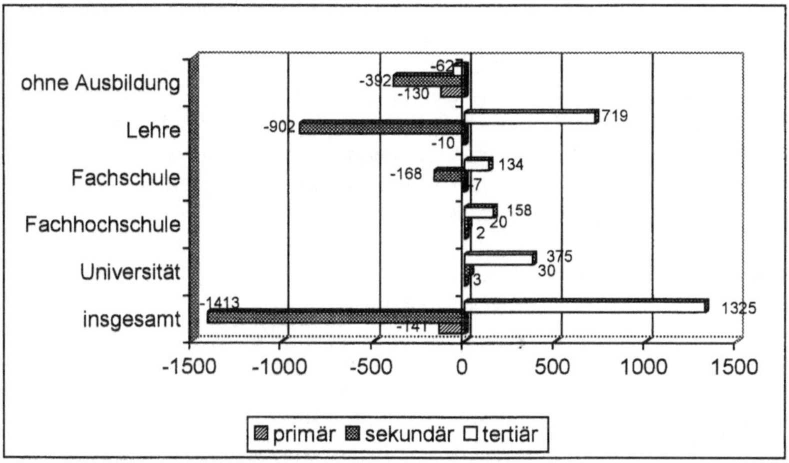


*Quelle: Reinberg (IAB) (1997), S. 27.*

Insgesamt wird ersichtlich, dass zwischen 1991 und 1995 mehr als 1,3 Millionen neue Beschäftigungsmöglichkeiten im Dienstleistungssektor entstanden sind, während im primären Sektor ein Beschäftigungsrückgang von 141.000 Arbeitsplätzen und im sekundären Sektor ein Abbau von mehr als 1,4 Millionen Arbeitsplätzen zu verzeichnen war. Von der Verschiebung der Beschäftigungsmöglichkeiten zwischen den drei Sektoren waren die einzelnen Qualifikationsgruppen unterschiedlich betroffen. In den Personengruppen mit einer Lehrausbildung und einem Fachschulabschluss reduzierte sich die Anzahl der Erwerbstätigen im sekundären Sektor deutlich und auch im primären Sektor gingen die Beschäftigungszahlen zurück. Aufgefangen werden konnte diese Entwicklung durch eine Zunahme der Beschäftigten mit Lehr- oder Fachschulabschluss im Dienstleistungssektor. Die höheren Qualifikationsgruppen (Fachhochschulabschluss und Hochschulabschluss) konnten in allen drei Sektoren Gewinne erzielen. Die Zunahme der Beschäftigten fiel jedoch im primären Sektor relativ

174 Die strukturellen Veränderungen auf dem westdeutschen Arbeitsmarkt nach Qualifikationsniveau wurden ebenfalls untersucht von: Reinberg (1997), S. 9f.; Reinberg (1999), S. 438ff.

gering aus, während die Beschäftigungsgewinne im tertiären Sektor am deutlichsten waren. Die Personen ohne Ausbildungsabschluss mussten in allen drei Sektoren Beschäftigungsverluste hinnehmen; am stärksten gingen die Erwerbsmöglichkeiten dieser Personengruppe im sekundären Sektor zurück.
Insgesamt können somit von allen Personengruppen mit einem Berufsabschluss Beschäftigungszuwächse im tertiären Sektor verzeichnet werden, die deutlichen Beschäftigungsrückgänge im sekundären Sektor entfallen jedoch ausschließlich auf die Personen mit einer relativ niedrigen Qualifikation.
Aufgrund dieser Ergebnisse wird im Folgenden davon ausgegangen, dass vor allem die durch den sektoralen Strukturwandel ausgelöste Fluktuation von Arbeitsplätzen zwischen den Betrieben einen Einfluss auf die zunehmende relative Nachfrage nach hoch qualifizierten Arbeitnehmern hat. Daher werden zunächst die theoretischen Grundlagen des sektoralen Strukturwandels und dessen Auswirkungen auf die Beschäftigungsstruktur dargestellt.

### 4.1.2 Zwischenbetriebliche Fluktuation von Arbeitsplätzen und sektoraler Strukturwandel

Bevor die Auswirkungen des sektoralen Strukturwandels auf die Beschäftigungsstruktur analysiert werden, erfolgt zunächst eine theoretische Darstellung der Grundlagen des sektoralen Strukturwandels. Im Mittelpunkt steht dabei der Strukturwandel von der Industrie- zur Dienstleistungsgesellschaft, denn die soeben dargestellten Daten aus dem Mikrozensus haben deutlich gemacht, dass in der heutigen Zeit die Reallokation von Arbeitsplätzen vorwiegend zwischen dem sekundären und dem tertiären Sektor stattfindet.[175]

#### 4.1.2.1 Die Drei-Sektoren-Hypothese

Im Entwicklungsprozess von Volkswirtschaften unterliegen der Beitrag einzelner Sektoren zum Sozialprodukt und die Beschäftigtenanteile der einzelnen Sektoren einer ständigen strukturellen Veränderung. Nach der Drei-Sektoren-Hypothese kann die Produktion einer Volkswirtschaft in drei Sektoren, den primären, den sekundären und den tertiären Sektor, unterteilt werden. Im Wachstumsprozess einer Marktwirtschaft wird zunächst der Anteil des primären Sektors an der Produktion und der Beschäftigung relativ zu Gunsten des sekundären

---

[175] Die Zusammenhänge zwischen dem sektoralen Strukturwandel und der Beschäftigungsstruktur wurden auch untersucht von: Ochel/Wegner (1987), S. 1ff.; Thuy (1994), S. 27ff.; Willms (1995), S. 376; Licht u. a. (1997), S. 15ff.; Klodt (1998), S. 394.

Sektors zurückgedrängt, und schließlich findet eine relative Abnahme des sekundären Sektors zu Gunsten einer Expansion des tertiären Sektors statt.[176]
Entwickelt wurde die Drei-Sektoren-Hypothese von Allen G. B. Fisher im Jahr 1939. Von Colin Clark (1940) und Jean Fourastié (1949) wurde dieses Modell weiterentwickelt. Die Ansätze der drei Autoren unterscheiden sich hinsichtlich der Abgrenzung der drei Sektoren entsprechend ihrer unterschiedlichen theoretischen Begründung der Drei-Sektoren-Hypothese.
Fisher nimmt die Abgrenzung der drei Sektoren von der Nachfrageseite her vor und verwendet als Kriterium für die Zuordnung der Wirtschaftsbereiche auf die drei Sektoren die Einkommenselastizität der Nachfrage. Zum primären Sektor werden alle Unternehmungen zugeordnet, die lebensnotwendige Güter herstellen und sich einer unelastischen Nachfrage gegenübersehen. Der sekundäre Sektor besteht aus den Wirtschaftsbereichen, die weniger wichtige Güter herstellen und deren Einkommenselastizität der Nachfrage weniger starr ist (zwischen 0,5 und 1). Schließlich produzieren die Unternehmungen des tertiären Sektors vorwiegend hochwertige Luxusgüter und dieser Sektor ist durch eine elastische Nachfrage gekennzeichnet.[177] Die Argumentation Fishers beruht auf dem Engel´schen Gesetz, nach dem mit steigendem Einkommen zunächst der prozentuale Anteil der Ausgaben für Nahrungsmittel und später im Entwicklungsprozess der Volkswirtschaft auch der Anteil der Ausgaben für Industriegüter an den gesamten Konsumausgaben rückläufig ist. Im Wachstumsprozess der Volkswirtschaft geht somit der Anteil des primären und des sekundären Sektors an der gesamtwirtschaftlichen Produktion zurück, so dass zudem der Anteil der Personen, die in diesen Branchen beschäftigt werden können, rückläufig ist. Von dieser Entwicklung kann der Dienstleistungssektor profitieren, auf den ein ansteigender Anteil der Konsumausgaben entfällt und in dessen Bereich somit neue Beschäftigungsmöglichkeiten geschaffen werden können.[178] Kritisiert wird an dem Ansatz Fishers, dass nicht berücksichtigt wird, dass eine Nachfragesättigung nach Produkten aus dem primären oder sekundären Sektor dann nicht eintreten muss, wenn eine qualitative Nachfrageveränderung nach Produkten aus diesen Branchen auftritt.[179]
Bei Fourastié erfolgt eine Zuteilung der Unternehmen zu den drei Sektoren anhand der Intensität des technischen Fortschritts, der durch die Arbeitsproduktivität gemessen wird. Dem primären Sektor ordnet Fourastié die Landwirtschaft zu, eine Branche, in der der technische Fortschritt langfristig mittelmäßig stark ist. In dem sekundären Sektor werden alle Branchen, die einen starken techni-

[176] Vgl. Fourastié (1969), S. 100f.; Juen (1983), S. 433ff.; Görgens (1975), S. 287; Einem (1986), S. 1ff.; Noll (1990), S. 42; Thuy (1994), S. 14; Willms (1995), S. 373f.
[177] Vgl. Fisher (1939), S. 31ff.; siehe auch: Maleri (1994), S. 11f; Willms (1995), S. 374f.
[178] Vgl. Noll (1990), S. 43.
[179] Vgl. Willms (1995), S. 375; Thuy (1994), S. 20 und S. 39ff.

schen Fortschritt aufweisen können, zusammengefasst. Dies trifft vor allem auf die Industriebetriebe zu. Unternehmen, die nur einen geringen oder gar keinen technischen Fortschritt aufweisen können, werden dem tertiären Sektor zugerechnet. Nach Fourastié fallen hierunter der Handel, die Verwaltung, das Bildungswesen, die freien Berufe und ein Teil der Handwerksberufe.[180] Nach Fourastié nimmt jedoch nicht nur die Arbeitsproduktivität in den einzelnen Sektoren unterschiedlich zu, sondern auch der Verbrauch der Güter aus den drei Sektoren. Es wird davon ausgegangen, dass es im primären und sekundären Sektor zu einer partiellen Sättigung nach den Erzeugnissen dieser Unternehmen kommt.[181] Dagegen gibt es im tertiären Sektor einen ständigen „individuellen und kollektiven Hunger nach Tertiärem“. Der „individuelle Hunger nach Tertiärem“ wird damit begründet, dass eine Dienstleistung dem Menschen Zeit ersparen kann und da Zeit ein knappes Gut ist, wird die Dienstleistung einem nicht unmittelbar nützlichen Industriegut vorgezogen.[182] Der „kollektive Hunger nach Tertiärem“ kann nach Fourastié darauf zurückgeführt werden, dass im Zuge des technischen Fortschritts eine „Vergeistigung der Arbeit“ einsetzt. Denn die Umsetzung des technischen Fortschritts erfordert zunehmend planerische und organisatorische Tätigkeiten, so dass die geistigen Aufgaben im Vergleich zu den manuellen Arbeiten relativ zunehmen.[183] Einwände gegen die Abgrenzung der Unternehmen nach dem Grad des technischen Fortschritts ergeben sich daraus, dass für einen Teil der Dienstleistungen ein erheblicher Produktivitätsfortschritt festgestellt werden konnte. Weiterhin ist ein Teil des dritten Sektors wie z. B. der Handel oder der Verkehr eng mit der Entwicklung im zweiten Sektor verbunden. Zudem verläuft die Entwicklung des technischen Fortschritts nicht in allen Branchen gleichmäßig, so dass eine dauerhafte Umgruppierung der Unternehmen notwendig ist.[184]
Clark nimmt schließlich eine Unterteilung der Sektoren nach den unterschiedlichen Produktionsbedingungen vor. Zu dem ersten Sektor zählt er die Landwirtschaft. Dazu werden alle Tätigkeiten gezählt, die direkt oder indirekt auf die Nutzung von natürlichen Ressourcen angewiesen sind. Der zweite Sektor umfasst die Industrieproduktion, die keine natürlichen Ressourcen direkt nutzt und in einem größeren Umfang materielle Güter produziert. Schließlich umfasst der dritte Sektor die Dienstleistungsindustrien, die immaterielle Güter produzieren.[185]

---

[180] Vgl. Fourastié (1969), S. 74f.; siehe auch: Juen (1983), S. 437f.; Willms (1995), S. 374; Maleri (1994), S. 8.
[181] Vgl. Fourastié (1969), S. 78ff.
[182] Vgl. Fourastié (1969), S. 244f.
[183] Vgl. Fourastié (1969), S. 245ff.
[184] Vgl. Willms (1995), S. 375; Maleri (1994), S. 8f.; Thuy (1994), S. 15f. und S. 38f.; Klodt (1998), S. 396; Görgens (1975), S. 292.
[185] Vgl. Clark (1983), S. 490f.

In der Praxis wird vielfach auf eine Einteilung in drei Sektoren zurückgegriffen, die auf der Volkswirtschaftlichen Gesamtrechnung aufbaut und die Unternehmen je nach Tätigkeitsschwerpunkt einem der drei Sektoren zuordnet. In den primären Sektor werden die Land- und Forstwirtschaft sowie die Fischerei eingeordnet, der sekundäre Sektor umfasst den Bergbau, die Industrie und das Handwerk und in den tertiären Sektor fallen alle privaten und öffentlichen Dienstleistungen.[186] Diese Abgrenzung ähnelt am ehesten dem Modell von Clark und auf sie wird auch in der folgenden Untersuchung zurückgegriffen. Einen Überblick über die Konzepte zur sektoralen Unterteilung einer Volkswirtschaft wird in der Abbildung 4-3 gegeben.

*Abbildung 4-3: Konzepte zur sektoralen Aufgliederung der Volkswirtschaft*

| | **Fisher** | **Clark** | **Fourastié** | **Gebräuchlichste Zuordnung** |
|---|---|---|---|---|
| **Abgrenzung durch** | Einkommenselastizität der Nachfrage | Unterschiedlichkeit der Produktionsbedingungen | Stärke des technischen Fortschritts | Institutionelle Gliederung |
| **Primärer Sektor** | Unternehmen, die Güter mit sehr kleiner Einkommenselastizität herstellen (lebensnotwendige Güter) | Tätigkeiten, die von natürlichen Gegebenheiten abhängen | Aktivitäten mit mittelmäßigem technischen Fortschritt | Land- und Forstwirtschaft, Jagd und Fischerei |
| **Sekundärer Sektor** | Unternehmen, die Güter mit mittlerer Einkommenselastizität herstellen | Produktion materieller Güter | Aktivitäten mit großem technischen Fortschritt | Industrie, Bergbau, Versorgungsbetriebe, Baugewerbe |
| **Tertiärer Sektor** | Unternehmen, die Güter mit hoher Einkommenselastizität produzieren | Produktion immaterieller Güter | Aktivitäten ohne bzw. mit geringem technischen Fortschritt | Dienstleistungen |

*Quelle: Thuy (1994), S. 17.*

Bell entwickelte die ursprüngliche Drei-Sektoren-Hypothese dahingehend weiter, dass nach seinem Ansatz nicht so sehr die zunehmende Nachfrage nach Dienstleistungen im Vordergrund steht, sondern die Entwicklung einer Wissensgesellschaft, in der Wissen und Können eine zunehmende Rolle spielen.[187] Mit der Entwicklung der Mikroelektronik wurde aus der Dienstleistungsgesellschaft eine Informationsgesellschaft, so dass einige Autoren den drei Sektoren einen vierten Sektor hinzufügten, der die Informationsberufe beinhaltet. Durch dieses Vier-Sektoren-Modell soll die Beschreibung der gegenwärtigen Entwicklung der Beschäftigung erleichtert werden, da die Informationsaktivitäten in

[186] Vgl. Willms (1995), S. 375f.; Thuy (1994), S. 18; Maleri (1994), S. 6f.
[187] Vgl. Bell (1976), S. 219ff.

allen Sektoren ausgeweitet werden.[188] Donges und Schmidt sehen den Anstieg der Wissensproduktion heute als wichtigste Triebkraft der Tertiarisierung an.[189] Im Folgenden wird der Wandel von der Industrie- zur Dienstleistungsgesellschaft näher betrachtet.

#### 4.1.2.2 Von der Industrie- zur Dienstleistungsgesellschaft

Die Darstellung der Drei-Sektoren-Hypothese hat verdeutlicht, dass die theoretische Fundierung dieser Stufentheorie im Wesentlichen auf zwei Argumenten beruht: auf einem „Nachfrageargument" und einem „Produktivitätsargument".[190] Der nachfrage- und der produktivitätsorientierte Ansatz können als zwei zueinander komplementäre Erklärungsansätze angesehen werden.[191]
Der sektorale Strukturwandel von der Industrie- zur Dienstleistungsgesellschaft wird im Folgenden mithilfe eines auf Baumol (1967) zurückzuführenden Modells über das Zusammenwirken von Produktivitäts- und Nachfrage-Bias dargestellt. Dieses Modell erfasst zwar nicht die gesamte Komplexität des sektoralen Strukturwandels, es ist aber ein Ansatzpunkt, um die sektoralen Veränderungen modelltheoretisch darzustellen.[192]
Der Produktivitäts-Bias geht von einem unterschiedlichen Produktivitätsfortschritt in dem Industrie- und dem Dienstleistungssektor aus. Es wird angenommen, dass eine Volkswirtschaft im Wachstumsprozess einen größeren Produktivitätsfortschritt im Industriesektor als im Dienstleistungssektor aufweist.[193] Begründet wird dies damit, dass die industrielle Produktion größere Potenziale zum Einsatz neuer Technologien bietet und industrielle Tätigkeiten damit leichter zu automatisieren sind als Dienstleistungstätigkeiten. Es konnte empirisch nachgewiesen werden, dass somit der Anstieg der durchschnittlichen Arbeitsproduktivität im industriellen Sektor größer ist als im Dienstleistungssektor.[194] Diese Differenz in der Veränderung der Produktivität zwischen den beiden Sektoren wird als Produktivitäts-Bias bezeichnet.

---

[188] Vgl. Legler/Speckner (1978), S. 14; Dostal (1984), S. 493; Dostal (1986), S. 139ff.; Dostal (1988), S. 115; Stille (1988), S. 92f.
[189] Vgl. Donges/Schmidt u. a. (1988), S. 44.
[190] Vgl. Juen (1983), S. 434f.; Klodt/Maurer/Schimmelpfennig (1997), S. 17.
[191] Vgl. Rürup (1989), S. 1f.
[192] Vgl. Klodt (1998), S. 395.
[193] Diese Annahme kann schon auf Balassa (1964) zurückgeführt werden. (Vgl. Balassa (1964), S. 593.)
[194] Dies wurde u. a. gezeigt von: Asea/Mendoza (1994).
An dieser Stelle sei jedoch auch noch einmal auf die schon bei der Darstellung der Drei-Sektoren-Hypothese erwähnte Kritik an dieser Annahme hingewiesen. Dort wurde erwähnt, dass für einen Teil der Dienstleistungen ein erheblicher Produktivitätsfortschritt festgestellt werden konnte und ein Teil des dritten Sektors wie z. B. der Handel oder der Verkehr eng mit der Entwicklung im zweiten Sektor verbunden ist.

Die Erhöhung der Produktivität aufgrund eines technischen Fortschritts führt in der Abbildung 4-4 zu einer Verschiebung der Transformationskurve nach außen. Durch den Produktivitäts-Bias verschiebt sich in einer geschlossenen Volkswirtschaft die Transformationskurve nicht gleichmäßig, sondern die Produktionsmöglichkeiten nehmen im Industriesektor stärker zu als bei den Dienstleistungen (von $T_1$ auf $T_2$). Da von Nachfrageverschiebungen abstrahiert wird, liegen die Indifferenzkurven symmetrisch zueinander, so dass von homothetischen Präferenzen ausgegangen werden kann.

*Abbildung 4-4: Der Produktivitäts-Bias*

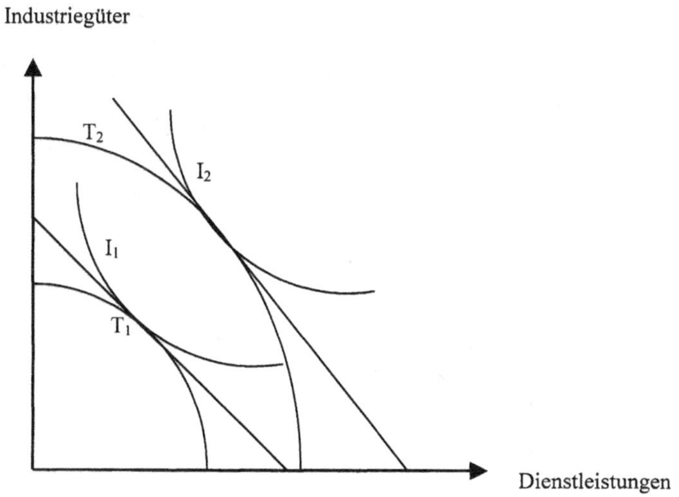


*Quelle: Klodt (1992), S. 139.*

Aus der Abbildung 4-4 ist erkennbar, dass sich durch den Produktivitäts-Bias der Anteil des Industriesektors an der gesamtwirtschaftlichen Produktion im Wachstumsprozess erhöht. Es kommt somit zu einer Verschiebung der Produktionsanteile vom Dienstleistungs- zum Industriesektor. Weiterhin werden Industrieprodukte im Vergleich zu den Dienstleistungen relativ billiger. Die Konsumenten werden nun mehr Industrieprodukte und weniger Dienstleistungen nachfragen, so dass die alleinige Betrachtung des Produktivitäts-Bias noch keine Er-

klärung für den Strukturwandel von der Industrie- zur Dienstleistungsgesellschaft liefert.[195]
Der Nachfrage-Bias geht davon aus, dass sich die Nachfragestruktur bei einer zunehmenden Einkommenssteigerung verschiebt. Es wird angenommen, dass die Einkommenselastizität der Nachfrage nach Dienstleistungen größer ist als die der Nachfrage nach Industrieprodukten.[196] Bei steigendem Einkommen werden vermehrt Produkte aus dem tertiären Sektor nachgefragt, da der Bedarf an Industrieprodukten zunehmend gedeckt ist, die zunehmende Freizeit mit einer steigenden Inanspruchnahme von Dienstleistungen verbunden ist und das größer werdende Vermögen die Nachfrage nach Finanzdienstleistungen ansteigen lässt. Weiterhin führen die zunehmende Erwerbsbeteiligung der Frauen und die stärkere Inanspruchnahme von Gesundheitsdienstleistungen zu einer ansteigenden Nachfrage nach Produkten aus dem tertiären Sektor. Diese Gründe bewirken, dass bei einem zunehmenden Einkommen die Dienstleistungsnachfrage im Wachstumsprozess überproportional ansteigt. Die Auswirkungen des Nachfrage-Bias werden in der Abbildung 4-5 veranschaulicht.

*Abbildung 4-5: Der Nachfrage-Bias*

*Quelle: Klodt (1992), S. 145.*

[195] Vgl. Klodt (1992), S. 137ff.; Klodt/Stehn u. a. (1994), S. 124; Klodt (1995), S. 297; Klodt/Maurer/Schimmelpfennig (1997), S. 17ff.; Görgens (1975), S. 289f.
[196] Diese Annahme konnte empirisch bestätigt werden von: Deutsche Bundesbank (1996), S. 18ff.; Hansen (1996), S. 35ff.

Aufgrund der Veränderung der Nachfragestruktur verschiebt sich bei einer konstanten Produktionsstruktur die Indifferenzkurve asymmetrisch nach außen (von I1 auf I2). Nach dieser Verschiebung ist der Anteil der Dienstleistungen an der gesamten Konsummenge im Vergleich zu den Industriegütern gestiegen. Auch diese Entwicklung führt dazu, dass die Produkte aus dem tertiären Sektor im Strukturwandel relativ teurer werden. Daher werden immer mehr Produktionsfaktoren im Dienstleistungssektor eingesetzt und der Anteil der Dienstleistungen an der gesamtwirtschaftlichen Produktion nimmt zu.[197]

Somit führt der Produktivitäts-Bias zu einer mengenmäßigen Verringerung und der Nachfrage-Bias bewirkt eine Steigerung des Anteils der Dienstleistungen. Die tatsächliche Veränderung der Mengenstruktur hängt im Zusammenspiel von Produktivitäts- und Nachfrage-Bias davon ab, welcher dieser beiden Effekte dominiert. Selbst wenn sich diese beiden gegenläufigen Mengeneffekte ausgleichen und die Anteile von Industriegütern und Dienstleistungen an der gesamten Produktionsmenge konstant bleiben[198], ändert sich die Relation der Produktionswerte, die sich aus der Multiplikation von Preis und Menge ergeben. Sowohl der Produktivitäts- als auch der Nachfrage-Bias führen dazu, dass der relative Preis der Dienstleistungen angestiegen ist. Somit nimmt im Wachstumsprozess der Anteil des tertiären Sektors an der nominalen Wertschöpfung auch bei einer konstanten Mengenrelation kontinuierlich zu.[199]

Das Zusammenwirken von Produktivitäts- und Nachfrage-Bias kann ebenfalls durch ein formales Modell dargestellt werden. Der Ausgangspunkt ist ein homogenes Faktorbündel (l), das auf die Produktion von Dienstleistungen ($x_s$) oder Industriegüter ($x_m$) aufgeteilt wird. Über die Zeit nimmt die Produktivität in beiden Sektoren mit einer konstanten Rate zu, wobei die Produktivitätsrate im tertiären Sektor die Rate im Industriesektor um den Faktor r unterschreitet. Für die Entwicklung der sektoralen Faktorproduktivitäten lassen sich somit die folgenden Gleichungen bilden:

$$(1) \quad \frac{x_s}{l_s} = Ae^{r\lambda t} \qquad 0<r<1$$

$$(2) \quad \frac{x_m}{l_m} = Ae^{\lambda t} \qquad l_s + l_m = 1$$

A = technologisches Effizienzniveau

[197] Vgl. Klodt (1992), S. 141ff.; Klodt/Maurer/Schimmelpfennig (1997), S. 19ff.; Klodt (1995), S. 297; Klodt/Stehn (1994), S. 124; Görgens (1975), S. 288f.; Juen (1983), S. 435f.

[198] Die Annahme der Konstanz der sektoralen Produktionsanteile wurde empirisch bestätigt von: Kravis/Heston/Summers (1983), S. 193ff.; Lawrence (1984), S. 17ff.; Franzmeyer (1994).

[199] Vgl. Klodt (1992), S. 146f.; Klodt/Stehn (1994), S. 125; Klodt (1995), S. 298.

$\lambda$ = Parameter für den technologischen Fortschritt
s = Dienstleistungen
m = Industriegüter

Es wird davon ausgegangen, dass im Zeitpunkt 0 das Technologieniveau in beiden Sektoren gleich ist. Unter den Annahmen sektoral gleicher Faktorpreise und gleicher Wettbewerbsintensitäten entwickeln sich die relativen Preise invers zu der Entwicklung der Produktivitäten.

$$(3) \quad \frac{p_s}{p_m} = e^{\lambda t(1-r)}$$

Aus Gleichung (3) wird ersichtlich, dass sich die Dienstleistungen im wirtschaftlichen Wachstum verteuern.
Wird weiterhin angenommen, dass sich die Auswirkungen des Produktivitäts-Bias und des Nachfrage-Bias auf die reale Wertschöpfung kompensieren, so macht die Wertschöpfung im Dienstleistungssektor ($x_s$) einen konstanten Teil c an der Wertschöpfung der Gesamtwirtschaft aus.

$$(4) \quad x_s = c(x_s + x_m) \qquad 0<c<1$$

Wird der Preis der Industriegüter auf 1 normiert, so ergibt sich für den Anteil des Dienstleistungssektors am nominalen Sozialprodukt die folgende Gleichung:

$$(5) \quad \frac{p_s x_s}{p_s x_s + x_m} = \frac{1}{1+(\frac{1}{c}-1)e^{(r-1)\lambda t}}$$

Dieser Anteil nimmt mit der Zeit zu, so dass gezeigt werden konnte, dass der wertmäßige Anteil des Dienstleistungssektors am nominalen Sozialprodukt mit der Zeit zunimmt.[200] Diese Veränderungen in der wertmäßigen Produktionsstruktur sind auch für die Anzahl der Beschäftigungsmöglichkeiten in den verschiedenen Sektoren relevant.

[200] Vgl. Klodt (1995), S. 298; Klodt/Maurer/Schimmelpfennig (1997), S. 21ff.

### 4.1.3 Sektoraler Strukturwandel und Beschäftigungsstruktur

Die Veränderungen in den Produktionswerten sind für die Beschäftigung relevant, da sie die Höhe der Einkommen bestimmen, die in den verschiedenen Sektoren zu verdienen sind und damit auch die Anzahl der beschäftigten Personen festlegen. Nimmt nun der Produktionswert im Dienstleistungssektor zu, so steigen auch die Möglichkeiten zur Schaffung neuer Arbeitsplätze in diesem Bereich und der Anteil des Dienstleistungssektors an der gesamtwirtschaftlichen Beschäftigung steigt.[201] Die Nachfrageverschiebungen des sektoralen Strukturwandels lassen sich durch die nachfolgende Grafik, die auf Mussa (1974) zurückgeführt werden kann, veranschaulichen.

*Abbildung 4-6: Arbeitsnachfrageverschiebungen im sektoralen Strukturwandel*

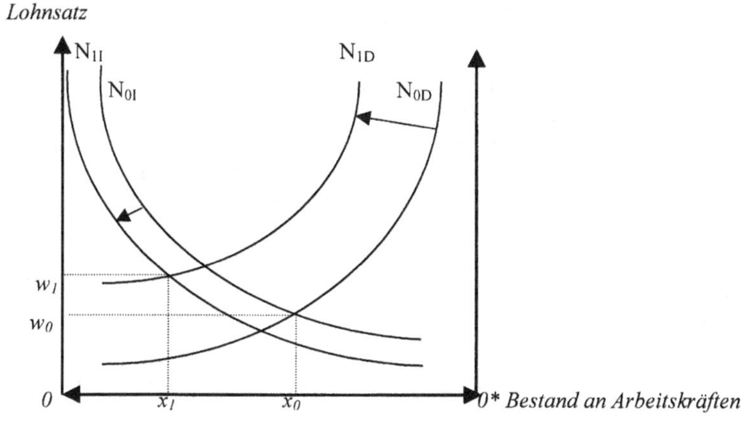


*Quelle: Klodt (1998), S. 397.*

Auf der x-Achse ist der gesamte Bestand an Arbeitskräften, der als konstant angesehen wird, abgetragen und die y-Achse gibt den Lohnsatz an. Im Zeitpunkt 0 beträgt die Arbeitsnachfrage des Industriesektors $N_{0I}$ und die des tertiären Sektors $N_{0D}$. Für $N_{0I}$ gilt der Ursprung 0 und für $N_{0D}$ der Ursprung 0*. Bei einem konstanten Lohnsatz $w_0$ in beiden Sektoren herrscht Vollbeschäftigung. Nun verschieben sich aufgrund der veränderten Produktionswerte im Laufe des sek-

[201] Vgl. Klodt (1992), S. 147ff. Es wird hier davon ausgegangen, dass durch die sektorale Mobilität der Arbeitnehmer die sektorale Lohnstruktur angeglichen wird. Bei nur geringen oder gar keinen Lohnunterschieden zwischen den Sektoren beeinflussen vor allem die Veränderungen der sektoralen Anteile an den Produktionswerten die Veränderung der Beschäftigungsstruktur zwischen den Sektoren.

toralen Strukturwandels die Arbeitsnachfragefunktionen auf $N_{1I}$ (sekundärer Sektor) und $N_{1D}$ (tertiärer Sektor). Unter der Annahme mobiler Arbeitskräfte steigt das gesamtwirtschaftliche Lohnniveau auf $w_1$ und der Anteil der Beschäftigten im Dienstleistungssektor steigt, während der Anteil der Arbeitskräfte im Industriesektor rückläufig ist.[202]
Der Strukturwandel, der zu einem Ansteigen des Anteils des tertiären Sektors an der Gesamtproduktion und –beschäftigung führt, verändert auch die Struktur der Arbeitsnachfrage. Die Berufs- und Tätigkeitsmerkmale werden sich im Zuge dieser Entwicklung wandeln, da die Arbeitnehmer in den Dienstleistungsbetrieben andere Arbeitsaufgaben zu erfüllen haben als in den Betrieben aus dem sekundären Sektor. Die wegfallenden Arbeitsplätze im Industriesektor und die neu entstehenden Arbeitsplätze im Dienstleistungssektor werden sich hinsichtlich der Qualifikationsanforderungen an die Arbeitnehmer unterscheiden, und zusätzlich werden auf den neu entstehenden Arbeitsplätzen häufig nicht nur andere, sondern auch höhere Qualifikationen gefordert.[203]
An dieser Stelle muss jedoch berücksichtigt werden, dass der tertiäre Sektor sehr heterogen ist und die einzelnen Branchen innerhalb dieses Sektors durchaus ein unterschiedlich qualifiziertes Personal benötigen. Hohe Qualifikationsmerkmale müssen vor allem die Arbeitnehmer besitzen, die mit der Erstellung wissensintensiver Dienstleistungen befasst sind. Andererseits fallen durch die Einführung neuer Technologien und durch die Auslagerung der Produktion in andere Länder vor allem Arbeitsplätze mit einem einfachen Qualifikationsniveau im industriellen Sektor weg.
Insgesamt kann somit gefolgert werden, dass die zunehmende relative Nachfrage nach hoch qualifizierten Arbeitnehmern dadurch bedingt sein kann, dass durch die neu entstehenden Arbeitsplätze der neu gegründeten und expandierenden Betriebe die Beschäftigung der hoch qualifizierten Arbeitnehmer relativ stärker ansteigt als bei den gering qualifizierten Arbeitnehmern, während die abgebauten Arbeitsplätze der schließenden und schrumpfenden Betriebe möglicherweise zu einem relativ höheren Arbeitsplatzabbau bei den geringer qualifizierten Arbeitnehmern führen. Zusätzlich wird aufgrund der vorangegangenen Ausführungen über den sektoralen Strukturwandel angenommen, dass die zusätzlichen Arbeitsplätze vor allem im tertiären Sektor entstehen, während die wegfallenden Arbeitsplätze vorwiegend auf den sekundären Sektor entfallen.

Damit kann als Untersuchungshypothese formuliert werden:

---

[202] Vgl. Klodt/Maurer/Schimmelpfennig (1997), S. 152ff.; Klodt (1998), S. 397f.
[203] Vgl. Klodt/ Maurer/Schimmelpfennig (1997), S. 50f.; Klodt (1998), S. 397f. Tengler und Hennicke stellten fest, dass zwischen 1976 und 1982 in fast allen Dienstleistungsberufen eine Höherqualifikation stattgefunden hat. Es konnten für diese Berufe sowohl eine höhere Akademikerquote als auch ein sinkender Anteil der gering qualifizierten Personen festgestellt werden. (Vgl. Tengler/Hennicke (1987), S. 40ff.)

*Hypothese 1:*
*Die durch den sektoralen Strukturwandel bedingte zwischenbetriebliche Fluktuation von Arbeitsplätzen kann einen Einfluss auf die zunehmende relative Nachfrage nach hoch qualifizierten Arbeitnehmern ausüben, indem die neu entstehenden Arbeitsplätze zu einem relativ höheren Beschäftigungsanstieg bei den hoch qualifizierten Arbeitnehmern führen, während die wegfallenden Arbeitsplätze einen relativ stärkeren Beschäftigungsabbau bei den gering qualifizierten Arbeitnehmern bewirken.*

Diese Hypothese wurde empirisch überprüft und die Ergebnisse dieser Untersuchungen werden im Folgenden dargestellt.

## 4.2. Empirische Untersuchungen auf der zwischenbetrieblichen Ebene

### 4.2.1 Das IAB-Betriebspanel als Datengrundlage

Das IAB-Betriebspanel wurde entwickelt, um das in der Arbeitsmarktforschung und –verwaltung, in der Personalwirtschaftslehre und in den Betrieben bestehende Defizit an einzel- und gesamtwirtschaftlichen Informationen über die Nachfrageseite des deutschen Arbeitsmarktes zu beheben. Bisherige Befragungsansätze erfassten stets nur Teilaspekte des betrieblichen Beschäftigungsgeschehens. Es fehlte eine für Gesamtdeutschland repräsentative Erhebung, die es ermöglichte, die betriebliche Nachfrage auf den Arbeitsmärkten stärker als bisher erforschen zu können. Diese Lücke soll durch das IAB-Betriebspanel geschlossen werden.[204]

Da in dieser Arbeit die Arbeitsnachfrage der Betriebe in Deutschland untersucht werden soll, ist dieser Betriebsdatensatz die geeignete Datengrundlage für die durchgeführten Analysen.

Die Grundgesamtheit des IAB-Betriebspanels bilden alle Betriebe mit mindestens einem sozialversicherungspflichtigen Beschäftigten, die in der Betriebsdatei der Bundesanstalt für Arbeit erfasst sind. Die Erhebungseinheit für diesen Datensatz ist der Betrieb und nicht das Unternehmen.[205]

Die befragten Betriebe wurden nach dem Prinzip der optimalen Schichtung als Zufallsstichprobe gezogen. Für diese Ziehung wurden die Betriebe in Schichtungszellen unterteilt, die durch zehn Betriebsgrößenklassen und sechzehn Wirtschaftszweige definiert wurden. Die Auswahlwahrscheinlichkeit der Betriebe

[204] Vgl. Projektgruppe Betriebspanel (1991), S. 514ff.; Bellmann (1997), S. 169.

[205] Vgl. Bellmann (1997), S. 170f.; Bellmann (2002), S. 179f.; Projektgruppe Betriebspanel (1991), S. 520; Bellmann u. a. (2000), S. 4f.

nimmt dabei mit ihrer Größe zu. Dieser Stichprobe werden in jedem Jahr Betriebe einer Ergänzungsstichprobe hinzugefügt.[206]
Die Einteilung der Grundgesamtheit in Betriebsgrößenklassen und Wirtschaftszweige dient ebenfalls zur Bestimmung der Hochrechnungsfaktoren. Die Angaben aus der Stichprobe können betriebsproportional mit einem Hochrechnungsfaktor, der ungefähr der Auswahlwahrscheinlichkeit der Betriebe in den einzelnen Schichtungszellen entspricht, hochgerechnet werden. Neben diesen Hochrechnungsfaktoren für den Querschnitt werden ebenfalls Hochrechnungsfaktoren für den Längsschnitt berechnet. In diesen Faktoren werden die Antwortausfälle zwischen den Wellen des Betriebspanels berücksichtigt.[207]
Mit der Befragung der Betriebe in Westdeutschland wurde 1993 begonnen. In diesem Jahr wurden 6923 Betriebe ausgewählt und für 4265 Betriebe stehen auswertbare Ergebnisse zur Verfügung. Im Jahr 1996 wurde die Befragung auf Betriebe in Ostdeutschland ausgeweitet. In diesem Jahr nahmen 4313 ostdeutsche Betriebe an der Befragung teil.[208]
Die Themen, zu denen die Betriebe befragt werden, umfassen die folgenden Bereiche: „Personalbestand und Beschäftigungsentwicklungen", „Einstellungen und Entlassungen", „Qualifikations- und Personalstruktur", „Geschäftspolitik, betriebliche Planung und Investitionen", „Ausbildungsstellen", „betriebliche Fort- und Weiterbildung", „Löhne und Gehälter", „Arbeits- und Betriebszeiten", „öffentliche Förderung mit Lohn- und Investitionszuschüssen", „Kontakt mit dem Arbeitsamt" und „Betriebsrat und Tarifbindung". Darüber hinaus werden die Betriebe in einigen Jahren zu bestimmten Schwerpunktthemen befragt.[209]

### 4.2.2 Operationalisierung der Qualifikationsstruktur im IAB-Betriebspanel

Die betriebliche Qualifikationsstruktur kann mithilfe des IAB-Betriebspanels durch die Differenzierung der Arbeitnehmer anhand ihres betrieblichen Status operationalisiert werden. Die Betriebe werden gebeten anzugeben, wie sich die Gesamtzahl ihrer Beschäftigten auf die un- oder angelernten Arbeiter/innen, auf die Facharbeiter/innen, auf die Angestellten/Beamten für einfache Tätigkeiten, auf die Angestellten/Beamten für qualifizierte Tätigkeiten, auf die tätigen Inhaber/innen, Vorstände, Geschäftsführer/innen, auf die Auszubildenden und auf die Beamtenanwärter/innen verteilt. Hierbei handelt es sich um einen arbeitsplatzbezogenen Indikator, der zur Messung der Qualifikation herangezogen wird.

[206] Vgl. Bellmann (1997), S. 171f.; Bellmann (2002), S. 180; Bellmann u. a. (2000), S. 5f.
[207] Vgl. Bellmann (1997), S. 172; Bellmann (2002), S. 180; Bellmann u. a. (2000), S. 7f.
[208] Vgl. Bellmann (2002), S. 180f.; Bellmann u. a. (2000), S. 5ff.
[209] Vgl. Bellmann u. a. (2000), S. 8.

Wie schon im Eingangskapitel erläutert[210] wurde, ist die empirische Erfassung von Qualifikationen stets mit Problemen behaftet. Es wurde auf die Notwendigkeit hingewiesen, den mehrdimensionalen Begriff „Qualifikation" mit eindimensionalen Größen zu messen, sowie auf die Schwierigkeit der Messbarkeit nicht direkt sichtbarer Fähigkeiten. Es wurde ebenfalls schon erwähnt, dass die Verwendung des betrieblichen Status des Arbeitnehmers als Qualifikationsmerkmal den Nachteil hat, dass die durch die Einordnung in eine bestimmte Statusgruppe zum Ausdruck gebrachte, eingesetzte Qualifikation nicht mit dem formalen Qualifikationspotenzial des Arbeitnehmers übereinstimmen muss.[211]
Mangels alternativer Operationalisierungsmöglichkeiten wird in den folgenden Untersuchungen auf den betrieblichen Status als Qualifikationsmerkmal zurückgegriffen. Dabei werden die Arbeitnehmer in zwei Gruppen eingeteilt. Die un- oder angelernten Arbeiter/innen und die Angestellten/Beamten für einfache Tätigkeiten werden zur Gruppe der gering qualifizierten Arbeitnehmer zusammengefasst und die Gruppe der qualifizierten Arbeitnehmer bilden die Facharbeiter/innen und die Angestellten/Beamten für qualifizierte Tätigkeiten. Die tätigen Inhaber/innen, Vorstände, Geschäftsführer/innen, die Auszubildenden sowie die Beamtenanwärter/innen werden in die Qualifikationsanalysen nicht mit einbezogen, da sie sich nicht eindeutig einer Qualifikationsgruppe zuordnen lassen. Dies bedeutet, dass in den folgenden Analysen nur die Beschäftigungsveränderungen für diese beiden Qualifikationsgruppen betrachtet werden und die Fluktuation von Arbeitsplätzen für die tätigen Inhaber/innen, Vorstände, Geschäftsführer/innen, die Auszubildenden sowie die Beamtenanwärter/innen nicht berücksichtigt werden.
Die Operationalisierung der Qualifikationsstruktur anhand des IAB-Betriebspanels wird noch einmal in der folgenden Tabelle abgebildet:

*Tabelle 4-1: Operationalisierung der Qualifikationsstruktur*

| **Benötigte Variable** | **Operationalisierung (IAB-Betriebspanel)** |
|---|---|
| Qualifizierte Beschäftigte | Facharbeiter + Angestellte/Beamte für qualifizierte Tätigkeiten |
| Gering qualifizierte Beschäftigte | Un-/angelernte Arbeiter + Angestellte/Beamte für einfache Tätigkeiten |

Die beschriebene Operationalisierung der Qualifikationsstruktur hat jedoch eine weitere Schwäche, die in der ungenügenden Differenzierung der Qualifikationsstruktur begründet liegt. Einerseits lassen sich die gering qualifizierten Arbeitnehmer relativ gut abgrenzen. Diese Gruppe wird durch die un- oder angelernten Arbeiter/innen und durch die Angestellten/Beamten für einfache Tätigkeiten

[210] Siehe die Ausführungen im Kapitel 2.1.3.
[211] Vgl. Brasche (1989), S. 85; Alaluf (1991), S. 34.

identifiziert. Unter einer einfachen Tätigkeit wird im IAB-Betriebspanel eine Tätigkeit verstanden, für die keine Berufsausbildung erforderlich ist. In die Gruppe der qualifizierten Arbeitnehmer fallen jedoch neben den Facharbeiter/innen auch die Angestellten/Beamten für qualifizierte Tätigkeiten. Unter einer qualifizierten Tätigkeit werden im IAB-Betriebspanel alle die Tätigkeiten zusammengefasst, für die eine abgeschlossene Berufsausbildung oder eine gleichwertige Berufserfahrung notwendig ist. Auch die leitenden Angestellten fallen in diese Gruppe. Problematisch hieran ist, dass die Arbeitnehmer nicht weiter nach der Art ihrer Berufsausbildung unterschieden werden können und damit die Gruppe der qualifizierten Arbeitnehmer als relativ heterogen anzusehen ist. Für die Analysen wäre es vorteilhafter, wenn diese Gruppe weiter differenziert werden und die Personen mit einer hoch qualifizierenden Berufsausbildung (Universitätsabschluss / Fachhochschulabschluss) von Arbeitnehmern mit einer mittleren Berufsausbildung unterschieden werden könnten. Durch die ungenaue Abgrenzung der Gruppe der qualifizierten Arbeitnehmer kann die Suche nach Erklärungsgründen für die zunehmende Nachfrage nach hoch qualifizierten Personen erschwert werden.

### 4.2.3 Operationalisierung weiterer Variablen und Datenauswahl

Um die aufgestellte Hypothese über Erklärungsgründe der Arbeitsnachfrageverschiebungen auf der zwischenbetrieblichen Ebene überprüfen zu können, ist es notwendig, die Betriebe anhand der Zugehörigkeit zu einem der drei Sektoren (primär, sekundär, tertiär) und anhand einer Gruppenvariable (neu gegründet, expandierend, schließend, schrumpfend) zu unterscheiden.

Eine Unterteilung der Betriebe in die drei Sektoren wird anhand der Branchenvariable vorgenommen. Nach der Abgrenzung der Volkswirtschaftlichen Gesamtrechnung, die im Kapitel 4.1.2 im Zusammenhang mit der Darstellung der Drei-Sektoren-Hypothese erläutert wurde, werden Betriebe aus der Land- und Forstwirtschaft, dem Gartenbau, der Tierhaltung und der Fischerei dem primären Sektor zugerechnet. In den sekundären Sektor fallen die Betriebe aus dem Bergbau, der Energiewirtschaft, der Wasserversorgung, aus der Grundstoffverarbeitung, aus dem Investitionsgütergewerbe, aus dem Verbrauchsgütergewerbe und aus dem Baugewerbe. Zu den Dienstleistungen und damit zum tertiären Sektor zählen die Betriebe aus dem Handel, dem Verkehr, der Nachrichtenübermittlung, aus dem Kreditinstitut- und Versicherungsgewerbe sowie aus den sonstigen Dienstleistungen. Die Organisationen ohne Erwerbscharakter, die privaten Haushalte sowie die Gebietskörperschaften und die Sozialversicherung wurden aus der Analyse ausgeschlossen, da sich die Struktur und die Aufgaben dieser Einheiten zu stark von den übrigen Betrieben unterscheiden.

Da der tertiäre Sektor ein sehr heterogener Sektor ist, wurden die Analysen zusätzlich mit einer Vier-Sektoren-Einteilung der Betriebe durchgeführt. Die Betriebe aus dem tertiären Sektor wurden dafür in wissensintensive und weniger wissensintensive Dienstleistungen unterteilt. Es wird davon ausgegangen, dass besonders die wissensintensiven Dienstleistungen einen hohen Bedarf an qualifizierten Arbeitnehmern haben. Die Abgrenzung der wissensintensiven Dienstleistungen orientiert sich an der Unterteilung der Dienstleistungen im European Community Labour Force Survey (LFS) von Eurostat.[212] Übertragen auf die Brancheneinteilung des IAB-Betriebspanels, werden zu den wissensintensiven Dienstleistungen die Betriebe aus dem Verkehr und der Nachrichtenübermittlung, die Kredit- und Finanzierungsinstitute, die Versicherungen, die Bildungsstätten, das Verlagswesen, das Gesundheitswesen, die Rechts- und Wirtschaftsberatung, die Architektur- und Ingenieurbüros und Laboratorien, das Grundstücks- und Wohnungswesen sowie die Vermögensverwaltung und weitere unternehmensnahe Dienstleistungen gezählt. Alle übrigen Dienstleistungsbetriebe werden zu der Gruppe der weniger wissensintensiven Dienstleistungen zusammengefasst.
Anhand der Gruppenvariable werden die Betriebe in neu gegründete, schließende, schrumpfende und expandierende Betriebe unterteilt. Dafür wird die Beschäftigungsentwicklung der Betriebe zwischen zwei Jahren betrachtet. Sind die Betriebe in beiden Jahren befragt worden und ist die Zahl der Arbeitnehmer in diesem Zeitraum gestiegen oder gleich geblieben, so handelt es sich um einen expandierenden Betrieb.[213] Ist die Anzahl der Arbeitnehmer dagegen gesunken, so wird dieser Betrieb als schrumpfender Betrieb identifiziert. Betriebe, die in dem zweiten Jahr erstmals befragt wurden und ein Gründungsdatum aus einem der beiden betrachteten Jahre aufweisen, werden als neu gegründete Betriebe angesehen. Schließlich werden Betriebe, deren Statusvariable aus dem IAB-Betriebspanel darauf hinweist, dass sie im ersten der beiden betrachteten Jahre erloschen sind, als schließende Betriebe definiert.

Die Analysen wurden für Westdeutschland jeweils für die Jahre 1993/1994 und 1996/1997 und für Ostdeutschland für die Jahre 1996/1997 durchgeführt. Die Analysen beschränken sich auf diese Zeiträume, da nur für diese Jahresgruppen die entsprechenden Hochrechnungsfaktoren vorliegen, die für deskriptive Analysen benötigt werden.
Es wurden nur die Betriebe in den Auswertungen berücksichtigt, die bei allen benötigten Variablen eine Antwort gegeben haben. In dem westdeutschen Da-

---

[212] Vgl. European Commission (2001), S. 34.

[213] Da im theoretischen Konzept des Job-Turnover-Ansatzes die Betriebe mit konstanter Beschäftigung den expandierenden Betrieben zugeordnet werden, wird dieses Vorgehen auch hier angewandt. (Vgl. Kapitel 4.1.1)

tensatz für den Untersuchungszeitraum 1993/1994 sind 3.231 Betriebe und in dem westdeutschen Datensatz für 1996/1997 sind 3.301 Betriebe enthalten. Der ostdeutsche Datensatz für den Untersuchungszeitraum 1996/1997 umfasst 3.138 Betriebe.[214]

### 4.2.4 Empirische Ergebnisse

Im Folgenden werden die Untersuchungsergebnisse über die Zusammenhänge zwischen der Arbeitsnachfrage nach qualifizierten Arbeitnehmern und der zwischenbetrieblichen Fluktuation von Arbeitsplätzen dargestellt.
Zunächst wird der Zusammenhang zwischen der zwischenbetrieblichen Fluktuation von Arbeitsplätzen und dem sektoralen Strukturwandel analysiert. Es werden die relativen Beschäftigungsgewinne durch neu entstehende Arbeitsplätze bzw. die relativen Beschäftigungsverluste durch abgebaute Arbeitsplätze in den einzelnen Sektoren untersucht.
Es schließt sich eine Analyse über den Zusammenhang zwischen der zwischenbetrieblichen Fluktuation von Arbeitsplätzen und dem qualifikatorischen Strukturwandel an. Es wird dargestellt, wie sich die zusätzlich entstehenden Arbeitsplätze und die abgebauten Arbeitsplätze auf die relative Beschäftigung der qualifizierten und der gering qualifizierten Arbeitnehmer ausgewirkt haben.
In einem letzten Schritt werden die Zusammenhänge zwischen allen drei Untersuchungsmerkmalen (zwischenbetriebliche Fluktuation, sektoraler Strukturwandel, qualifikatorischer Strukturwandel) gleichzeitig untersucht.

#### 4.2.4.1 Zusammenhänge zwischen der zwischenbetrieblichen Fluktuation von Arbeitsplätzen und dem sektoralen Strukturwandel

Zunächst wird untersucht, ob in der Folge des gesamtwirtschaftlichen Strukturwandels der Beschäftigungsabbau durch vernichtete Arbeitsplätze der schrumpfenden und schließenden Betriebe im sekundären Sektor relativ größer ausfällt als im tertiären Sektor.[215] Umgekehrt wird davon ausgegangen, dass der tertiäre Sektor einen relativ höheren Beschäftigungszuwachs durch neu entstandene Arbeitsplätze der expandierenden und neu gegründeten Betriebe aufweist als der sekundäre Sektor.

---

[214] Im Anhang wird in mehreren Tabellen zusammengefasst, wie sich die Betriebe innerhalb der einzelnen Datensätze auf die Sektoren und auf die Gruppenvariable verteilen. (Tabellen A-23 bis A-27).

[215] Bei der Darstellung der Ergebnisse werden immer auch die entsprechenden Werte für den primären Sektor angegeben. Da schon dargestellt wurde, dass in der heutigen Zeit vor allem eine Verschiebung hinsichtlich des Anteils am Bruttoinlandsprodukt und an der Beschäftigung zwischen dem sekundären und dem tertiären Sektor stattfindet, werden vor allem die Entwicklungen in diesen beiden Sektoren betrachtet.

Für diese Untersuchungen wurden die Betriebe sowohl nach den Sektoren als auch nach der Gruppenvariable unterschieden. Die mithilfe dieser beiden Variablen gebildete Kreuztabelle gibt in jeder Zelle die Summe der geschaffenen bzw. der vernichteten Arbeitsplätze sowie den Job-Turnover und den sektorspezifischen Job-Turnover[216] an.
Die Ergebnisse dieser Auswertungen werden für den westdeutschen Datensatz von 1993/1994 in Tabelle 4-2 zusammengefasst. In allen Tabellen sind die Angaben mit den entsprechenden Hochrechnungsfaktoren auf das gesamte westdeutsche Bundesgebiet hochgerechnet worden.

*Tabelle 4-2: Die Beschäftigungsveränderungen in Westdeutschland zwischen den Jahren 1993 und 1994 differenziert nach Betriebsgruppe und Sektor*[217]

| | **Primär** | **Sekundär** | **Tertiär** | **Gesamt** |
|---|---|---|---|---|
| **Neu gegründete Betriebe** | 1.032<br>0,004 %<br>*0,29 %* | 71.950<br>0,28 %<br>*0,64 %* | 197.829<br>0,76 %<br>***1,37 %*** | 270.811<br>1,04 % |
| **Schließende Betriebe** | -2.797<br>-0,01 %<br>*-0,80 %* | -247.043<br>-0,94 %<br>***-2,18 %*** | -247.631<br>-0,95 %<br>*-1,71 %* | -497.471<br>-1,90 % |
| **Expandierende Betriebe** | 9.819<br>0,04 %<br>*2,80 %* | 324.739<br>1,24 %<br>*2,87 %* | 814.540<br>3,11 %<br>***5,63 %*** | 1.149.098<br>4,39 % |
| **Schrumpfende Betriebe** | -32.787<br>-0,13 %<br>*-9,36 %* | -762.831<br>-2,92 %<br>***-6,74 %*** | -817.038<br>-3,12 %<br>*-5,64 %* | -1.612.656<br>-6,17 % |
| **Gesamt** | -24.733<br>-0,09 %<br>*-7,06 %* | -613.185<br>-2,34 %<br>*-5,41 %* | -52.300<br>-0,20 %<br>*-0,36 %* | -690.218<br>-2,64 % |

*Quelle: Eigene Berechnungen auf Basis des IAB-Betriebspanels, 1. und 2. Welle, hochgerechnete Werte.*

Zunächst wird deutlich, dass in diesem Untersuchungszeitraum eine erhebliche Fluktuation von Arbeitsplätzen stattgefunden hat. Während die Nettobeschäftigungsveränderung für die beiden betrachteten Qualifikationsgruppen in Westdeutschland zwischen 1993 und 1994 einen Rückgang von fast 700.000 Be-

[216] Der Job-Turnover wurde berechnet, indem die absolute Zahl in jeder Zelle durch die Gesamtbeschäftigung des Ausgangsjahres dividiert wurde. Es wird somit die prozentuale Veränderung der Gesamtbeschäftigung ausgewiesen. Der sektorspezifische Job-Turnover wurde berechnet, indem die absolute Zahl in jeder Zelle durch die Anzahl der Beschäftigten des jeweiligen Sektors dividiert wurde. Es wird somit die prozentuale Veränderung der Beschäftigung in dem jeweiligen Sektor angegeben. In der Ergebnistabelle werden die sektorspezifischen Job-Turnover-Raten kursiv gedruckt.
[217] In jeder Zelle der Tabelle werden die absolute Beschäftigungsveränderung, die Job-Turnover-Rate bezogen auf die Gesamtbeschäftigung und die sektorspezifische Job-Turnover-Rate (kursiv gedruckt) angegeben.

schäftigten aufwies, betrug der Job-Turnover und damit die Gesamtzahl der geschaffenen und vernichteten Arbeitsplätze über 3,5 Millionen. Aus der Tabelle wird weiterhin ersichtlich, dass in absoluten Zahlen sowohl durch die neu gegründeten als auch durch die expandierenden Betriebe deutlich mehr Arbeitsplätze im tertiären Sektor als im sekundären Sektor geschaffen wurden. Durch diese beiden Betriebsgruppen entstanden etwas mehr als eine Million neue Arbeitsplätze im tertiären Sektor und fast 400.000 neue Arbeitsplätze im sekundären Sektor. Die schließenden und schrumpfenden Betriebe bauten dagegen ungefähr gleich viele Arbeitsplätze im sekundären wie im tertiären Sektor ab. Etwas mehr als eine Million Arbeitsplätze wurden zwischen 1993 und 1994 gemeinsam von beiden Betriebsgruppen jeweils im sekundären und im tertiären Sektor abgebaut.

Betrachtet man jedoch die relativen Beschäftigungsveränderungen in den einzelnen Sektoren, so wird deutlich, dass nicht nur absolut, sondern auch relativ die meisten Arbeitsplätze im tertiären Sektor geschaffen wurden. Die Beschäftigung ist im tertiären Sektor durch die neu geschaffenen Arbeitsplätze der expandierenden und neu gegründeten Betriebe um 7 % angestiegen, im sekundären Sektor jedoch nur um 3,5 %.

Darüber hinaus wurden in absoluten Zahlen ungefähr gleich viele Arbeitsplätze im sekundären wie im tertiären Sektor abgebaut, dies führte jedoch zu einem relativ stärkeren Rückgang der Beschäftigung im sekundären Sektor. Durch die abgebauten Arbeitsplätze der schrumpfenden und schließenden Betriebe nahm die Beschäftigung im sekundären Sektor um 8,9 % und im tertiären Sektor um 7,4 % ab.

Es wird somit deutlich, dass durch die neu geschaffenen Arbeitsplätze vor allem die Beschäftigung im tertiären Sektor ansteigt, während der sekundäre Sektor einen relativ größeren Beschäftigungsverlust durch die abgebauten Arbeitsplätze aufweist.

Betrachtet man die Beschäftigungsveränderung für Westdeutschland zwischen den Jahren 1996 und 1997, so kann wiederum festgestellt werden, dass der Job-Turnover mit einem Wert von fast 3,3 Millionen deutlich größer war als die Nettobeschäftigungsveränderung, die in dem Untersuchungszeitraum einen Beschäftigungsrückgang von 670.000 Arbeitsplätzen auswies.

Aus der Tabelle 4-3 wird weiterhin deutlich, dass von den neu gegründeten und den expandierenden Betrieben die meisten Arbeitsplätze im tertiären Sektor geschaffen worden sind. Von diesen beiden Betriebsgruppen wurden im Zeitraum zwischen 1996 und 1997 zusammen mehr als 900.000 Arbeitsplätze im tertiären Sektor und über 360.000 Arbeitsplätze im sekundären Sektor geschaffen. Die schließenden und schrumpfenden Betriebe bauten in diesem Untersuchungszeitraum die meisten Arbeitsplätze im tertiären Sektor ab. Es wurden mehr als 1,1

Millionen Arbeitsplätze im tertiären Sektor abgebaut und im sekundären Sektor gingen etwas mehr als 800.000 Arbeitsplätze verloren.

*Tabelle 4-3: Die Beschäftigungsveränderungen in Westdeutschland zwischen den Jahren 1996 und 1997 differenziert nach Betriebsgruppe und Sektor*

| | Primär | Sekundär | Tertiär | Gesamt |
|---|---|---|---|---|
| **Neu gegründete Betriebe** | 307<br>0,001 %<br>*0,09 %* | 24.847<br>0,09 %<br>*0,24 %* | 138.090<br>0,53 %<br>***0,89 %*** | 163.244<br>0,62 % |
| **Schließende Betriebe** | -16.982<br>-0,06 %<br>*-5,21 %* | -215.451<br>-0,82 %<br>*-2,08 %* | -418.056<br>-1,59 %<br>***-2,68 %*** | -650.489<br>-2,48 % |
| **Expandierende Betriebe** | 33.527<br>0,13 %<br>*10,28 %* | 339.846<br>1,29 %<br>*3,28 %* | 774.953<br>2,95 %<br>***4,97 %*** | 1.148.326<br>4,37 % |
| **Schrumpfende Betriebe** | -18.187<br>-0,07 %<br>*-5,58 %* | -608.669<br>-2,32 %<br>***-5,88 %*** | -705.033<br>-2,69 %<br>*-4,53 %* | -1.331.889<br>-5,07 % |
| **Gesamt** | -1.335<br>-0,005 %<br>*-0,41 %* | -459.427<br>-1,75 %<br>*-4,44 %* | -210.046<br>-0,80 %<br>*-1,35 %* | -670.808<br>-2,55 % |

*Quelle: Eigene Berechnungen auf Basis des IAB-Betriebspanels, 4. und 5. Welle, hochgerechnete Werte.*

Um die relativen Beschäftigungsveränderungen zwischen den Sektoren zu untersuchen, werden wieder die sektorspezifischen Job-Turnover-Raten betrachtet. Es kann festgestellt werden, dass nicht nur in absoluten Zahlen die meisten der neu entstandenen Arbeitsplätze im tertiären Sektor geschaffen wurden, sondern auch relativ gesehen. Im tertiären Sektor konnte durch die neu geschaffenen Arbeitsplätze der expandierenden und neu gegründeten Betriebe ein Beschäftigungsanstieg von 5,9 % und im sekundären Sektor ein Anstieg von 3,5 % verzeichnet werden.

Es wurde schon gezeigt, dass in absoluten Zahlen die meisten Arbeitsplätze im tertiären Sektor abgebaut wurden. Auch die sektorspezifischen Job-Turnover-Raten deuten darauf hin, dass zumindest durch die abgebauten Arbeitsplätze der schließenden Betriebe die Beschäftigung im tertiären Sektor relativ stärker zurückgegangen ist als im sekundären Sektor. Bei den schrumpfenden Betrieben verhielt es sich dagegen umgekehrt, so dass insgesamt der Beschäftigungsrückgang im sekundären Sektor durch die abgebauten Arbeitsplätze der schließenden und schrumpfenden Betriebe - relativ gesehen - geringfügig größer ausfiel als im tertiären Sektor. Im sekundären Sektor nahm die Beschäftigung um 8 % und im tertiären Sektor um 7,2 % ab. Aufgrund der geringen Differenz der Beschäftigungsverlustraten kann aber in diesem Untersuchungszeitraum nicht eindeutig festgestellt werden, dass der sekundäre Sektor überproportional von den Beschäftigungsverlusten betroffen ist.

Eine Erklärung dafür, dass verhältnismäßig viele der abgebauten Arbeitsplätze - vor allem die der schließenden Betriebe - auf den tertiären Sektor entfallen, kann darin begründet liegen, dass der tertiäre Sektor in dem Untersuchungszeitraum nicht nur eine vergleichsweise hohe Gründungsrate, sondern auch eine relativ hohe Schließungsrate aufweist und damit anscheinend auch eine größere Anzahl an verloren gegangenen Arbeitsplätzen zu verzeichnen hat als der sekundäre Sektor.[218]

Auch im ostdeutschen Datensatz[219] für die Jahre 1996/1997 überstieg der Job-Turnover die Netto-Beschäftigungsveränderung deutlich. Der Job-Turnover erzielte einen Wert von knapp 850.000, während die Netto-Beschäftigungsveränderung einen Rückgang von fast 250.000 Arbeitsplätzen aufwies. Aus der Tabelle 4-4 wird darüber hinaus deutlich, dass die schließenden und die schrumpfenden Betriebe mehr Arbeitsplätze im sekundären als im tertiären Sektor abgebaut haben. Insgesamt wurde die Anzahl der Arbeitsplätze durch diese Betriebe im sekundären Sektor um fast 300.000 reduziert. Im tertiären Sektor ging die Zahl der Arbeitsplätze durch diese beiden Betriebsgruppen um mehr als 230.000 zurück.

*Tabelle 4-4: Die Beschäftigungsveränderungen in Ostdeutschland zwischen den Jahren 1996 und 1997 differenziert nach Betriebsgruppe und Sektor*

| | **Primär** | **Sekundär** | **Tertiär** | **Gesamt** |
|---|---|---|---|---|
| **Neu gegründete Betriebe** | 845<br>0,02 %<br>*0,47 %* | 30.359<br>0,58 %<br>***1,38 %*** | 28.180<br>0,54 %<br>*1,00 %* | 59.384<br>1,14 % |
| **Schließende Betriebe** | -1.296<br>-0,02 %<br>*-0,72 %* | -106.223<br>-2,04 %<br>***-4,81 %*** | -78.614<br>-1,51 %<br>*-2,78 %* | -186.133<br>-3,57 % |
| **Expandierende Betriebe** | 5.385<br>0,10 %<br>*2,99 %* | 91.701<br>1,76 %<br>*4,16 %* | 147.532<br>2,83 %<br>***5,21 %*** | 244.618<br>4,69 % |
| **Schrumpfende Betriebe** | -19.041<br>-0,37 %<br>*-10,57 %* | -184.957<br>-3,55 %<br>***-8,38 %*** | -155.412<br>-2,98 %<br>*-5,49 %* | -359.410<br>-6,89 % |
| **Gesamt** | -14.107<br>-0,27 %<br>*-7,83 %* | -169.120<br>-3,24 %<br>*-7,66 %* | -58.314<br>-1,12 %<br>*-2,06 %* | -241.541<br>-4,63 % |

*Quelle: Eigene Berechnungen auf Basis des IAB-Betriebspanels, 4. und 5. Welle, hochgerechnete Werte.*

[218] Siehe die Verteilung der Betriebe auf die Gruppen und die Branchen (Anhang Tabelle A-26). Vgl. auch: Licht u. a. (1997), S. 18.

[219] Die folgenden Ergebnisse wurden auf das gesamte ostdeutsche Bundesgebiet hochgerechnet.

Von den neu gegründeten Betrieben in Ostdeutschland wurden ungefähr gleich viele Arbeitsplätze im sekundären wie im tertiären Sektor geschaffen und die expandierenden Betriebe haben mehr neue Arbeitsplätze im tertiären als im sekundären Sektor entstehen lassen. Von beiden Betriebsgruppen wurden zwischen 1996 und 1997 insgesamt mehr als 170.000 neue Arbeitsplätze im tertiären und über 120.000 Arbeitsplätze im sekundären Sektor bereitgestellt.
Von den neu gegründeten Betrieben wurden nicht nur in absoluten Zahlen etwas mehr Arbeitsplätze im sekundären Sektor geschaffen, sondern auch relativ gesehen. Zwar hat die Beschäftigung durch die neu entstandenen Arbeitsplätze der expandierenden und der neu gegründeten Betriebe wiederum wie erwartet im tertiären Sektor relativ stärker zugenommen (+ 6,2 %) als im sekundären Sektor (+ 5,5 %), dieses Ergebnis ist jedoch vor allem auf die expandierenden Betriebe zurückzuführen. Durch die neu entstandenen Arbeitsplätze der neu gegründeten Betriebe ist die Beschäftigung im sekundären Sektor relativ gesehen etwas stärker angestiegen als im tertiären Sektor.
Der Beschäftigungsrückgang durch abgebaute Arbeitsplätze der schließenden und schrumpfenden Betriebe fiel wie erwartet im sekundären Sektor relativ größer aus als im tertiären Sektor. Der Beschäftigungsrückgang betrug im sekundären Sektor 13,2 % und im tertiären Sektor 8,3 %.

Damit kann nach der Auswertung aller drei Datensätze festgestellt werden, dass sowohl in Ost- als auch in Westdeutschland durch die neu geschaffenen Arbeitsplätze der expandierenden und neu gegründeten Betriebe die Beschäftigung im tertiären Sektor relativ stärker angestiegen ist als im sekundären Sektor. Während in Westdeutschland in beiden Untersuchungszeiträumen sowohl die neu geschaffenen Arbeitsplätze der neu gegründeten als auch der expandierenden Betriebe zu einem relativ höheren Beschäftigungsanstieg im tertiären als im sekundären Sektor geführt haben, ist die relativ größere Beschäftigungszunahme im tertiären Sektor in Ostdeutschland vor allem auf die expandierenden Betriebe zurückzuführen. Durch die neu gegründeten Betriebe in Ostdeutschland ist dagegen die Beschäftigung im sekundären Sektor relativ stärker angestiegen als im tertiären Sektor. Dieses Ergebnis ist anzunehmen, obwohl die Neugründungsrate im tertiären Sektor höher ist als im sekundären Sektor. Somit kann davon ausgegangen werden, dass die ostdeutschen Neugründungen im sekundären Sektor vorwiegend aus größeren Betrieben bestehen.
Weiterhin wurde eingangs angenommen, dass die wegfallenden Arbeitsplätze durch schließende und schrumpfende Betriebe vorwiegend auf den sekundären Sektor entfallen. Dieser Teil der Hypothese kann mit den zur Verfügung stehenden Daten uneingeschränkt für Westdeutschland zwischen den Jahren 1993/1994 und für Ostdeutschland in dem Untersuchungszeitraum 1996/1997 bestätigt werden. Zwischen 1996 und 1997 nahm in Westdeutschland die relati-

ve Beschäftigung im sekundären Sektor nur geringfügig stärker ab als im tertiären Sektor. Als eine mögliche Begründung für die Feststellung, dass entgegen den Erwartungen verhältnismäßig viele Arbeitsplätze im tertiären Sektor verloren gingen, wurden die relativ hohen Betriebsgründungs- und Schließungsraten im tertiären Sektor genannt, die auf die relativ große Heterogenität des tertiären Sektors zurückgeführt werden können. Diese gehen sowohl mit einer relativ hohen Anzahl an neu geschaffenen Arbeitsplätzen als auch mit einer relativ großen Anzahl an vernichteten Arbeitsplätzen im tertiären Sektor einher.
In einem nächsten Schritt wird untersucht, ob sich durch die zwischenbetriebliche Fluktuation von Arbeitsplätzen die relative Beschäftigungssituation der beiden betrachteten Qualifikationsgruppen verändert hat.

#### 4.2.4.2 Zusammenhänge zwischen der zwischenbetrieblichen Fluktuation von Arbeitsplätzen und dem qualifikatorischen Strukturwandel

Es wird nun untersucht, ob die abgebauten Arbeitsplätze der schrumpfenden und schließenden Betriebe zu einem relativ höheren Beschäftigungsverlust bei den gering qualifizierten Arbeitnehmern als bei den qualifizierten Arbeitnehmern führen und gleichzeitig die Beschäftigungsgewinne durch die neu geschaffenen Arbeitsplätze der neu gegründeten und expandierenden Betriebe bei den qualifizierten Arbeitnehmern relativ höher ausfallen als bei den gering qualifizierten Arbeitnehmern.
In Tabelle 4-5 wird für den westdeutschen Datensatz von 1993/1994 die Anzahl der neu entstandenen und der weggefallenen Arbeitsplätze differenziert nach Qualifikationsniveau sowie die Job-Turnover-Raten bezogen auf die Gesamtbeschäftigung von 1993 und die qualifikationsspezifischen Job-Turnover-Raten[220] dargestellt. Die Angaben wurden wiederum mit den entsprechenden Hochrechnungsfaktoren auf das gesamte westdeutsche Bundesgebiet hochgerechnet.
Bei der Betrachtung der absoluten Zahlen wird ersichtlich, dass die neu gegründeten Betriebe ungefähr ein Drittel mehr Arbeitsplätze für qualifizierte Arbeitnehmer als für gering qualifizierte Arbeitnehmer geschaffen haben. Noch deutlicher wird der Unterschied bei den expandierenden Betrieben. Die Zahl der neu geschaffenen Arbeitsplätze für qualifizierte Arbeitnehmer überstieg die der neuen Beschäftigungsmöglichkeiten für gering qualifizierte Arbeitnehmer beinahe um das Dreifache. Zusammengenommen betrug der Anteil der neuen Arbeitsplätze für die qualifizierten Arbeitnehmer 71,5 % und 28,5 % für die gering

[220] Die qualifikationsspezifischen Job-Turnover-Raten wurden berechnet, indem die neu geschaffenen bzw. die abgebauten Arbeitsplätze in jeder Zelle der Tabelle durch die Anzahl der qualifizierten bzw. gering qualifizierten Beschäftigten im Ausgangsjahr dividiert wurden. Die qualifikationsspezischen Job-Turnover-Raten werden in den entsprechenden Tabellen kursiv geschrieben.

qualifizierten Arbeitnehmer. Gleichzeitig wurden in diesem Untersuchungszeitraum von den schließenden Betrieben ungefähr doppelt so viele Arbeitsplätze für qualifizierte als für gering qualifizierte Arbeitnehmer abgebaut. Von den schrumpfenden Betrieben wurde jedoch ungefähr ein Drittel mehr Arbeitsplätze für gering qualifizierte als für qualifizierte Arbeitnehmer abgebaut. Fasst man die vernichteten Arbeitsplätze durch schließende und schrumpfende Betriebe zusammen, so betrug der Anteil der abgebauten Arbeitsplätze für die qualifizierten Arbeitnehmer 46,9 % und für die gering qualifizierten Arbeitnehmer 53,1 %.

*Tabelle 4-5: Die Beschäftigungsveränderungen in Westdeutschland zwischen den Jahren 1993 und 1994 differenziert nach Betriebsgruppe und Qualifikation*[221]

| | **Qualifiziert** | **Gering qualifiziert** | **Gesamt** |
|---|---|---|---|
| **Neu gegründete Betriebe** | 166.986<br>0,64 %<br>*1,13 %* | 103.826<br>0,40 %<br>***1,19 %*** | 270.812<br>1,04 % |
| **Schließende Betriebe** | -328.714<br>-1,26 %<br>***-2,23 %*** | -168.757<br>-0,65 %<br>*-1,94 %* | -497.471<br>-1,91 % |
| **Expandierende Betriebe** | 848.154<br>3,24 %<br>***5,74 %*** | 300.944<br>1,15 %<br>*3,46 %* | 1.149.098<br>4,39 % |
| **Schrumpfende Betriebe** | -661.724<br>-2,53 %<br>*-4,48 %* | -950.932<br>-3,64 %<br>***-10,94 %*** | -1.612.656<br>-6,17 % |
| **Gesamt** | 24.702<br>0,09 %<br>0,16 % | -714.919<br>-2,74 %<br>*-8,23 %* | -690.217<br>-2,65 % |

*Quelle: Eigene Berechnungen auf Basis des IAB-Betriebspanels, 1. und 2. Welle, hochgerechnete Werte.*

Durch die Betrachtung der qualifikationsspezifischen Job-Turnover-Raten kann untersucht werden, ob sich durch die zwischenbetriebliche Fluktuation von Arbeitsplätzen die relative Beschäftigungssituation der beiden Qualifikationsgruppen verändert hat.

Dass sich die Beschäftigungschancen für die qualifizierten Arbeitnehmer relativ verbessert haben, sieht man vor allem an den qualifikationsspezifischen Job-Turnover-Raten für die schrumpfenden und expandierenden Betriebe. Durch die abgebauten Arbeitsplätze der schrumpfenden Betriebe hat sich die Beschäftigung bei den gering qualifizierten Arbeitnehmern um fast 11 % reduziert. Dage-

[221] In jeder Zelle der Tabelle wird die absolute Beschäftigungsveränderung, die Job-Turnover-Raten bezogen auf die Gesamtbeschäftigung und die qualifikationsspezifischen Job-Turnover-Raten angegeben.

gen betrug der Beschäftigungsrückgang der qualifizierten Arbeitnehmer weniger als 5 %. Relativ gesehen sind somit die gering qualifizierten Arbeitnehmer stärker durch den Abbau von Arbeitsplätzen durch schrumpfende Betriebe betroffen. Die expandierenden Betriebe bewirkten im Gegensatz dazu einen relativ stärkeren Beschäftigungsgewinn bei den qualifizierten Arbeitnehmern. In dieser Qualifikationsgruppe stieg die Beschäftigung durch neu geschaffene Arbeitsplätze der expandierenden Betriebe um 5,7 % und bei den gering qualifizierten Arbeitnehmern nur um 3,5 %. Die expandierenden und schrumpfenden Betriebe weisen höhere qualifikationsspezifische Turnover-Raten auf als die schließenden und neu gegründeten Betriebe, so dass sie wesentlich zu der Verschiebung der Beschäftigungsanteile der unterschiedlich qualifizierten Arbeitnehmer beitragen.

Die abgebauten Arbeitsplätze der schließenden Betriebe führten zu einem etwas höheren relativen Rückgang der Beschäftigung bei den qualifizierten Arbeitnehmern, und die neuen Beschäftigungsmöglichkeiten durch die neu entstandenen Betriebe ließen einen geringfügig höheren relativen Bedarf an gering qualifizierten Arbeitnehmern entstehen. Diese Beobachtungen entsprechen zwar nicht ganz den Erwartungen, lassen sich aber damit erklären, dass in den schließenden Betrieben sämtliche Arbeitsplätze, d. h. sowohl Arbeitsplätze für qualifizierte als auch für gering qualifizierte Arbeitnehmer verloren gehen. Ebenso werden in den neu gegründeten Betrieben sowohl qualifizierte als auch gering qualifizierte Arbeitnehmer benötigt.

Insgesamt wurden jedoch relativ mehr Arbeitsplätze bei den gering qualifizierten Arbeitnehmern abgebaut, und die neu entstandenen Arbeitsplätze ließen die Beschäftigung der qualifizierten Arbeitnehmer relativ stärker ansteigen. Somit wird deutlich, dass sich durch die zwischenbetriebliche Fluktuation von Arbeitsplätzen die relative Arbeitsnachfrage zu Ungunsten der gering qualifizierten Arbeitnehmer verschoben hat. In dem Untersuchungszeitraum nahm die Beschäftigung durch die gleichzeitige Vernichtung und Schaffung von Arbeitsplätzen in dieser Qualifikationsgruppe um fast 8 % ab. Die Beschäftigung in der Gruppe der qualifizierten Arbeitnehmer stieg dagegen um 0,2 % an.

Die entsprechenden Ergebnisse für den westdeutschen Datensatz für den Untersuchungszeitraum 1996/1997 sind in der Tabelle 4-6 dargestellt.

Es kann zunächst festgestellt werden, dass in absoluten Zahlen sowohl die schrumpfenden als auch die schließenden Betriebe mehr Arbeitsplätze für qualifizierte Arbeitnehmer als für gering qualifizierte Arbeitnehmer abgebaut haben. Von den gesamten abgebauten Arbeitsplätzen durch schließende und schrumpfende Betriebe entfielen 56,6 % auf die qualifizierten Arbeitnehmer und 43,4 % auf die gering qualifizierten Arbeitnehmer. Mithilfe dieses Datensatzes kann jedoch wiederum festgestellt werden, dass die neu gegründeten und die expandierenden Betriebe absolut mehr Arbeitsplätze für qualifizierte Arbeitnehmer als für gering qualifizierte Arbeitnehmer geschaffen haben. In beiden Betriebsgruppen überstieg die Zahl der zusätzlichen Beschäftigungsmöglichkeiten für qualifizierte Arbeitnehmer die der neuen Arbeitsplätze für gering qualifizierte Arbeitnehmer um ungefähr ein Drittel. Zusammen schufen die neu gegründeten und die expandierenden Betriebe in Westdeutschland zwischen 1996 und 1997 zu 61 % Arbeitsplätze für qualifizierte Arbeitnehmer und zu 39 % neue Beschäftigungsmöglichkeiten für gering qualifizierte Arbeitnehmer.

*Tabelle 4-6: Die Beschäftigungsveränderungen in Westdeutschland zwischen den Jahren 1996 und 1997 differenziert nach Betriebsgruppe und Qualifikation*

| | **Qualifiziert** | **Gering qualifiziert** | **Gesamt** |
|---|---|---|---|
| **Neu gegründete Betriebe** | 99.446<br>0,38 %<br>*4,66 %* | 63.799<br>0,24 %<br>***5,21 %*** | 153.245<br>0,62 % |
| **Schließende Betriebe** | -402.805<br>-1,53 %<br>*-2,68 %* | -247.682<br>-0,94 %<br>***-2,89 %*** | -650.487<br>-2,47 % |
| **Expandierende Betriebe** | 701.232<br>2,67 %<br>*0,66 %* | 447.094<br>1,70 %<br>***0,74 %*** | 1.148.326<br>4,37 % |
| **Schrumpfende Betriebe** | -719.922<br>-2,74 %<br>*-4,79 %* | -611.967<br>-2,33 %<br>***-7,13 %*** | -1.331.889<br>-5,07 |
| **Gesamt** | -322.049<br>-1,22 %<br>*-2,15 %* | -348.756<br>-1,33 %<br>*-4,07 %* | -670.805<br>-2,55 % |

*Quelle: Eigene Berechnungen auf Basis des IAB-Betriebspanels, 4. und 5. Welle, hochgerechnete Werte.*

Obwohl damit absolut gesehen mehr Arbeitsplätze für qualifizierte als für gering qualifizierte Arbeitnehmer geschaffen wurden, hat dies nicht dazu geführt, dass die Beschäftigung durch die neu geschaffenen Arbeitsplätze bei den qualifizierten Arbeitnehmern relativ stärker angestiegen ist als bei den gering qualifizierten Arbeitnehmern. Durch die neu entstandenen Arbeitsplätze der expandierenden und der neu gegründeten Betriebe hat jeweils die relative Beschäftigung in der Gruppe der gering qualifizierten Arbeitnehmer geringfügig stärker zugenommen als in der Gruppe der qualifizierten Arbeitnehmer. Die Beschäftigung der qualifizierten Arbeitnehmer ist durch die neu geschaffenen Arbeitsplätze insgesamt um 5,3 % und bei den gering qualifizierten Arbeitnehmern um 6 % angestiegen. Es kann somit in diesem Untersuchungszeitraum nicht davon ausgegangen werden, dass die neu geschaffenen Arbeitsplätze vorwiegend zu Beschäftigungsgewinnen bei den qualifizierten Arbeitnehmern geführt haben. Es wurde jedoch schon gezeigt, dass die zwischenbetriebliche Fluktuation von Arbeitsplätzen zu einem relativ hohen Beschäftigungsanstieg im tertiären Sektor geführt hat. Die-

ser Sektor ist als sehr heterogen anzusehen und umfasst auch viele einfache Dienstleistungstätigkeiten. Es kann davon ausgegangen werden, dass in diesem Untersuchungszeitraum nicht nur relativ viele neue Arbeitsplätze auf die wissensintensiven Dienstleistungen entfallen sind, sondern auch auf die einfachen Dienstleistungstätigkeiten.
Dass sich die relative Beschäftigungssituation der qualifizierten Arbeitnehmer im Vergleich zu den gering qualifizierten Arbeitnehmern trotzdem verbessert hat, ist vor allem auf die abgebauten Arbeitsplätze zurückzuführen. Zwar wurden absolut mehr Arbeitsplätze für qualifizierte Arbeitnehmer abgebaut, trotzdem fielen die relativen Beschäftigungsverluste durch die abgebauten Arbeitsplätze der schrumpfenden und schließenden Betriebe bei den gering qualifizierten Arbeitnehmern höher aus als bei den qualifizierten Arbeitnehmern. Besonders durch die abgebauten Arbeitsplätze der schrumpfenden Betriebe hat sich die Arbeitsmarktsituation der gering qualifizierten Arbeitnehmer verschlechtert. Der Beschäftigungsrückgang durch die abgebauten Arbeitsplätze der schließenden und schrumpfenden Betriebe betrug bei den gering qualifizierten Arbeitnehmern 10 % und bei den qualifizierten Arbeitnehmern 7,5 %.
Insgesamt hat die Beschäftigung der gering qualifizierten Arbeitnehmer durch den Job-Turnover in dem Untersuchungszeitraum um 4 % abgenommen, und auch für die qualifizierten Arbeitnehmer mussten diesmal Beschäftigungsverluste festgestellt werden, auch wenn sie relativ geringer ausfielen als bei den gering qualifizierten Arbeitnehmern. Die Beschäftigung nahm in dieser Qualifikationsgruppe um 2 % ab.

Auch in Ostdeutschland[222] haben - wie aus Tabelle 4-7 ersichtlich wird - die neu gegründeten und die expandierenden Betriebe zwischen den Jahren 1996 und 1997 deutlich mehr Arbeitsplätze für qualifizierte Arbeitnehmer geschaffen. Die Zahl der neuen Beschäftigungsmöglichkeiten für qualifizierte Arbeitnehmer überstieg die der gering qualifizierten Arbeitnehmer in den neu gegründeten Betrieben in etwa um das Dreifache und in den expandierenden Betrieben ungefähr um das Vierzehnfache. Insgesamt entfielen 90,5 % der gesamten geschaffenen Arbeitsplätze auf die qualifizierten Arbeitnehmer und 9,5 % auf die gering qualifizierten Arbeitnehmer.
Gleichzeitig bauten sowohl die schließenden als auch die schrumpfenden Betriebe deutlich mehr Arbeitsplätze für qualifizierte als für gering qualifizierte Arbeitnehmer ab. Zwischen 1996 und 1997 wurden von den schließenden und schrumpfenden Betrieben in Ostdeutschland zu 66,7 % Arbeitsplätze für qualifizierte Arbeitnehmer und zu 33,3 % neue Beschäftigungsmöglichkeiten für gering qualifizierte Arbeitnehmer abgebaut. Es wurden somit von den schließen-

[222] Die folgenden Ergebnisse wurden auf das gesamte ostdeutsche Bundesgebiet hochgerechnet.

den und schrumpfenden Betrieben doppelt so viele Arbeitsplätze für qualifizierte wie für gering qualifizierte Arbeitnehmer vernichtet.

*Tabelle 4-7: Die Beschäftigungsveränderungen in Ostdeutschland zwischen den Jahren 1996 und 1997 differenziert nach Betriebsgruppe und Qualifikation*

| | Qualifiziert | Gering qualifiziert | Gesamt |
|---|---|---|---|
| **Neu gegründete Betriebe** | 46.847<br>0,90 %<br>*1,29 %* | 12.537<br>0,24 %<br>***1,31 %*** | 59.384<br>1,14 % |
| **Schließende Betriebe** | -143.976<br>-2,76 %<br>*-3,97 %* | -42.158<br>-0,81 %<br>***-4,42 %*** | -186.134<br>-3,57 % |
| **Expandierende Betriebe** | 228.159<br>4,37 %<br>***6,29 %*** | 16.460<br>0,32 %<br>*1,73 %* | 244.619<br>4,69 % |
| **Schrumpfende Betriebe** | -219.744<br>-4,21 %<br>*-6,06 %* | -139.667<br>-2,68 %<br>***-14,64 %*** | -359.411<br>-6,89 |
| **Gesamt** | -88.714<br>-1,70 %<br>*-2,45 %* | -152.828<br>-3,90 %<br>*-16,02 %* | -241.542<br>-5,60 % |

*Quelle: Eigene Berechnungen auf Basis des IAB-Betriebspanels, 4. und 5. Welle, hochgerechnete Werte.*

Die relative Beschäftigungssituation der qualifizierten Arbeitnehmer hat sich durch die gleichzeitige Schaffung und Vernichtung von Arbeitsplätzen jedoch verbessert. Durch die neu geschaffenen Arbeitsplätze der expandierenden Betriebe hat die relative Beschäftigung der qualifizierten Arbeitnehmer deutlich stärker zugenommen als die der gering qualifizierten Arbeitnehmer. Durch die zusätzlichen Arbeitsplätze in den neu gegründeten Betrieben nahm die relative Beschäftigung dagegen in beiden Qualifikationsgruppen um den gleichen Prozentsatz zu. Insgesamt ist die Beschäftigung bei den qualifizierten Arbeitnehmern durch die neu geschaffenen Arbeitsplätze der expandierenden und neu gegründeten Betriebe um 7,6 % und bei den gering qualifizierten Arbeitnehmern um 3 % angestiegen.

Weiterhin mussten die gering qualifizierten Arbeitnehmer einen relativ größeren Beschäftigungsverlust durch die abgebauten Arbeitsplätze der schließenden und schrumpfenden Betriebe hinnehmen als die qualifizierten Arbeitnehmer. Die Beschäftigung nahm bei den gering qualifizierten Arbeitnehmern um 19 % ab. Bei den qualifizierten Arbeitnehmern betrug der Beschäftigungsverlust dagegen 10 % und fiel damit relativ gesehen deutlich geringer aus.

Insgesamt hat die Beschäftigung der gering qualifizierten Arbeitnehmer durch die zwischenbetriebliche Fluktuation von Arbeitsplätzen in diesem Untersuchungszeitraum um 16 % abgenommen. Die gleichzeitige Schaffung und Vernichtung von Arbeitsplätzen führte zwar auch bei den qualifizierten Arbeitnehmern zu Beschäftigungsverlusten, diese fielen jedoch mit einem Rückgang von 2,5 % deutlich geringer aus.

Es konnte somit in allen drei Datensätzen festgestellt werden, dass sich durch den Job-Turnover die relative Beschäftigungssituation der qualifizierten Arbeitnehmer im Vergleich zu den gering qualifizierten Arbeitnehmern verbessert hat. Es wird deutlich, dass diese Beobachtung vor allem durch den relativ höheren Beschäftigungsverlust bei den gering qualifizierten Arbeitnehmern durch die abgebauten Arbeitsplätze der schließenden und schrumpfenden Betriebe bedingt ist. In allen drei Datensätzen überstieg der relative Beschäftigungsrückgang durch die abgebauten Arbeitsplätze bei den gering qualifizierten Arbeitnehmern den der qualifizierten Arbeitnehmer.
Für die Untersuchungszeiträume 1993/1994 in Westdeutschland und 1996/1997 in Ostdeutschland konnte zudem beobachtet werden, dass die neu entstandenen Arbeitsplätze durch expandierende und neu gegründete Betriebe zu einem relativ größeren Beschäftigungsanstieg bei den qualifizierten Arbeitnehmern im Vergleich zu den gering qualifizierten Arbeitnehmern geführt haben. Dass dieser Teil der Untersuchungshypothese in dem westdeutschen Datensatz von 1996/ 1997 nicht bestätigt werden konnte, liegt möglicherweise in der Heterogenität des tertiären Sektors begründet. In diesem Sektor entstehen zwar verhältnismäßig viele der neu geschaffenen Arbeitsplätze, diese müssen jedoch nicht nur auf qualifikationsintensive Arbeitsplätze entfallen, sondern scheinen in diesem Untersuchungszeitraum auch relativ häufig in dem Bereich der einfachen Dienstleistungstätigkeiten entstanden zu sein. Der Zusammenhang zwischen dem sektoralen und dem qualifikatorischen Strukturwandel wird jedoch im Folgenden noch genauer untersucht.

#### 4.2.4.3 Zusammenhänge zwischen der zwischenbetrieblichen Fluktuation von Arbeitsplätzen, dem sektoralen und dem qualifikatorischen Strukturwandel

In einem letzten Schritt werden alle drei Entwicklungen (zwischenbetriebliche Fluktuation von Arbeitskräften, sektoraler Strukturwandel und qualifikatorischer Strukturwandel) gleichzeitig betrachtet. Die Betriebe werden sowohl anhand ihrer Gruppenzugehörigkeit als auch anhand der verschiedenen Sektoren differenziert. Für jede Kategorie von Betrieben werden die Beschäftigungsveränderung für qualifizierte und für gering qualifizierte Arbeitnehmer sowie die Job-Turnover-Raten und die qualifikations- und sektorspezifischen Job-Turnover-

Raten[223] berechnet. Dieses Vorgehen dient der Überprüfung der Ausgangshypothese, dass die Arbeitsnachfrageverschiebungen zu Gunsten der qualifizierten Arbeitnehmer insbesondere durch einen relativ hohen Beschäftigungszuwachs für die qualifizierten Arbeitnehmer im tertiären Sektor und durch einen relativ hohen Abbau von Arbeitsplätzen für gering qualifizierte Arbeitnehmer im sekundären Sektor bedingt sind.
In Tabelle 4-8 werden die entsprechenden Ergebnisse des westdeutschen Datensatzes für den Untersuchungszeitraum 1993/1994 dargestellt. Alle Ergebnisse wurden mit den entsprechenden Hochrechnungsfaktoren auf das gesamte westdeutsche Bundesgebiet hochgerechnet.
Aus den schon erwähnten Gründen werden hier vorrangig die Entwicklungen im sekundären und tertiären Sektor betrachtet.
Bei der Betrachtung der qualifikations- und sektorspezifischen Job-Turnover-Raten wird deutlich, dass relativ gesehen die Beschäftigung der qualifizierten Arbeitnehmer durch neu geschaffene Arbeitsplätze im tertiären Sektor am stärksten zugenommen hat. Im Vergleich zum sekundären Sektor fiel der relative Beschäftigungsanstieg im tertiären Sektor fast doppelt so groß aus. Die qualifikations- und sektorspezifischen Job-Turnover-Raten deuten weiterhin darauf hin, dass in allen drei Sektoren die Beschäftigung der qualifizierten Arbeitnehmer durch die neu geschaffenen Arbeitsplätze relativ stärker zugenommen hat als bei den gering qualifizierten Arbeitnehmern. Die Differenz der relativen Beschäftigungszuwächse zwischen den beiden Qualifikationsgruppen fiel dabei wie erwartet im tertiären Sektor größer aus als im sekundären Sektor.
Die Berechnung qualifikations- und sektorspezifischer Job-Turnover-Raten führt darüber hinaus zu dem Ergebnis, dass der Beschäftigungsabbau durch die schrumpfenden und schließenden Betriebe bei den gering qualifizierten Arbeitnehmern im tertiären Sektor etwas größer ausfällt als im sekundären Sektor. Die größten relativen Beschäftigungsverluste mussten in dieser Qualifikationsgruppe jedoch im primären Sektor verzeichnet werden. In allen drei Sektoren ist die Beschäftigung durch die abgebauten Arbeitsplätze bei den gering qualifizierten Arbeitnehmern relativ stärker zurückgegangen als bei den qualifizierten Arbeitnehmern. Es wurde davon ausgegangen, dass die relativen Beschäftigungsverluste bei den gering qualifizierten Arbeitnehmern vor allem im sekundären Sektor deutlich größer ausfallen als bei den qualifizierten Arbeitnehmern. Im Vergleich zwischen sekundärem und tertiärem Sektor muss jedoch festgestellt werden, dass die gering qualifizierten Arbeitnehmer vor allem im tertiären Sektor einen größeren relativen Beschäftigungsabbau im Vergleich zu den qualifizierten Arbeitnehmern verzeichnen mussten.

223 Die qualifikations- und sektorspezifischen Job-Turnover-Raten wurden berechnet, indem die Beschäftigungsveränderung in jeder Zelle der Tabelle durch die Anzahl der Beschäftigten in der jeweiligen Qualifikationsgruppe und Branche im Ausgangsjahr dividiert wurde.

*Tabelle 4-8: Beschäftigungsveränderungen nach Qualifikationsniveau für Betriebe unterschiedlicher Gruppen- und Sektorzugehörigkeit (Westdeutschland 1993/1994)*[224]

*Beschäftigungsveränderungen der qualifizierten Arbeitnehmer*

| | Neu gegründete / expandierende Betriebe | Schrumpfende / schließende Betriebe | Gesamt |
|---|---|---|---|
| **Primärer Sektor** | 9.071<br>0,03 %<br>*6,18 %* | -9.764<br>-0,04 %<br>*-6,65 %* | -693<br>-0,01 %<br>*-0,47 %* |
| **Sekundärer Sektor** | 276.825<br>1,06 %<br>*4,18 %* | -546.707<br>-2,09 %<br>***-8,25 %*** | -269.882<br>-1,03 %<br>*-4,07 %* |
| **Tertiärer Sektor** | 729.244<br>2,79 %<br>***9,12 %*** | -433.967<br>-1,66 %<br>*-5,42 %* | 295.277<br>1,13 %<br>*3,70 %* |
| **Gesamt** | 1.015.140<br>3,88 % | -990.438<br>-3,79 % | 24.702<br>0,09 % |

*Beschäftigungsveränderungen der gering qualifizierten Arbeitnehmer*

| | Neu gegründete / expandierende Betriebe | Schrumpfende / schließende Betriebe | Gesamt |
|---|---|---|---|
| **Primärer Sektor** | 1.780<br>0,01 %<br>*1,62 %* | -25.821<br>-0,10 %<br>***-23,54 %*** | -24.041<br>-0,09 %<br>*-21,92 %* |
| **Sekundärer Sektor** | 119.865<br>0,46 %<br>*3,27 %* | -463.167<br>-1,77 %<br>*-12,64 %* | -343.302<br>-1,31 %<br>*-9,37 %* |
| **Tertiärer Sektor** | 283.125<br>1,08 %<br>***5,76 %*** | -630.701<br>-2,41 %<br>***-12,83 %*** | -347.576<br>-1,33 %<br>*-7,07 %* |
| **Gesamt** | 404.770<br>1,55 % | -1.119.689<br>-4,28 % | -714.919<br>-2,73 % |

*Quelle: IAB-Betriebspanel, 1. und 2. Welle, hochgerechnete Werte.*

Somit wird insgesamt deutlich, dass in allen drei Sektoren der relative Beschäftigungszuwachs durch die neu geschaffenen Arbeitsplätze bei den qualifizierten Arbeitnehmern größer ausgefallen ist als bei den gering qualifizierten Arbeitnehmern. Die Differenz der relativen Beschäftigungszuwächse für die beiden Qualifikationsgruppen fiel dabei im tertiären Sektor größer aus als im sekundären Sektor. Der insgesamt relativ höhere Beschäftigungsanstieg bei den qualifizierten Arbeitnehmern im Vergleich zu den gering qualifizierten Arbeitnehmern kann somit wie erwartet vor allem auf die unterschiedlichen relativen Beschäfti-

[224] In jeder Zelle der Tabelle wird die absolute Beschäftigungsveränderung, der Job-Turnover und der qualifikations- und sektorspezifische Job-Turnover angegeben.

gungszuwächse im tertiären Sektor zurückgeführt werden. Weiterhin kann gezeigt werden, dass in allen drei Sektoren der relative Beschäftigungsabbau durch die abgebauten Arbeitsplätze der schließenden und schrumpfenden Betriebe bei den gering qualifizierten Arbeitnehmern deutlich größer ausgefallen ist als bei den qualifizierten Arbeitnehmern. Dabei fiel jedoch die Differenz zwischen den relativen Beschäftigungsrückgängen für die beiden Qualifikationsgruppen entgegen den Erwartungen im tertiären Sektor größer aus als im sekundären Sektor. Der insgesamt relativ höhere Beschäftigungsabbau durch die vernichteten Arbeitsplätze bei den gering qualifizierten Arbeitnehmern ist somit - wenn nur der sekundäre und der tertiäre Sektor betrachtet werden - vor allem auf den relativ hohen Beschäftigungsrückgang im tertiären Sektor zurückzuführen.
Es wurde schon darauf hingewiesen, dass der tertiäre Sektor als sehr heterogen anzusehen ist. Der Beschäftigungszuwachs durch neu geschaffene Arbeitsplätze fällt vermutlich vor allem bei den wissensintensiven Dienstleistungsbetrieben in der Gruppe der qualifizierten Arbeitnehmer relativ größer aus als bei den gering qualifizierten Arbeitnehmern. Umgekehrt kann davon ausgegangen werden, dass der relative Beschäftigungsverlust durch abgebaute Arbeitsplätze vor allem bei den weniger wissensintensiven Dienstleistungsbetrieben in der Gruppe der gering qualifizierten Arbeitnehmer deutlich größer ausfällt als bei den qualifizierten Arbeitnehmern.
In Tabelle 4-9 werden die absoluten Beschäftigungsveränderungen sowie die Job-Turnover-Raten und die qualifikations- und sektorspezifischen Job-Turnover-Raten bei einer Unterteilung der Dienstleistungsbetriebe in wissensintensive und weniger wissensintensive Dienstleistungsbetriebe dargestellt.
Bei der Betrachtung der qualifikations- und sektorspezifischen Job-Turnover-Raten wird deutlich, dass in beiden Sektoren der relative Beschäftigungsanstieg durch neu geschaffene Arbeitsplätze bei den qualifizierten Arbeitnehmern deutlich größer ausgefallen ist als bei den gering qualifizierten Arbeitnehmern. Die Differenz zwischen den relativen Beschäftigungszuwächsen in den beiden Qualifikationsgruppen fiel dabei nicht wie erwartet bei den wissensintensiven Dienstleistungsbetrieben, sondern bei den weniger wissensintensiven Dienstleistungsbetrieben größer aus. Dass der relativ große Beschäftigungsanstieg bei den qualifizierten Arbeitnehmern im tertiären Sektor somit vor allem auf die weniger wissensintensiven und nicht maßgeblich auf die wissensintensiven Dienstleistungsbetriebe zurückzuführen ist, kann darin begründet liegen, dass die Gruppe der qualifizierten Arbeitnehmer nicht nur aus hoch qualifizierten Personen besteht, sondern auch Arbeitnehmer mit einem mittleren Qualifikationsniveau umfasst. Möglicherweise werden Letztere eher im Bereich der weniger wissensintensiven Dienstleistungsbetriebe beschäftigt.

*Tabelle 4-9: Beschäftigungsveränderungen nach Qualifikationsniveau für verschiedene Dienstleistungsbetriebe (Westdeutschland 1993/1994)*[225]

*Beschäftigungsveränderungen der qualifizierten Arbeitnehmer*

| | Neu gegründete / expandierende Betriebe | Schrumpfende / schließende Betriebe | Gesamt |
|---|---|---|---|
| **Wissensintensive Dienstleistungen** | 275.696<br>1,05 %<br>*5,63 %* | -194.577<br>-0,74 %<br>*-3,98 %* | 81.119<br>0,31 %<br>*1,65 %* |
| **Weniger wissensintensive Dienstleistungen** | 453.548<br>1,73 %<br>***14,60 %*** | -239.390<br>-0,92 %<br>***-7,71 %*** | 214.158<br>0,82 %<br>*6,89 %* |

*Beschäftigungsveränderungen der gering qualifizierten Arbeitnehmer*

| | Neu gegründete / expandierende Betriebe | Schrumpfende / schließende Betriebe | Gesamt |
|---|---|---|---|
| **Wissensintensive Dienstleistungen** | 25.965<br>0,10 %<br>*1,59 %* | -113.922<br>-0,44 %<br>*-6,99 %* | -87.957<br>-0,34 %<br>*-5,40 %* |
| **Weniger wissensintensive Dienstleistungen** | 257.160<br>0,98 %<br>***7,83 %*** | -516.780<br>-1,98 %<br>***-15,73 %*** | -259.620<br>-1,00 %<br>*-7,90 %* |

*Quelle: IAB-Betriebspanel, 1. und 2. Welle, hochgerechnete Werte.*

Darüber hinaus überstieg in beiden Sektoren der relative Beschäftigungsrückgang durch abgebaute Arbeitsplätze bei den gering qualifizierten Arbeitnehmer den der qualifizierten Arbeitnehmer. Die Differenz der relativen Beschäftigungsrückgänge zwischen den beiden Qualifikationsgruppen fiel dabei besonders groß bei den weniger wissensintensiven Dienstleistungsbetrieben aus. Somit bestätigt sich die Vermutung, dass der vergleichsweise große relative Beschäftigungsverlust der gering qualifizierten Arbeitnehmer im tertiären Sektor vorwiegend auf verloren gegangene Arbeitsplätze bei den einfachen Dienstleistungstätigkeiten zurückzuführen ist.

In Tabelle 4-10 werden die Beschäftigungsveränderungen für die westdeutschen Betriebe mit unterschiedlicher Gruppen- und Sektorzugehörigkeit für den Untersuchungszeitraum 1996/1997 dargestellt.
Die Berechnung qualifikations- und sektorspezifischer Job-Turnover-Raten führt zu dem Ergebnis, dass relativ gesehen die Beschäftigung der qualifizierten Arbeitnehmer im primären Sektor am stärksten zugenommen hat. Im Vergleich zwischen sekundärem und tertiärem Sektor fiel der relative Beschäftigungsan-

[225] In jeder Zelle der Tabelle wird die absolute Beschäftigungsveränderung, der Job-Turnover und der qualifikations- und sektorspezifische Job-Turnover angegeben.

stieg durch die neu geschaffenen Arbeitsplätze der expandierenden und neu gegründeten Betriebe im tertiären Sektor größer aus als im sekundären Sektor.

*Tabelle 4-10: Beschäftigungsveränderungen nach Qualifikationsniveau für Betriebe unterschiedlicher Gruppen- und Sektorzugehörigkeit (Westdeutschland 1996/1997)*

*Beschäftigungsveränderungen der qualifizierten Arbeitnehmer*

| | **Neu gegründete / expandierende Betriebe** | **Schrumpfende / schließende Betriebe** | **Gesamt** |
|---|---|---|---|
| **Primärer Sektor** | 16.227<br>0,06 %<br>***11,85 %*** | -23.274<br>-0,09 %<br>***-17,00 %*** | -7047<br>-0,03 %<br>*-5,15 %* |
| **Sekundärer Sektor** | 290.738<br>1,11 %<br>*4,71 %* | -484.632<br>-1,85 %<br>***-7,86 %*** | -193.894<br>-0,74 %<br>*-3,15 %* |
| **Tertiärer Sektor** | 493.713<br>1,88 %<br>***5,65 %*** | -614.820<br>-2,34 %<br>*-7,04 %* | -121.107<br>-0,46 %<br>*-1,39 %* |
| **Gesamt** | 800.678<br>3,05 % | -1.122.726<br>-4,28 % | -322.048<br>-1,23 % |

*Beschäftigungsveränderungen der gering qualifizierten Arbeitnehmer*

| | **Neu gegründete / expandierende Betriebe** | **Schrumpfende / schließende Betriebe** | **Gesamt** |
|---|---|---|---|
| **Primärer Sektor** | 17.608<br>0,07 %<br>***15,03 %*** | -11.894<br>-0,05 %<br>***-10,15 %*** | 5.714<br>0,03 %<br>*4,88 %* |
| **Sekundärer Sektor** | 73.955<br>0,28 %<br>*2,25 %* | -339.487<br>-1,29 %<br>***-10,34 %*** | -265.532<br>-1,01 %<br>*-8,09 %* |
| **Tertiärer Sektor** | 419.330<br>1,60 %<br>***8,10 %*** | -508.267<br>-1,94 %<br>*-9,82 %* | -88.937<br>-0,34 %<br>*-1,72 %* |
| **Gesamt** | 510.893<br>1,95 % | -859.648<br>-3,27 % | -348.755<br>-1,32 % |

*Quelle: IAB-Betriebspanel, 4. und 5. Welle, hochgerechnete Werte.*

Es wurde schon deutlich, dass in diesem Untersuchungszeitraum nicht davon ausgegangen werden kann, dass durch die neu entstandenen Arbeitsplätze der neu gegründeten und der expandierenden Betriebe die Beschäftigung der qualifizierten Arbeitnehmer relativ stärker angestiegen ist als die der gering qualifizierten Arbeitnehmer. Diese Beobachtung wurde damit erklärt, dass relativ viele neue Arbeitsplätze im tertiären Sektor entstehen und dieser Sektor als sehr heterogen anzusehen ist, so dass in diesem Sektor sowohl Arbeitsplätze für qualifizierte als auch für gering qualifizierte Arbeitnehmer entstehen können. Bei der Betrachtung der qualifikations- und sektorspezifischen Job-Turnover-Raten wird nun ersichtlich, dass der relative Beschäftigungsanstieg der gering qualifizierten Arbeitnehmer durch die neu geschaffenen Arbeitsplätze im primären und auch im tertiären Sektor größer ausfällt als bei den qualifizierten Arbeitnehmern. Die Annahme, dass vor allem im tertiären Sektor die Beschäftigung der qualifizierten Arbeitnehmer durch die neu geschaffenen Arbeitsplätze relativ stärker ansteigt als bei den gering qualifizierten Arbeitnehmern, kann somit in diesem Untersuchungszeitraum nicht bestätigt werden. Womöglich werden die relativ hohen Beschäftigungsgewinne der gering qualifizierten Arbeitnehmer im tertiären Sektor vorwiegend von den neu geschaffenen Arbeitsplätzen der einfachen Dienstleistungsbetriebe verursacht. Diese Vermutung wird an späterer Stelle noch genauer untersucht.

Bei der Betrachtung der relativen Beschäftigungsverluste durch abgebaute Arbeitsplätze zeigt sich, dass die Beschäftigung der gering qualifizierten Arbeitnehmer durch die abgebauten Arbeitsplätze der schließenden und schrumpfenden Betriebe aus dem sekundären Sektor etwas stärker abnimmt als durch die abgebauten Arbeitsplätze der entsprechenden Betriebe aus dem tertiären Sektor. In beiden Sektoren ist die Beschäftigung durch die abgebauten Arbeitsplätze für gering qualifizierte Arbeitnehmer relativ stärker zurückgegangen als für qualifizierte Arbeitnehmer. Es kann jedoch nicht festgestellt werden, dass der relative Beschäftigungsrückgang bei den gering qualifizierten Arbeitnehmern verglichen mit den qualifizierten Arbeitnehmern vor allem im sekundären Sektor relativ größer ausgefallen ist als im tertiären Sektor.

Somit können die den Untersuchungen zu Grunde liegenden Annahmen in diesem Untersuchungszeitraum nicht bestätigt werden. Die Ergebnisse liefern keine Anhaltspunkte dafür, dass vor allem durch die neu geschaffenen Arbeitsplätze im tertiären Sektor die Beschäftigung der qualifizierten Arbeitnehmer relativ stärker angestiegen ist als die der gering qualifizierten Arbeitnehmer. Die Berechnungen führten sogar zu dem gegenteiligen Ergebnis: Der relative Beschäftigungsanstieg durch die neu geschaffenen Arbeitsplätze im tertiären Sektor fiel bei den gering qualifizierten Arbeitnehmern größer aus als bei den qualifizierten Arbeitnehmern. Der relative Beschäftigungsrückgang durch die abgebauten Arbeitsplätze bei den gering qualifizierten Arbeitnehmern fiel zwar im sekundären Sektor etwas größer aus als im tertiären Sektor, es kann aber nicht festgestellt werden, dass der relative Beschäftigungsrückgang bei den gering qualifizierten Arbeitnehmern im Vergleich zu dem der qualifizierten Arbeitnehmer vor allem im sekundären Sektor größer ausfiel.

Abschließend wird wiederum untersucht, wie sich die Beschäftigungsverluste und -gewinne der beiden Qualifikationsgruppen innerhalb des tertiären Sektors auf verschiedene Betriebsgruppen verteilen. Die Beschäftigungsveränderungen für die beiden Qualifikationsgruppen bei den wissensintensiven und den weniger wissensintensiven Dienstleistungen sind in Tabelle 4-11 zusammengefasst.

*Tabelle 4-11: Beschäftigungsveränderungen nach Qualifikationsniveau für verschiedene Dienstleistungsbetriebe (Westdeutschland 1996/1997)*

*Beschäftigungsveränderungen der qualifizierten Arbeitnehmer*

| | **Neu gegründete / expandierende Betriebe** | **Schrumpfende / schließende Betriebe** | **Gesamt** |
|---|---|---|---|
| **Wissensintensive Dienstleistungen** | 174.357<br>0,66 %<br>*3,23 %* | -225.973<br>-0,86 %<br>*-4,18 %* | -51616<br>-0,20 %<br>*-0,95 %* |
| **Weniger wissensintensive Dienstleistungen** | 319.356<br>1,22 %<br>***9,58 %*** | -388.848<br>-1,48 %<br>***-11,67 %*** | -69.492<br>-0,26 %<br>*-2,09 %* |

*Beschäftigungsveränderungen der gering qualifizierten Arbeitnehmer*

| | **Neu gegründete / expandierende Betriebe** | **Schrumpfende / schließende Betriebe** | **Gesamt** |
|---|---|---|---|
| **Wissensintensive Dienstleistungen** | 101.654<br>0,39 %<br>*5,23 %* | -104.890<br>-0,40 %<br>*-5,40 %* | -3.236<br>-0,01 %<br>*-0,17 %* |
| **Weniger wissensintensive Dienstleistungen** | 317.676<br>1,21 %<br>***9,82 %*** | -403.377<br>-1,54 %<br>***-12,47 %*** | -85.701<br>-0,33 %<br>*-2,65 %* |

*Quelle: IAB-Betriebspanel, 4. und 5. Welle, hochgerechnete Werte.*

In beiden Sektoren ist die Beschäftigung bei den gering qualifizierten Arbeitnehmern relativ stärker angestiegen als bei den qualifizierten Arbeitnehmern. Die Differenz der Beschäftigungszuwächse fiel dabei überraschenderweise bei den wissensintensiven Dienstleistungsbetrieben größer aus. Die Feststellung, dass in diesem Untersuchungszeitraum die neu geschaffenen Arbeitsplätze zu einem größeren relativen Beschäftigungsanstieg bei den gering qualifizierten Arbeitnehmern geführt haben, kann somit auf einen relativ hohen Beschäftigungsanstieg in dieser Qualifikationsgruppe bei den wissensintensiven Dienstleistungen zurückgeführt werden. Erwartet wurde, dass diese Qualifikationsgruppe vorwiegend bei den weniger wissensintensiven Dienstleistungen relativ hohe Beschäftigungsgewinne aufweist. An dieser Stelle muss jedoch wiederum darauf hingewiesen werden, dass die Beschäftigungsveränderungen der gering qualifizierten Arbeitnehmer nicht mit denen der hoch qualifizierten Arbeitnehmer verglichen werden können. Dies kann möglicherweise zu verzerrten Ergebnissen führen.

Außerdem kann festgestellt werden, dass der relative Beschäftigungsrückgang durch die abgebauten Arbeitsplätze in beiden Sektoren bei den gering qualifizierten Arbeitnehmer größer ausfiel als bei den qualifizierten Arbeitnehmern. Es kann jedoch nicht davon ausgegangen werden, dass der relative Beschäftigungsrückgang der gering qualifizierten Arbeitnehmer verglichen mit dem der qualifizierten Arbeitnehmer bei den weniger wissensintensiven Dienstleistungsbetrieben besonders groß war.

Die Beschäftigungsveränderungen nach Qualifikationsniveau für die Betriebe mit unterschiedlicher Gruppen- und Sektorzugehörigkeit werden für Ostdeutschland für den Untersuchungszeitraum 1996/1997 in Tabelle 4-12 zusammengefasst. Die Ergebnisse wurden mit den entsprechenden Hochrechnungsfaktoren auf das gesamte ostdeutsche Bundesgebiet hochgerechnet.

*Tabelle 4-12: Beschäftigungsveränderungen nach Qualifikationsniveau für Betriebe unterschiedlicher Gruppen- und Sektorzugehörigkeit (Ostdeutschland 1996/1997)*

*Beschäftigungsveränderungen der qualifizierten Arbeitnehmer*

| | **Neu gegründete / expandierende Betriebe** | **Schrumpfende / schließende Betriebe** | **Gesamt** |
|---|---|---|---|
| **Primärer Sektor** | 6.806<br>0,13 %<br>*5,31 %* | -12.229<br>-0,23 %<br>*-9,55 %* | -5.423<br>-0,10 %<br>*-4,24 %* |
| **Sekundärer Sektor** | 117.922<br>2,26 %<br>*7,43 %* | -215.205<br>-4,13 %<br>***-13,56 %*** | -97.283<br>-1,87 %<br>*-6,13 %* |
| **Tertiärer Sektor** | 150.278<br>2,88 %<br>***7,87 %*** | -136.286<br>-2,61 %<br>*-7,13 %* | 13.992<br>0,27 %<br>*0,74 %* |
| **Gesamt** | 275.006<br>5,27 % | -363.720<br>-6,97 % | -88.714<br>-1,70 % |

*Beschäftigungsveränderungen der gering qualifizierten Arbeitnehmer*

| | **Neu gegründete / expandierende Betriebe** | **Schrumpfende / schließende Betriebe** | **Gesamt** |
|---|---|---|---|
| **Primärer Sektor** | -576<br>-0,01 %<br>*-1,79 %* | -8.108<br>-0,16 %<br>***-25,18 %*** | -8.684<br>-0,17 %<br>*-26,97 %* |
| **Sekundärer Sektor** | 4.138<br>0,08 %<br>*1,18 %* | -75.976<br>-1,46 %<br>***-21,75 %*** | -71.838<br>-1,38 %<br>*-20,57 %* |
| **Tertiärer Sektor** | 25.434<br>0,49 %<br>***4,44 %*** | -97.741<br>-1,87 %<br>*-17,07 %* | -72.307<br>-1,38 %<br>*-12,63 %* |
| **Gesamt** | 28.996<br>0,56 % | -181.825<br>-3,49 % | -152.829<br>-2,93 % |

*Quelle: IAB-Betriebspanel, 4. und 5. Welle, hochgerechnete Werte.*

Relativ gesehen nahm die Beschäftigung der qualifizierten Arbeitnehmer durch die expandierenden und neu gegründeten Betriebe im tertiären Sektor am stärk-

sten zu. In allen drei Sektoren überstieg zudem der relative Beschäftigungszuwachs durch die neu geschaffenen Arbeitsplätze bei den qualifizierten Arbeitnehmern den der gering qualifizierten Arbeitnehmer. Die Differenz der relativen Beschäftigungszunahme zwischen den beiden Qualifikationsgruppen fiel im Vergleich zwischen sekundärem und tertiärem Sektor nicht wie erwartet im tertiären Sektor am größten aus, sondern im sekundären Sektor.
Bei der Betrachtung der qualifikations- und sektorspezifischen Job-Turnover-Raten wird weiterhin ersichtlich, dass relativ gesehen die größten Beschäftigungsverluste in der Gruppe der gering qualifizierten Arbeitnehmer im primären Sektor zu verzeichnen sind. Im Vergleich zwischen sekundärem und tertiärem Sektor wird jedoch deutlich, dass die relative Beschäftigung der gering qualifizierten Arbeitnehmer im sekundären Sektor stärker abgenommen hat als im tertiären Sektor. Im Gegensatz zu dem entsprechenden Datensatz aus Westdeutschland kann hier außerdem festgestellt werden, dass in allen drei Sektoren die Beschäftigung durch die abgebauten Arbeitsplätze bei den gering qualifizierten Arbeitnehmern relativ stärker zurückgegangen ist als bei den qualifizierten Arbeitnehmern. Die Differenz des relativen Beschäftigungsabbaus zwischen den beiden Qualifikationsgruppen fiel im tertiären Sektor größer aus als im sekundären Sektor.
Somit kann auch für Ostdeutschland nicht davon ausgegangen werden, dass die gering qualifizierten Arbeitnehmer vor allem im sekundären Sektor einen relativ größeren Beschäftigungsrückgang im Vergleich zu den qualifizierten Arbeitnehmern hinnehmen mussten. Auf der anderen Seite führten die neu geschaffenen Arbeitsplätze nicht wie angenommen vor allem im tertiären Sektor zu einem relativ höheren Beschäftigungsanstieg bei den qualifizierten Arbeitnehmern. Die Differenz der relativen Beschäftigungszuwächse zwischen den beiden Qualifikationsgruppen ist im sekundären Sektor größer als im tertiären Sektor.
Um abschließend zu untersuchen, auf welche Gruppe von Dienstleistungsbetrieben die geschaffenen und abgebauten Arbeitsplätze für die unterschiedlich qualifizierten Arbeitnehmer entfielen, werden in Tabelle 4-13 die Beschäftigungsveränderungen getrennt für die wissensintensiven und die weniger wissensintensiven Dienstleistungen ausgewiesen.
In beiden Sektoren überstieg der relative Beschäftigungszuwachs bei den qualifizierten Arbeitnehmern den der gering qualifizierten Arbeitnehmer. Die Differenz zwischen den relativen Beschäftigungszuwächsen der beiden Qualifikationsgruppen fiel dabei wie erwartet bei den wissensintensiven Dienstleistungen größer aus. Der insgesamt relativ größere Beschäftigungszuwachs der qualifizierten Arbeitnehmer verglichen mit den gering qualifizierten Arbeitnehmern kann innerhalb des tertiären Sektors somit vor allem auf die neu geschaffenen Arbeitsplätze der wissensintensiven Betriebe zurückgeführt werden.

*Tabelle 4-13: Beschäftigungsveränderungen nach Qualifikationsniveau für verschiedene Dienstleistungsbetriebe (Ostdeutschland 1996/1997)*

*Beschäftigungsveränderungen der qualifizierten Arbeitnehmer*

| | **Neu gegründete / expandierende Betriebe** | **Schrumpfende / schließende Betriebe** | **Gesamt** |
|---|---|---|---|
| **Wissensintensive Dienstleistungen** | 52.844<br>1,01 %<br>*8,46 %* | -53.520<br>-1,03 %<br>*-8,57 %* | -676<br>-0,02 %<br>*-0,11 %* |
| **Weniger wissensintensive Dienstleistungen** | 97.434<br>1,87 %<br>***13,44 %*** | -82.766<br>-1,59 %<br>***-11,42 %*** | 14.668<br>0,28 %<br>*2,02 %* |

*Beschäftigungsveränderungen der gering qualifizierten Arbeitnehmer*

| | **Neu gegründete / expandierende Betriebe** | **Schrumpfende / schließende Betriebe** | **Gesamt** |
|---|---|---|---|
| **Wissensintensive Dienstleistungen** | 2.370<br>0,05 %<br>*1,04 %* | -33.215<br>-0,64 %<br>*-14,62 %* | -30.845<br>-0,59 %<br>*-13,58 %* |
| **Weniger wissensintensive Dienstleistungen** | 23.064<br>0,44 %<br>***6,68 %*** | -64.526<br>-1,24 %<br>***-18,68 %*** | -41.462<br>-0,80 %<br>*-12,00 %* |

*Quelle: IAB-Betriebspanel, 4. und 5. Welle, hochgerechnete Werte.*

Darüber hinaus wird deutlich, dass in beiden Betriebsgruppen der relative Beschäftigungsrückgang bei den gering qualifizierten Arbeitnehmern den der qualifizierten Arbeitnehmer überstieg. Die Differenz der relativen Beschäftigungsrückgänge zwischen den beiden Qualifikationsgruppen fiel dabei bei den weniger wissensintensiven Dienstleistungsbetrieben besonders groß aus. Somit bestätigt sich die Vermutung, dass vor allem durch die abgebauten Arbeitsplätze der weniger wissensintensiven Dienstleistungsbetriebe die Beschäftigung der gering qualifizierten Arbeitnehmer innerhalb des tertiären Sektors relativ stärker abgenommen hat als bei den qualifizierten Arbeitnehmern.

Die Hypothese, dass die qualifizierten Arbeitnehmer vor allem im tertiären Sektor einen relativ größeren Beschäftigungszuwachs durch die neu geschaffenen Arbeitsplätze erzielen, während die gering qualifizierten Arbeitnehmer einen relativ großen Beschäftigungsverlust durch die abgebauten Arbeitsplätze im sekundären Sektor hinnehmen müssen, kann somit in diesen Untersuchungszeiträumen nicht bestätigt werden. In den Jahren 1993/1994 in Westdeutschland und 1996/1997 in Ostdeutschland fiel zwar der Beschäftigungszuwachs durch die neu geschaffenen Arbeitsplätze bei den qualifizierten Arbeitnehmern in allen drei Sektoren relativ größer aus als bei den gering qualifizierten Arbeitnehmern, aber nur im Jahr 1993/1994 konnte der relativ höhere Beschäftigungsgewinn der

qualifizierten Arbeitnehmer durch die neu geschaffenen Arbeitsplätze hauptsächlich auf den tertiären Sektor zurückgeführt werden. In Ostdeutschland ist dies in den Jahren 1996/1997 vor allem auf die neu geschaffenen Arbeitsplätze im sekundären Sektor zurückzuführen. Im gleichen Untersuchungszeitraum stieg in Westdeutschland die Beschäftigung durch die neu geschaffenen Arbeitsplätze innerhalb des tertiären Sektors sogar bei den gering qualifizierten Arbeitnehmern relativ stärker an als bei den qualifizierten Arbeitnehmern. Diese Beobachtung gilt bei einer differenzierteren Betrachtung des tertiären Sektors sowohl für die wissensintensiven als auch für die weniger wissensintensiven Dienstleistungen.
In allen drei Untersuchungszeiträumen fiel darüber hinaus der relative Beschäftigungsrückgang durch die abgebauten Arbeitsplätze im sekundären und im tertiären Sektor bei den gering qualifizierten Arbeitnehmern größer aus als bei den qualifizierten Arbeitnehmern. Die Ergebnisse deuten jedoch darauf hin, dass die Differenzen der relativen Beschäftigungsrückgänge zwischen den beiden Qualifikationsgruppen im tertiären Sektor größer ausgefallen sind als im sekundären Sektor. Innerhalb des tertiären Sektors kann ein relativ großer Beschäftigungsrückgang für die gering qualifizierten Arbeitnehmer wie erwartet hauptsächlich bei den weniger wissensintensiven Dienstleistungen festgestellt werden. Die insgesamt relativ höhere Beschäftigungsabnahme bei den gering qualifizierten Arbeitnehmern wird somit vordergründig durch die abgebauten Arbeitsplätze der weniger wissensintensiven Dienstleistungsbetriebe verursacht und nicht so sehr durch die abgebauten Arbeitsplätze der Industriebetriebe.

#### 4.2.4.4 Zusammenfassung und Bewertung der Ergebnisse

Die vorangegangenen Analysen dienten der Überprüfung der Hypothese, dass die zunehmende relative Nachfrage nach qualifizierten Arbeitnehmern durch einen relativ hohen Beschäftigungszuwachs für die qualifizierten Arbeitnehmer im tertiären Sektor und durch einen relativ hohen Abbau von Arbeitsplätzen für gering qualifizierte Arbeitnehmer im sekundären Sektor bedingt ist.
Zunächst konnte festgestellt werden, dass in den Untersuchungszeiträumen der relative Beschäftigungsrückgang durch die abgebauten Arbeitsplätze der schließenden und schrumpfenden Betriebe im sekundären Sektor stärker ausgefallen ist als im tertiären Sektor. In allen drei Datensätzen konnte darüber hinaus gezeigt werden, dass der relative Beschäftigungsrückgang bei den gering qualifizierten Arbeitnehmern den der qualifizierten Arbeitnehmer überstieg. Bei einer gleichzeitigen Differenzierung der Beschäftigungsveränderung nach Qualifikationsniveau und Sektor konnte ein relativ höherer Beschäftigungsrückgang bei den gering qualifizierten Arbeitnehmern im Vergleich zu den qualifizierten Ar-

beitnehmern sowohl im sekundären als auch im tertiären Sektor festgestellt werden. Angenommen wurde, dass die gering qualifizierten Arbeitnehmer vor allem im sekundären Sektor einen deutlich höheren relativen Beschäftigungsrückgang als die qualifizierten Arbeitnehmer verzeichnen mussten. Die vorangegangenen Auswertungen ließen aber erkennen, dass die Differenzen in den relativen Beschäftigungsrückgängen der beiden Qualifikationsgruppen im tertiären Sektor größer ausfielen als im sekundären Sektor. Bei einer differenzierteren Analyse des tertiären Sektors wurde deutlich, dass die gering qualifizierten Arbeitnehmer vor allem bei den weniger wissensintensiven Dienstleistungen einen deutlich höheren Beschäftigungsrückgang verglichen mit den qualifizierten Arbeitnehmern aufwiesen. Der insgesamt relativ höhere Beschäftigungsrückgang durch die abgebauten Arbeitsplätze bei den gering qualifizierten Arbeitnehmern wird somit nicht wie erwartet maßgeblich durch die Betriebe aus dem sekundären Sektor, sondern vor allem durch die Betriebe aus dem tertiären Sektor und hier vor allem durch die weniger wissensintensiven Dienstleistungsbetriebe verursacht.

Ein weniger einheitliches Bild ergibt sich bei der Verteilung der neu geschaffenen Arbeitsplätze durch expandierende und neu gegründete Betriebe auf die beiden Qualifikationsgruppen und die Sektoren. Zunächst konnte jedoch gezeigt werden, dass durch die neu geschaffenen Arbeitsplätze die Beschäftigung erwartungsgemäß im tertiären Sektor relativ stärker angestiegen ist als im sekundären Sektor. Es konnte jedoch nicht in allen Datensätzen festgestellt werden, dass der relative Beschäftigungsanstieg durch die neu geschaffenen Arbeitsplätze bei den qualifizierten Arbeitnehmern den der gering qualifizierten Arbeitnehmer überstieg. Zwischen den Jahren 1996 und 1997 führten die neu geschaffenen Arbeitsplätze in Westdeutschland zu einem relativ stärkeren Beschäftigungsanstieg bei den gering qualifizierten Arbeitnehmern. Diese Entwicklung wurde besonders durch die neu geschaffenen Arbeitsplätze der Betriebe aus dem tertiären Sektor und innerhalb dieses Sektors vorwiegend durch die wissensintensiven Dienstleistungsbetriebe bedingt. Für Westdeutschland zwischen den Jahren 1993 und 1994 und für Ostdeutschland zwischen 1996 und 1997 konnte dagegen die Vermutung bestätigt werden, dass durch die neu geschaffenen Arbeitsplätze der relative Beschäftigungszuwachs bei den qualifizierten Arbeitnehmern größer ausfiel als bei den gering qualifizierten Arbeitnehmern. Es kann aber nur in dem westdeutschen Untersuchungszeitraum für die Jahre 1993 und 1994 gezeigt werden, dass diese Entwicklung insbesondere auf die neu geschaffenen Arbeitsplätze im tertiären Sektor zurückzuführen war. Innerhalb des tertiären Sektors wiesen die qualifizierten Arbeitnehmer verglichen mit den gering qualifizierten Arbeitnehmern jedoch bei den weniger wissensintensiven Dienstleistungsbetrieben einen besonders hohen relativen Beschäftigungszuwachs auf und nicht wie erwartet bei den wissensintensiven Dienstleistungen. In Ost-

deutschland war der relativ höhere Beschäftigungszuwachs bei den qualifizierten Arbeitnehmern in dem Untersuchungszeitraum 1996/1997 vorwiegend auf die neu geschaffenen Arbeitsplätze im sekundären Sektor zurückzuführen.
Es kann somit nicht gezeigt werden, dass vor allem durch die neu geschaffenen Arbeitsplätze im tertiären Sektor und dabei insbesondere durch die wissensintensiven Dienstleistungen die Beschäftigung der qualifizierten Arbeitnehmer relativ stärker zugenommen hat als die der gering qualifizierten Arbeitnehmer. Hierbei muss jedoch berücksichtigt werden, dass die Gruppe der qualifizierten Arbeitnehmer in der hier verwendeten Operationalisierung sehr heterogen ist und sowohl hoch qualifizierte Arbeitnehmer als auch Personen mit einem mittleren Qualifikationsniveau umfasst. Es ist davon auszugehen, dass eine Verbesserung der Ergebnisse erzielt werden würde, wenn nur die Beschäftigungsveränderungen der hoch qualifizierten Arbeitnehmer mit denen der gering qualifizierten Arbeitnehmer verglichen werden könnten. Trotz der ungenügenden Differenzierung der Qualifikationsgruppen konnte insgesamt in beiden Landesteilen eine Tendenz dahin gehend festgestellt werden, dass die neu geschaffenen Arbeitsplätze der expandierenden und neu gegründeten Betriebe zu einem relativ stärkeren Beschäftigungsanstieg bei den qualifizierten Arbeitnehmern und die abgebauten Arbeitsplätze der schließenden und schrumpfenden Betriebe zu einem relativ größeren Beschäftigungsabbau bei den gering qualifizierten Arbeitnehmern geführt haben. Aus den Daten ergeben sich jedoch wenig Anhaltspunkte dafür, dass diese Arbeitsnachfrageverschiebungen hauptsächlich auf den sektoralen Strukturwandel zwischen dem sekundären und dem tertiären Sektor zurückzuführen sind. Vielmehr konnte eine hohe Fluktuation an Arbeitsplätzen innerhalb des tertiären Sektors festgestellt werden. Diese Ergebnisse lassen aber noch nicht den Schluss zu, dass der sektorale Strukturwandel zwischen dem sekundären und dem tertiären Sektor überhaupt keinen Einfluss auf den qualifikatorischen Strukturwandel ausgeübt hat. Es kann lediglich festgestellt werden, dass ein möglicher Zusammenhang in den hier betrachteten Untersuchungszeiträumen mit den zur Verfügung stehenden Operationalisierungsmöglichkeiten für die Qualifikationsgruppen nicht nachgewiesen werden kann.
Die Tertiarisierung ist jedoch auch nicht nur das Ergebnis des schon beschriebenen zwischenbetrieblichen Strukturwandels, sondern auch innerhalb der Betriebe aus unterschiedlichen Branchen nehmen die Dienstleistungstätigkeiten zu. Somit verändert sich innerhalb der Betriebe die Berufsstruktur und damit möglicherweise auch die Qualifikationsstruktur. Oppenländer bezeichnet die Wirkungen des sektoralen, zwischenbetrieblichen Strukturwandels auf die Berufs- und Qualifikationsstruktur als „Struktureffekt“ und die Veränderungen der Berufs- und Qualifikationsstruktur innerhalb eines Wirtschaftszweigs, die mit dem technisch-organisatorischen Wandel einhergehen, als „Organisationseffekt“.[226]

[226] Vgl. Oppenländer (1983), S. 87; siehe auch: Thuy (1994), S. 179.

Im Folgenden wird daher untersucht, welche Auswirkungen die innerbetrieblichen Veränderungsprozesse auf die Qualifikationsstruktur der Betriebe haben.

# 5. Innerbetriebliche Erklärungsgründe für den qualifikatorischen Strukturwandel

Es werden nun innerbetriebliche Erklärungsgründe für die zunehmende relative Nachfrage nach hoch qualifizierten Arbeitnehmern aufgezeigt. Auf theoretischer Ebene wird dargestellt, dass die Verschiebungen in der Arbeitsnachfrage zu Gunsten der hoch qualifizierten Arbeitnehmer auf eine Veränderung der betrieblichen Produktions- und Organisationsstruktur zurückzuführen sein können. Dieser technisch-organisatorische Wandel äußert sich darin, dass seit einigen Jahrzehnten in vielen Betrieben die industrielle Massenproduktion, die auf den Überlegungen Taylors beruht, durch eine flexible Industrieproduktion ersetzt wird. In dieser wird besonderen Wert auf die Qualität der Produkte und eine schnellere Reaktion auf sich ändernde Marktbedingungen gelegt.[227] Im Folgenden werden diese Veränderungsprozesse aufgezeigt.

## 5.1 Die Ansätze von Taylor und Ford

Um die Jahrhundertwende zwischen dem neunzehnten und dem zwanzigsten Jahrhundert wurden in vielen Betrieben die Ideen Taylors über die Gestaltung der Arbeitsorganisation in die Betriebe eingeführt. Sein Ziel war es, die Produktivität der Arbeitnehmer zu steigern, indem auf die Arbeitskräfte die gleichen Prinzipien angewandt wurden, die bei der Lösung der technischen Probleme in der Arbeitsumwelt erfolgreich waren.[228] Die Erreichung der maximalen Produktivität hielt Taylor für notwenig, da seiner Meinung nach jeder Mensch nach materiellem Wohlstand strebt und der maximale Wohlstand nur durch eine möglichst effiziente Form der Arbeit erreicht werden kann. Als schlimmstes Übel der Gesellschaft sah Taylor daher die bewusst langsame Arbeitsweise einiger Betriebsangestellter an. Da diese Arbeitnehmer nicht ihre maximale Produktivität erzielen, verringern sie den Wohlstand der Gesellschaft.[229]
Um die betriebliche Produktivität erhöhen zu können, nannte Taylor vier notwendige Grundsätze, die von den Verwaltungsorganen eingehalten werden mussten:

1. „Die Leiter entwickeln ein System, eine Wissenschaft für jedes einzelne Arbeitselement, die an die Stelle der alten Faustregel-Methode tritt."[230]

[227] Vgl. Milgrom/Roberts (1990a), S. 512.
[228] Vgl. Davenport/Short (1990), S. 11.
[229] Vgl. Taylor (1919), S. 12ff.; siehe auch: Héron (1976), S. 6f.
[230] Taylor (1919), S. 38.

Um eine effiziente Form der Arbeitsaufteilung zu ermitteln, nahm Taylor Arbeitszeitstudien vor, um den kürzesten und schnellsten Arbeitsgang und die beste physiologische Arbeitsverrichtung zu ermitteln. Dazu wurden die horizontalen Arbeitsprozesse in kleine Ausführungsschritte eingeteilt und nach der Elimination der überflüssigen Tätigkeiten der Zeitverbrauch für die einzelnen Tätigkeiten gemessen, um eine Vorgabezeit für den Arbeitszyklus berechnen zu können.[231] So ließ sich ganz genau ermitteln, was ein Arbeiter an einem Tag leisten konnte, und die Leitung war nun in der Lage, präzise Arbeitsaufträge und einen Zeitraum für die Erfüllung dieser Aufgabe festzusetzen.[232]

Auf diesen Zeitstudien basierte ein individuelles Stücklohnsystem, um die Leistungsbereitschaft der Arbeitnehmer zu erhöhen. Der Lohn des Arbeitnehmers für jedes Stück der gefertigten Ware orientierte sich an einer Maximalleistung des besten Arbeiters und der besten Zeiten. Derjenige, der die erwartete Norm überschritt, bekam für alle von ihm hergestellten Stücke einen höheren Lohn pro Stück als ein Arbeiter, der die in ihn gesetzten Erwartungen gerade erfüllen konnte. Es musste somit ein festgesetztes Pensum geleistet werden, um den Lohnzuschlag zu erhalten. Umgekehrt wurde der Lohn gekürzt, wenn ein Arbeiter das erwartete Pensum nicht erfüllen konnte. Die Arbeiter wurden somit finanziell belohnt, wenn sie schnell arbeiteten und sich an die Anweisungen der Leitung hielten.[233]

2. „Auf Grund eines wissenschaftlichen Studiums wählen sie die passendsten Leute aus, schulen sie, lehren sie und bilden sie weiter, anstatt, wie früher, den Arbeitern selbst die Wahl ihrer Tätigkeit und ihrer Weiterbildung zu überlassen.“[234]

Eine weitere Notwendigkeit, um die maximale Produktivität zu erzielen, war nach Taylor die gründliche Personalauswahl. Nach der Ermittlung einer effizienten Form der Arbeitsaufteilung war es Aufgabe der Leitung, sorgfältig auszuwählen, wie die Arbeiter am effizientesten auf die Arbeitsaufgaben verteilt werden, damit jeder die Tätigkeit erhielt, die am besten seinen Fähigkeiten entsprach. Anschließend sollte die Leitung die Arbeiter in die wissenschaftlich ermittelte, effizienteste Arbeitsweise einführen und ihnen bei der Einarbeitung in ihre Arbeitsaufgabe behilflich sein. Arbeiter, denen der Wille oder die Fähigkeit

[231] Vgl. Taylor (1919), S. 24f., S. 56ff., S. 89 und S. 125f.; siehe auch: Winter (1920), S. 38f.; Hinrichs (1981), S. 43f.; Wicher (1987), S. 123; Héron (1976), S. 4f.
[232] Vgl. Taylor (1919), S. 41f.
[233] Vgl. Taylor (1919), S. 89 und S. 130; siehe auch: Winter (1920), S. 50ff.; Hinrichs (1981), S. 44; Ebbinghaus (1984), S. 64ff.; Wicher (1987), S. 123.
[234] Taylor (1919), S. 38.

zur Anwendung der neuen Methode fehlte, sollten innerhalb des Betriebs umgesetzt oder entlassen werden.[235]

3. „Sie arbeiten in herzlichem Einvernehmen mit den Arbeitern; so können sie sicher sein, dass alle Arbeit nach den Grundsätzen der Wissenschaft, die sie aufgebaut haben, geschieht.“[236]

Neben der Einführung einheitlicher Arbeitsmethoden sowie der besten Arbeitsgeräte und Arbeitsbedingungen seitens der Leitung sah Taylor zudem die verpflichtende Zusammenarbeit von Leitung und Arbeitern als wichtige Voraussetzung für die Erzielung eines schnellen Arbeitstempos an.[237] Da die Leitung und die Arbeitnehmer in der Erreichung eines möglichst großen Wohlstands ein gemeinsames Ziel besaßen, sollten sie auch gemeinsam versuchen, die Effizienz der Produktion weiter zu erhöhen. Die Arbeiter konnten daher Vorschläge zur Verbesserung des Produktionsablaufes einbringen.[238]

4. „Arbeit und Verantwortung verteilen sich fast gleichmäßig auf Leitung und Arbeiter. Die Leitung nimmt alle Arbeit, für die sie sich besser eignet als die Arbeiter, auf ihre Schulter, während bisher fast die ganze Arbeit und der größte Teil der Verantwortung auf die Arbeiter gewälzt wurde."[239]

Taylor favorisierte die Arbeitsteilung, da sie seiner Meinung nach effizienter ist als die Teamarbeit. Er ging davon aus, dass der Mensch nur dann seinen ganzen Ehrgeiz in die Arbeit steckt, wenn er auf sich allein gestellt ist.[240] Neben einer Arbeitsteilung zwischen den Arbeitern, die alle spezialisierte Aufgaben erfüllten, sollte aber auch das Management in funktionale Einheiten unterteilt werden. In Anlehnung an die Spezialisierung der Arbeiter sollte es auch für die verschiedenen Arbeitsbereiche einen kompetenten Vorgesetzten geben. Somit wurde innerhalb der Betriebe ein Mehrliniensystem geschaffen, dass eine Vielzahl von Weisungszusammenhängen beinhaltete.[241] Damit bezweckte Taylor außerdem die Trennung der planenden und somit geistigen Arbeit von den manuellen Tätigkeiten.[242]

---

[235] Vgl. Taylor (1919), S. 50f., S. 66, S. 87 und S. 89; siehe auch: Winter (1920), S. 44 und S. 47; Hinrichs (1981), S. 46; Walter-Busch (1996), S. 123f.
[236] Taylor (1919), S. 39.
[237] Vgl. Taylor (1919), S. 86f.
[238] Vgl. Héron (1976), S. 10.
[239] Taylor (1919), S. 39.
[240] Vgl. Taylor (1919), S. 75f.; siehe auch: Héron (1976), S. 5; Hinrichs (1981), S. 46.
[241] Vgl. Taylor (1919), S. 132f.; siehe auch: Winter (1920), S. 44ff.; Wicher (1987), S. 123f.; Hinrichs (1981), S. 44f.; Ebbinghaus (1984), S. 60f.; Walter-Busch (1996), S. 124.
[242] Vgl. Ebbinghaus (1984), S. 54ff.

Im frühen zwanzigsten Jahrhundert revolutionierte Henry Ford in der Weiterentwicklung des Taylorismus die Produktion mit der Einführung der Fließband-Technologie für die Massenproduktion. Er teilte die Arbeit ebenfalls in einfache, wiederholbare Aufgaben ein. Diese Arbeitsgänge wurden dann in einer festen Abfolge bearbeitet, um ein einziges, standardisiertes Produkt in einer hohen Losgröße zu produzieren.[243] Ford erzielte jedoch eine noch bessere Arbeitsteilung, indem durch die Fließbandtechnik verhindert wurde, dass die Arbeiter sich von ihrem Arbeitsplatz entfernten. Die zu bearbeitenden Teile wurden an jeden Arbeitsplatz geliefert und somit konnten die Arbeiter den ganzen Tag an ihrem Arbeitsplatz verbleiben und die für sie bestimmte Aufgabe ausführen.[244] Darüber hinaus war es den Arbeitern nicht möglich, die Arbeitsgeschwindigkeit zu beeinflussen. Diese wurde ihnen durch die Geschwindigkeit des Fließbandes vorgegeben und führte dazu, dass jeder Arbeiter durch den Einsatz dieser Technik gleich schnell arbeiten musste.[245]
Durch die Fließbandtechnik wurden die Bewegungen des Arbeiters somit auf ein Mindestmaß reduziert und gleichzeitig nahm der Anspruch an seine eigenständige Denkleistung ab.[246] Es konnte auf diesem Weg eine hohe Austauschbarkeit der einzelnen Arbeiter erzielt werden. Die Zusammenfügung der verschiedenen Tätigkeiten und die Aufgabenauf- und -verteilung waren jedoch komplexe Aufgaben, die von bestimmten Fachkräften wahrgenommen wurden. Somit lässt sich wie schon bei Taylor eine Trennung von Denken und Handeln feststellen.[247]
Ford fasste die wichtigsten Merkmale der von ihm eingeführten Fließbandtechnik folgendermaßen zusammen: „Eine wachsende Verteilung und Differenzierung der Handgriffe, ständiger Fluß und Bewegung in der Arbeit – das ist das Wesen der wahren Produktion."[248]

Diese Ausführungen machen deutlich, dass die Ansätze von Taylor und Ford Konzepte für ein typisches Ein-Produkt-Unternehmen sind. Durch die Spezialisierung auf die Produktion eines Gutes in einer hohen Losgröße und die ausgeprägte Differenzierung der Arbeitsaufgaben sollen betriebliche Skalenvorteile realisiert werden. Diese Kostenvorteile der industriellen Massenproduktion wer-

---

[243] Vgl. Ford (1923), S. 93; siehe auch: Milgrom/Roberts (1990a), S. 511.; Womack/Jones/Roos (1994), S. 31 und S. 35; Lindbeck/Snower (1997), S. 6.
[244] Vgl. Ford (1923), S. 93; Héron (1976), S. 10f.; Hammer/Champy (1993), S. 14; Womack/Jones/Roos (1994), S. 31.
[245] Vgl. Ford (1923), S. 93 und 96; siehe auch: Héron (1976), S. 11; Hammer/Champy (1993), S. 14; Womack/Jones/Roos (1994), S. 36.
[246] Vgl. Ford (1923), S. 93ff.; siehe auch: Hammer/Champy (1993), S. 14; Eberhardt (1995), S. 15.
[247] Vgl. Hammer/Champy (1993), S. 14; Womack/James/Roos (1994), S. 35ff.; Eberhardt (1995), S. 15.
[248] Ford (1923), S. 104.

den durch sinkende Durchschnittskosten bei steigender Produktionsmenge realisiert. Zu den Gründen für eine Abnahme der Durchschnittskosten bei steigender Outputmenge gehören u. a. die Tatsache, dass einige Fixkosten nicht mit der Outputmenge variieren, dass keine Umrüstungskosten entstehen und dass es bei steigender Produktionsmenge lohnender wird, jedem Arbeitnehmer eine spezialisierte Arbeitsaufgabe zuzuteilen. So kann jeder Arbeitnehmer die Aufgabe erhalten, für die er am besten geeignet ist und durch die Konzentration auf eine einzige Tätigkeit kann er umfangreiche Fachkenntnisse für die Ausführung dieser Aufgabe erlangen. Der Faktor Arbeit wird somit optimal an den Produktionsprozess angepasst.[249]

Im späten zwanzigsten Jahrhundert lässt sich nun eine Abkehr von diesem Konzept feststellen. Die Produktionstechnik ändert sich dahingehend, dass die industrielle Massenproduktion zunehmend durch flexible Mehr-Produkt-Unternehmen ersetzt wird. Bei der flexiblen Industrieproduktion dominiert die Realisierung von Synergieeffekten durch die gemeinsame Produktion mehrerer Güter sowie von Flexibilitätsvorteilen, die durch eine schnelle Reaktion auf sich ändernde Marktbedingungen entstehen. Die zunehmende Flexibilität der Betriebe wird durch die Nutzung einer neuen technologischen Ausstattung, neuer Formen der Arbeitsorganisation sowie veränderten Anforderungen an die Qualifikationen der Arbeitnehmer erreicht.[250]

Die Notwendigkeit zur Umstrukturierung der Betriebe kann auf mehrere Ursachen zurückgeführt werden.

## 5.2 Der Ansatz der flexiblen Industrieproduktion

### 5.2.1 Gründe für den Umstrukturierungsprozess innerhalb der Betriebe

*(1) Veränderte Wettbewerbssituation und Internationalisierung der Märkte*

Ein Grund für den Umstrukturierungsprozess der Betriebe ist der zunehmende Wettbewerb im Rahmen der Globalisierung und Internationalisierung. Aufgrund des Abbaus der Handelsbarrieren sehen sich die Betriebe einem zunehmenden Wettbewerbsdruck gegenüber, der durch eine stärker werdende Konkurrenz der Unternehmen der Industrieländer untereinander und durch einen Aufholprozess einiger ehemaliger Entwicklungsländer bedingt ist.[251] Dieser Wettbewerb erstreckt sich oftmals auf verschiedene Wettbewerbskategorien wie Preise, Qualität oder Service. Die Anbieter müssen sich mit einer zunehmenden Anzahl an

[249] Vgl. Carlton/Perloff (1990), S. 38ff.; Krauth (1996), S. 8ff. und S. 16ff.

[250] Vgl. Milgrom/Roberts (1990a), S. 512; Carlton/Perloff (1990), S. 50ff.; Krauth (1996), S. 13ff. und S. 20ff.

[251] Vgl. Willms (1995), S. 384f.; Hammer/Champy (1993), S. 21.

Wettbewerbern in diesen unterschiedlichen Kategorien messen lassen.[252] Mit der Zahl der Anbieter steigt auch die Gefahr, dass neue Unternehmen mit einer neuen Produkt- oder Servicegeneration in den Markt drängen, bevor die alten Unternehmen die Entwicklungskosten der alten Produkte durch Verkäufe dieser Produkte gedeckt haben.[253] Die Betriebe werden aufgrund dieser verschärften Wettbewerbssituation zu starken Produktivitätsverbesserungen gezwungen. Diese können u. a. durch eine bessere Koordination des Herstellungs- und Verkaufsprozesses erzielt werden, um so die Effektivität der Produktion, der Arbeitsleistung, des Verkaufs und der Lagerung der Produkte zu maximieren.[254] Da aufgrund der Internationalisierung und der leichteren Imitierbarkeit von Gütern die standardisierten Massengüter an Wettbewerbsfähigkeit verlieren, müssen die Betriebe außerdem qualitativ bessere oder differenziertere Produkte als ihre Konkurrenten herstellen.[255]
Darüber hinaus erhöht die wachsende Internationalisierung der Märkte auch den Planungs-, Organisations- und Koordinationsbedarf der Betriebe. Dies führt zu der Notwendigkeit einer stärkeren Inanspruchnahme von Informationsdiensten und Marktforschung und somit zu einem stärkeren Arbeitseinsatz in diesen Bereichen.[256]

*(2) Zunehmende und differenziertere Kundenbedürfnisse*
Eine umfassende Restrukturierung der Betriebe kann zudem durch eine Zunahme der Kundenbedürfnisse bedingt sein. Die Marktmacht hat sich zunehmend in Richtung der Kunden verschoben, da sie heute aufgrund der Informations- und Kommunikationstechnologien einen besseren Zugang zu Informationen haben. Sie erwarten von den Betrieben eine individuelle Behandlung und eine Herstellung von Produkten, die ihren speziellen Bedürfnissen und Anforderungen gerecht werden. Von seiten der Kunden nehmen somit einmal die Ansprüche an die Qualität der Produkte zu, und zudem verlangen sie nach unterschiedlichen Produktvarianten. Für die Betriebe ergibt sich daraus die Aufgabe, die Wünsche der Kunden zu erkennen und darauf mit verbesserten und differenzierten Produkten zu reagieren.[257] Dazu sollten von betrieblicher Seite die Synergieeffekte, die sich bei der gemeinsamen Produktion mehrerer Güter ergeben können, genutzt werden.

---

[252] Vgl. Hammer/Champy (1993), S. 21.
[253] Vgl. Hammer/Champy (1993), S. 22.
[254] Vgl. Morton (1991), S. 29.
[255] Vgl. Chase/Garvin (1989), S. 61f.; Gruhler (1990), S. 106ff. und S. 111ff.
[256] Vgl. Ochel/Schreyer (1988a), S. 142; Ochel/Schreyer (1988b), S. 130; Klodt/Schmidt u. a. (1989), S. 58; Noll (1990), S. 53.
[257] Vgl. Hammer/Champy (1993), S. 18ff.; Morton (1991), S. 29ff.; Sabisch (1991), S. 13; Bullinger/Fröschle/Brettreich-Teichmann (1993), S. 225.

*(3) Verwertungsdruck für neue Technologien*
Die Umstrukturierung der Betriebe wird vielfach erst durch den technischen Fortschritt ermöglicht. Es ergibt sich oftmals ein Verwertungsdruck für technologisch neue Produktionsmöglichkeiten, die durch die neuen Erkenntnisse und Möglichkeiten hervorgerufen werden. Die neuen Informations- und Kommunikationstechnologien sind dabei als Querschnittstechnologie anzusehen, da sie eine gleichzeitige Veränderung in verschiedenen Bereichen der Betriebe bewirken. So wird beispielsweise der Prozess der Produktentwicklung durch rechnergestütztes Konstruieren (CAD-Systeme), die Produktion durch eine numerisch gesteuerte Fertigung (NC-Maschinen) und der Verkauf durch die Einführung von Kundeninformationssystemen verändert. Erleichtert wird den Betrieben die Einführung der neuen Technologien durch deren ständig sinkende Kosten.[258]

*(4) Druck durch internationale Finanzmärkte, Investoren und Eigentümer*
Weiterhin sind die Betriebe einem zunehmenden Druck von Investoren und Aktieninhabern ausgesetzt. Da diese Personengruppen vor allem an ihrem Erfolg interessiert sind, werden von den Betrieben Umstrukturierungsprozesse gefordert, wenn dadurch die Möglichkeit besteht, dass sie wettbewerbsfähiger werden und somit höhere Gewinne erzielt werden können.[259]

Die Betriebe sehen sich somit insgesamt veränderten Markt- und Produktionsbedingungen gegenüber, auf die sie reagieren müssen, um ihre Wettbewerbsfähigkeit zu erhalten. Von vorangegangenen Veränderungsprozessen unterscheidet sich dieser Wandel der Markt- und Produktionsbedingungen dadurch, dass er kontinuierlich ist. Die Betriebe sehen sich fortlaufend veränderten Umweltbedingungen gegenüber, denen sie ihre Produktions- und Organisationsstruktur anpassen müssen. So werden z. B. ständig neue Technologien, Verfahrensweisen und Produkte entwickelt, und die Betriebe müssen weiterhin dem verstärkten Einfluss rechtlich-politischer, sozialer und kultureller Faktoren sowie zunehmenden ökologischen Erfordernissen gerecht werden.[260]

### 5.2.2 Theoretische Analyse des Umstrukturierungsprozesses der Betriebe

Es wird nun der Umstrukturierungsprozess der Betriebe theoretisch untersucht. Anhand der folgenden Modelle wird dabei gezeigt, dass im Rahmen dieser innerbetrieblichen Veränderungen enge Beziehungen zwischen dem Einsatz von Informations- und Kommunikationstechnologien, den arbeitsorganisatorischen

[258] Vgl. Donges/Schmidt u. a. (1988), S. 44; Morton (1991), S. 8f. und S. 68f.; Sabisch (1991), S. 13f.
[259] Vgl. Cappelli u. a. (1997), S. 34ff.
[260] Vgl. Hammer/Champy (1993), S. 23ff.; Witt (1996), S. 171.

Veränderungen und dem Einsatz von hoch qualifizierten Arbeitnehmern auf der Inputseite sowie qualitativ verbesserten oder neuen Produkten auf der Outputseite bestehen.

Die Umweltveränderung, der sich die Betriebe gegenübersehen, sind der technische Fortschritt und die sinkenden Preise für die neuen Technologien. Dieser Prozess wird als exogen angenommen und ist die treibende Kraft dieses Ansatzes. Die sinkenden Kosten und die zunehmende Vielfalt der neuen Technologien führen zu einer verstärkten Einführung und Nutzung dieser Technologien in den Betrieben.

Das zentrale Argument besteht nun aus zwei Teilen. Eine Komponente ist, dass die Einführung neuer Technologien zu einer umfassenden Flexibilisierung der Produktion innerhalb der Betriebe führt. Dadurch wird es dem Betrieb ermöglicht, die Produktionskosten zu senken oder qualitativ verbesserte oder neue Produkte herzustellen. Dies ist ein wichtiges Ziel der Betriebe, das durch die Investitionen in neue Technologien erreicht werden soll.

Auf der anderen Seite erhöht die Einführung neuer Technologien die ökonomischen Anreize zu komplementären Investitionen wie der Veränderung der Arbeitsorganisation. Die Flexibilisierung des Produktionsprozesses erhöht den Nutzen einer Flexibilisierung der Arbeitsaufgaben.

Das Zusammenwirken dieser Entwicklungen führt in diesem Ansatz zu einem qualifikationsverzerrenden technischen Fortschritt, der zu einer steigenden relativen Nachfrage nach hoch qualifizierten Arbeitnehmern führt.[261]

Auch wenn die Fortschritte bei den Technologien in dieser Argumentation eine wichtige Ursache des gesamten Prozesses sind, ist es dennoch die Verbindung der Variablen, die die zentrale Rolle spielt. Die Anwendung der Technologien ist effektiver in den Betrieben, die eine flexible Arbeitsorganisation und einen hohen Anteil an hoch qualifizierten Arbeitnehmern besitzen. Betriebe, die in neue Technologien investieren, sollten somit auch die anderen Inputfaktoren verändern. Nur mit diesem abgestimmten Bündel von Veränderungen können die Betriebe die neuen Technologien gewinnbringend einsetzen.[262] Die Beziehung zwischen den drei Inputfaktoren wird somit als komplementär angesehen. Dies bedeutet, dass die Betriebe eine dieser drei Inputvariablen nicht alleine einführen bzw. verändern sollten, da durch die Komplementarität der betrachteten Faktoren eine höhere Produktivität erzielt werden kann, wenn die drei Faktoren gemeinsam eingeführt werden als wenn nur eine Untersuchungsvariable alleine verändert wird.[263]

---

[261] Vgl. Bresnahan/Brynjolfsson/Hitt (1999), S. 9; Bresnahan/Brynjolfsson/Hitt (2002), S. 341ff.

[262] Vgl. Bresnahan/Brynjolfsson/Hitt (2002), S. 346.

[263] Komplementaritätsuntersuchungen auf der betrieblichen Ebene fanden bislang vorwiegend im Bereich von komplementären Bündeln abgestimmter Personalmaßnahmen im Hinblick auf die Beeinflussung der betrieblichen Produktivität statt. (Vgl. Huselid/Becker (1995), MacDuf-

Demnach sollte die Nachfrage nach hoch qualifizierten Arbeitnehmern bei den Betrieben höher sein, die neue Technologien einsetzen und ihre Arbeitsorganisation verändern, da aufgrund der angenommenen Komplementarität der Inputvariablen der Einsatz einer Variablen steigen sollte, wenn auch die anderen Variablen vermehrt eingesetzt werden.
Damit unterscheidet sich die hier verwendete Produktionsfunktion deutlich von der häufig verwendeten neoklassischen, substitutionalen Produktionsfunktion. Bei dem letzteren Modell lassen sich die Einsatzfaktoren gegenseitig substituieren und ein Mindereinsatz eines Faktors kann durch den Mehreinsatz eines anderen Faktors ausgeglichen werden. Bei dem Vorhandensein von Komplementaritäten wird jedoch der Einsatz eines Faktors produktiver, wenn der Einsatz der komplementären Faktoren erhöht wird. Die komplementären Faktoren sollten somit gemeinsam erhöht oder verringert werden und nicht gegenläufig verändert werden.
Im Folgenden wird zunächst das theoretische Konzept der Komplementaritäten näher erläutert. Anschließend werden in zwei Modellen die Flexibilisierung der Produktionsstruktur aufgrund des technischen Wandels und die daraus resultierenden Auswirkungen auf die Arbeitsorganisation dargestellt. In einem letzten Schritt werden Implikationen für die Qualifikationsstruktur abgeleitet.

### 5.2.2.1 Theoretische Analyse von Komplementaritäten

Eine Gruppe von Aktivitäten nennt man (nach Edgeworth) komplementär, wenn ein Mehreinsatz eines Faktors die Erträge eines stärkeren Einsatzes anderer Faktoren ansteigen lässt. Diese Idee entspricht den positiven gemischt-partiellen Ableitungen einiger Gewinnfunktionen, in denen der Grenzertrag einer Variablen mit einem steigenden Niveau der anderen Variablen zunimmt.[264] Für viele Probleme, die untersucht werden sollen, ist es unnatürlich oder sehr restriktiv, anzunehmen, dass Teilbarkeit der zu wählenden Variablen und Stetigkeit der Zielfunktion vorliegt. Diese Bedingungen sind ebenfalls unbrauchbar, um Systeme von Komplementaritäten zu analysieren.[265] Da bei dem Vorliegen von Komplementaritäten der Einsatz von verschiedenen Entscheidungsvariablen koordiniert werden muss, ist das Entscheidungsproblem durch Nicht-Konvexitäten gekennzeichnet. Aufgrund dieser Nicht-Konvexitäten ist es ungeeignet, Differenzialtechniken zu benutzen.[266] Damit ergibt sich abweichend von der neoklassischen Vorgehensweise bei komplementären Einsatzfaktoren bzw. Maßnahmen

---

fie (1995), Ichniowski/Shaw/Prennushi (1995), Ichniowski/Shaw/Prennushi (1997), Huselid/Jackson/Schuler (1997), Becker/Huselid (1998)).

[264] Vgl. Milgrom/Roberts (1994b), S. 6; Milgrom/Roberts (1995), S. 181; Mohnen/Röller (2001), S. 2.; Hardes (1999), S. 273; Brynjolfsson/Renshaw/Alstyne (1997), S. 38.

[265] Vgl. Milgrom/Roberts (1994b), S. 6; Milgrom/Roberts (1995), S. 181.

[266] Vgl. Milgrom/Roberts (1990a), S. 515f.

die optimale Entscheidung über den Einsatz der Faktoren oder Maßnahmen im Produktionsprozess nicht durch marginale Veränderungen der Variablen. Stattdessen muss nach der Kombination von Maßnahmen gesucht werden, die durch die Komplementarität zwischen den betrachteten Komponenten zu dem bestmöglichen Ergebnis führt.[267] Werden nur Veränderungen in einem Funktionsbereich oder bei einem Inputfaktor vorgenommen ohne dass die komplementären Faktoren ebenfalls verändert werden, so besteht die Gefahr, dass eine mangelnde Abstimmung der komplementären Variablen das Betriebsergebnis verschlechtert.[268]

Da es sich hier um Überlegungen über eine Auswahl aus einer Menge von Objekten handelt, die geordnet sind (wird der Einsatz einer Variablen erhöht, so steigen die Erträge eines erhöhten Einsatzes einer anderen Variablen), müssen hier Methoden aus der mathematischen Verbandstheorie angewandt werden, die erstmals von Topkis (1978) in die Diskussion eingebracht wurden. Die Analyse von Komplementaritäten wird dann zu einer Untersuchung so genannter supermodularer Funktionen.[269]

Ein Verband ist eine Menge X, deren Elemente geordnet sind und die das Merkmal aufweist, dass für beliebige zwei Punkte x und y aus X, X ebenfalls ein kleinstes Element, das größer als x und y ist, und ein größtes Element, das kleiner als x und y ist, beinhaltet. Mit $x \vee y$ (x vereinigt y) wird das kleinste Element, das größer als x und y ist, und mit $x \wedge y$ (x verknüpft y) das größte Element, das kleiner als x und y ist, bezeichnet. Die reellen Zahlen mit ihrer natürlichen Reihenfolge und jede Teilmenge mit ihrer natürlichen Reihenfolge bilden somit einen Verband.[270]

Ein Unterverband eines Verbands X ist eine Teilmenge S von X, die durch die Operatoren $\vee$ und $\wedge$ aus dem ursprünglichen Verband geschlossen wird. Wenn x und y beide in S enthalten sind, dann auch $x \wedge y$ und $x \vee y$. So bilden in Abbildung 5-1 die Menge S, die Menge $\{x, y, x \wedge y, x \vee y\}$ und die Menge $\{x \wedge y, x \vee y\}$ jeweils einen Unterverband von $R^2$ und jede dieser Mengen ist ein Unterverband der vorangegangenen Menge. Der Verband $\{x,y\}$ ist kein Unterverband von $R^2$, da der Verband weder $x \vee y$ noch $x \wedge y$ beinhaltet.

Da dieser Verband nur aus x und y bzw. in Vektorschreibweise ausgedrückt aus

$\begin{bmatrix} x_1 \\ x_2 \end{bmatrix}$ und $\begin{bmatrix} y_1 \\ y_2 \end{bmatrix}$

---

267 Vgl. Hardes (1999), S. 274.

268 Vgl. Mohnen /Röller (2001), S. 3; Hardes (1999), S. 274; Brynjolfsson/Renshaw/Alstyne (1997), S. 38.

269 Vgl. Milgrom/Roberts (1994a), S. 6f.; Mohnen/Röller (2001), S. 2.

besteht, bedeutet dies, dass ausgehend von x die erste Komponente nicht von $x_1$ auf $y_1$ gesteigert werden kann (Pfeil 1), ohne die zweite Komponente zu verringern. Denn nur durch eine Verringerung von $x_2$ auf $y_2$ (Pfeil 2) wird das zweite Objekt des Verbandes erreicht und annahmegemäß besteht der Verband ja nur aus x und y. Wenn {x,y} als eine Menge an Restriktionen angesehen wird, dann zwingt diese Bedingung somit den Entscheidungsträger sich zwischen hohen Werten für die erste und die zweite Komponente zu entscheiden.

*Abbildung 5-1: Verschiedene Unterverbände von $R^2$*

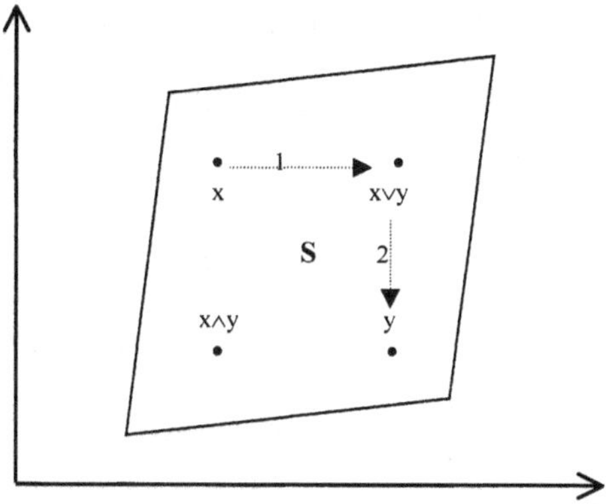


*Quelle: angelehnt an Milgrom/Roberts (1994b), S. 8.*

Die Bedingungen für einen Unterverband werden einen Entscheidungsträger niemals in dieser Art und Weise einschränken. Die Erhöhung des Wertes einer Entscheidungsvariablen wird einen nicht davon abhalten, die Werte anderer Variablen ebenfalls zu erhöhen. Ebenso wird eine Reduzierung des Wertes einer Variablen jemanden nicht davon abhalten, die Werte anderer Variablen ebenfalls zu reduzieren. Die Restriktionen eines Unterverbands repräsentieren damit eine Art von technologischen Komplementaritäten. Erreicht wird dies durch die Aufnahme von $x \vee y$ und $x \wedge y$ in den Verband.[271]

Das zweite Element bei der Formalisierung von Komplementaritäten wird nicht durch Restriktionen, sondern durch die Zielfunktion ausgedrückt. Um davon ausgehen zu können, dass mehrere Argumente einer Funktion komplementär

[270] Vgl. Topkis (1978), S. 307; Topkis (1998), S. 13; Milgrom/Roberts (1990b), S. 1260; Milgrom/Roberts (1994b), S. 7; Milgrom/Roberts (1995), S. 181; Shannon (1992), S. 9f.; Agliardi (2000), S. 252.

[271] Vgl. Milgrom/Roberts (1994b), S. 8f.; Milgrom/Roberts (1995), S. 181ff.

sind, muss die Funktion supermodular sein. Eine reellwertige Funktion f aus einem Verband x ist dann supermodular und die Argumente dieser Funktion sind somit Komplemente (nach Edgeworth), wenn für jedes x und y aus X gilt:

(2) $f(x)-f(x \wedge y) \leq f(x \vee y)-f(y)$.

Dies ist der mathematische Ausdruck für die vorausgehende verbale Definition von Komplementaritäten: Die Erträge eines Anstiegs einer Variablen sind umso größer, je größer die Werte der anderen Variablen sind.
Die Ungleichung besagt, dass die Veränderung in f ausgehend von dem Minimum, $x \wedge y$ zu x (oder y), geringer ist, als die parallele Veränderung von y (oder x) zu einem Maximum ($x \vee y$). Somit wird noch einmal deutlich, dass die Erhöhung eines Arguments der Funktion eine größere Wirkung hat, wenn sich das andere Argument auf einem höheren Niveau befindet. Wenn f zweimal kontinuierlich differenzierbar ist, dann ist diese Bedingung äquivalent zu den nicht negativen gemischt-partiellen Ableitungen.[272] Der Grenzertrag eines Anstiegs eines Arguments ist zunehmend mit dem Niveau jedes anderen Arguments. Die Komplementarität ist dabei symmetrisch. Dies bedeutet, wenn eine Erhöhung der Aktivität a den Wert eines Anstiegs in Aktivität b erhöht, dann lässt ein Anstieg von Aktivität b ebenfalls den Wert eines Anstiegs von Aktivität a ansteigen.[273]
In mehrdimensionalen Problemen kann die Supermodularität paarweise überprüft werden. Die Funktion $f(x_1,...,x_N)$ ist supermodular, wenn für alle i und j, $i \neq j$, f bei einer Betrachtung als Funktion von $x_i$ und $x_j$ und einer Konstanthaltung aller anderen Argumente supermodular ist.

Mit Hilfe von Supermodularität lässt sich somit zunächst einmal das Konzept der Komplementaritäten erfassen. Weiterhin ist es ein Weg, um die Idee von Synergie- und Systemeffekten zu formalisieren: die Idee, „dass das Ganze mehr ist als die Summe der Teile". Um das zu illustrieren, sei angenommen, dass x und y zwei Punkte aus $R^N$ sind, wobei x größer ist als y. Supermodularität ist das mathematische Äquivalent zu der Aussage, dass für jedes x und y der Gewinn eines Anstiegs aller Komponenten von $y_i$ zu $x_i$ größer ist als die Summe der Gewinne, die sich durch einen separaten Anstieg der Variablen ergeben:

[272] Siehe dazu: Topkis (1998), S. 42ff.
[273] Vgl. Topkis (1978), S. 309; Topkis (1998), S. 43; Milgrom/Roberts (1994b), S. 9; Milgrom/Roberts (1990a), S. 516; Milgrom/Roberts (1994a), S. 977f.; Milgrom/Roberts (1990b), S. 1260f; Milgrom/Roberts (1995), S. 183; Shannon (1992), S. 11; Athey/Stern (1998), S. 8f.

(3) $f(x)-f(y) \geq \sum_{i=1}^{n}[f(x_i, y_{-i}) - f(y)]$[274]

Es können Situationen entstehen, in denen jeder Term der rechten Seite der Ungleichung (3) ein negatives Vorzeichen und gleichzeitig die linke Seite ein positives Vorzeichen besitzt. Dies würde bedeuten, dass einzelne Veränderungen der Komponenten nicht lohnenswert sind, eine gleichzeitige Veränderung aller Variablen jedoch lohnend ist.

Wenn somit verschiedene Elemente innerhalb eines Betriebs komplementär sind, dann hängt der optimale Einsatz einer Variablen von dem Einsatzniveau der anderen Variablen ab. Wie schon erläutert, sind demnach Methoden der Marginalanalysen zur Optimierung und Umsetzung betrieblicher Veränderungsprozesse ungeeignet. Statt dessen stellt sich die optimale Strategie des Betriebs als eine begrenzte Suche nach abgestimmten Maßnahmen dar. Es müssen somit koordinierte Veränderungsprozesse in verschiedenen Bereichen des Betriebs vorgenommen werden, um das beste Ergebnis zu erzielen. Eine mangelnde Abstimmung der Veränderungsprozesse untereinander kann das Betriebsergebnis sogar verschlechtern.[275]

Diese Ausführungen machen auch deutlich, warum es in der Praxis oft schwierig ist, Veränderungsprozesse innerhalb der Betriebe durchzuführen, die zu Leistungsverbesserungen führen. Es ist oft schwierig, simultane und koordinierte Veränderungen verschiedener Entscheidungsvariablen vorzunehmen. Oftmals können Veränderungsprozesse nur schrittweise durchgeführt werden, was im Ergebnis zu einer Verschlechterung des Gewinns führen kann. Dies kann sogar dazu führen, dass die Veränderung rückgängig gemacht wird oder nicht auf andere Bereiche ausgedehnt wird.[276]

Ein weiteres Merkmal eines Systems von Komplementaritäten bezieht sich auf die komparativ-statische Analyse. Wenn eine supermodulare Funktion f $(x,\theta)$ aus einem Unterverband besteht, der Vektoren der Entscheidungsvariablen x und Vektoren der Parameter $\theta$[277] besitzt, dann ist die komparativ-statische Analyse im Hinblick auf die Maximierer unzweideutig. Die Maximierer $x^*(\theta)$ verlaufen monoton nicht abnehmend in Bezug auf die Parameter $\theta$. Dies bedeutet, dass die Entscheidungsvariablen dazu tendieren, sich in einer systematischen, zusammenhängenden Art und Weise als Reaktion auf die Veränderung der Umweltbedingungen gemeinsam nach unten oder nach oben zu bewegen. Eine Veränderung, die eine Variable ansteigen lässt, führt zu einem Anstieg aller Vari-

[274] Vgl. Milgrom/Roberts (1994b), S. 10; Milgrom/Roberts (1990a), S. 516; Milgrom/Roberts (1994a), S. 977; Milgrom/Roberts (1990b), S. 1260f.; Milgrom/Roberts (1995), S. 184.

[275] Vgl. Hardes (1999), S. 274; Milgrom/Roberts (1994b), S. 11.

[276] Vgl. Milgrom/Roberts (1994b), S. 12.

[277] $\theta$ gibt die Umweltbedingungen an.

ablen. Darüber hinaus ist die Größe der Veränderung in jeder Komponente bei einer Anpassung der anderen Variablen optimalerweise größer als die Veränderung, die entstehen würde, wenn die anderen Komponenten fix gehalten würden. Dieses Ergebnis resultiert daher, dass der Parameter, der zu einem Anstieg einer Variablen führt, die Erträge eines Anstiegs jeder anderen Variablen ansteigen lässt. Der resultierende Anstieg in jeder der Variablen führt dann wiederum zu einem Anstieg des Gewinns bei einer Steigerung der anderen Variablen. Somit verstärken sich die Effekte wechselseitig und die anfängliche Veränderung ist Gegenstand eines Multiplikatoreffekts.[278]

Im Folgenden werden die als komplementär angesehenen Beziehungen zwischen der Einführung neuer Technologien und der damit einhergehenden Flexibilisierung des Produktionsprozesses, der Veränderung der Arbeitsorganisation und dem Einsatz von hoch qualifizierten Arbeitnehmern dargestellt.

#### 5.2.2.2 Die Flexibilisierung der Produktionsstruktur aufgrund des technischen Wandels

Aufgrund der Veränderung der betrieblichen Rahmenbedingungen besteht die Gefahr, dass die Betriebe ihre Wettbewerbsfähigkeit verlieren, wenn sie nicht dazu in der Lage sind, entweder anhand von Produktivitätssteigerungen ihre Kosten zu senken oder qualitativ bessere oder differenziertere Produkte herzustellen.[279]

Um diese Ziele zu erreichen, können die Betriebe zunächst einmal neue Technologien einführen, durch die eine umfassende Flexibilisierung des Produktionsprozesses herbeigeführt werden kann. Durch diese Flexibilisierungsprozesse entsteht neben der Chance auf die Reduzierung einiger Kosten die Möglichkeit einer zunehmenden Produktdifferenzierung und einer häufigeren Bereitstellung von neuen Produkten. Dieses ist notwenig, da – wie schon beschrieben wurde – die standardisierten Massengüter an Wettbewerbsfähigkeit verlieren und die Betriebe dazu gezwungen werden, qualitativ bessere Produkte herzustellen und die Wünsche der Kunden stärker zu berücksichtigen.[280] Durch eine geringere Losgröße und die gleichzeitige Ausweitung der Produktpalette können die Betriebe nun schneller auf Nachfrageveränderungen reagieren.

In den Betrieben findet somit eine Abkehr von der Fließbandtechnik und damit von der Massenproduktion statt. Dies bedeutet, dass die *economies of scale*, die durch sinkende Kosten bei steigender Produktionsmenge erzielt werden können, an Bedeutung verlieren. Im Gegenzug werden die Verbundvorteile (*economies*

---

[278] Vgl. Milgrom/Roberts (1994b), S. 12; Milgrom/Roberts (1995), S. 185.

[279] Vgl. Bandemer/Belzer (1998), S. 155.

[280] Vgl. Chase/Garvin (1989), S. 61f.; Gruhler (1990), S. 106ff. und S. 111ff.; Sabisch (1991), S. 13.

*of scope*) bei der gemeinsamen Herstellung von verschiedenen Produkten wichtiger. Gleichzeitig nimmt der Aufbau von *betrieblichen Kernkompetenzen* an Bedeutung zu.[281] Viele Betriebe erreichen ihren entscheidenden Wettbewerbsvorteil durch eine relativ kleine Anzahl von Aktivitäten, z. B. durch ein besonders gutes Produktdesign.

Diese Kernkompetenzen ergeben sich durch spezifische Erfahrungsvorteile in der Entwicklung ähnlicher Produkte. Dadurch unterscheiden sich die Betriebe von ihren Wettbewerbern und können so ihre Wettbewerbsfähigkeit erhöhen. Es kann daher für diese Betriebe bei einem zunehmenden Wettbewerbsdruck vorteilhaft sein, sich auf diese Kernaktivitäten zu konzentrieren. Die Kernkompetenzen bleiben jedoch nicht konstant, sondern verändern sich, wenn sich die Präferenzen der Kunden ändern. Damit wird ein ständiger Druck für die Betriebe geschaffen, sich diesen Veränderungen anzupassen.[282]

Der technische Wandel ermöglicht den Betrieben diesen Strategiewechsel von der Massenproduktion zur flexiblen Industrieproduktion, in dem der Einsatz von neuen Technologien - insbesondere von Informations- und Kommunikationstechnologien - in verschiedenen Bereichen des Betriebs zu einer *Verkürzung der Zeitfaktoren* bei der Erstellung und Lieferung eines Produkts führt.[283] Dies gilt vor allem für den Bereich der Fertigung. In den Zeiten der Massenproduktion waren die Maschinen darauf ausgerichtet, ein bestimmtes Produkt in möglichst großer Stückzahl zu produzieren, da die Umrüstungskosten für die Anlagen hoch waren. Durch den *Einsatz numerisch gesteuerter Anlagen* können die Maschinen schneller umgerüstet werden und somit nehmen die Kosten des Produktionswechsels bei elektronisch gesteuerten Anlagen ab. Die flexiblen Maschinen erlauben es dem Unternehmen, verschiedene Produkte auf effiziente Weise auch in kleineren Stückzahlen zu produzieren.[284] Zur Steigerung der Flexibilität bei der Produktion verschiedener Güter tragen auch die verbesserten Kommunikationsmöglichkeiten mit den Geschäftspartnern bei. Durch eine elektronische Steuerung der Bestellung benötigter Arbeitsmaterialien und Vorprodukte wird den Betrieben eine *„just-in-time"-Produktion* ermöglicht. Durch diese Produktionsmethode kann eine Reduzierung der Lager- und Wartezeit und damit auch der entsprechenden Kosten erreicht werden.[285]

Außer der eigentlichen Produktion können durch die Einführung neuer Technologien aber noch weitere Arbeitsvorgänge in den Betrieben in einer kürzeren

---

[281] Vgl. Lindbeck/Snower (2000a), S. 315; Eberhardt (1995), S. 44.
[282] Vgl. Wikström/Normann (1994), S. 37.; Cappelli u. a. (1997), S. 43f.; Milgrom/Roberts (1992), S. 107f. und S. 554f.
[283] Vgl. Milgrom/Roberts (1992), S. 109.
[284] Vgl. Milgrom/Roberts (1990a), S. 511; Wikström/Normann (1994), S. 93; Morton (1991), S. 78.
[285] Vgl. Milgrom/Roberts (1990a), S. 512; Morton (1991), S. 80f.; Wikström/Normann (1994), S. 19; Lindbeck/Snower (1995), S. 3; Eberhardt (1995), S. 48ff.

Zeit durchgeführt werden. So reduziert ein *rechnergestütztes Konstruieren* (CAD-Systeme) die Produktentwicklungszeiten und die Anwendung von *Kundeninformationssystemen* kann zu einer Beschleunigung der Lieferzeit führen.[286] Die Einführung neuer Technologien ruft somit Veränderungsprozesse in verschiedenen Bereichen der Betriebe hervor, die gemeinsam zu dem umfassenden Flexibilisierungsprozess innerhalb der Betriebe führen.

Diese Ausführungen lassen sich mithilfe eines Modells von Milgrom und Roberts theoretisch fundieren. Die Autoren zeigen in ihrem Modell, dass der technische Wandel zu einer umfassenden Flexibilisierung der Produktionsstruktur innerhalb der Betriebe führen kann und dadurch Kostensenkungen in mehreren Betriebsbereichen oder die Erstellung neuer oder qualitativ verbesserter Produkte ermöglicht. Der Ansatz der beiden Autoren ist ein preistheoretischer und angebotsorientierter, der drei Elemente beinhaltet: exogene Veränderungen der Inputpreise, Komplementaritäten zwischen verschiedenen Elementen der Firmenstrategie und Nicht-Konvexitäten innerhalb dieser Beziehungen.
Die *exogenen Preisveränderungen der Einsatzfaktoren* sind das Ergebnis eines technologischen Fortschritts, der zu potenziellen Kostenreduzierungen in einigen Bereichen wie z. B. Informationsgewinnung, der Entwicklung neuer Produkte und der flexiblen Produktionsweise geführt hat. Diese Kostensenkungen konnten vor allem durch die Einführung von neuen Informations- und Kommunikationstechnologien realisiert werden.
Ein direkter Effekt dieser Preisveränderungen ist der Anstieg in der Nutzung korrespondierender Faktoren. So führen beispielsweise die gesunkenen Kosten der Nutzung computergestützter Produktionssysteme sowie der Entwicklung neuer Produkte zu einer Ausweitung der Produktpalette sowie zu regelmäßigen Produktverbesserungen. Da viele relative Preise gesunken sind, entstehen viele Interaktionen zwischen verschiedenen Variablen. Diese Interaktionen lassen indirekte Effekte entstehen, die ebenso groß wie die direkten Effekte sein können. Die indirekten Effekte können die direkten Effekte verstärken, da die Beziehungen zwischen verschiedenen Gruppen von Aktivitäten durch *Komplementaritäten* gekennzeichnet sind. Die Komplementaritäten sind dabei nicht auf einen Bereich wie beispielsweise den Produktionsbereich beschränkt, sondern können auch zwischen verschiedenen Bereichen wie Produktion, Marketing und Technik bestehen.[287]
Das Entscheidungsproblem der Firma, einige oder jede dieser Veränderungen vorzunehmen, ist durch *Non-Konvexitäten* gekennzeichnet. Die komplementären Beziehungen müssen nicht notwendigerweise fließend und kontinuierlich ver-

[286] Vgl. Schettkat (1989), S. 27; Milgrom/Roberts (1990a), S. 512; Lindbeck/Snower (1995), S. 3.; Lindbeck/Snower (1996), S. 315; Lindbeck/Snower (1997), S. 6.
[287] Vgl. Milgrom/Roberts (1990a), S. 513ff.

laufen, sondern können auch durch Sprünge gekennzeichnet sein.[288] Das Vorhandensein von Non-Konvexitäten erklärt, warum die erfolgreiche Einführung moderner Produktionsmethoden keine marginale Entscheidung ist.
Stattdessen verlangt die Existenz von Komplementaritäten eine enge Koordination zwischen traditionell eher separierten Unternehmensbereichen sowie zwischen dem Betrieb und seinen Zulieferern.[289]
Milgrom und Roberts entwickelten ein theoretisches Modell der Firma, mit dem die Komplementaritäten zwischen verschiedenen Bereichen in modernen Betrieben aufgedeckt und verschiedene Aspekte der Wahl der betrieblichen Produktionsstrategie näher untersucht werden. Dazu werden in dem Modell die endogenen Bestimmungsfaktoren des Gewinns eines typischen Mehrproduktunternehmens mit Auftragsfertigung während einer Zeitperiode dargestellt.
Das Modell wird im Folgenden in zwei Teilen erläutert. Zunächst wird in drei Schritten die verwendete Gewinnfunktion hergeleitet. In einem ersten Schritt werden die Gewinne aus der Produktion und dem Verkauf eines Produkts beschrieben. Das Modell wird dann um n Produkte erweitert und zudem werden Produktverbesserungen berücksichtigt. In einem dritten Schritt werden fixe Kapitalkosten in den Bereichen Produktentwicklung, Fertigung und Verkauf in das Modell aufgenommen. Im zweiten Teil der Ausführungen wird dann die Analyse über die Beziehungen zwischen den betrieblichen Entscheidungsvariablen dargestellt. In dem Modell befinden sich zwei Arten von Variablen: Entscheidungsvariablen, die der Betrieb beeinflussen kann und funktionale Beziehungen bzw. Parameter des Modells, die der Betrieb nicht beeinflussen kann und die somit exogenen Charakter haben.[290]

Zu den *Entscheidungsvariablen* gehören die folgenden Größen:

| | |
|---|---|
| p | Preis pro Produkt |
| q | Anzahl von Produktverbesserungen pro Periode, |
| a | Auftragseingangs- und Bearbeitungszeit, |
| b | Lieferzeit, |
| c | direkte marginale Kosten der Produktion, |
| d | Entwicklungskosten pro Produktverbesserung, |
| e | extra Rüstkosten für verbesserte Produkte, |
| m | Anzahl der Umrüstungen pro Periode, |
| r | Wahrscheinlichkeit, dass ein defektes Los produziert wird, |
| s | direkte Umrüstungskosten, |
| w | Verschleißkosten pro Umrüstung |

288 Vgl. FitzRoy/Acs/Gerlowski (1998), S. 491.
289 Vgl. Milgrom/Roberts (1990a), S. 515.
290 Vgl. Milgrom/Roberts (1990a), S. 518f.

Darüber hinaus wird die Anzahl der Produkte mit n bezeichnet.
Die *exogenen funktionalen Beziehungen und Parameter*, die das Modell vervollständigen, bestehen aus:

| | |
|---|---|
| $\mu$ | Nachfrage pro Produkt, |
| $\kappa$ | Kapitalkosten, |
| $\delta$ | Nachfrageminderungsfaktor, |
| $\omega$ | Wartezeit bis der Auftrag ausgeführt ist, |
| $\rho$ | marginale Kosten einer Nachbesserung einer defekten Einheit, |
| $\iota$ | Kosten, die durch das Halten von Lagerbeständen entstehen, |
| $\tau$ | Zeitparameter, der den Stand der Technologie und der Nachfrage approximiert |

*(1) Herleitung der Gewinnfunktion*

*1. Gewinne aus Produktion und Verkauf eines Produkts*

Zunächst wird der Gewinn durch die Produktion und den Verkauf eines homogenen Produkts zu einem Zeitpunkt dargestellt. Das Produkt wird zu einem Preis (p) verkauft. Der *Nettoerlös pro Einheit* des verkauften Produkts ergibt sich aus diesem Preis (p) abzüglich verschiedener Kostenparameter. Dazu gehören die direkten marginalen Kosten der Produktion (c), die marginalen Kosten einer Nachbesserung einer defekten Einheit ($\rho$) multipliziert mit der Wahrscheinlichkeit, dass ein defektes Los produziert wird (r) und die Kosten, die durch das Halten von Lagerbeständen ($\iota$) entstehen. Der Nettoerlös pro Einheit ergibt sich somit aus ($p - c - r\rho - \iota$).
Die Zahl der nachgefragten Einheiten ist abhängig von der *Grundnachfrage* für das Produkt $\mu(p,\tau)$ und dem *Nachfrageminderungsfaktor* $\delta(a,\omega(r),b,\tau)$. Die Grundnachfrage $\mu(p,\tau)$ ist definiert als eine Funktion des Preises pro Einheit und des Zeitparameters. Es wird angenommen, dass die Grundnachfrage mit steigendem Preis abnimmt und mit der Länge der betrachteten Zeitperiode zunimmt. Die Nachfrageminderung $\delta(a,\omega(r),b,\tau)$ ist abhängig von der Auftragseingangs- und Bearbeitungszeit (a), der Wartezeit bis ein Auftrag ausgeführt wurde in Abhängigkeit von der Wahrscheinlichkeit eines defekten Loses ($\omega(r)$), der Lieferzeit (b) und dem Zeitparameter ($\tau$). Die Nachfrageeinschränkung wird in die Analyse aufgenommen, um die Wichtigkeit einer schnellen Erfüllung der Kundenbedürfnisse berücksichtigen zu können. Es kann davon ausgegangen werden, dass die Nachfrageminderung um so größer ist, je länger die Zeitdauer der Auftragsbearbeitung, der Produktion und der Lieferung ist. Der Minderungsfaktor $\delta(a,\omega(r),b,\tau)$ kann Werte zwischen 0 und 1 annehmen, wobei eine schnellere Auftragsbearbeitung, Produktion und Lieferung $\delta(a,\omega(r),b,\tau)$ in die Nähe von 1 rückt.[291]

[291] Die realisierte Nachfrage ergibt sich aus der Multiplikation der Basisnachfrage und des Nachfrageminderungsfaktors. (Vgl. Milgrom/Roberts (1990a), S. 519.)

Unter der Vernachlässigung von fixen Produktionskosten kann der *marginale Gewinn* aus dem Verkauf eines Produkts somit durch folgende Gleichung abgebildet werden:

$$(1) \quad \underbrace{\pi(p,a,b,c,r,\tau)}_{Gewinn} = \underbrace{(p-c-r\rho-\iota)}_{Nettoerlös} \quad \underbrace{\mu(p,\tau)}_{Grundnachfrage} \quad \underbrace{\delta(a+\varpi(r)+b,\tau)}_{Nachfrageminderung}$$

Aus dieser Gleichung wird ersichtlich, dass der Gewinn steigt, wenn die Aufträge schneller bearbeitet werden sowie schneller produziert und ausgeliefert wird. Diese Zeitparameter sowie die marginalen Produktionskosten werden durch den Betrieb beeinflusst, indem dieser sich auf ein Produktionssystem festlegt.

*2. Erweiterung des Modells um n Produkte und Berücksichtigung von Produktverbesserungen*

Die Gleichung (1) wird nun dahingehend erweitert, dass der Betrieb mehrere Produkte (n) produzieren und mehrere Produktverbesserungen pro Produkt und Periode (q) vornehmen kann. Bei der Produktion mehrerer Güter fallen Umrüstungskosten (s) und Verschleißkosten pro Umrüstung (w) an. Die Produktverbesserungen verursachen Extra-Rüstkosten (e) sowie Entwicklungskosten (d).
Der Ausdruck für den *Nettoerlös* aus Gleichung (1) wird nun dahingehend verändert, dass die Lagerhaltungskosten ($\iota$) durch die Anzahl der Umrüstungen (m) dividiert werden. Dahinter steht die Annahme, dass sich das durchschnittliche Niveau der Lagerbestände invers zur Anzahl an Umrüstungen verhält.[292] Weiterhin wird davon ausgegangen, dass die *Grundnachfrage* ($\mu$) mit einer größeren Anzahl an Produkten und Produktverbesserungen ansteigt, da die Nachfrage zunimmt, je flexibler ein Betrieb ist. Somit steigt mit einer zunehmenden Anzahl an Produkten und Produktverbesserungen der Gewinn aus dem Verkauf der Produkte durch eine zunehmende Grundnachfrage an. Die Vielfalt der Produkte und eine hohe Anzahl an Umrüstungen werden jedoch die Wartezeit, bis das Produkt produziert ist ($\omega$), vergrößern und somit über den *Nachfrageminderungsfaktor* ($\delta$) die realisierte Nachfrage reduzieren. Dadurch nimmt auch der Gewinn ab. Schließlich werden in dem erweiterten Modell auch die *variablen Kosten* berücksichtigt, die sich durch die Produktion mehrerer Produkte und die Produktverbesserungen ergeben. Diese setzen sich zusammen aus den Kosten für eine einzelne Umrüstung (s + w) multipliziert mit der Anzahl an Umrüstungen (m) sowie den Kosten für eine Produktverbesserung (e + d) multipliziert mit der Gesamtzahl der Produktverbesserungen (nq). Die erweiterte Gewinnfunktion besitzt die folgende Form:

[292] Milgrom und Roberts weisen darauf hin, dass diese Annahme in Einklang mit ökonomischen Bestellmengen-Modellen steht, die üblicherweise zur Lagerhaltungsanalyse verwendet werden. (Vgl. Milgrom/Roberts (1990a), S. 519.)

$$(2)\quad \underbrace{\pi(p,q,m,a,b,c,d,e,r,s,w,\tau)}_{Gewinn} = \underbrace{(p-c-r\rho-\iota/m)}_{Nettoerlös}\ \underbrace{n\mu(p,q,n,\tau)}_{Grundnachfrage}\ \underbrace{\delta(a+\varpi(r,m,n)+b,\tau)}_{Nachfrageminderung} - \underbrace{m(s+w)-nq(d+e)}_{variable Kosten}$$

Ob der Gewinn durch eine zunehmende Anzahl an Produkten und Produktverbesserungen zu- oder abnimmt, hängt von der Größe der Kosten d,e,w und s sowie von dem Effekt von n und q auf die Grundnachfrage (μ) sowie von m und n auf die Wartezeit (ω) ab.

*3. Berücksichtigung fixer Kapitalkosten in den Bereichen Produktentwicklung, Fertigung und Verkauf*

Aus Gleichung (2) wird schon ersichtlich, dass enge Beziehungen beispielsweise zwischen den Bereichen Marketing, Produktion und Entwicklung bestehen. Die Beziehungen zwischen verschiedenen Aktivitäten innerhalb des Betriebs werden noch deutlicher, wenn die Größe Kapital bzw. die fixen Kosten zusätzlich in das Modell aufgenommen werden.

Die *fixen Kosten* werden determiniert durch die Entscheidung des Betriebs für eine bestimmte Produktionstechnologie und durch die Zeitfaktoren, so dass der Ausdruck für die Kapitalkosten durch κ(a,b,c,d,e,r,s,w,τ) gegeben ist. Niedrigere Werte für die direkten marginalen Kosten der Produktion (c), für die Auftragseingangs- und Bearbeitungszeit (a), für die direkten Umrüstungskosten (s), für die Lieferzeit (b), für die Verschleißkosten pro Umrüstung (w), für die Entwicklungskosten der Produktverbesserungen (d), für die Extra-Rüstkosten für verbesserte Produkte (e) und für die Wahrscheinlichkeit, dass ein defektes Los produziert wird, (r) lassen die Kapitalkosten steigen, ebenso eine zunehmende Anzahl an Produkten (n) und Produktverbesserungen (q) sowie eine steigende Anzahl an Umrüstungen (m), so dass die Flexibilität kostenintensiv sein kann. Dagegen lassen technologische Fortschritte, die über die Zeit entstehen (τ), die Kapitalkosten sinken. Die gesamte Gewinnfunktion des Betriebs ergibt sich dann durch die folgende Gleichung[293]:

$$(3)\quad \underbrace{\pi(p,q,m,a,b,c,d,e,r,s,w,\tau)}_{Gewinn} = \underbrace{(p-c-r\rho-\iota/m)}_{Nettoerlös}\ \underbrace{n\mu(p,q,n,\tau)}_{Grundnachfrage}\ \underbrace{\delta(a+\varpi(r,m,n)+b,\tau)}_{Nachfrageminderung} - \underbrace{m(s+w)-nq(d+e)}_{variable Kosten} - \underbrace{\kappa(a,b,c,d,e,r,s,w,\tau)}_{Fixkosten}$$

[293] Vgl. Milgrom/Roberts (1990a), S. 518f.; FitzRoy/Acs/Gerlowski (1998), S. 491ff.

Diese Funktion unterscheidet sich in zweierlei Hinsicht von einem traditionell angewandten Modell. Einmal werden explizit Komplementaritäten eingeschlossen, die sowohl die Erträge als auch die variablen und die fixen Kosten beeinflussen können. Zweitens werden die Fixkosten gemeinsam mit Entscheidungen über die Zeitfaktoren bzw. die variablen Kosten und damit über die Höhe des Outputs bestimmt. In traditionellen Modellen, in denen von perfektem Wettbewerb ausgegangen wird, spielen die Fixkosten bei der Festlegung der Höhe des Outputs keine Rolle.[294]

Durch die Existenz von Komplementaritäten in der Funktion ist die Summe der Veränderungen des Outputs geringer, wenn einzelne Variablen unabhängig voneinander verstärkt eingesetzt werden, als wenn die Veränderung von einem gemeinsamen Anstieg aller Variablen zusammen resultiert.[295] Hier sei kurz ein Beispiel für komplementäre Beziehungen zwischen den Entscheidungsvariablen genannt. Angenommen, die Zahl der Verbesserungen pro Produkt und pro Periode (q) nimmt zu, dann steigen die Erträge einer effizienteren Technologie, um verbesserte Produkte zu entwickeln und die Ausrüstungen zu verändern (höhere Werte von -d und -e). Umgekehrt lässt eine bessere Technologie, um Produkte zu verbessern und die Ausrüstung zu verändern, die marginalen Erträge einer Steigerung der Anzahl der Produktverbesserungen pro Periode (q) ansteigen.[296]

*(2) Analyse der Beziehungen zwischen den Entscheidungsvariablen*

Auf der Grundlage der Gleichung (3) untersuchten die Autoren die Beziehungen zwischen den Entscheidungsvariablen. Damit sollten komplementäre Beziehungen zwischen verschiedenen Bereichen des Betriebs aufgedeckt werden und die vielfältigen Veränderungen innerhalb des Betriebs aufgrund des technischen Fortschritts verdeutlicht werden. Für diese Analyse müssen zunächst Annahmen für die unspezifizierten Funktionen $\kappa$, $\mu$, $\delta$ und $\omega$ getroffen werden.

Für den *Nachfrageminderungsfaktor* $\delta$ wird die folgende Annahme *(A1)* getroffen: $\delta$ ist zweifach kontinuierlich differenzierbar, nicht-negativ, abnehmend und konvex in $t$[297], nicht-abnehmend in $\tau$ und submodular[298] in $t$ und $\tau$. Die Annahme, dass die Nachfrageminderung $\delta$ mit der totalen Zeit für die Ausführung des Auftrags ($t$) abnimmt, meint, dass eine zunehmende Verzögerung bei der Auftragslieferung die Verkäufe reduziert. Weiterhin besagt die Konvexitätsannahme, dass der marginale Einfluss einer zunehmenden Verzögerung umso kleiner

[294] Vgl. FitzRoy/Acs/Gerlowski (1998), S. 494.
[295] Vgl. Milgrom/Roberts (1990a), S. 516.
[296] Vgl. Milgrom/Roberts (1990a), S. 520.
[297] t gibt die totale erwartete Zeit für die Ausführung eines Auftrags von der Bestellung bis zur Lieferung an. Diese setzt sich aus der Zeit für die Auftragsbearbeitung, der Zeit für die Herstellung des Produkts und der Lieferzeit zusammen. Daher ist t die Summe aus a, $\omega$ und b.
[298] Eine Funktion f ist submodular, wenn –f supermodular ist. (Vgl. Milgrom/Roberts (1990b), S. 516.)

ist, je größer die Lieferverzögerung ist. Die Annahme der Submodularität beinhaltet, dass im Zeitverlauf $\delta_t$ negativer wird oder dass, anders ausgedrückt, die Erträge einer Reduzierung der gesamten Wartezeit (-t) ansteigen. Dies kann dadurch entstehen, dass die schnellere Lieferung an den Kunden zunehmend wichtiger wird. Die Autoren konnten zeigen, dass die Aktivitäten, die die Komponenten der gesamten Wartezeit von der Auftragsbearbeitung bis zur Lieferung reduzieren (a,b,ω) komplementär zueinander sind. Dies konnte dadurch bewiesen werden, dass die entsprechenden gemischt-partiellen Ableitungen der Gewinnfunktion positiv sind.[299]

Um die Untersuchungen über die Komplementaritäten im Zusammenhang mit der Herstellungs- und Liefergeschwindigkeit zu vervollständigen, muss zusätzlich eine Annahme *(A2)* über die Funktion der *Produktionszeit* (ω) getroffen werden: $\omega = \omega(m,r,n)$ ist zweifach kontinuierlich differenzierbar, abnehmend in m, ansteigend in r und supermodular in m und r, gegeben n, so dass $\omega_m \leq 0$, $\omega_r \geq 0$ und $\omega_{mr} \geq 0$. Allgemein wird erwartet, dass die Wartezeit während der Produktion eines Gutes (ω) mit der Wahrscheinlichkeit eines defekten Loses (r) zunimmt und mit der Anzahl von Umrüstungen pro Periode (m) abnimmt. Die Annahme, dass r und m Komplemente im Hinblick auf ω sind, bedeutet, dass ein Anstieg in der Anzahl von Umrüstungen bzw. eine Reduzierung der Losgröße den Einfluss eines Anstiegs der Wahrscheinlichkeit eines defekten Loses auf die benötigte Zeit für die Herstellung des Produkts erhöht. Je häufiger die Hauptanlagen umgerüstet werden, desto größer ist somit die Wahrscheinlichkeit, dass ein Los nachbearbeitet werden muss.

Als eine Konsequenz der beiden Annahmen (A1) und (A2) ergibt sich, dass eine Abnahme der Auftragsbearbeitungszeit (-a), eine Reduzierung der Lieferzeit (-b), eine steigende Anzahl an Umrüstungen (m) und eine geringere Wahrscheinlichkeit, dass ein defektes Los produziert wird (-r), bei steigender Nachfrage komplementär zueinander sind.

Weiterhin wird durch zwei weitere Annahmen die Form der *Grundnachfragefunktion* μ eingeschränkt. Die erste Annahme *(A3)* lautet: μ ist zweifach kontinuierlich differenzierbar, ansteigend in q und abnehmend in p, während die Gewinne eine strikt quasi-konkave Funktion von p sind. Die Annahme, dass die Grundnachfrage mit der Zahl der Produktverbesserungen (q) ansteigt und mit dem Preis des Produkts (p) abnimmt, besagt, dass Konsumenten niedrigere Preise und höhere Qualität bevorzugen. Auch die Annahme, dass die Nachfrage

[299] Die Komplementarität zwischen diesen Variablen erscheint überraschend, weil die drei Komponenten perfekte Substitute im Hinblick auf die gesamte Zeit, die für die Bearbeitung, Ausführung und Lieferung eines Auftrags benötigt werden, sind. Milgrom und Roberts zeigten im Rahmen ihrer Analyse jedoch, dass die Möglichkeit, diese Elemente im Hinblick auf eine fixe Gesamtdauer der Auftragsausführung zu substituieren, irrelevant im Bezug auf eine Bewertung dieser Variablen als mögliche Komplemente im Rahmen der Gesamtstrategie des Betriebs ist.

quasi-konkav in Bezug zu den Preisen ist, ist eine häufig getroffene Annahme. Der nicht allgemein übliche Teil der Annahme über die Nachfrage befindet sich in Annahme *(A4)*: $\mu(p,q,n,\tau)$ ist nicht abnehmend in $\tau$ und supermodular, wenn sie als eine Funktion von -p, q und $\tau$ für gegebenes n angesehen wird. Diese Annahme besagt, dass die Menge, die nachgefragt wird, im Zeitverlauf sensibler auf Preise und Qualität reagiert und dass bei höheren Qualitätsniveaus der Produkte die Nachfragemenge sensibler auf Preisveränderungen reagiert.
Die letzte Annahme *(A5)* bezieht sich auf die Funktion der *Fixkosten* ($\kappa$). Dieses ist die Schlüsselfunktion, da sie die technologischen Veränderungen enthält. Es wird angenommen, dass $\kappa(-a, -b, -c, -d, -e, -r, -s, -w, \tau)$ submodular ist.[300] Diese Annahme besteht aus zwei Teilen. Der erste Teil ist die Annahme über den Zeitpfad der exogenen technologischen Veränderungen: Die Kapitalkosten der modernen Technologien für die Kommunikation, für die Lieferung, für die Entwicklung und für die flexible Produktion fallen im Zeitverlauf. Unter der Annahme der Differenzierbarkeit von $\kappa$ wird dieser Trend in den Ungleichungen $\partial^2\kappa/\partial x\partial\tau \leq 0$, x=-a, -b, -c, -d, -e, -r, -s, -w, ausgedrückt. Dies bedeutet, dass die technologischen Veränderungen in der Kapitalausstattung die Kosten für eine Verkürzung der Lieferzeit, der Nutzung von flexibleren Produktionsmethoden, einer Reduzierung der Wahrscheinlichkeit eines defekten Loses, einer Weiterentwicklung der Produkte und der Kontrolle der Produktionskosten senken. Der zweite Teil von Annahme *(A5)* bezieht sich auf die Wechselbeziehungen zwischen den Investitionen in die neuen Technologien. In der Funktion $\kappa$ werden eine Reihe von komplementären Beziehungen zwischen den Investitionen in verschiedenen Betriebsbereichen abgebildet. Diese Investitionen sollten gemeinsam durchgeführt werden. Andere Interaktionen, die auf einer substitutionalen Nutzung von Ressourcen basieren, können diesem gemeinsamen Einsatz der Investitionen entgegenstehen. Beispielsweise besitzt der Betrieb ein fixes Kapitalbudget oder die Kapitalkosten steigen mit höherem Investitionsvolumen an. Weiterhin können Beschränkungen hinsichtlich des zur Verfügung stehenden Raums und des Personals bestehen, so dass verschiedene Bereiche um diese Ressourcen konkurrieren müssen. Daher besteht der zweite Teil von *(A5)* aus der Hypothese, dass die technologischen Komplementaritäten größer sind als die Effekte, die durch Beschränkungen der vom System geteilten Ressourcen hervorgerufen werden.[301]
Auf der Basis dieser Annahmen maximierten die Autoren die Gleichung (3). Dabei konnte mithilfe der Methoden der Verbandstheorie gezeigt werden, dass die Zielfunktion supermodular in den Entscheidungsvariablen ist. Dies ist dann der Fall, wenn die kreuzpartiellen Ableitungen der Zielfunktion größer als 0

[300] In dieser Annahme werden alle Entscheidungsvariablen mit einem negativen Vorzeichen berücksichtigt, da sie mit technologischen Verbesserungen abnehmen.
[301] Vgl. Milgrom/Roberts (1990a), S. 520ff.

sind. Darüber hinaus konnte nachgewiesen werden, dass die Gruppe aus den Werten aller Entscheidungsvariablen, für die der Gewinn maximiert wird, einen Unterverband bildet, der im Laufe der Zeit ansteigt.[302] Ein wichtiges Ergebnis dieses Modells ist somit, dass sich die Entscheidungsvariablen gemeinsam verändern. Im Laufe der Zeit, also mit zunehmender Nachfrage und verbesserter Technologie, können aus dem Modell der flexiblen Produktion eine Vielzahl von Veränderungen in der Organisations- und Produktionsstruktur des Betriebs abgeleitet werden. Es kann erwartet werden, dass im Zeitverlauf aufgrund der vorhandenen Komplementaritäten vielfältige Beziehungen zwischen verschiedenen Variablen und damit auch zwischen verschiedenen Funktionsbereichen des Betriebs sichtbar werden.

So kann der technische Fortschritt

- mit niedrigeren Outputpreisen,
- niedrigeren marginalen Produktionskosten,
- mit einer häufigeren Produktumgestaltung und Produktverbesserung,
- mit einer höheren Produktqualität und weniger Mängeln bei den fertigen Produkten,
- mit einer Zunahme der Nutzung von Informations- und Kommunikationstechnologien, die eine bessere Kommunikation mit dem Kunden und eine schnellere Auftragsbearbeitung ermöglichen,
- mit einer häufigeren Umrüstung und geringeren Losgröße,
- mit einer schnelleren Zulieferung vom Lager,
- mit geringeren Umrüstungskosten
- und mit niedrigeren marginalen Kosten der Umgestaltung der Produkte

verbunden sein.[303]

Diese Veränderungen müssen nicht fließend und kontinuierlich verlaufen, sondern es sind auch sprunghafte Veränderungen der Produktionsstruktur möglich.

Somit konnte gezeigt werden, dass der technische Fortschritt und die damit einhergehende flexiblere Produktionsweise durch Kostensenkungen bei der Produktion zu niedrigeren Outputpreisen und zu qualitativ verbesserten und differenzierteren Produkten führen können. Dadurch wird es dem Betrieb ermöglicht, höhere Gewinne zu erzielen.

Es wurde jedoch schon erläutert, dass durch die Einführung neuer Technologien und die Flexibilisierung des Produktionsprozesses bei den Betrieben ein Anreiz entstehen kann, auch ihre Arbeitsorganisation und die Qualifikationsstruktur ihrer beschäftigten Arbeitnehmer diesen Veränderungen anzupassen. Es ist anzunehmen, dass erst durch diese parallelen Veränderungen die Potenziale des

---

[302] Vgl. Milgrom/Roberts (1999a), S. 517f.
Zur Definition eines Unterverbands siehe die Ausführungen im Kapitel 5.2.2.1 zur theoretischen Analyse von Komplementaritäten.

[303] Vgl. Milgrom/Roberts (1990a), S. 520ff.; FitzRoy/Acs/Gerlowski (1998), S. 495.

technischen Fortschritts (Kostensenkungen, Herstellung qualitativ verbesserter oder neuer Produkte) vollständig realisiert werden können.
Anschließend wird zunächst der Zusammenhang zwischen der Einführung neuer Technologien bzw. der damit einhergehenden Flexibilisierung der Produktionsstruktur und der Arbeitsorganisation untersucht.[304]

### 5.2.2.3 Die Veränderung der betrieblichen Arbeitsorganisation aufgrund des technischen Wandels

In dem Maße, wie nun die Maschinen und damit der Produktionsprozess flexibler werden, können auch die Arbeitsaufgaben der Arbeitnehmer flexibler gestaltet werden. Die zunehmende Flexibilisierung der Betriebe führt dazu, dass die bisherige Gestaltung der Arbeitsorganisation, die aus einer strikten Form der Arbeitsteilung bestand, nicht mehr länger die optimale Organisationsform der Betriebe sein muss.[305] Die Einführung neuer Technologien und die damit einhergehende Flexibilisierung des Produktionsprozesses haben die Vielseitigkeit der Maschinen zwischen verschiedenen Aufgaben erhöht. Damit wurden die Komplementaritäten zwischen verschiedenen Aufgaben gesteigert. Um die Potenziale des technischen Fortschritts vollständig nutzen zu können, sollten die Betriebe daher auf die technischen Veränderungen ebenfalls mit einer Anpassung ihrer Arbeitsorganisation reagieren.[306]
Es lässt sich beobachten, dass viele Betriebe ihre Arbeitsorganisation nicht länger um einzelne Arbeitsaufgaben herum organisieren, sondern um den gesamten Arbeitsprozess.[307] Dabei werden mehrere, bislang getrennt durchgeführte Aufgaben zu einer einzigen Aufgabe zusammengefasst.[308] Es findet somit eine *Entspezialisierung* der Arbeitsaufgaben statt, um die Synergieeffekte aus der Ausführung mehrerer Arbeitsaufgaben nutzen zu können.
Durchgeführt werden diese Aufgaben nicht mehr wie unter Taylor und Ford von einem einzigen Arbeitnehmer, sondern mehrere Arbeitnehmer werden zu einem *kundenorientierten Team* zusammengeschlossen, das gemeinsam den Aufgabenkomplex bearbeitet. Zwischen den Teammitgliedern findet häufig eine Job-Rotation statt, so dass jedes Teammitglied einen Einblick in den gesamten Pro-

---

[304] Schon Milgrom und Roberts weisen darauf hin, dass weitere Elemente der Flexibilität in modernen Organisationen eine Arbeitsorganisation, die von den Arbeitnehmern häufige Wechsel des Arbeitsbereichs verlangt und der Einsatz hoch qualifizierter Arbeitnehmer, die den Flexibilitätsbedürfnissen gerecht werden können, sind. (Vgl. Milgrom/Roberts (1990a), S. 520; FitzRoy/Acs/Gerlowski (1998), S. 495.) Diese Variablen werden jedoch in ihrem Modell nicht berücksichtigt.
[305] Vgl. Hammer/Champy (1993), S. 17.
[306] Vgl. Morton (1991), S. 5; Brasche (1989), S. 37.
[307] Vgl. Hammer/Champy (1993), S. 27f.; Hammer (1990), S. 108.
[308] Vgl. Hammer/Champy (1993), S. 51ff.

duktionsprozess bekommt. Dadurch kennt jedes Teammitglied alle Arbeitsschritte des gesamten Produktionsprozesses und kann in der Regel auch mehrere Arbeitsaufgaben ausführen. Die einzelnen Arbeitnehmer sind somit nicht länger für die Ausführung einer einzelnen Aufgabe verantwortlich, sondern sie teilen sich die Verantwortung für die Bearbeitung des gesamten Produktionsprozesses mit den übrigen Teammitgliedern.[309]

Erleichtert wird den Teammitgliedern die Zusammenarbeit untereinander und die Durchführung mehrerer Arbeitsaufgaben dadurch, dass die neuen Informations- und Kommunikationstechnologien die Kosten der Informationsbeschaffung und –verarbeitung drastisch reduzieren.[310] Die Möglichkeit dieser Technologien, große Mengen an Daten schnell zu verarbeiten und zu vermitteln, die Informationen zu dezentralisieren und die Kommunikationsgeschwindigkeit zu erhöhen, tragen wesentlich zu einer Flexibilisierung der Arbeitsorganisation bei. Die Informationen, die vorher nur der Managementebene vorbehalten waren, können nun leichter, schneller und kostengünstiger zu allen Ebenen der Organisation gelangen und von vielen Personen gleichzeitig benutzt werden. Den einzelnen Arbeitnehmern können somit in relativ einfacher Weise alle Informationen zur Verfügung gestellt werden, die sie zur Entscheidungsfindung benötigen. Je flexibler die Informationen und das vorhandene Wissen geworden sind, um so flexibler kann auch die Arbeitsorganisation strukturiert sein.

Die schnellere Verbreitung von Informationen ermöglicht ebenfalls ein besseres und schnelleres Lernen. Jeder Arbeitnehmer kann nun über ein Expertenwissen verfügen, was ihn zur Ausführung komplexer Aufgaben und zum Erlernen verschiedener Tätigkeiten in verschiedenen Aufgabenbereichen, dem so genannten „intertask learning" befähigt. Die Informationen können darüber hinaus gesammelt und gespeichert werden, so dass sie zu jeder Zeit für eine große Zahl von Nutzern verfügbar gemacht werden können. Für die Zusammenarbeit der Arbeitnehmer ist es darüber hinaus von Bedeutung, dass die Probleme, die vormals aus der räumlichen Entfernung entstanden sind, durch die neuen Technologien radikal reduziert werden. Auch über räumliche Distanzen können nun Informationen relativ einfach und kostengünstig ausgetauscht werden oder andere Formen der Kommunikation innerhalb des Betriebs oder zwischen Betrieben gewählt werden, was gemeinsame Absprachen und den Erfahrungsaustausch untereinander erleichtert. Die neuen Informations- und Kommunikationstechnologien beeinflussen somit die Koordinationsmöglichkeiten der Betriebe, indem sie die Variablen Zeit und Entfernung reduzieren.[311]

---

[309] Vgl. Hammer/Champy (1993), S. 51ff., S. 65ff. und S. 68ff; Askenazy (2000), S. 98; Allen/Morton (1994), S. 45; Applegate/Cash/Mills (1988), S. 130; Cappelli/Rogovsky (1994), S. 204.

[310] Vgl. FitzRoy/Acs/Gerlowski (1998), S. 447f.

[311] Vgl. Wikström/Normann (1994), S. 24 und S. 96ff.; Hammer/Champy (1993), S. 92f. und S. 95f.; Allen/Morton (1994), S. 130 und S. 141f.; Morton (1991), S. 10ff., S. 17f.; S. 27, S.

Die zunehmend kostengünstigere Versorgung der Arbeitnehmer mit Informationen kann aber nicht nur dazu führen, dass die Betriebe die horizontale Organisation verändern, indem Teams eingesetzt werden, die mehrere Aufgaben bearbeiten und die bisherigen funktionalen Abteilungen ersetzen, sondern auch die vertikale Organisationsstruktur wird oftmals verändert. Während die traditionellen Betriebe über Funktionen organisiert waren und klare Autoritätsstrukturen sowie eine strikte Arbeitsteilung vorhanden war, existiert in vielen Betrieben nun eine *Matrixorganisation.* In dieser mehrdimensionalen Organisationsform werden funktionale Stellen bzw. Abteilungen und spartenorientierte Stellen bzw. Abteilungen, die üblicherweise auf Produkte oder Produktgruppen bezogen sind, miteinander verzahnt. Für jede Teilhandlung werden Entscheidungskompetenzen formuliert und diese werden auf Instanzen der Funktionsbereiche und der jeweiligen Sparte übertragen.[312] Durch die Matrixorganisation werden die Kommunikationsmöglichkeiten innerhalb der Organisation verbessert und somit können auftretende Probleme eher auf einer niedrigeren Organisationsebene gelöst werden. Zudem wird durch diese Organisationsform mehr Unabhängigkeit und Entscheidungsgewalt auf niedrigere Organisationseinheiten abgegeben und deren Verantwortung wird somit vergrößert.[313] Es findet somit eine *Dezentralisierung* der Entscheidungsbefugnis statt, so dass die Entscheidungsgewalt und die eigentliche Ausführung der Aufgabe nicht länger voneinander getrennt sind. Das Treffen von Entscheidungen wird nun Teil der Arbeitsaufgabe. Die einzelnen Teams können jetzt innerhalb gewisser Regeln selber entscheiden, wie und wann die Arbeitsaufgaben durchgeführt werden und regeln damit selber den Produktionsprozess. Man erhofft sich dadurch, dass bessere Entscheidungen getroffen werden können, da die Personen, die unmittelbar mit der Ausführung einer Arbeitsaufgabe befasst sind, häufig auch am besten informiert sind. Zudem kann die Bindung der Arbeitnehmer an den Produktionsprozess erhöht werden, wenn diese selber an relevanten Entscheidungen beteiligt werden. Gleichzeitig tragen die einzelnen Teams jedoch auch eine größere Verantwortung für das Ergebnis des Produktionsprozesses.

Die Einführung einer flexiblen Arbeitsorganisation beinhaltet somit eine flachere Organisationsstruktur durch die Abschaffung einiger Hierarchieebenen in der Kontroll- und Verantwortungsstruktur. Die Kontrollfunktion wird zum Teil ebenfalls von der Gruppe selber wahrgenommen. Die Vorteile dieser veränderten Arbeitsorganisation bestehen aus einer geringen Anzahl an Verzögerungen

29, S. 31, S. 80 und S. 143f.; Applegate/Cash/Mills (1988), S. 129, S. 131 und S. 134; Davenport/Short (1990), S. 12.

[312] Vgl. Raffée (1993), S. 162.

[313] Vgl. Allen/Morton (1994), S. 44.

im Betriebsablauf, geringeren Kosten, einer besseren Reaktion auf Kundenwünsche und einer Stärkung der Arbeitnehmer.[314]

Lindbeck und Snower entwickelten ein theoretisches Modell, mit dem gezeigt werden kann, dass die Arbeitsorganisation vor allem dann in der so eben beschriebenen Art und Weise verändert werden sollte, wenn der Betrieb neue Technologien einführt und daher eine flexible Produktionsweise anwendet. Denn die Flexibilisierung des Produktionsprozesses erhöht den Nutzen einer Flexibilisierung der Arbeitsaufgaben.
Mithilfe des Modells von Milgrom und Roberts wurde gezeigt, dass der technische Fortschritt und die damit einhergehende flexible Produktionsweise die Outputseite durch sinkende Kosten und qualitativ verbesserte Produkte beeinflussen und somit zu höheren Gewinnen führen kann. Wenn durch die technologischen Veränderungen die strikte Arbeitsteilung aber nicht länger die optimale Form der Arbeitsorganisation ist, dann muss sie ebenfalls verändert werden, um die Potenziale des technischen Fortschritts vollständig nutzen zu können.
Lindbeck und Snower beschreiben diese Umstrukturierung der Arbeitsorganisation als eine Veränderung von einer tayloristisch organisierten Arbeit zu einer holistischen Arbeitsorganisation. Die treibende Kraft für diesen Veränderungsprozess ist der technische Fortschritt.
Das Modell von Lindbeck und Snower wird im Folgenden in mehreren Schritten dargestellt. Zu Beginn werden die tayloristische und die holistische Arbeitsorganisation voneinander abgegrenzt. Danach erfolgt die Bestimmung der optimalen Organisationsform anhand der betrieblichen Gewinnfunktion. Daran anschließend wird erläutert, wie die unterschiedlichen Verläufe der Gewinnfunktion für die beiden Organisationsformen zu Stande kommen. In einem letzten Schritt wird hergeleitet, inwiefern der technische Fortschritt die Wahl der betrieblichen Arbeitsorganisation beeinflusst.
Die verwendeten Variablen sind in einer Übersicht auf der folgenden Seite zusammengestellt.

*(1) Die tayloristische und die holistische Arbeitsorganisation*
Nach Lindbeck und Snower werden im tayloristischen Modell verschiedene Tätigkeiten in eigenen Abteilungen durchgeführt, so dass vorwiegend Arbeitnehmer mit spezifischen Kenntnissen benötigt werden, da die Produktivitätsvorteile vor allem aus den Erträgen der Spezialisierung resultieren. Diese nehmen zu, je mehr Zeit auf die Erfüllung einer bestimmten Aufgabe verwendet wird. Aufgrund der spezialisierten Tätigkeit der einzelnen Arbeitnehmer ist es in dieser

[314] Vgl. Hammer/Champy (1993), S. 53, S. 58f., S. 65, S. 70f. S. 77ff. und S. 96f.; Askenazy (2000), S. 98; Bandemer/Belzer (1998), S. 185; Cappelli/Rogovsky (1994), S. 203f. und S. 206.

Organisationsform möglich, sie verschiedenen Berufskategorien zuzuordnen. In diesem Umfeld wird relativ wenig Gewicht auf die Fähigkeit gelegt, in mehreren Tätigkeitsbereichen einsetzbar zu sein. Wenn eine Person über Fähigkeiten und Kenntnisse verfügt, die sie in mehreren Bereichen einsatzfähig macht, dann muss sie sich in der Regel für einen Tätigkeitsbereich entscheiden, auf den sie sich spezialisiert.[315]

| |
|---|
| $s_1$ = Erträge aus der Spezialisierung der Arbeitnehmer vom Typ 1 auf Aufgabe 1 |
| $s_2$ = Erträge aus der Spezialisierung der Arbeitnehmer vom Typ 1 auf Aufgabe 2 |
| $S_1$ = Erträge aus der Spezialisierung der Arbeitnehmer vom Typ 2 auf Aufgabe 1 |
| $S_2$ = Erträge aus der Spezialisierung der Arbeitnehmer vom Typ 2 auf Aufgabe 2 |
| $c_1$ = Erträge aus der Informationskomplementarität für Aufgabe 1 und Arbeitnehmer vom Typ 1 |
| $c_2$ = Erträge aus der Informationskomplementarität für Aufgabe 2 und Arbeitnehmer vom Typ 1 |
| $C_1$ = Erträge aus der Informationskomplementarität für Aufgabe 1 und Arbeitnehmer vom Typ 2 |
| $C_2$ = Erträge aus der Informationskomplementarität für Aufgabe 2 und Arbeitnehmer vom Typ 2 |
| $\tau$ = Zeitaufteilung auf die beiden Arbeitsaufgaben (Arbeitnehmer vom Typ 1) |
| $T$ = Zeitaufteilung auf die beiden Arbeitsaufgaben (Arbeitnehmer vom Typ 2) |
| $e_1(\tau)$ = Effizienzeinheiten der Arbeit pro Stunde in Arbeitsaufgabe 1 für Arbeitnehmer vom Typ 1 |
| $e_2(\tau)$ = Effizienzeinheiten der Arbeit pro Stunde in Arbeitsaufgabe 2 für Arbeitnehmer vom Typ 1 |
| $E_1(\tau)$ = Effizienzeinheiten der Arbeit pro Stunde in Arbeitsaufgabe 1 für Arbeitnehmer vom Typ 2 |
| $E_2(\tau)$ = Effizienzeinheiten der Arbeit pro Stunde in Arbeitsaufgabe 2 für Arbeitnehmer vom Typ 2 |
| $n$ = Anzahl der Arbeitnehmer vom Typ 1 |
| $N$ = Anzahl der Arbeitnehmer vom Typ 2 |
| $\Lambda_1(\tau,T;n,N)$ = totale Arbeitsleistung in Effizienzeinheiten für Aufgabe 1 |
| $\Lambda_2(\tau,T;n,N)$ = totale Arbeitsleistung in Effizienzeinheiten für Aufgabe 2 |
| $w$ = reale Löhne für Arbeitnehmer vom Typ 1 |
| $W$ = reale Löhne für Arbeitnehmer vom Typ 2 |
| $\pi$ = Gewinn |

In der neueren „holistischen" Arbeitsorganisation werden die Grenzen zwischen den formalen Berufsqualifikationen abgebaut. Im Gegensatz zu der tayloristischen Arbeitsorganisation entstehen die Produktivitätsvorteile in dieser Organisationsform vor allem aus den Erträgen der Informationskomplementarität, die zunehmen mit der Zeit, die auf die Erfüllung anderer Aufgaben verwendet wird. Somit werden in der holistischen Arbeitsorganisation vorwiegend Arbeitskräfte beschäftigt, deren Stärke die flexible Zusammenarbeit in wechselnden Teams und die schnelle Einarbeitung in verschiedene Arbeitsaufgaben ist. Diese sollen nicht mehr nur spezialisierte Kenntnisse in einem Aufgabengebiet besitzen, son-

[315] Vgl. Lindbeck/Snower (1995), S. 1; Lindbeck/Snower (2000a), S. 356.

dern über die Fähigkeit verfügen, sich Kenntnisse aus verschiedenen Tätigkeitsbereichen anzueignen. Diese neue Form der Arbeitsorganisation ist so angelegt, dass ein so genannter „multitask"-Lernprozess notwendig ist, um die Komplementaritäten zwischen verschiedenen Tätigkeitsbereichen berücksichtigen zu können. Ein Arbeitnehmer soll fähig sein, durch die Kenntnisse, die er in einem bestimmten Aufgabenbereich erlangt hat, seine Leistung in einem anderen Tätigkeitsbereich zu verbessern.[316]
Die Abgrenzung zwischen einer tayloristisch und einer holistisch strukturierten Arbeitsorganisation basiert somit auf dem Grad der Spezialisierung der Arbeitnehmer auf bestimmte Aufgaben innerhalb des Unternehmens. Entscheidend für die optimale Wahl der Arbeitsorganisation ist der Trade-off zwischen den Erträgen aus der Spezialisierung und den Erträgen aus der Komplementarität verschiedener Aufgaben.[317]

*(2) Bestimmung der optimalen Organisationsform eines Betriebs*
Um die optimale Organisationsform für einen Betrieb zu bestimmen, wird zunächst dessen Produktionsfunktion gebildet. Es wird aus Vereinfachungsgründen angenommen, dass der Betrieb eine Produktionsfunktion besitzt, in der zwei Arten von Arbeitnehmern in zwei verschiedenen Arbeitsaufgaben ein homogenes Produkt herstellen. Die Arbeitnehmer vom Typ 1 besitzen dabei einen komparativen Vorteil[318] bei der Arbeitsaufgabe 1 und die Arbeitnehmer vom Typ 2 besitzen einen komparativen Vorteil bei der Arbeitsaufgabe 2.[319]
Die Produktivität der Arbeitnehmer in Bezug auf die beiden Arbeitsaufgaben setzt sich aus zwei Komponenten zusammen. Die *Erträge der Spezialisierung* ($s_i$, i=1,2) der Arbeitnehmer vom Typ 1 hängen davon ab, wie viel Zeit $\tau$ auf die einzelne Aufgabe verwendet wird: $\mathbf{s_1} = s_1(\tau)$ und $\mathbf{s_2} = s_2(1-\tau)$, $s_1', s_2' > 0$[320]. Die *Informationskomplementaritäten* zwischen verschiedenen Aufgaben, die aus dem „intertask learning" der Arbeitnehmer vom Typ 1 resultieren, können durch die folgende Beziehung ausgedrückt werden: $\mathbf{c_1} = c_1(1-\tau)$ und $\mathbf{c_2} = c_2(\tau)$; $c_1', c_2' > 0$. Mit $c_1$ wird die Fähigkeit des Arbeitnehmers 1 ausgedrückt, seine Produktivität in der Aufgabe 1 dadurch zu erhöhen, dass er eine gewisse Zeit $(1-\tau)$ auf die Ausführung der Tätigkeit 2 verwendet. Demgegenüber wird mit $c_2$ die Fähigkeit des Arbeitnehmers 1 beschrieben, seine Produktivität in der Aufgabe 2 durch eine gewisse zeitliche Beschäftigung $(\tau)$ mit der Tätigkeit 1 zu erhöhen. Die Erträge aus der Spezialisierung und aus den Informationskomplementaritä-

---

316 Vgl. Lindbeck/Snower (1995), S. 1f.; Lindbeck/Snower (2000a), S. 356ff.
317 Vgl. Lindbeck/Snower (1995), S. 4f.; Lindbeck/Snower (1996), S. 316; Lindbeck/Snower (2000a), S. 358f.
318 Formal wird der komparative Vorteil an späterer Stelle dargestellt.
319 Vgl. Lindbeck/Snower (1996), S. 316; Lindbeck/Snower (2000a), S. 360; Lindbeck/Snower (2000b), S. 4.
320 Das gesamte Zeitbudget eines Arbeitnehmers besitzt demnach den Wert 1.

ten der Aufgaben bestimmen die Produktivität der Arbeitnehmer vom Typ 1. Die *Effizienzeinheiten der Arbeit pro Stunde* in den beiden Tätigkeiten lassen sich für die Arbeitnehmer vom Typ 1 nun folgendermaßen darstellen:

(1a) *Aufgabe 1:* $e_1 = s_1(\tau) + c_1(1\text{-}\tau) = e_1(\tau)$
*Aufgabe 2:* $e_2 = s_2(1\text{-}\tau) + c_2(\tau) = e_2(\tau)$

Analog lassen sich die Effizienzeinheiten der Arbeit für die Arbeitnehmer vom Typ 2 herleiten.

(1b) *Aufgabe 1:* $E_1 = S_1(1\text{-}T) + C_1(T) = E_1(T)$
*Aufgabe 2:* $E_2 = S_2(T) + C_2(1\text{-}T) = E_2(T)$

Wenn **n** und **N** die Anzahl von Typ 1- und Typ 2- Arbeitnehmern ist, die beschäftigt werden, dann lassen sich die *totalen Arbeitsleistungen in Effizienzeinheiten* für Aufgabe 1 und Aufgabe 2 ($\lambda_1$ und $\lambda_2$) folgendermaßen ausdrücken:

(2) *Aufgabe 1:* $\lambda_1 = e_1(\tau) * \tau * n + E_1(T) * (1\text{-}T) * N = \Lambda_1(\tau,T;n,N)$
*Aufgabe 2:* $\lambda_2 = e_2(1\text{-}\tau) * (1\text{-}\tau) * n + E_2(T) * (T) * N = \Lambda_2(\tau,T;n,N)$.

Wenn ein Arbeitnehmer vom Typ 1 mehr Zeit ($\tau$) für Aufgabe 1 verwendet, dann wirken drei Effekte auf $\lambda_1$:
1. ein direkter, positiver Effekt auf die Arbeitszeit ($\tau$*n steigt)
2. ein positiver Effekt über die Erträge der Spezialisierung ($s_1(\tau)$ steigt)
3. ein negativer Effekt über die Erträge der Informationskomplementarität ($c_1(1\text{-}\tau)$ fällt).
Gleiches gilt für den Arbeitnehmer vom Typ 2.[321]

Mithilfe der totalen Arbeitsleistungen in Effizienzeinheiten für die beiden Arbeitsaufgaben kann die *Produktionsfunktion* des Betriebs dargestellt werden:

(3) $q = f(\Lambda_1(\tau,T;n,N), \Lambda_2(\tau,T;n,N))$
q = Output des Betriebs
$f_i > 0$; $f_{ii} < 0$ (i = 1,2), $f_{ij} > 0$ (i = 1,2 und $j \neq i$, i = Aufgabe, j = Arbeitnehmer vom Typ 1 oder 2)[322]

Die Arbeitskosten des Betriebs sind durch wn + WN gegeben, wobei **w** und **W** die realen Löhne der Arbeitnehmer vom Typ 1 bzw. vom Typ 2 bezeichnen. Es

321 Vgl. Lindbeck/Snower (2000a), S. 360ff.; Lindbeck/Snower (1997), S. 8ff.
322 Die technologischen Komplementaritäten zwischen verschiedenen Aufgaben werden durch die positiven kreuzpartiellen Ableitungen $f_{ij}$ (i=1,2 und $j \neq i$) angegeben.

wird dabei angenommen, dass die Löhne w und W die Reservationslöhne der beiden Arbeitnehmer angeben. Darüber hinaus wird davon ausgegangen, dass die Arbeitnehmer unterschiedliche Präferenzen hinsichtlich der Arbeitsorganisation besitzen. Wenn die Arbeitnehmer eine spezialisierte Organisationsform bevorzugen, dann erzielt ihr Reservationslohn den maximalen Wert bei $\tau=1/2$ (die Arbeitszeit wird gleichmäßig auf beide Arbeitsaufgaben aufgeteilt). Wenn die Arbeitnehmer jedoch eine holistische Arbeitsorganisation präferieren, dann nimmt der Reservationslohn bei $\tau=1/2$ seinen minimalen Wert an. Somit lässt sich der Lohn als eine Funktion der Zeitaufteilung darstellen: $w = w(\tau)$, $w'(1/2) = 0$. Außerdem gilt bei einer Präferierung der Spezialisierung $w'' < 0$ und bei dem Wunsch nach einer holistischen Arbeitsorganisation $w'' > 0$. Die *Gewinnfunktion* des Betriebs kann folgendermaßen dargestellt werden[323]:

(4) $$\underbrace{\pi(\tau,T;n,N)}_{Gewinn} = \underbrace{f\left[\Lambda_1(\tau;T;n,N),\Lambda_2(\tau,T;n,N)\right]}_{\text{Pr}\,oduktionsfunktion} - \underbrace{w(\tau)n - W(T)N}_{Lohnkosten}$$

Es wird davon ausgegangen, dass die Arbeitnehmer vom Typ 1 einen komparativen Vorteil bei der Aufgabe 1 und die Arbeitnehmer vom Typ 2 einen komparativen Vorteil bei der Aufgabe 2 haben.
Der *komparative Vorteil des Arbeitnehmers vom Typ 1 bei der Aufgabe 1* kann durch die folgende Bedingung ausgedrückt werden:

(5a) $$f(\Lambda_1(\mathbf{1},T;n,N), \Lambda_2(\mathbf{1},T;n,N)) - w(\mathbf{1})n - W(T)N > f(\Lambda_1(\mathbf{0},T;n,N), \Lambda_2(\mathbf{0},T;n,N)) - w(\mathbf{0})n - W(T)N.$$

Diese Gleichung drückt aus, dass für jede gegebene Zeitverteilung T für den Arbeitnehmer vom Typ 2, es für den Arbeitnehmer vom Typ 1 profitabler ist, sich vollkommen auf die Aufgabe 1 zu konzentrieren ($\tau = 1$).
In der gleichen Weise führt der *komparative Vorteil des Arbeitnehmers vom Typ 2* zu der folgenden Bedingung:

(5b) $$f(\Lambda_1(\tau,\mathbf{1};n,N), \Lambda_2(\tau,\mathbf{1};n,N)) - w(\tau)n - W(\mathbf{1})N > f(\Lambda_1(\tau,\mathbf{0};n,N), \Lambda_2(\tau,\mathbf{0};n,N)) - w(\tau)n - W(\mathbf{0})N.$$ [324]

Das Ziel des Betriebs ist es, die Gewinne im Hinblick auf die Anzahl der Beschäftigten (n und N) und der Arbeitsorganisation ($\tau$ und T) zu maximieren.[325] Ob ein Betrieb eine tayloristische oder eine holistische Arbeitsorganisation

[323] Vgl. Lindbeck/Snower (2000a), S. 362; Lindbeck/Snower (1996), S. 317.
[324] Vgl. Lindbeck/Snower (2000a), S. 362f.; Lindbeck/Snower (1997), S. 8ff.
[325] Vgl. Lindbeck/Snower (1996), S. 317; Lindbeck/Snower (2000a), S. 363.; Lindbeck/Snower (2000b), S. 5; Lindbeck/Snower (1997), S. 13.

wählt, hängt von seiner Gewinnfunktion ab. Unter einer tayloristischen Organisationsform ist es für den Betrieb optimal, wenn sich die Arbeitnehmer auf die Aufgabe spezialisieren, bei der sie einen komparativen Vorteil haben. Die Arbeitnehmer vom Typ 1 spezialisieren sich auf die Aufgabe 1, so dass $\tau = 1$, während unter einer holistischen Organisation die Arbeitnehmer beide Arbeitsaufgaben ausführen, so dass $0 < \tau < 1$. Ausgehend von der Gewinnfunktion muss für die Wahl einer holistischen Arbeitsorganisation ein $\tau^*$ im Intervall von $0 < \tau^* < 1$ existieren, für das die folgenden Bedingungen gelten:

$$(6) \quad (\partial\pi/\partial\tau) = 0$$
$$(\partial^2\pi/\partial\tau^2) < 0$$

Die gewinnmaximierende Organisationsform ist eine tayloristische, wenn diese Bedingungen nicht erfüllt sind und somit $\tau^* = 1$ gilt.[326]
In der folgenden Abbildung werden zwei verschiedene Gewinnfunktionen dargestellt, die jeweils zu einer unterschiedlichen Wahl der Arbeitsorganisation führen.

*Abbildung 5-2: Die optimale Wahl der Arbeitsorganisation*

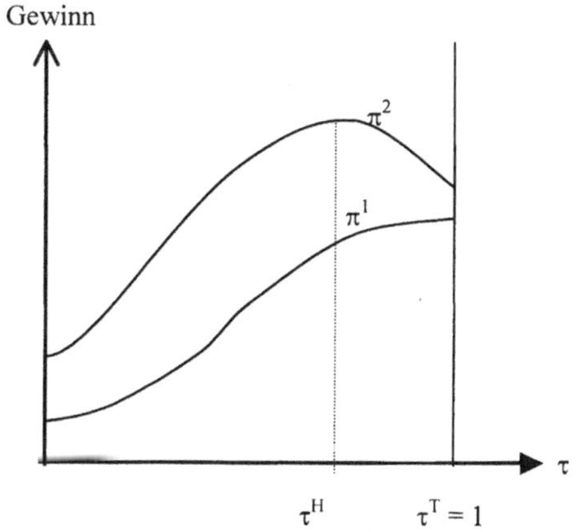


*Quelle: Lindbeck/Snower (1996), S. 317.*

[326] Vgl. Lindbeck/Snower (2000a), S. 363f.; Lindbeck/Snower (2000b), S. 5f.; Lindbeck/Snower (1996), S. 317; Lindbeck/Snower (1997), S. 13ff.; Lindbeck/Snower (1995), S. 9f.

Wenn die Gewinnmöglichkeiten eines Betriebs durch die Kurve $\pi^1$ gegeben sind, dann wird der Betrieb eine tayloristische Arbeitsorganisation wählen, da das Gewinnmaximum erreicht wird, wenn $\tau^T = 1$. Es wird ein *Randpunkt* erreicht, da die Arbeitnehmer sich in dieser Organisationsform auf eine Aufgabe spezialisieren. Sind die Gewinnmöglichkeiten eines anderen Betriebs dagegen durch die Kurve $\pi^2$ abgebildet, dann wird dieser Betrieb eine holistische Organisation wählen, da die Gewinne maximiert werden können, wenn $0 < \tau^H < 1$. Es wird hier ein *inneres Optimum* erreicht, da es optimal ist, wenn die Arbeitnehmer ihre Arbeitszeit auf die beiden Aufgaben aufteilen, obwohl jeder der beiden Arbeitnehmer in einer Arbeitsaufgabe einen komparativen Vorteil besitzt. Daher wird im Folgenden das Modell nur noch aus der Sicht des Arbeitnehmers vom Typ 1 betrachtet.[327]

*(3) Gewinnfunktion bei holistischer und tayloristischer Arbeitsorganisation*

Der unterschiedliche Verlauf der Gewinnfunktion für die beiden Organisationsformen ergibt sich durch unterschiedliche Verläufe der Grenzkosten und Grenzerlöse der tayloristischen und der holistischen Arbeitsorganisation.

Der *Grenzgewinn* eines vermehrten Einsatzes des Arbeitnehmers 1 in Aufgabe 1 lässt sich durch die erste Ableitung der Gewinnfunktion nach τ angeben:

Gewinnfunktion:

$$(4)\quad \underbrace{\pi(\tau,T;n,N)}_{Gewinn} = \underbrace{f[\Lambda_1(\tau;T;n,N),\Lambda_2(\tau,T;n,N)]}_{Produktionsfunktion} - \underbrace{w(\tau)n - W(T)N}_{Lohnkosten}$$

erste Ableitung der Gewinnfunktion:

$$(7)\quad \frac{\partial\pi}{\partial\tau} = \underbrace{\frac{\partial f}{\partial\Lambda_1} * \frac{\partial\Lambda_1}{\partial\tau}}_{MR} + \underbrace{\frac{\partial f}{\partial\Lambda_2} * \frac{\partial\Lambda_2}{\partial\tau}}_{MC^O} - \underbrace{w'(\tau)n}_{MC^W}$$

$$MR = f_1 \frac{\partial\Lambda_1}{\partial\tau}$$

ist der *Grenzerlös* in Bezug zu τ[328]: ein Anstieg in der Zeit, die auf Aufgabe 1 verwendet wird, verändert die Erlöse des Betriebs, da sich die Arbeitseinheiten, die auf Aufgabe 1 verwendet werden, verändern.

---

Die optimale Aufgabenverteilung für den zweiten Arbeitnehmer kann analog hergeleitet werden.

[327] Vgl. Lindbeck/Snower (1996), S. 317; Lindbeck/Snower (2000a), S. 364.

[328] $f_1$ ist eine verkürzte Schreibweise für die erste Ableitung der Funktion f nach $\Lambda_1$. Ebenso ist $f_2$ eine verkürzte Schreibweise für die erste Ableitung der Funktion nach $\Lambda_2$.

$$MC^{o} = -f_2\left(\frac{\partial \Lambda_2}{\partial \tau}\right)$$

geben die *marginalen Opportunitätskosten* der Aufgabe 1 in Bezug zu Aufgabe 2 an. Ein Anstieg in der Zeit, die auf Aufgabe 1 verwendet wird, verändert den Erlös des Betriebs, da sich die Anzahl der Arbeitseinheiten, die auf Aufgabe 2 verwendet werden, verändern.

$$MC^{w} = (dw/d\tau)n$$

gibt die *marginalen Kosten aufgrund einer Veränderung des Lohnsatzes* an, der sich durch die Veränderung der Zeitaufteilung auf die beiden Aufgaben verändern kann.[329]

Der Verlauf der Grenzerlöse und der Grenzkosten für die beiden Organisationsformen werden in der Abbildung 5-3 dargestellt. In Teil a der Abbildung wird der Verlauf der Grenzerlöse und der Grenzkosten dargestellt, wenn eine tayloristische Organisationsform für den Betrieb optimal ist. Mit steigendem τ und damit mit zunehmender Spezialisierung steigen die Grenzerlöse und die Grenzkosten sinken. Der Verlauf der Grenzerlöse und Grenzkosten bei der Wahl einer holistischen Arbeitsorganisation wird im Teil b der Abbildung 5-3 dargestellt. In diesem Fall nehmen die Grenzkosten mit steigendem τ zu und die Grenzerlöse sinken.

*Abbildung 5-3: Verlauf der Grenzerlöse und Grenzkosten*

a) tayloristische Organisation

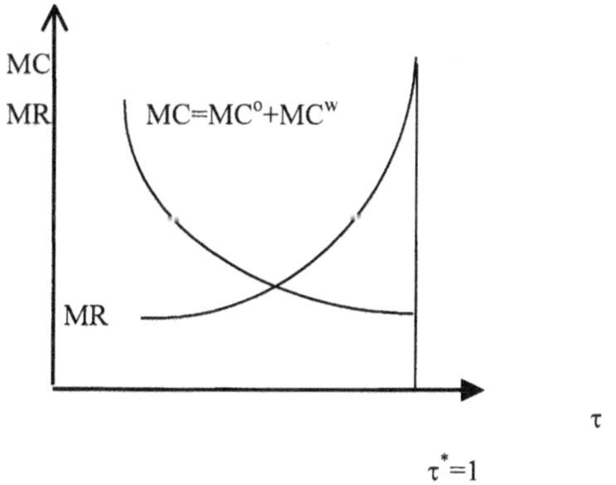


[329] Vgl. Lindbeck/Snower (2000a), S. 364.

b) holistische Organisation

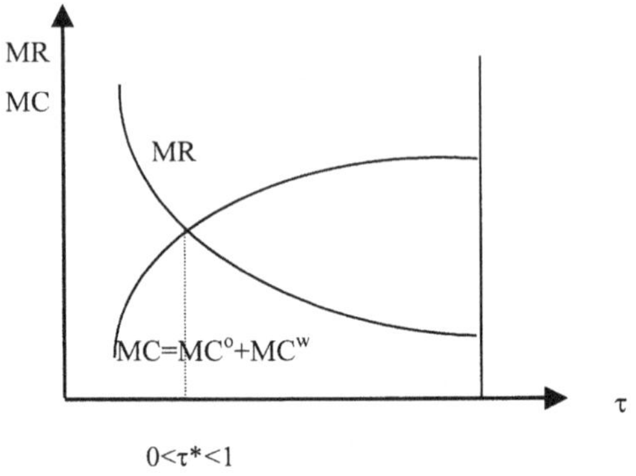


*Quelle: Lindbeck/Snower (2000a), S. 365.*

Es wird somit deutlich, dass bei einer tayloristischen bzw. einer holistischen Arbeitsorganisation unterschiedliche Verläufe der Grenzerlöse und Grenzkosten in Abhängigkeit von τ zu verzeichnen sind. Diese Unterschiede in den Grenzkosten- und Grenzerlösfunktionen sollen im Folgenden hergeleitet werden. Denn die Wahl der Arbeitsorganisation wird anscheinend dadurch beeinflusst, wie sich der veränderte Einsatz eines Arbeitnehmers in einer bestimmten Aufgabe auf den Grenzerlös und die Grenzkosten auswirkt, wie sich also der Grenzgewinn durch eine veränderte Arbeitsaufteilung verändert. Dies wird im Folgenden wieder durch die Veränderung von τ, also der Veränderung des Arbeitseinsatzes von Arbeitnehmer 1 in Aufgabe 1, gezeigt.
Eine *Veränderung des Grenzgewinns* durch eine Veränderung von τ wird durch die nochmalige Ableitung der Gewinnfunktion nach τ ausgedrückt:

(8) $$\frac{\partial^2 \pi}{\partial \tau^2} = \frac{\partial MR}{\partial \tau} - \frac{\partial MC^o}{\partial \tau} - \frac{\partial MC^w}{\partial \tau}$$

dabei ist

$$\frac{\partial MR}{\partial \tau} = \left[\left(f_{11}\frac{\partial \Lambda_1}{\partial \tau} + f_{12}\frac{\partial \Lambda_2}{\partial \tau}\right)\frac{\partial \Lambda_1}{\partial \tau} + f_1\frac{\partial^2 \Lambda_1}{\partial \tau^2}\right]$$

und

$$\frac{\partial MC^0}{\partial \tau} = -\left[\left(f_{21}\frac{\partial \Lambda_1}{\partial \tau} + f_{22}\frac{\partial \Lambda_2}{\partial \tau}\right)\frac{\partial \Lambda_2}{\partial \tau} + f_2\frac{\partial^2 \Lambda_2}{\partial \tau^2}\right]$$

und

$$\frac{\partial MC^w}{\partial \tau} = \frac{d^2 w}{d\tau^2}n$$

1. Veränderung der Grenzerlöse aufgrund einer Veränderung von $\tau$

Wenn $(\partial\Lambda_1/\partial\tau) > 0$ (mit zunehmenden Arbeitseinsatz in Aufgabe 1 steigt der Ertrag in Aufgabe 1), $(\partial\Lambda_2/\partial\tau) < 0$ (mit zunehmendem Arbeitseinsatz in Aufgabe 1 sinkt der Ertrag in Aufgabe 2) und $f_{11} < 0$[330], dann ist der erste Ausdruck von $(\partial MR/\partial\tau)$ negativ.

$$\frac{\partial MR}{\partial \tau} = \left[\underbrace{\left(f_{11}\frac{\partial \Lambda_1}{\partial \tau} + f_{12}\frac{\partial \Lambda_2}{\partial \tau}\right)\frac{\partial \Lambda_1}{\partial \tau}}_{<0} + \underbrace{f_1}_{>0}\frac{\partial^2 \Lambda_1}{\partial \tau^2}\right]$$

Dann hängt das Vorzeichen einer Veränderung des Grenzerlöses bei verändertem $\tau$ $(\partial MR/\partial\tau)$ sehr stark von dem zweiten Ausdruck der Gleichung $f_1(\partial^2\Lambda_1/\partial\tau^2)$ ab, wobei $f_1 > 0$ ist und $(\partial^2\Lambda_1/\partial\tau^2)$ die abnehmenden (oder zunehmenden) Erträge in Aufgabe 1 durch die Zeitaufteilung $\tau$ messen. Der Ausdruck $(\partial^2\Lambda_1/\partial\tau^2)$ hängt von den Erträgen der Spezialisierung relativ zu den Erträgen aus den Informationskomplementaritäten ab. Ein steigendes $\tau$ lässt die Möglichkeit ansteigen, die Erträge der Spezialisierung in Aufgabe 1 zu steigern. Gleichzeitig werden die Möglichkeiten einer Ertragssteigerung durch die Nutzung der in Aufgabe 1 gewonnenen Informationen zu einer Produktivitätssteigerung in Aufgabe 2 reduziert. Je schneller die Erträge der Spezialisierung relativ zu den Erträgen aus den Informationskomplementaritäten fallen, desto niedrigere Werte nimmt der Ausdruck $f_1(\partial^2\Lambda_1/\partial\tau^2)$ an und umso schneller nehmen die Grenzerträge in Bezug zu $\tau$ ab bzw. umso langsamer steigen sie. Aus Abbildung 5-3 wird ersichtlich, dass, je schneller die Grenzerträge bei einer zunehmenden Spezialisierung abnehmen (oder je langsamer sie ansteigen), desto attraktiver wird es eventuell für den Betrieb, eine holistische Arbeitsorganisation einzuführen.

---

330 Bei der Herleitung der Produktionsfunktion wurden für diese Funktion die folgenden Annahmen getroffen: $f_1 > 0$, $f_2 > 0$; $f_{11} < 0$, $f_{22} < 0$. Außerdem wird davon ausgegangen, dass die beiden Arbeitsaufgaben technologische Komplemente sind. Dies bedeutet, dass die kreuzpartiellen Ableitungen Werte größer als 0 annehmen: $f_{12} = f_{21} > 0$.

2. Veränderung der marginalen Opportunitätskosten aufgrund einer Veränderung von $\tau$

In dem Ausdruck für die Veränderung in den marginalen Opportunitätskosten von Aufgabe 1 in Bezug zu Aufgabe 2 ($\partial MC^o/\partial\tau$) ist der erste Ausdruck positiv, unter der Bedingung, dass ($\partial\Lambda_1/\partial\tau$) > 0, ($\partial\Lambda_2/\partial\tau$) < 0, $f_{22} < 0$ und $f_{21} > 0$.

$$\frac{\partial MC^o}{\partial \tau} = \underbrace{-\left[\left(f_{21}\frac{\partial \Lambda_1}{\partial \tau} + f_{22}\frac{\partial \Lambda_2}{\partial \tau}\right)\frac{\partial \Lambda_2}{\partial \tau}\right]}_{>0} + \underbrace{f_2}_{>0}\frac{\partial^2 \Lambda_2}{\partial \tau^2}$$

Dann hängt das Vorzeichen von ($\partial MC^o/\partial\tau$) stark von $f_2(\partial^2\Lambda_2/\partial\tau^2)$ ab, wobei $f_2 >$ 0 und ($\partial^2\Lambda_2/\partial\tau^2$) die abnehmenden (oder ansteigenden) Erträge für Aufgabe 2 aus der Zeitverteilung $\tau$ anzeigen. Der Ausdruck ($\partial^2\Lambda_2/\partial\tau^2$) ist um so kleiner, je schneller die Rate der Erträge der Spezialisierung für Aufgabe 2 relativ zu den Erträgen aus der Informationskomplementarität in Aufgabe 2 fällt. Wenn in Aufgabe 2 relativ hohe Erträge aus einer Informationskomplementarität erzielt werden können, dann führt eine zunehmende Spezialisierung auf Aufgabe 1 ($\tau$ steigt an) dazu, dass die Produktivität des Arbeitnehmers in Aufgabe 2 aufgrund von Informationen, die er in Aufgabe 1 erworben hat, immer weniger genutzt werden kann. Dann steigen die marginalen Opportunitätskosten $MC^o$ mit Bezug zu $\tau$ umso schneller (oder nehmen langsamer ab). Aus Abbildung 5-3 wird ersichtlich, dass der Betrieb dann eventuell einen Anreiz erhält, eine holistische Arbeitsorganisation einzuführen.

3. Veränderung der marginalen Lohnkosten aufgrund einer Veränderung von $\tau$

Schließlich hängt die Veränderung in den marginalen Kosten in Form der Löhne ($\partial MC^w/\partial\tau$) von den Präferenzen der Arbeitnehmer bezüglich der Arbeitsvielseitigkeit ab. Je mehr die Arbeitnehmer eine vielseitige Arbeit gegenüber der Spezialisierung auf eine Aufgabe präferieren, desto größer ist ($d^2w/d\tau^2$). Denn in diesem Fall nimmt der Lohn, zu dem die Arbeitnehmer bereit sind zu arbeiten, bei steigendem $\tau$ und somit bei zunehmender Spezialisierung zu. Je höher die Präferenz der Arbeitnehmer für eine holistische Arbeitsorganisation ist, desto schneller steigen (oder je langsamer fallen) auch die marginalen Kosten $MC^w$ mit zunehmendem $\tau$. Dies führt nach Abbildung 5-3 dazu, dass es eventuell vorteilhafter für den Betrieb wird, eine holistische Organisationsform einzuführen.

Somit kann nun der unterschiedliche Verlauf der Grenzkosten- und Grenzerlösfunktionen für die beiden Organisationsformen erklärt werden.

In Teil a der Abbildung 5-3 wird zum einen angenommen, dass die Erträge der Spezialisierung relativ schnell im Vergleich zu den Erträgen aus den Informationskomplementaritäten ansteigen. Je weniger Zeit der Arbeitnehmer 1 nun auf die Aufgabe 1 verwendet[331] und je mehr Zeit er im Gegenzug auf Aufgabe 2 verwendet, desto weniger Spezialisierungsvorteile können realisiert werden und desto größer sind die Opportunitätskosten durch den Verzicht des Arbeitseinsatzes in Aufgabe 1. Mit zunehmendem $\tau$ und damit mit steigender Spezialisierung nehmen daher die Opportunitätskosten und somit auch die Grenzkosten ab. Mit zunehmender Spezialisierung steigen bei dieser Organisationsform die Grenzerlöse an, da sich die Erträge aus den Spezialisierungsvorteilen mit einem zunehmenden Arbeitseinsatz in Aufgabe 1 erhöhen. Zum Zweiten wird davon ausgegangen, dass die Arbeitnehmer vom Typ 1 eine starke Präferenz für eine Spezialisierung haben. Dies führt dazu, dass der Reservationslohn der Arbeitnehmer mit steigender Spezialisierung abnimmt und damit sinken mit steigendem $\tau$ die marginalen Lohnkosten. Hier wird die Arbeit daher nach einer tayloristischen Organisationsform organisiert.

In Teil b der Abbildung 5-3 wird im Gegensatz angenommen, dass die Erträge aus der Informationskomplementarität relativ schnell im Vergleich zu den Erträgen aus der Spezialisierung ansteigen. Dadurch nehmen mit steigendem $\tau$ die Grenzerlöse ab, da durch die zunehmende Spezialisierung immer weniger der Vorteil der Informationskomplementarität genutzt werden kann, der sich durch die Aufteilung der Arbeitszeit auf die beiden Arbeitsaufgaben ergibt.

Aufgrund der relativ hohen Informationskomplementaritäten zwischen den beiden Arbeitsaufgaben steigen bei zunehmender Spezialisierung die Opportunitätskosten für den Verzicht des Arbeitseinsatzes in Aufgabe 2 an und damit nehmen mit steigendem $\tau$ die Grenzkosten zu.

Weiterhin wird davon ausgegangen, dass die Arbeitnehmer vom Typ 1 hier eine starke Präferenz für eine vielseitige Arbeit haben. Dadurch nimmt mit steigender Spezialisierung der Reservationslohn der Arbeitnehmer zu und somit steigen mit zunehmendem $\tau$ die marginalen Lohnkosten an. Da der Schnittpunkt zwischen den Grenzerträgen und Grenzkosten bei $\tau^* < 1$ liegt, wird die Arbeitsorganisation eine holistische sein.[332]

Die Betriebe beginnen mit einer Umstrukturierung ihrer Organisationsform, wenn die Gewinne nach der Restrukturierung größer sind als die Gewinne, die der Betrieb mit einer unverändert tayloristischen Arbeitsorganisation erzielen kann.[333] Um höhere Gewinne mit einer holistischen Organisationsform erzielen zu können, müssen verschiedene Faktoren dazu geführt haben, dass die Produktivitätsvorteile aus den Komplementaritäten zwischen verschiedenen Aufgaben die Produktivitätsvorteile aus der Spezialisierung auf eine bestimmte Aufgabe übersteigen. Als Begründung dafür wird von Lindbeck und Snower u. a. die zu-

[331] Für diese Aufgabe besitzt dieser Arbeitnehmer annahmegemäß einen komparativen Vorteil.

[332] Vgl. Lindbeck/Snower (2000a), S. 364ff.

[333] Vgl. Lindbeck/Snower (1996), S. 318f.

nehmende Einführung von computergestützten Informations- und Kommunikationstechnologien sowie von flexiblen Maschinen und einer programmierbaren Ausrüstung genannt.[334]

*(4) Die Auswirkungen des technischen Wandels auf die Wahl der Arbeitsorganisation*

Es wurde bislang dargestellt, dass die Wahl der Arbeitsorganisation wesentlich von dem Trade-off der Erträge der Spezialisierung zu den Erträgen aus der Informationskomplementarität zwischen verschiedenen Aufgaben abhängt. Der technische Wandel kann nun diesen Trade-off beeinflussen.[335] Dieser Zusammenhang wird im Folgenden gezeigt.

Die Einführung neuer Technologien und die damit einhergehende Flexibilisierung des Produktionsprozesses haben die Vielseitigkeit der Maschinen zwischen verschiedenen Aufgaben erhöht. Somit wurden die Komplementaritäten zwischen verschiedenen Arbeitsaufgaben gesteigert. Dies bedeutet auf Gleichung (8) bezogen, dass $f_{12}$ und $f_{21}$ ansteigen.

$$(8)\quad \frac{\partial^2 \pi}{\partial \tau^2} = \left[\left(f_{11}\frac{\partial \Lambda_1}{\partial \tau} + f_{12}\frac{\partial \Lambda_2}{\partial \tau}\right)\frac{\partial \Lambda_1}{\partial \tau} + f_1\frac{\partial^2 \Lambda_1}{\partial \tau^2}\right] + \left[\left(f_{21}\frac{\partial \Lambda_1}{\partial \tau} + f_{22}\frac{\partial \Lambda_2}{\partial \tau}\right)\frac{\partial \Lambda_2}{\partial \tau} + f_2\frac{\partial^2 \Lambda_2}{\partial \tau^2}\right]$$

$$- \frac{d^2 w}{d\tau^2} n$$

Ein Anstieg von $f_{12} = f_{21}$ führt zu einem schnelleren Abfallen der Grenzerträge und zu einem schnelleren Ansteigen der marginalen Opportunitätskosten bei einem steigenden Einsatz von Arbeitnehmer 1 in Aufgabe 1. Über diese Wirkungskanäle reduzieren die gestiegenen Komplementaritäten zwischen den Arbeitsaufgaben, die durch die Flexibilisierung der Maschinen und der Nutzung einer programmierbaren Ausrüstung zu Stande kommen, den Grenzgewinn bei einem zunehmenden Einsatz von Arbeitnehmer 1 in Arbeitsaufgabe 1 und damit den Grenzgewinn bei einer zunehmenden Spezialisierung.

Um die Bedingung noch genauer zu spezifizieren, ab wann ein Betrieb bei einem Einsatz von flexiblen Maschinen eine holistische Arbeitsorganisation wählt, kann aus Gleichung (8) die folgende Beziehung hergeleitet werden:

---

[334] Vgl. Lindbeck/Snower (1995), S. 2; Lindbeck/Snower (1996), S. 315f.; Lindbeck/Snower (2000a), S. 355f.

[335] Vgl. Paqué (1998), S. 376.

$$(9)\quad \frac{\partial^2\pi}{\partial\tau^2}<0 \Leftrightarrow f_{12}> \frac{1}{\frac{\partial\Lambda_1}{\partial\tau}\frac{\partial\Lambda_2}{\partial\tau}}\left[-f_{11}\left(\frac{\partial\Lambda_1}{\partial\tau}\right)^2 - f_1\left(\frac{\partial^2\Lambda_1}{\partial\tau^2}\right) - f_{22}\left(\frac{\partial\Lambda_2}{\partial\tau}\right)^2 - f_2\left(\frac{\partial^2\Lambda_2}{\partial\tau^2}\right) + \frac{\partial^2 w}{\partial\tau^2}n\right].$$

Der Betrieb wird dann eine holistische Arbeitsorganisation wählen, wenn $(\partial^2\pi/\partial\tau^2) < 0$ ist. Ein Anstieg in $f_{12}$ reduziert die zweite Ableitung der Gewinnfunktion. Wenn diese Veränderung groß genug ist, um sicherzustellen, dass die obige Ungleichung Bestand hat, dann wird der Betrieb eine holistische Arbeitsorganisation wählen.

Ebenso fördern die Nutzungsmöglichkeiten der neuen Informations- und Kommunikationstechnologien eine holistische Arbeitsorganisation. Der Grund dafür ist, dass diese Fortschritte einen schnellen und billigen Zugang zu Informationen ermöglichen. Dabei ermöglichen sie das Erlernen vielseitiger Fähigkeiten und somit das so genannte „intertask learning". Daher kann davon ausgegangen werden, dass die Informationskomplementaritäten relativ zu den erwarteten Erträgen aus der Spezialisierung erhöht werden.
In dem Kontext des Modells führt ein Anstieg der Informationskomplementaritäten zwischen verschiedenen Aufgaben zu einem Anstieg von $(\partial e_1/\partial c_1)$ und $(\partial e_2/\partial c_2)$ und möglicherweise ebenfalls zu einem Anstieg von $(\partial^2 e_1/\partial c_1^2)$ und $(\partial^2 e_2/\partial c_2^2)$. Diese Veränderungen haben die folgenden Effekte auf die Beziehung zwischen Typ-1 und Typ-2 Arbeitseinheiten und der Zeitaufteilung zwischen verschiedenen Aufgaben: Sie reduzieren $\partial\Lambda_1/\partial\tau = -(\partial e_1/\partial c_1)\tau n+e_1 n$ und $\partial\Lambda_2/\partial\tau = -(-\partial e/\partial c_2)(1-\tau)n - e_2 n$ sowie $\partial^2\Lambda_1/\partial\tau^2 = -(\partial^2 e_1/\partial c_1^2)\tau n +2(\partial e_1/\partial c_1)n$ und $\partial^2\Lambda_2/\partial\tau^2 = (\partial^2 e_2/\partial c_2^2)(1-\tau)n$. Der Anstieg der Informationskomplementaritäten führt also zu sinkenden Erträgen für eine bestimmte Aufgabe bei einer zunehmenden Spezialisierung auf diese Arbeitsaufgabe.
Aus Gleichung (8) wird ersichtlich, dass diese Veränderungen zu einem schnelleren Abfallen der Grenzerträge in Bezug zu $\tau$ führen und zudem einen schnelleren Anstieg der marginalen Opportunitätskosten von Aufgabe 1 im Verhältnis zu Aufgabe 2 hinsichtlich $\tau$ bewirken. Damit wird der Wert von $(\partial^2\pi/\partial\tau^2)$ reduziert. Wie schon festgestellt wurde, wird der Betrieb eine holistische Organisationsform wählen, wenn dieser Wert negativ wird. Um den Einfluss der Veränderungen in der Informations- und Kommunikationstechnologie auf die Arbeitsorganisation zu verdeutlichen, wird angenommen, dass $(\partial^2\Lambda_1/\partial\tau^2) = (\partial^2\Lambda_2/\partial\tau^2)$. Dann folgt aus Gleichung (8) die folgende Bedingung für die Wahl einer holistischen Organisationsform:

(10)

$$\frac{\partial^2 \pi}{\partial \tau^2} < 0 \Leftrightarrow \frac{\partial^2 \Lambda_i}{\partial \tau^2} < \frac{1}{f_1 + f_2}\left[-\left(f_{11}\frac{\partial \Lambda_1}{\partial \tau} + f_{12}\frac{\partial \Lambda_2}{\partial \tau}\right)\frac{\partial \Lambda_1}{\partial \tau} - \left(f_{21}\frac{\partial \Lambda_1}{\partial \tau} + f_{22}\frac{\partial \Lambda_2}{\partial \tau}\right)\left(\frac{\partial \Lambda_2}{\partial \tau}\right) + \frac{\partial^2 w}{\partial \tau^2} n\right]$$

Für i = 1,2.

Eine Veränderung in der Informationstechnologie, die den Wert von $(\partial^2\Lambda_i/\partial\tau^2)$ reduziert, verringert die zweite Ableitung der Gewinnfunktion. Wenn die Veränderung groß genug ist, so dass die obige Ungleichung Bestand hat, dann wird der Betrieb eine holistische Organisationsform wählen.[336]

Wenn also die Veränderungen in der Informations- und Produktionstechnologie die Veränderung der Arbeitsorganisation verursachen, dann aufgrund eines Vorzeichenwechsels von $(\partial^2\pi/\partial\tau^2)$, welches für die Umstrukturierung verantwortlich ist. Im Speziellen gilt: Wenn $(\partial^2\pi/\partial\tau^2) > 0$ in dem ursprünglichen Gleichgewicht vorliegt und $(\partial^2\pi/\partial\tau^2) < 0$ und $(\partial\pi/\partial\tau) = 0$ $(0 < \tau < 1)$ in dem neuen Gleichgewicht gilt, dann verändert sich die optimale Zahl der Arbeitsstunden diskontinuierlich von einer kompletten Spezialisierung zu einer Aufteilung auf die beiden Arbeitsaufgaben. Dieser Prozess wird in Abbildung 5-4 dargestellt.

*Abbildung 5-4: Der Umstrukturierungsprozess*

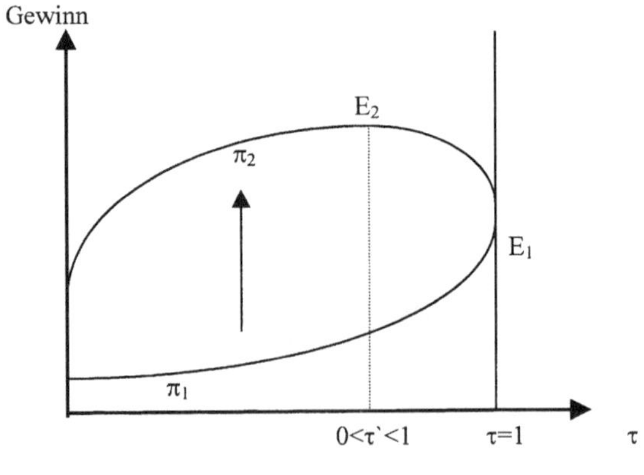


*Quelle: Lindbeck/Snower (2000a), S. 371.*

[336] Vgl. Lindbeck/Snower (2000), S. 367ff.

Die ursprüngliche Gewinnfunktion $\pi_1$ für die $(\partial^2\pi/\partial\tau^2) > 0$ gilt, wird bei dem tayloristischen Punkt $E_1$ maximiert und wenn $(\partial^2\pi/\partial\tau^2) < 0$ gilt, dann verschiebt sich das Maximum diskontinuierlich zu einem Punkt $0 < \tau^* < 1$, wie z. B. Punkt $E_2$.[337]

Damit wurde der zweite Teil des Arguments, dass die Einführung neuer Technologien zu einer Veränderung der Arbeitsorganisation führen kann, theoretisch hergeleitet. Im Folgenden werden die Implikationen der Einführung neuer Technologien und der damit einhergehenden Flexibilisierung der Produktionsstruktur sowie der Veränderung der Arbeitsorganisation auf die Qualifikationsstruktur der Betriebe abgeleitet.

#### 5.2.2.4 Implikationen für die Qualifikationsstruktur der Betriebe

Die Einführung neuer Technologien und die damit einhergehende Flexibilisierung des Produktionsprozesses sowie die oftmals komplementäre Anpassung der Arbeitsorganisation können Auswirkungen auf die betriebliche Qualifikationsstruktur haben.

Lindbeck und Snower zeigen in ihrem Modell ebenfalls, welche Auswirkung die von ihnen beschriebene Veränderung der Arbeitsorganisation auf den Arbeitsmarkt hat. Es wird davon ausgegangen, dass zunächst alle Arbeitnehmer in tayloristischen Organisationen beschäftigt werden und dass Vollbeschäftigung herrscht. Wenn es für die Betriebe aufgrund des technischen Wandels optimal wird, ihre Arbeitsorganisation in eine holistische Organisationsform zu verändern, dann lässt dieser Prozess zwei Arten von Ungleichheit auf dem Arbeitsmarkt entstehen. Zunächst steigt der Lohn in holistischen Betrieben $w^H$ relativ zu den Löhnen in Betrieben mit einer tayloristischen Organisationsform $w^T$, und somit verdienen die vielseitigen Arbeitnehmer in holistischen Organisationen relativ mehr. Zudem werden Arbeitsplätze vernichtet, wenn die tayloristischen Organisationen sich reorganisieren. In dem Umstrukturierungsprozess werden unflexible Arbeitnehmer entlassen und sie können in den holistisch umstrukturierten Betrieben nicht weiter beschäftigt werden. Somit wird der Arbeitsmarkt in drei Sektoren geteilt: in einen expandierenden holistischen Sektor, in dem die Löhne ansteigen, in einen schrumpfenden tayloristischen Sektor, in dem die Löhne relativ konstant bleiben und in einen expandierenden Sektor von Arbeitslosen. Diese zunehmende Ungleichheit wird in der Abbildung 5-5 dargestellt.

Im Ausgangspunkt des tayloristischen Gleichgewichts werden alle Arbeitnehmer zu dem gleichen tayloristischen Lohn beschäftigt[338] und die dazugehörende

[337] Vgl. Lindbeck/Snower (2000a), S. 370ff.

[338] Aus Vereinfachungsgründen wird hier angenommen, dass alle Arbeitnehmer in den tayloristischen Betrieben gleich produktiv sind und somit den gleichen Lohn erhalten.

Lorenzkurve ist $LC_0$, welche mit der 45°-Linie identisch ist. Im Umstrukturierungsprozess wird die holistische Gruppe der Arbeitnehmer und die Gruppe der Arbeitslosen auf Kosten der tayloristischen Gruppe ausgedehnt. Somit wird die Lorenzkurve von $LC_0$ auf $LC_1$ und später auf $LC_2$ verschoben. In der Abbildung wird davon ausgegangen, dass der holistische Lohn $w^H$ den tayloristischen Lohn $w^T$ übersteigt und dass die Arbeitslosen kein Lohneinkommen erhalten.[339]

*Abbildung 5-5: Veränderungen auf dem Arbeitsmarkt*

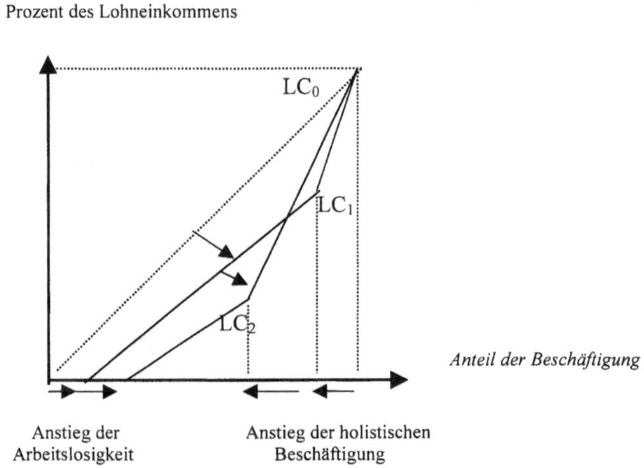


*Quelle: Lindbeck/Snower (1996), S. 319.*

Da die Nachfrage nach flexiblen Arbeitnehmern steigt und dies überwiegend die besser ausgebildeten Personen sind, führt das Modell von Lindbeck und Snower zu dem Ergebnis, dass durch eine Veränderung der betrieblichen Arbeitsorganisation die Nachfrage nach höher qualifizierten Arbeitnehmern steigt.[340] Die Fähigkeit, verschiedene Aufgaben zu bearbeiten und dabei in wechselnden Teams zusammen zu arbeiten, gewinnt somit an Bedeutung.[341]

Neben dem Wechsel zwischen verschiedenen Aufgaben führt die flexiblere Arbeitsorganisation oftmals auch zu einer Dezentralisierung. Im Zuge dieses Prozesses wird den Arbeitnehmern mehr Autonomie und Verantwortung übertragen. Somit werden bei den Arbeitnehmern eine größere Entscheidungsfähigkeit,

339 Vgl. Lindbeck/Snower (1996), S. 319f.; Lindbeck/Snower (1995), S. 29ff.
340 Vgl. Lindbeck/Snower (1996), S. 318.
341 Vgl. Gerlach/Hübler/Meyer (1999), S. 155.

eine Fähigkeit zur Daten- und Informationsanalyse und eine Problemlösungsfähigkeit erforderlich. Diese Fähigkeiten besitzen ebenfalls eher die besser qualifizierten Arbeitnehmer.[342]

Diese Ausführungen machen deutlich, dass parallel zu einer Veränderung der Arbeitsorganisation auch veränderte Qualifikationsanforderungen an die Arbeitnehmer gestellt werden. Um die Vorteile einer flexiblen Arbeitsorganisation nutzen zu können, müssen somit auch mehr hoch qualifizierte Arbeitnehmer beschäftigt werden, die die gestiegenen Anforderungen erfüllen können, die mit der neuen Form der Arbeitsorganisation verbunden sind. Nach Hammer und Champy bestand die alte Arbeitsorganisation überwiegend aus einfachen Jobs für einfache Arbeitnehmer, während das neue System aus komplexen Arbeitsaufgaben für intelligente Arbeitnehmer besteht.[343]

Der technische Wandel beeinflusst die Qualifikationsstruktur der Betriebe jedoch nicht nur indirekt, indem er eine Veränderung der Arbeitsorganisation fördert, sondern die Einführung neuer Technologien wirkt sich auch direkt auf die Arbeitsnachfrage nach unterschiedlich qualifizierten Arbeitnehmern aus. Die modernen Technologien machen einen hohen Ausbildungsstand sowohl bei der Entwicklung als auch bei der Bedienung der neu eingeführten Kapitalgüter erforderlich.[344] Die Anforderungen nehmen u. a. im Bereich der planerischen, theoretischen und systematischen Denkleistung zu und von den Arbeitnehmern wird vermehrt das Verstehen komplexer Zusammenhänge erwartet.[345] Weiterhin führt der Wechsel von einer Technologie zu einer anderen zu gravierenden Veränderungen im Produktionsumfeld und zu Umstellungen für die Arbeitnehmer, die sich veränderten Arbeitsprozessen gegenübersehen. Diese neuen Arbeitsprozesse unterscheiden sich oftmals nicht nur von den vorangehenden, sondern sie sind zudem häufig weniger konkret definiert. Es kann davon ausgegangen werden, dass hoch qualifizierte Arbeitnehmer mit diesem unsicherer gewordenen Produktionsumfeld besser zurechtkommen als gering qualifizierte Arbeitskräfte.[346] Somit kann angenommen werden, dass hoch qualifizierte Arbeitnehmer einen komparativen Vorteil im Hinblick auf das Erlernen und Einführen neuer Technologien haben und daher Betriebe mit einem höheren Anteil an hoch qualifizierten Arbeitnehmern die Technologie, die in einer neuen Ausrüstung ent

[342] Vgl. Caroli/Van Reenen (1999), S. 2; Bresnahan/Brynjofsson/Hitt (1999), S. 18; Bresnahan/Brynjolfsson/Hitt (2002), S. 345.

[343] Vgl. Hammer/Champy (1993), S. 70.

[344] Vgl. Möller/Bellmann (1996), S. 237; Doms/Dunne/Troske (1997), S. 260f.

[345] Vgl. Klauder (1986), S. 12f.; Ochel/Wegner (1987), S. 77; Baethge/Baethge-Kinsky (1998), S. 141f.

[346] Vgl. Bartel/Lichtenberg (1987), S. 1ff.; Bartel/Sicherman (1995), S. 25; Greenwood/Yorukoglu (1997), S. 59.

halten ist, eher aufnehmen und in eine höhere Produktivität übersetzen können.[347]
Darüber hinaus lassen sich Routinetätigkeiten, die vorwiegend von gering qualifizierten Arbeitnehmern ausgeführt werden, durch Informations- und Kommunikationstechnologien automatisieren. Dieses wirkt an den direkt betroffenen Arbeitsplätzen produktivitätssteigernd, so dass weniger Arbeitsvolumen zur Ausführung bestimmter Tätigkeiten notwendig ist. Auf diese Weise können Entscheidungen und Arbeitsprozesse niedrig qualifizierter Arbeitskräfte durch computergestützte Verfahren substituiert werden und dieser Vorgang lässt die relative Nachfrage der Betriebe nach gering qualifizierten Arbeitnehmern sinken. Dagegen lassen sich komplexere Arbeitsaufgaben, die kognitives Denken, Kreativität und Urteilsvermögen verlangen, nur schwer durch Computertechnologie automatisieren. Diese Arbeitsplätze, die vorwiegend von gut qualifizierten Arbeitnehmern besetzt werden, lassen sich demnach nicht durch Computertechnologie substituieren.[348]
Die Flexibilisierung des Produktionsprozesses und der Arbeitsorganisation erfordert von den Arbeitnehmern somit eine Zunahme aller in Abbildung 2-1 dargestellten Qualifikationselemente. Aufgrund der arbeitsteiligen Organisation sollten die Arbeitnehmer zunächst ihr Wissen über die einzelnen Produktionsabläufe vertiefen und damit ihre Fachkenntnisse und Arbeitstechniken ausweiten. Weiterhin steigen die Anforderungen der Arbeitnehmer im Bereich der Fähigkeiten zur Arbeitsplanung- und -durchführung sowie zur Weiterqualifizierung. Aufgrund des technisch-organisatorischen Wandels wird von den Arbeitnehmern darüber hinaus analytisches Denken, Lernfähigkeit, Informationsverarbeitungsfähigkeit oder auch der Umgang mit technischen Hilfsmitteln gefordert. Zudem nimmt auch der Bedarf an den Qualifikationen zu, die in den Eigenschaften des Arbeitnehmers begründet liegen. Dazu gehören u. a. Kreativität, Eigeninitiative, Kooperationsbereitschaft und Kommunikationsfähigkeit.[349]
Es wird somit deutlich, dass sowohl die Einführung neuer Technologien als auch die Veränderung der Arbeitsorganisation Auswirkungen auf die Qualifikationsstruktur der Betriebe haben. Darüber hinaus wurde schon gezeigt, dass die neuen Technologien gemeinsam mit einer flexiblen Arbeitsorganisation eingesetzt werden sollten. Daher kann davon ausgegangen werden, dass der gemeinsame

---

[347] Vgl. Kahn/Lim (1998), S. 1306.
[348] Vgl. Bresnahan/Brynjolfsson/Hitt (1999), S. 6f.; Bresnahan/Brynjolfsson/Hitt (2002), S. 344; Fritsch (1990), S. 84; Gerlach/Stephan (1999), S. 41; Warnken/Ronning (1989), S. 235; Klauder (1986), S. 12; Autor/Katz/Krueger (1998), S. 1186.
[349] Vgl. Matzner/Schettkat/Wagner (1988), S. 94.
Wie schon in Kapitel 2 beschrieben, lassen sich in der folgenden empirischen Untersuchung nicht alle diese Qualifikationsmerkmale durch die zur Verfügung stehenden Operationalisierungsmöglichkeiten der Qualifikation erfassen.

Einsatz dieser beiden Variablen zu einer qualifikationsverzerrenden Arbeitsnachfrage führt.

Insgesamt wurde durch die vorangegangenen Ausführungen somit deutlich, dass der technische Fortschritt nicht nur direkt zu Produktivitätsfortschritten führt, sondern auch indirekt, indem die Flexibilisierung des Produktionsprozesses durch den Einsatz neuer Technologien abgestimmte Maßnahmen bei der Arbeitsorganisation und bei der Qualifikationsstruktur erfordert. Erst durch ein abgestimmtes Maßnahmenbündel zwischen diesen Bereichen können die möglichen Qualitäts- und Effizienzgewinne durch den technischen Fortschritt umfassend erzielt werden.

Im Folgenden werden die aufgezeigten Zusammenhänge zwischen den genannten Variablen empirisch untersucht. Im Mittelpunkt der Analysen stehen dabei die Fragen, ob zwischen dem Einsatz neuer Technologien, der Einführung einer flexiblen Arbeitsorganisation und dem Einsatz von hoch qualifizierten Arbeitnehmern komplementäre Beziehungen festgestellt werden können und ob der gemeinsame Einsatz neuer Technologien und einer flexiblen Arbeitsorganisation ein entscheidender Erklärungsgrund für die Nachfrage nach hoch qualifizierten Arbeitnehmern in den Betrieben ist.

# 6. Empirische Untersuchungen auf der betrieblichen Ebene

Im Folgenden wird der in der Theorie aufgezeigte Zusammenhang zwischen den Investitionen in neue Technologien, dem Einsatz einer flexiblen Arbeitsorganisation und der betrieblichen Qualifikationsstruktur mit deutschen Betriebsdaten untersucht. Verwendet wurde für die empirischen Analysen wiederum das IAB-Betriebspanel. Zuvor wird jedoch ein kurzer Überblick über einige ausgewählte Studien gegeben, die in diesem Bereich durchgeführt wurden.

## 6.1 Ausgewählte Untersuchungen auf der betrieblichen Ebene

In den bisherigen Studien, in denen die innerbetrieblichen Umstrukturierungsprozesse mit der Qualifikationsstruktur in Verbindung gebracht werden, wurden die Anpassungsprozesse der Betriebe häufig ausschließlich durch die Einführung von Informations- und Kommunikationstechnologien operationalisiert. Es wurde dann der Zusammenhang dieser Variablen mit der betrieblichen Qualifikationsstruktur analysiert. Von den Studien auf der gesamtwirtschaftlichen Ebene unterscheiden sich diese Untersuchungen dahingehend, dass sie den technischen Fortschritt nicht länger als eine unerklärte Restgröße ansehen. Stattdessen wird er durch quantifizierbare Variablen operationalisiert.[350]
So analysierten Doms, Dunne, Troske (1997) in einer Studie mit US-amerikanischen Daten den Zusammenhang zwischen der Anwendung neuer Technologien und der betrieblichen Qualifikationsstruktur. Die Autoren untersuchten zunächst in einer Querschnittsanalyse für das Jahr 1993 die Auswirkungen eines zunehmenden Einsatzes von neuen Produktionstechnologien auf die Arbeitsnachfrage. Es wurde die Hypothese überprüft, ob die Zunahme von neuen Produktionstechnologien zu einem Anstieg der betrieblichen Qualifikationsstruktur und zu einer größeren Anzahl von qualifizierten Beschäftigungsmöglichkeiten führt. Die Autoren konnten eine positive Beziehung zwischen der Anzahl an neuen Produktionstechnologien und der Qualifikationsstruktur feststellen. Je höher die Anzahl der eingesetzten neuen Technologien in dem jeweiligen Betrieb war, desto größer war der Anteil der gut ausgebildeten Arbeitnehmer.[351]
Weiterhin wurde mit einem Paneldatensatz der Zusammenhang zwischen den neuen Produktionstechnologien und der betrieblichen Beschäftigungsstruktur für die Jahre 1977 – 1992 untersucht. Die Beschäftigten wurden diesmal danach unterschieden, ob sie unmittelbar im Produktionsprozess tätig sind (gering qualifizierte Arbeitnehmer) oder ob sie einer Tätigkeit außerhalb des Produktionspro-

[350] Alle aufgeführten Studien werden im Anhang in einer Tabelle noch einmal zusammengefasst. (Tabelle A-28)
[351] Als gut ausgebildet werden die Arbeitnehmer bezeichnet, die eine College-Ausbildung abgeschlossen haben.

zesses nachgehen (hoch qualifizierte Arbeitnehmer). Es konnte jedoch nur ein schwach positiver Zusammenhang zwischen dem Einsatz von neuen Produktionstechnologien und dem Anteil der hoch qualifizierten Personen festgestellt werden. Aufgrund dieses Ergebnisses wurde in die Regressionsanalysen zusätzlich die Variable „Investitionen in Computertechnologie" aufgenommen. Zwischen dieser zusätzlichen Technologievariablen und dem Anteil der hoch qualifizierten Personen konnte ein positiver Zusammenhang festgestellt werden. 16 % der Veränderung des Anteils dieser Personengruppe an der Gesamtbeschäftigung konnten durch die Investitionen in Computertechnologie erklärt werden. Somit wird deutlich, dass die Auswirkung der neuen Technologien auf die betriebliche Qualifikationsstruktur auch von der Art der Technologie abhängt, die in die Analyse aufgenommen wird.

Für die Bundesrepublik Deutschland untersuchten Falk und Seim (1999) den Zusammenhang zwischen der Einführung von Informations- und Kommunikationstechnologien und der Arbeitsnachfrage nach unterschiedlich qualifizierten Arbeitskräften auf der Basis des Mannheimer Innovationspanels für deutsche Dienstleistungsunternehmen im Jahr 1994. Die Autoren verwendeten für ihre Untersuchung Faktornachfragefunktionen und teilten die Arbeitnehmer in drei Qualifikationsgruppen[352] auf. Die Autoren konnten mithilfe eines Tobit-Modells sowohl für West- als auch für Ostdeutschland eine signifikant positive Beziehung zwischen dem Anteil der hoch qualifizierten Arbeitnehmer und den Investitionen in Informations- und Kommunikationstechnologien feststellen. Somit führte ein zunehmender Investitionsanteil in diesem Bereich - bezogen auf den Umsatz des Betriebs - zu einer höheren betrieblichen Qualifikationsstruktur. Der Einfluss der Informations- und Kommunikationstechnologien auf die Qualifikationsstruktur der Betriebe war jedoch sowohl in West- als auch in Ostdeutschland nur sehr gering, so dass weitere Einflussfaktoren vorhanden gewesen sein müssen. Weiterhin konnte festgestellt werden, dass eine signifikant negative Beziehung zwischen den Investitionen in Informations- und Kommunikationstechnologien und dem Anteil der unqualifizierten Arbeitnehmer besteht. Aufgrund dieser beiden Ergebnisse kann davon ausgegangen werden, dass eine signifikante, komplementäre Beziehung zwischen der Investition in Informations- und Kommunikationstechnologien und der betrieblichen Qualifikationsstruktur in der Hinsicht besteht, dass der zunehmende Einsatz von Informations- und

[352] Als hoch qualifizierte Arbeitnehmer wurden diejenigen Personen bezeichnet, die einen Universitäts- oder Fachhochschulabschluss aufweisen können, in die mittlere Qualifikationsgruppe fielen diejenigen, die einen Fachschulabschluss oder einen Lehrabschluss besitzen, und als unqualifiziert werden die Personen angesehen, die keine Berufsausbildung vorweisen können. (Vgl. Falk/Seim (1999), S. 88.)

Kommunikationstechnologien zu einem vermehrten Einsatz von gut ausgebildeten Arbeitskräften führt.

In einer weiteren Studie untersuchte Falk (2001a) die Beziehung zwischen der Durchdringung der Betriebe mit Informations- und Kommunikationstechnologien und der betrieblichen Qualifikationsstruktur. Es wurden Faktornachfragefunktionen geschätzt und die Durchdringung der Betriebe mit Informations- und Kommunikationstechnologien wurde mithilfe der folgenden Variablen operationalisiert: Anteil der Arbeitnehmer, die mindestens die Hälfte ihrer Arbeitszeit am Computer verbringen, die Anzahl der Computer pro Arbeitnehmer, Anteil der Arbeitnehmer mit Zugang zum Internet und Anteil der Arbeitnehmer, die bestimmte Software und Datenverarbeitungsprogramme benutzen. Als Datengrundlage dienten Querschnittsdaten für 4150 deutsche Betriebe, die im Jahr 2000 befragt wurden. Der Autor kommt zu dem Ergebnis, dass Betriebe, die sich durch eine größere Durchdringung mit Informations- und Kommunikationstechnologien auszeichnen, auch einen größeren Anteil an Personen mit einem Universitätsabschluss[353] beschäftigen. Gleichzeitig konnte festgestellt werden, dass eine größere Durchdringung des Betriebs mit Informations- und Kommunikationstechnologien den Anteil an mittel und gering qualifizierten Arbeitnehmern reduziert hat. Die Größe der Beziehung zwischen der Durchdringung mit Informations- und Kommunikationstechnologien und der Qualifikationsstruktur ist jedoch, mit Ausnahme der Personen, die im Bereich der Informations- und Kommunikationstechnologien arbeiten, relativ gering.[354] Weiterhin zeigen die Untersuchungen, dass die signifikant positive Beziehung zwischen der Durchdringung mit Informations- und Kommunikationstechnologien und hoch qualifizierten Arbeitnehmern oder Personen, die im Bereich der Informations- und Kommunikationstechnologien arbeiten, im Informations- und Kommunikationstechnologiesektor deutlich größer ist als im Dienstleistungs- oder im Industriesektor.

Caroli und van Reenen (1999) untersuchten den Einfluss einer weiteren Variablen auf die Qualifikationsstruktur der Betriebe, den der Veränderung der betrieblichen Arbeitsorganisation. Die Analysen werden in dieser Studie für Großbritannien und für Frankreich durchgeführt. Für Großbritannien wird der Zeit-

[353] Die Arbeitnehmer wurden in 6 Qualifikationsgruppen eingeteilt: 1) + 2) Personen mit einem Universitätsabschluss, differenziert nach einem 4-Jahres- und einem 5-Jahres-Abschluss; 3) Meister und Techniker; 4) Personen mit einem Abschluss einer berufsbildenden Schule; 5) gering qualifizierte Arbeitnehmer; 6) Arbeitnehmer, die im Bereich der Informations- und Kommunikationstechnologien arbeiten.

[354] So führt beispielsweise eine 10%-ige Erhöhung des Anteils der Arbeitnehmer, die einen Computer bei der Arbeit benutzen oder des Anteils der Computer pro Arbeitnehmer zu einem Anstieg des Anteils der Personen mit einem Universitätsabschluss um 0,1 – 0,3 %.

raum von 1984 – 1990 analysiert und die Arbeitnehmer werden in sechs Qualifikationsgruppen eingeteilt. Neben der Variable „Veränderungen in der Arbeitsorganisation" werden verschiedene technologische Variablen als Kontrollvariablen in das Modell aufgenommen, wie der Anteil der Arbeitnehmer, die mikroelektronische Technologien benutzen, oder die Einführung von Computertechnologie in die Betriebe. Als Ergebnis für Großbritannien kann festgestellt werden, dass die Einführung von arbeitsorganisatorischen Veränderungen zu einer signifikanten Reduzierung des Anteils der unqualifizierten Arbeitnehmer führt. Aus den Ergebnissen wird jedoch nicht deutlich, welche Gruppe ihren Anteil an der Gesamtbeschäftigung auf Kosten der gering qualifizierten Arbeitnehmer ausweiten kann. Werden zusätzliche Variablen für die Informations- und Kommunikationstechnologien in das Modell aufgenommen, ändert sich an diesen Ergebnissen nichts. Es kann jedoch eine starke positive Beziehung zwischen den Technologievariablen und den hoch qualifizierten Arbeitnehmern festgestellt werden. Die gleiche Untersuchung wurde anschließend für den Zeitraum von 1992 – 1996 für Frankreich durchgeführt. Die Autoren konnten wiederum eine signifikant negative Beziehung zwischen der Veränderung der Arbeitsorganisation und dem Anteil der gering qualifizierten Arbeitnehmer[355] ausmachen. Die stärkste positive Beziehung konnte zwischen der Arbeitsorganisation und den gut ausgebildeten Arbeitern festgestellt werden. Für die Technologievariablen konnten keine signifikanten Effekte auf die innerbetriebliche Qualifikationsstruktur abgeleitet werden. Nach Meinung der Autoren kann dieses Ergebnis möglicherweise darauf zurückgeführt werden, dass die verwendeten Datensätze nur eine ungenaue Operationalisierung dieser Variablen zuließen.

Für die Bundesrepublik Deutschland untersuchte Falk (2001b) neben dem Einfluss der Informations- und Kommunikationstechnologien die Auswirkungen einer veränderten Arbeitsorganisation auf die betriebliche Qualifikationsstruktur. Der Autor führte die Untersuchung für den Zeitraum von 1995 – 1997 auf der Basis des Mannheimer Innovationspanels durch. Die Arbeitnehmer wurden in fünf Qualifikationsgruppen eingeteilt[356] und es wurde untersucht, inwieweit eine Veränderung der innerbetrieblichen Arbeitsorganisation und die Einführung von Informations- und Kommunikationstechnologien die Beschäftigungserwartungen der verschiedenen Qualifikationsgruppen beeinflussen. Es konnte festgestellt werden, dass die Veränderung der Arbeitsorganisation einen positiven Einfluss auf die erwartete Beschäftigung für alle Qualifikationsgruppen mit Aus-

[355] Die Arbeitnehmer werden hier in fünf Qualifikationsgruppen eingeteilt: unqualifizierte Arbeiter, qualifizierte Arbeiter, Büroangestellte, mittleres Management und Führungsebene.

[356] Die fünf Qualifikationsgruppen lauten: 1) Universitätsabschluss, technischer Abschluss, 2) Universitätsabschluss, anderer Abschluss, 3) Meisterausbildung, 4) Berufsausbildung, 5) unqualifizierte Arbeitnehmer.

nahme der unqualifizierten Arbeitnehmer hat. Die Betriebe, die eine Veränderung ihrer Arbeitsorganisation vorgenommen haben, erwarten deutlich häufiger einen Anstieg in der Anzahl der gut qualifizierten Arbeitnehmer als die Betriebe, die keine arbeitsorganisatorischen Veränderungen vorgenommen haben. Für den Einfluss der Einführung von Informations- und Kommunikationstechnologien konnten keine klaren Ergebnisse erzielt werden.

Zusammenfassend kann festgestellt werden, dass in den meisten der vorliegenden Studien auf der betrieblichen Ebene der Zusammenhang zwischen der Einführung von Informations- und Kommunikationstechnologien und der betrieblichen Qualifikationsstruktur untersucht wurde. Die Untersuchungen führten überwiegend zu dem Ergebnis, dass die Einführung von neuen Technologien, insbesondere von Informations- und Kommunikationstechnologien, zwar einen Teil der Arbeitsnachfrageverschiebungen auf der betrieblichen Ebene erklärt, jedoch nicht die einzige Ursache für die Veränderung der Qualifikationsstruktur sein kann.[357] In einigen neueren Studien (z. B.: Caroli / Van Reenen (1999), Falk (2001b)) werden daher andere Einflussvariablen wie die Veränderung der Arbeitsorganisation herangezogen. Auch für diese Variable lässt sich in der Regel ein Einfluss auf die Nachfrage nach unterschiedlich qualifizierten Arbeitnehmern feststellen.
Aufbauend auf den Studien, in denen der Zusammenhang zwischen der Einführung von Informations- und Kommunikationstechnologien und der betrieblichen Qualifikationsstruktur untersucht wurde, entwickelten Bresnahan, Brynjolfsson und Hitt (1999, 2002) einen weitergehenden Ansatz. Die Autoren weisen darauf hin, dass in den bisherigen Studien oftmals nicht berücksichtigt wurde, auf welche Art und Weise Informations- und Kommunikationstechnologien genutzt werden und welche Auswirkungen dies insbesondere auf die Produktions- und Organisationsstruktur der Betriebe hat. Nach Meinung der drei Autoren ist ein Blick in die „black box" der Produktionsfunktion nötig, um angeben zu können, wie die Informations- und Kommunikationstechnologien im Produktionsprozess eingesetzt werden. Dieses Vorgehen kann zu einer präziseren Hypothese über den qualifikationsverzerrenden technischen Fortschritt führen. Denn in der Regel investieren Firmen nicht nur in Computer- oder Telekommunikationsausrüstung, sondern sie müssen zusätzlich eine Reihe von komplementären Investitionen vornehmen, um Qualitäts- oder Effizienzgewinne zu erzielen. Nach Bresnahan, Brynjolfsson und Hitt gehören zu diesen Co-Investitionen Veränderungen in der Arbeitsorganisation der Betriebe sowie auf der Outputseite neue oder verbesserte Produkte. Dies lässt die Möglichkeit entstehen, dass die Einführung von Informations- und Kommunikationstechnologien die Arbeitsnachfrage nicht nur direkt, wie es in vielen Studien gezeigt wurde, sondern auch indirekt durch

[357] Vgl. Aguirregabiria/Alonso-Borrega (1997), S. 1; Steiner/Mohr (1998), S. 25f.

andere Veränderungen innerhalb des Betriebs beeinflusst. Die Einführung von Informations- und Kommunikationstechnologien ist damit in eine Gruppe von zusammenhängenden Innovationen eingebunden. Der zunehmende Einsatz von hoch qualifizierten Arbeitnehmern wird dabei als ein komplementärer Inputfaktor zu den genannten Faktoren angesehen. Der gemeinsame Einsatz der Inputvariablen (Informationstechnologien, Arbeitsorganisation, qualifizierte Arbeitnehmer) kann dann zu einer höheren Wertschöpfung des Betriebs führen als der alleinige Einsatz nur einer Variablen. Zwar können die aufgeführten Variablen die Wertschöpfung auch einzeln und direkt positiv beeinflussen, aber es wird erwartet, dass aufgrund ihrer komplementären Beziehung der Einfluss bei einem gemeinsamen und abgestimmten Einsatz stärker ist.

Die im vorangegangenen Kapital vorgenommen theoretischen Ausführungen über die Auswirkungen des technischen Fortschritts innerhalb der Betriebe stehen somit in Einklang mit den Überlegungen von Bresnahan, Brynjolfsson und Hitt.

Die drei Autoren untersuchten ihre Hypothesen mit amerikanischen Betriebsdaten. Dazu berechneten sie zunächst die Korrelationen zwischen den genannten Inputvariablen, um mögliche Zusammenhänge zwischen den Faktoren aufzudecken. Um bestätigen zu können, dass Korrelationen zwischen den Variablen vorliegen, müssen die Korrelationskoeffizienten signifikant positive Werte besitzen.

Weiterhin wurden kurzfristige Faktorfunktionen gebildet, in denen der Einsatz eines Inputs in Abhängigkeit zu dem Einsatz der anderen Faktoren gesetzt wird. Um die Vermutung bestätigen zu können, dass die verwendeten Variablen komplementär zueinander sind, müsste die abhängige Variable stärker nachgefragt werden, wenn auch die als komplementär angenommenen Variablen eingesetzt werden. Denn es wird davon ausgegangen, dass der Einsatz dieses Faktors produktiver ist, wenn er zusammen mit den anderen Variablen verwendet wird.

Schließlich wurden Produktionsfunktionen geschätzt, in denen die Wertschöpfung als Funktion des komplementären Einsatzes der Inputvariablen angesehen wird. Die Interpretation der Produktionsfunktion ist die, dass das Niveau des Einsatzes der komplementären Faktoren die Verwendung von unterschiedlichen Produkt- oder Prozesstechnologien bei verschiedenen Betrieben reflektiert. Um die Annahme der Komplementarität zwischen den Inputvariablen bestätigen zu können, müssen sie bei einem gemeinsamen Auftreten einen größeren Anstieg der Wertschöpfung bewirken als bei einem alleinigen Einsatz eines Faktors.

In ihren Untersuchungen gelang es den Autoren ihre Hypothesen zu bestätigen.

In dieser Arbeit soll die Annahme, dass die Einführung von Informations- und Kommunikationstechnologien, eine Veränderung der Arbeitsorganisation sowie die Nachfrage nach hoch qualifizierten Arbeitnehmern komplementär zueinander sind und gemeinsam zu einer höheren Wertschöpfung des Betriebs führen und dass der gemeinsame Einsatz neuer Technologien und einer flexiblen Arbeitsorganisation ein wichtiger Erklärungsgrund für die Nachfrage nach hoch qualifizierten Arbeitnehmern ist, mit deutschen Betriebsdaten (IAB-Betriebspanel) untersucht werden. Da die bisherigen Studien für Deutschland nur einen Teil des qualifikatorischen Strukturwandels innerhalb der Betriebe erklären konnten, ist es möglich, dass durch eine genauere Analyse des Umstrukturierungsprozesses der Betriebe und der Einbeziehung der entsprechenden Variablen ein höherer Erklärungsgrad für die jeweilige betriebliche Qualifikationsstruktur erzielt werden kann. Ähnliche Studien wurden für Deutschland von Bauer / Bender (2001) und für die USA neben der schon beschriebenen Studie von Bresnahan / Brynjolfsson / Hitt (1999, 2002) auch von Gale / Wojan / Olmsted (2002) durchgeführt.[358]

## 6.2 Ergebnisse der eigenen Untersuchungen

### 6.2.1 Der Aufbau der empirischen Analyse

Die Struktur der eigenen Untersuchungen lehnt sich an die US-amerikanische Studie von Bresnahan, Brynjolfsson und Hitt an. Es wird zum einen untersucht, ob die drei Inputvariablen komplementär zueinander sind. Dazu wurden zunächst die *Korrelationskoeffizienten* zwischen den drei genannten Inputvariablen berechnet. Darüber hinaus wurden *Produktionsfunktionen* geschätzt. Wenn die drei Inputfaktoren komplementär zueinander sind, dann bedeutet dies, dass sie bei einem gemeinsamen Einsatz produktiver sind als bei einem alleinigen Einsatz nur eines Faktors. Die Betriebe können also durch die Abstimmung der drei Inputvariablen höhere Qualitäts- oder Effizienzgewinne erzielen. Dieser Effekt wird durch die Schätzung von Produktionsfunktionen überprüft. Wenn die drei Inputvariablen komplementär zueinander sind, dann verstärkt der gemeinsame Einsatz aller drei Variablen den positiven Einfluss der Einzelvariablen auf die Wertschöpfung.
Wenn nun der Einsatz von hoch qualifizierten Arbeitnehmern komplementär zu der Einführung von neuen Technologien und der Flexibilisierung der Arbeitsorganisation ist, dann wird der betriebliche Bedarf an qualifizierten Arbeitnehmern in Übereinstimmung mit diesen Umstrukturierungsvariablen bestimmt, um einen möglichst hohen Qualitäts- oder Effizienzgewinn zu erzielen. Die Einführung neuer Technologien und die Flexibilisierung der Arbeitsorganisation sollten dann eine wesentliche Erklärungsgröße für die Qualifikationsvariable sein. Diese Annahme wird in einem zweiten Schritt überprüft. Dazu wurden *Faktor-*

[358] Diese Studien werden ebenfalls in der Übersicht über die empirischen Studien im Anhang (Tabelle A-28) zusammengefasst. An entsprechender Stelle werden die Ergebnisse dieser Untersuchungen mit den eigenen Ergebnissen verglichen.

*nachfragefunktionen* geschätzt, in denen der Einsatz eines Inputs in Abhängigkeit zu dem Einsatz der anderen Faktoren gesetzt wird. Als abhängige Variable wird hier die Qualifikationsvariable verwendet, da diese Variable der hauptsächliche Untersuchungsgegenstand ist. Es wird davon ausgegangen, dass sowohl der Einsatz moderner Technologien sowie eine flexible Arbeitsorganisation einen positiven Einfluss auf die Qualifikationsvariable haben. Aufgrund der angenommenen Komplementarität zwischen den drei Variablen wird erwartet, dass eine Abstimmung zwischen den neuen Technologien und einer flexiblen Arbeitsorganisation den vermuteten positiven Einfluss auf die Qualifikationsvariable noch verstärkt.

Die empirische Untersuchung gliedert sich in drei Abschnitte, die sich durch die verschiedenen Operationalisierungen der Qualifikationsvariable unterscheiden. Neben der tatsächlichen Qualifikationsstruktur der betrieblichen Mitarbeiter werden auch der betriebliche Zusatzbedarf an qualifizierten bzw. hoch qualifizierten Arbeitnehmern sowie die betrieblichen Weiterbildungsmaßnahmen als Qualifikationsvariable verwendet. Aufgrund der verschiedenen Operationalisierungen ergeben sich leicht differierende Untersuchungshypothesen für die einzelnen Abschnitte der empirischen Analyse. Diese werden in der Abbildung 6-1 dargestellt.

Als Qualifikationsvariable wird zunächst die *Qualifikationsstruktur* der betrieblichen Mitarbeiter verwendet. Hier wird der Zusammenhang zwischen dem technischen Stand der Anlagen, der Gestaltung der Arbeitsorganisation und der Qualifikationsstruktur der Arbeitnehmer untersucht. Für die Erklärung der betrieblichen Qualifikationsstruktur reicht es nicht aus, nur die aktuellen Umstrukturierungsprozesse der Betriebe zu betrachten, denn die aktuelle Zusammensetzung der Arbeitnehmer innerhalb eines Betriebs kann auch durch Veränderungsprozesse aus vorherigen Perioden bedingt sein. Daher werden an dieser Stelle nicht aktuelle Umstrukturierungsmaßnahmen, sondern der technische Stand der Anlagen und die Gestaltung der Arbeitsorganisation mit der aktuellen Qualifikationsstruktur in Verbindung gebracht. In diesen beiden Variablen werden auch frühere Veränderungsprozesse erfasst.

Aktuelle Umstrukturierungsmaßnahmen innerhalb des Betriebs wie Investitionen in neue Technologien und eine Veränderung der Arbeitsorganisation können jedoch in einem Zusammenhang mit dem *Zusatzbedarf an qualifizierten Arbeitnehmern* stehen. Die Verbindungen zwischen diesen drei Variablen werden in einem zweiten Abschnitt untersucht. Für die Verwendung des Zusatzbedarfs als Qualifikationsvariable spricht weiterhin, dass zumindest in einer Welle des IAB-Betriebspanels der zusätzliche Bedarf an hoch qualifizierten Arbeitnehmern (Arbeitnehmer mit Universitäts- oder Fachhochschulabschluss) von dem zusätzlichen Bedarf an Arbeitnehmern mit einem geringeren Qualifikationsniveau unterschieden werden kann. Es besteht somit einmalig die Möglichkeit, die Untersuchungshypothesen mit einer Qualifikationsvariablen, die nur die hoch qualifizierten Arbeitnehmer beinhaltet, zu überprüfen.

*Abbildung 6-1: Der Aufbau der empirischen Analyse*

**(1) Qualifikationsvariable: Qualifikationsstruktur der beschäftigten Arbeitnehmer**

*Hypothese 2:*
*Ein hoher technischer Stand der Anlagen, eine flexible Arbeitsorganisation und ein hoher Anteil an Qualifizierten Arbeitnehmern sind komplementär zueinander.*

*Hypothese 3:*
*Sowohl ein hoher technischer Stand der Anlagen als auch eine flexible Arbeitsorganisation haben einen positiven Einfluss auf den Anteil an qualifizierten Arbeitnehmern innerhalb eines Betriebs. Das gemeinsame Vorhandensein eines hohen technischen Stands der Anlagen und einer flexiblen Arbeitsorganisation verstärkt den positiven Einfluss der Einzelvariablen.*

**(2a) Qualifikationsvariable: betrieblicher Zusatzbedarf an qualifizierten Arbeitnehmern**

*Hypothese 4:*
*Die Investitionen in neue Technologien, eine Flexibilisierung der Arbeitsorganisation und ein relativ hoher zusätzlicher Bedarf an qualifizierten Arbeitnehmern sind komplementär zueinander.*

*Hypothese 5:*
*Die Investitionen in neue Technologien sowie die Flexibilisierung der Arbeitsorganisation haben einen positiven Einfluss auf den zusätzlichen relativen Bedarf des Betriebs an qualifizierten Arbeitnehmern. Die gemeinsame Einführung neuer Technologien sowie einer flexiblen Arbeitsorganisation verstärkt den positiven Einfluss der Einzelvariablen.*

**(2b) Qualifikationsvariable: betrieblicher Zusatzbedarf an hoch qualifizierten Arbeitnehmern**

*Hypothese 6:*
*Die Investitionen in neue Technologien, die Flexibilisierung der Arbeitsorganisation sowie ein relativ hoher zusätzlicher Bedarf an hoch qualifizierten Arbeitnehmern sind komplementär zueinander.*

*Hypothese 7:*
*Die Investitionen in neue Technologien sowie die Flexibilisierung der Arbeitsorganisation haben einen positiven Einfluss auf den zusätzlichen relativen Bedarf des Betriebs an hoch qualifizierten Arbeitnehmern. Die gemeinsame Einführung neuer Technologien sowie einer flexiblen Arbeitsorganisation verstärkt den vermuteten positiven Einfluss der Einzelvariablen.*

**(3) Qualifikationsvariable: betriebliches Angebot an Fort- und Weiterbildung**

*Hypothese 8:*
*Die Investitionen in neue Technologien, die Flexibilisierung der Arbeitsorganisation sowie das betriebliche Angebot an Fort- und Weiterbildung sind komplementär zueinander.*

*Hypothese 9:*
*Die Investitionen in neue Technologien sowie die Flexibilisierung der Arbeitsorganisation haben einen positiven Einfluss auf die Wahrscheinlichkeit des Angebots an Fort- und Weiterbildungsmaßnahmen. Die gemeinsame Einführung neuer Technologien sowie einer flexiblen Arbeitsorganisation verstärkt den vermuteten positiven Einfluss der Einzelvariablen.*

Abschließend werden die *Weiterbildungsmaßnahmen* innerhalb des Betriebs als Qualifikationsvariable verwendet. Es kann angenommen werden, dass durch die interne Fort- und Weiterbildung kurzfristiger auf den Qualifikationsbedarf der

Betriebe reagiert werden kann als durch die externe Suche nach entsprechend qualifizierten Arbeitnehmern. Die betrieblichen Umstrukturierungsprozesse können somit nicht nur zu einer externen Suche nach qualifizierten bzw. hoch qualifizierten Arbeitnehmern führen, sondern auch zu einem Angebot an Fort- und Weiterbildungsmaßnahmen für die vorhandenen Arbeitnehmer, um so den Qualifikationsbedarf zu decken. Diese Vermutung wird dadurch bestätigt, dass in den folgenden Untersuchungen überwiegend ein signifikant positiver Einfluss des Angebots an Fort- und Weiterbildung auf den Zusatzbedarf an qualifizierten bzw. hoch qualifizierten Arbeitnehmern festgestellt werden kann. Betriebe, die einen großen zusätzlichen Bedarf an qualifizierten Arbeitnehmern haben, suchen somit parallel auf dem externen Arbeitsmarkt nach entsprechend qualifizierten Arbeitnehmern und bilden intern die vorhandenen Arbeitnehmer weiter.

### 6.2.2 Erklärungsgründe für die aktuelle Qualifikationsstruktur der Betriebe

In diesem Teil der empirischen Analyse wird die aktuelle Qualifikationsstruktur der betrieblichen Mitarbeiter als Qualifikationsvariable verwendet. Es werden somit die Hypothesen 2 und 3 empirisch untersucht.

#### 6.2.2.1 Operationalisierung der Variablen

**Variable für die Qualifikationsstruktur**

Wie schon bei den Analysen auf der zwischenbetrieblichen Ebene wird die Variable der aktuellen Qualifikationsstruktur mithilfe der Frage nach der Verteilung der beschäftigten Arbeitnehmer auf verschiedene Beschäftigtengruppen operationalisiert. Dabei wurden wiederum die Facharbeiter/innen und die Angestellten/Beamten für qualifizierte Tätigkeiten zur Gruppe der qualifizierten Arbeitnehmer zusammengefasst.[359] Durch Division der Anzahl der qualifizierten Arbeitnehmer durch die Gesamtbeschäftigung wurde der Anteil der qualifizierten Arbeitnehmer ermittelt.

**Variable für den Stand der Produktionstechnologie**

In den vorangegangenen theoretischen Modellen wurde ein starker Einfluss der technologischen Neuerungen auf die Qualifikationsstruktur vermutet. Der Modernitätsgrad der im Betrieb verwendeten Technologie lässt sich durch den Stand der technischen Anlagen operationalisieren. Auf einer Skala von 1 (auf dem neusten Stand) bis 5 (völlig veraltet) können die Betriebe den Modernitätsgrad ihrer technischen Anlagen angeben. Für die Analysen wurde eine Dummy-

[359] Eine Gruppe der hoch qualifizierten Arbeitnehmer kann, wie schon erläutert wurde, nicht gebildet werden.

Variable gebildet, die den Wert 1 zugewiesen bekam, wenn sich der technische Stand der Anlagen auf dem neusten oder auf einem neuen Stand befand.[360] Wie schon an anderer Stelle erläutert, kann davon ausgegangen werden, dass Betriebe, die einen hohen Modernitätsgrad ihrer Anlagen aufweisen, auch eine relativ höhere Qualifikationsstruktur besitzen als Betriebe, deren Anlagen sich auf einem geringeren technischen Stand befinden.

### Variable für die Arbeitsorganisation

In dem Modell von Lindbeck und Snower wurde der Flexibilisierungsgrad der Arbeitsorganisation anhand der Variablen $\tau$, der Aufteilung der Arbeitszeit eines Arbeitnehmers auf verschiedene Aufgaben, ausgedrückt. Ob sich die Arbeitnehmer eines Betriebs eher auf eine bestimmte Aufgabe spezialisieren oder ob sie aufgrund von Informationskomplementaritäten zwischen verschiedenen Aufgaben ihre Arbeitszeit auf mehrere Aufgaben aufteilen, lässt sich mit dem IAB-Betriebspanel direkt nicht feststellen. Die Betriebe werden jedoch regelmäßig nach der Einführung bestimmter arbeitsorganisatorischer Änderungen befragt. Darunter fallen auch die Verlagerung von Verantwortung und Entscheidungen nach unten sowie die Einführung von Gruppenarbeit und eigenverantwortlichen Arbeitsgruppen. Es wurde schon ausgeführt, dass diese Maßnahmen Bestandteil einer flexiblen Arbeitsorganisation sind. Zur Operationalisierung einer flexiblen Arbeitsorganisation wurde eine Variable gebildet, die die Anzahl der arbeitsorganisatorischen Veränderungen angibt, die der Betrieb im Laufe seiner Existenz eingeführt hat.[361] Wie schon an früherer Stelle ausführlich begründet wurde, kann davon ausgegangen werden, dass Betriebe, die eine flexible Arbeitsorganisation besitzen, auch eine relativ höhere Qualifikationsstruktur aufweisen als Betriebe, deren Arbeitsorganisation weniger flexibel ist.

### Weitere Kontrollvariablen

Neben den bisher aufgeführten Variablen werden weitere Größen einen Einfluss auf die betriebliche Qualifikationsstruktur nehmen. Um das Modell für die

[360] Bei der Verwendung dieser Variablen muss jedoch berücksichtigt werden, dass diese Variable auf der Selbsteinschätzung der Befragten beruht. Die Referenzgröße, mit der der Stand der technischen Anlagen verglichen wird, kann somit von Betrieb zu Betrieb divergieren.

[361] Es kann jedoch nicht kontrolliert werden, ob der Betrieb eine dieser Veränderungen wieder rückgängig gemacht hat. Gibt der Betrieb einmal an, dass er Verantwortung und Entscheidungen nach unten verlagert oder Gruppenarbeit bzw. eigenverantwortliche Arbeitsgruppen eingeführt hat, so wird davon ausgegangen, dass er diese Maßnahme beibehalten hat. Weiterhin können nur die Betriebe als flexibel im Hinblick auf ihre Arbeitsorganisation angesehen werden, die im Laufe ihrer Existenz arbeitsorganisatorische Veränderungen vorgenommen haben. Es kann jedoch nicht festgestellt werden, ob ein Betrieb bei seiner Gründung schon eine flexible Arbeitsorganisation besaß. Diese Betriebe nehmen folglich keine arbeitsorganisatorischen Veränderungen mehr vor und werden daher fälschlicherweise als inflexible Betriebe eingeordnet.

Schätzung der Faktornachfragefunktionen vollständig zu spezifizieren, müssen diese Variablen ebenfalls in die Analysen einbezogen werden.
Ein weiterer Einfluss auf die betriebliche Qualifikationsstruktur kann von den *Forschungs- und Entwicklungstätigkeiten* des Betriebs ausgehen. Auf den zunehmenden Wettbewerbsdruck und die Notwendigkeit zur stärkeren Berücksichtigung der Kundenwünsche können die Betriebe auch mit einer Intensivierung ihrer Forschungs- und Entwicklungstätigkeiten reagieren, um neue Produkte zu entwickeln oder Qualitätsverbesserungen zu erzielen. Die zunehmende Flexibilisierung des Produktionsprozesses, der auch die Herstellung kleinerer Losgrößen und damit differenzierterer Produkte ermöglicht, erleichtert die Umsetzung der Produktinnovationen, die in den Forschungs- und Entwicklungsabteilungen der Betriebe entwickelt werden. Die Forschungs- und Entwicklungstätigkeiten werden durch eine Dummy-Variable operationalisiert, die den Wert 1 annimmt, wenn der Betrieb sich mit Forschung und Entwicklung befasst. Es kann davon ausgegangen werden, dass Betriebe, die Forschungs- und Entwicklungstätigkeiten durchführen, eine höhere Qualifikationsstruktur aufweisen als Betriebe, die keine Forschungs- und Entwicklungstätigkeiten vornehmen.
Im Rahmen der Umstrukturierungsprozesse können von den Betrieben darüber hinaus *Outsourcingentscheidungen* getroffen werden. Die Ausgliederung oder Ausgründung von Betriebsteilen kann ebenfalls die betriebliche Qualifikationsstruktur beeinflussen. Diese Maßnahme betrifft häufig Personen mit einem ähnlichen Qualifikationsniveau, die in der betroffenen Abteilung zusammenarbeiten. Es kann davon ausgegangen werden, dass die Outsourcingentscheidungen eher Personen mit einem geringen Qualifikationsniveau betreffen. In den Abteilungen, in denen ein hohes Qualifikationsniveau erforderlich ist, wird oftmals gleichzeitig ein hohes betriebsspezifisches Wissen benötigt. Daher werden diese Abteilungen seltener ausgegliedert. Operationalisiert wird diese Einflussgröße mit einer Dummy-Variablen, die den Wert 1 annimmt, wenn der Betrieb Ausgliederungen oder Ausgründungen vorgenommen hat.
Ein weiterer - jedoch hinsichtlich der Wirkungsrichtung unbestimmter - Einfluss auf die betriebliche Qualifikationsstruktur kann von den *Weiterbildungsaktivitäten* des Betriebs ausgehen. Ein Betrieb kann Weiterbildungsaktivitäten entweder parallel zur externen Rekrutierung von qualifizierten Arbeitnehmern anbieten, andererseits kann diese Maßnahme aber auch als Substitut zur Einstellung qualifizierter Arbeitnehmer angesehen werden. Die Betriebe suchen sich im letzteren Fall die Arbeitnehmer mit den benötigen Qualifikationen nicht auf dem externen Arbeitsmarkt, sondern sie bilden die vorhandenen Arbeitnehmer intern weiter, so dass sie die geforderten Fähigkeiten erlangen und die anstehenden Arbeitsaufgaben erfüllen können. Operationalisiert wird diese Einflussgröße mit einer Dummy-Variablen, die den Wert 1 annimmt, wenn der Betrieb Fort- und Weiterbildungsmaßnahmen fördert. Diese Förderung beinhaltet die Freistellung

von Beschäftigten für Weiterbildungsmaßnahmen bzw. die Kostenübernahme für diese Veranstaltungen.

Neben diesen internen Maßnahmen kann die betriebliche Qualifikationsstruktur auch durch äußere Rahmenbedingungen wie der *Internationalisierung* beeinflusst werden. Auf diese Einflussgröße wurde schon bei der Darstellung der gesamtwirtschaftlichen Erklärungsgrößen für die steigende Nachfrage nach hoch qualifizierten Arbeitnehmern hingewiesen. Aufgrund des komparativen Vorteils bei der Produktion qualifikationsintensiver Produkte liefern die Betriebe, die Handelsbeziehungen mit anderen Ländern eingegangen sind und einen Teil ihrer Produkte exportieren, häufig eher qualifikationsintensive Produkte in andere Länder.[362] Somit kann angenommen werden, dass Betriebe mit einer relativ hohen Exportquote auch eine relativ höhere Qualifikationsstruktur besitzen als Betriebe mit einer geringeren Exportquote oder einer ausschließlichen Produktion für den heimischen Markt. Der Grad der Internationalisierung wird durch den Anteil der Exporte am Umsatz operationalisiert.[363]

Schließlich wurden noch einige betriebliche Charakteristika in die Modelle einbezogen. Dazu gehören die Branche, die Betriebsgröße und die quadrierte Betriebsgröße, um auf Branchen- und Betriebsgrößeneffekte zu kontrollieren. Es kann davon ausgegangen werden, dass der Anteil der qualifizierten Arbeitnehmer davon abhängt, in welcher *Branche* der Betrieb sich befindet. Die Variable bildet somit interindustrielle Unterschiede hinsichtlich der Qualifikationsstruktur ab. Ein besonders hoher Anteil an qualifizierten Arbeitnehmern wird vermutlich in den wissensintensiven Dienstleistungsbetrieben[364] auftreten.

Durch die Aufnahme der *Betriebsgröße* in die Modelle kann darauf kontrolliert werden, ob der Anteil der qualifizierten Arbeitnehmer mit zunehmender Betriebsgröße zu- oder abnimmt. Die zusätzliche Berücksichtigung der quadrierten Betriebsgröße gibt darüber hinaus an, ob dieser Zusammenhang linear oder nicht linear verläuft.[365]

---

[362] Vgl. die Ausführungen zum Neo-Faktorproportionen-Theorem in Gliederungspunkt 3.1.

[363] Diese Variable kann jedoch nicht für alle Betriebe gebildet werden, sondern nur für die Betriebe, für die ein Wert für den erzielten Umsatz vorliegt. Dies ist nicht der Fall bei Banken / Kreditinstituten und bei Versicherungen, da für diese Betriebe entweder die Bilanzsumme oder die Beitragssumme ermittelt wird. Wenn die Variable für den Anteil der Exporte am Umsatz in die Analysen einbezogen werden, dann entfallen diese Betriebsgruppen aus der Analyse, da nur die Betriebe in die Berechnungen mit einbezogen werden, für die bei jeder der verwendeten Variablen eine gültige Antwort vorliegt. Um zu überprüfen, ob sich die Ergebnisse durch den Ausschluss bestimmter Betriebsgruppen verändert, wurden die Modellberechnungen jeweils einmal mit der Variablen über den Anteil der Exporte am Umsatz berechnet und einmal ohne.

[364] Zur Abgrenzung dieser Betriebe siehe S. 81.

[365] Sowohl die Branche als auch die Betriebsgröße müssen aber auch deshalb bei jeder Auswertung berücksichtigt werden, da die Stichprobenziehung für die Betriebsbefragung auf diesen beiden Variablen basiert. Durch die Einbeziehung dieser beiden Variablen werden damit

In vielen Betrieben wird die *Teilzeitbeschäftigung* als flexibles Instrument angesehen, um die personellen Kapazitäten den Produktionserfordernissen anpassen zu können. Die Teilzeitbeschäftigten gehören somit eher zu der Randbelegschaft der Betriebe. Teilzeitarbeit wird jedoch nicht in allen Betrieben angeboten bzw. nachgefragt. Häufig entstehen Teilzeitarbeitsplätze in Niedriglohnbranchen, in denen einfache Tätigkeiten auszuführen sind. Teilzeitarbeitsplätze werden somit vorwiegend in Aufgabenbereichen angeboten, für die ein geringeres Qualifikationsniveau erforderlich ist. Diese Tätigkeiten werden häufig von Frauen ausgeführt, die neben ihrer beruflichen Tätigkeit noch familiäre Verpflichtungen haben und deren Einkommen nicht den Hauptverdienst der Familie ausmacht. Arbeitsplätze mit einem höheren Qualifikationsniveau eignen sich dagegen oftmals aus organisatorischen Gründen weniger gut für eine Teilzeitbeschäftigung und darüber hinaus besitzen die Personen, die diese Arbeitsplätze innehaben, in vielen Fällen aus Einkommens- oder Karrieregründen ein geringeres Interesse an Teilzeitbeschäftigung. Es kann somit davon ausgegangen werden, dass Betriebe, die einen hohen Anteil an Teilzeitbeschäftigten besitzen, auch einen relativ hohen Anteil an gering qualifizierten Arbeitnehmern aufweisen.

*Tabelle 6-1: Die Operationalisierung der verwendeten Variablen*
*(Qualifikationsvariable: Qualifikationsstruktur)*

| Variable | Verwendete Abkürzung | Operationalisierung |
|---|---|---|
| Anteil der qualifizierten Arbeitnehmer | QualA | (Anzahl der Facharbeiter + Anzahl der Angestellten/Beamten für qualifizierte Tätigkeiten) / Gesamtbeschäftigung |
| Stand der technischen Anlagen | Tech | Dummy (=1, wenn neuster oder neuer Stand der technischen Anlagen) |
| Flexible Arbeitsorganisation | AO | Anzahl der arbeitsorganisatorischen Veränderungen, die der Betrieb jemals eingeführt hat |
| Forschungs- und Entwicklungstätigkeiten | FE | Dummy (=1, wenn der Betrieb sich aktuell mit Forschung und Entwicklung befasst) |
| Ausgliederungen oder Ausgründungen von Betriebsteilen | Ausgli | Dummy (=1, wenn Betrieb aktuell Ausgliederungen oder Ausgründungen vorgenommen hat) |
| Weiterbildung | WB | Dummy (=1, wenn Betrieb aktuell Fort- und Weiterbildungsmaßnahmen fördert) |
| Internationalisierung | Int | Anteil der Exporte am Umsatz |
| Branche | Bra | Dummy-Variablen für die verschiedenen Branchen |
| Betriebsgröße | Fsize | Anzahl der Beschäftigten |
| Betriebsgröße$^2$ | Fsize$^2$ | Anzahl der Beschäftigten * Anzahl der Beschäftigten |
| Anteil Teilzeitbeschäftigung | AntTZ | Anzahl der Teilzeitbeschäftigten / Gesamtbeschäftigung |
| Betriebs- oder Personalrat | Brat | Dummy (=1, wenn in dem Betrieb ein Betriebs- oder Personalrat existiert) |

die unterschiedlichen Auswahlwahrscheinlichkeiten der Betriebe mit unterschiedlicher Größe und Branche berücksichtigt.

Als eine weitere Kontrollvariable wurde der *Personal- oder Betriebsrat* in die Modelle aufgenommen. Der Betriebsrat kann als Akteur betriebsinterner Arbeitsmärkte angesehen werden. Damit kann er zur Stärkung langfristiger Arbeitsbeziehungen beitragen und möglicherweise den Aufbau einer größeren Stammbelegschaft ermöglichen als in den Betrieben ohne Betriebsrat. Die Arbeitnehmer der Stammbelegschaft sind oftmals höher qualifiziert als die häufig nur geringfügig beschäftigten Arbeitnehmer der Randbelegschaft. Denn von den Arbeitnehmern der Stammbelegschaft werden höhere Entscheidungskompetenzen und die Bearbeitung eines breiteren Aufgabenspektrums erwartet als von den Arbeitnehmern, die für eine kürzere Zeitdauer in dem Betrieb verweilen. Betriebe, die einen Betriebs- oder Personalrat besitzen, werden somit vermutlich auch eine höhere Qualifikationsstruktur ihrer Mitarbeiter aufweisen als die Betriebe ohne Betriebs- oder Personalrat. Das Vorhanden- oder Nichtvorhandensein eines Betriebsrats wird mithilfe einer Dummy-Variablen operationalisiert, die den Wert 1 annimmt, wenn in dem jeweiligen Betrieb ein Betriebsrat vorhanden ist und im anderen Fall den Wert 0 aufweist.
In der Tabelle 6-1 werden alle in die Modelle aufgenommenen Variablen und deren Operationalisierung noch einmal zusammengefasst.

#### 6.2.2.2 Auswahl der Datensätze

Für die empirischen Analysen wurden aus dem IAB-Betriebspanel die Wellen aus den Jahren 1998, 2000 und 2001 ausgewählt, da in diesen Jahren die benötigten Variablen fast vollständig vorhanden sind. Eine Ausnahme stellt die Kontrollvariable „Weiterbildung" für das Jahr 1998 dar. Da diese Variable in dieser Welle nicht vorhanden ist, wird sie aus der Vorjahreswelle von 1997 zugespielt. Weiterhin wurden die Betriebe im Jahr 2000 nicht danach befragt, ob sie Forschungs- und Entwicklungstätigkeiten betreiben, so dass für diese Welle die entsprechenden Angaben aus dem Jahr 1998 verwendet werden.
Mit Ausnahme der flexiblen Arbeitsorganisation werden für alle anderen Variablen die Angaben aus der jeweiligen Welle verwendet. Bei der Bildung der Variable für das Vorhandensein einer flexiblen Arbeitsorganisation genügte es nicht, nur die Angaben aus der jeweiligen Welle zu verwenden. In diesem Fall würde nur berücksichtigt, ob der Betrieb innerhalb eines Zweijahreszeitraums Verantwortung und Entscheidung nach unten verlagert hat oder Gruppenarbeit bzw. eigenverantwortliche Arbeitsgruppen eingeführt hat. Zur Erklärung der aktuellen Qualifikationsstruktur ist jedoch die Angabe nötig, ob der Betrieb jemals eine der beiden Maßnahmen eingeführt hat. Daher müssen bei der Operationalisierung einer flexiblen Arbeitsorganisation für den jeweiligen Betrieb auch die Angaben aus vorausgegangenen Wellen bis zum Jahr 1995 berücksichtigt werden. Im Jahr 1995 wurde die Frage nach den arbeitsorganisatorischen

Veränderungen im Betrieb erstmals in den Fragenkatalog aufgenommen und es wurde zusätzlich erhoben, ob der Betrieb bis zu diesem Zeitpunkt eine der genannten Maßnahmen eingeführt hat. Um die Arbeitsorganisation adäquat operationalisieren zu können, bestehen somit die drei verwendeten Wellen ausschließlich aus den Betrieben, die seit 1995 an den Befragungen teilgenommen haben. Damit befinden sich zudem nur westdeutsche Betriebe in der Analyse, da erst im Jahr 1996 mit der Befragung ostdeutscher Betriebe begonnen wurde.
Aus den Analysen wurden darüber hinaus alle Organisationen ohne Erwerbscharakter, private Haushalte sowie die Gebietskörperschaften und die Sozialversicherung ausgeschlossen. Die Charakteristika dieser Einheiten unterscheiden sich teilweise zu stark von den restlichen Betrieben (vor allem hinsichtlich des Gewinnziels), so dass ein Nichtausschluss dieser Organisationen zu Verzerrungen in den Ergebnissen führen kann.
Eine Übersicht über die Struktur der verwendeten Datensätze für die Jahre 1998, 2000 und 2001 wird im Anhang in den Tabellen A-29 bis A-31 dargestellt.
Bevor mit den eigentlichen Analysen begonnen wird, wird zunächst der durchschnittliche Anteil an qualifizierten Arbeitnehmern in den einzelnen Branchen dargestellt.

#### 6.2.2.3 Die durchschnittliche Qualifikationsstruktur nach Branche

Für diese deskriptive Analyse der Qualifikationsstruktur wurde der Datensatz aus dem Jahr 2001 verwendet. Die Ergebnisse werden in Abbildung 6-2 dargestellt. Alle Angaben wurden wiederum mit den entsprechenden Hochrechnungsfaktoren auf das gesamte westdeutsche Bundesgebiet hochgerechnet.
Aus der Abbildung wird deutlich, dass in den meisten Branchen durchschnittlich mehr qualifizierte als gering qualifizierte Arbeitnehmer beschäftigt werden. Die durchschnittliche Qualifikationsstruktur ist dabei in den Betrieben aus der Branche „Forschung und Entwicklung“ am höchsten. In dieser Branche beträgt der durchschnittliche Anteil an qualifizierten Arbeitnehmern mehr als 90 %. Einen ebenfalls sehr hohen durchschnittlichen Anteil an qualifizierten Arbeitnehmern besitzen die Betriebe aus den Branchen „Bergbau/Energie“ (86 %), „Kredit/Versicherung“ (72 %) und „Erziehung/Unterricht“ (69 %).
Berücksichtigt werden muss hier jedoch wiederum, dass die Personen mit einem sehr hohen Qualifikationsniveau nicht von den Personen mit einem mittleren Qualifikationsniveau getrennt werden können. In der Gruppe der qualifizierten Arbeitnehmer sind beide Personengruppen enthalten. Dies erklärt möglicherweise die relativ hohe durchschnittliche Qualifikationsstruktur der Betriebe aus den Branchen „Bergbau/Energie“. Vermutlich entfällt in diesen Branchen der Großteil der beschäftigten qualifizierten Arbeitnehmer auf die Arbeitskräfte mit einem mittleren Qualifikationsniveau.

*Abbildung 6-2: Der durchschnittliche Anteil an qualifizierten Arbeitnehmern nach Branche im Jahr 2001*

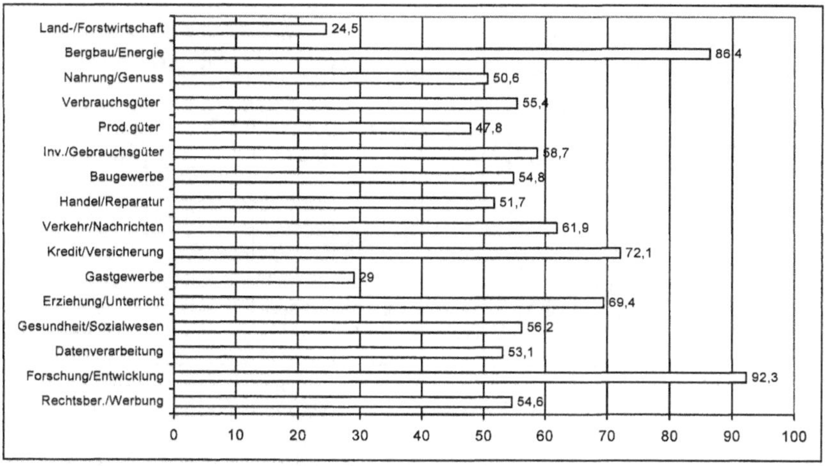


*Eigene Berechnungen auf Basis des IAB-Betriebspanels, Welle 9.*

Relativ wenig Arbeitsplätze für qualifizierte Arbeitnehmer stehen in den Betrieben aus den Branchen „Land- und Forstwirtschaft" und „Gastgewerbe" zur Verfügung. Der durchschnittliche Anteil der qualifizierten Arbeitnehmer beträgt in diesen Branchen nur 25 bzw. 29 %.

Im Folgenden sollen anhand von Zusammenhangsanalysen Erklärungsgründe für die betriebliche Qualifikationsstruktur analysiert werden. Dabei wird zunächst untersucht, ob die betriebliche Qualifikationsstruktur in einer komplementären Beziehung zu einem hohen technischen Stand der Anlagen und einer flexiblen Arbeitsorganisation steht.

### 6.2.2.4 Korrelationsanalysen zur Bestimmung komplementärer Beziehungen

Eine Möglichkeit, die Annahme einer komplementären Beziehung zwischen der betrieblichen Qualifikationsstruktur, einem hohen technischen Stand der Anlagen und einer flexiblen Arbeitsorganisation zu überprüfen, stellt die Berechnung von Korrelationskoeffizienten dar. Ein signifikant positiver Korrelationskoeffizient deutet auf eine komplementäre Beziehung zwischen den betrachteten Variablen hin.

In der Tabelle 6-2 werden die Korrelationskoeffizienten zwischen dem technischen Stand der Anlagen, der Arbeitsorganisation und dem Anteil an qualifizierten Arbeitnehmern für die drei verschiedenen Datensätze dargestellt.

*Tabelle 6-2: Korrelationen zwischen dem technischen Stand der Anlagen, der flexiblen Arbeitsorganisation und dem Anteil an qualifizierten Arbeitnehmern*[366]

| | 1998 | | | 2000 | | | 2001 | | |
|---|---|---|---|---|---|---|---|---|---|
| | **Tech** | **AO** | **QualA** | **Tech** | **AO** | **QualA** | **Tech** | **AO** | **QualA** |
| **Tech** | 1,0000<br><br>2190 | | | 1,0000<br><br>1675 | | | 1,0000<br><br>1435 | | |
| **AO** | 0,0454**<br>0,0335<br>2190 | 1,0000<br><br>2190 | | -0,0028<br>0,9098<br>1675 | 1,0000<br><br>1675 | | 0,0418<br>0,1134<br>1435 | 1,0000<br><br>1435 | |
| **QualA** | 0,0667***<br>0,0018<br>2188 | 0,2030***<br>0,0000<br>2188 | 1,0000<br><br>2188 | 0,0709***<br>0,0037<br>1674 | 0,1668***<br>0,0000<br>1674 | 1,0000<br><br>1674 | 0,0971***<br>0,0002<br>1433 | 0,1687***<br>0,0000<br>1433 | 1,0000<br><br>1433 |

*Eigene Berechnungen auf Basis des IAB-Betriebspanels, 3. – 9. Welle.*
****= signifikant auf dem 1 % Niveau, ** = signifikant auf dem 5 % Niveau.*

Zwischen dem technischen Stand der Anlagen und der flexiblen Arbeitsorganisation kann nur im Jahr 1998 eine signifikant positive Beziehung festgestellt werden. Im Jahr 2001 nimmt zwar der Korrelationskoeffizient einen ähnlichen Wert wie im Jahr 1998 an, dieser ist jedoch nicht mehr signifikant. Im Jahr 2000 weist der entsprechende Korrelationskoeffizient sogar auf eine negative Beziehung zwischen dem technischen Stand der Anlagen und einer flexiblen Arbeitsorganisation hin. Dieser Zusammenhang ist jedoch wiederum nicht signifikant. Die Annahme einer komplementären Beziehung zwischen einem hohen technischen Stand der Anlagen und einer flexiblen Arbeitsorganisation kann somit nicht eindeutig bestätigt werden.

Sowohl der technische Stand der Anlagen als auch die flexible Arbeitsorganisation weisen jedoch wie erwartet eine komplementäre Beziehung mit dem Anteil der qualifizierten Arbeitnehmer auf. Die berechneten Korrelationskoeffizienten besitzen in allen drei Datensätzen jeweils positive und hoch signifikante Korrelationskoeffizienten.

Für eine weitergehende Analyse des Zusammenhangs zwischen diesen drei Variablen wurden Produktionsfunktionen geschätzt, anhand derer der gemeinsame Einfluss der drei Variablen auf die betriebliche Wertschöpfung untersucht werden kann.

[366] In jeder Zelle der Tabelle wird jeweils der Korrelationskoeffizient, das Signifikanzniveau und die Anzahl der Betriebe angegeben.

### 6.2.2.5 Schätzung von Produktionsfunktionen

Um die mögliche Komplementarität der drei Inputvariablen nachzuweisen, wird nun mit der Schätzung von Produktionsfunktionen untersucht, ob die Interaktionen zwischen den drei Variablen in einer Regressionsgleichung, die ebenfalls die Einzelvariablen enthält, einen positiven Einfluss auf die betriebliche Wertschöpfung aufweisen. Dies würde bedeuten, dass die Inputfaktoren bei einem gemeinsamen Einsatz produktiver sind als bei einem alleinigen Einsatz nur eines Faktors.

Es wird somit davon ausgegangen, dass die drei Inputfaktoren nicht nur einzeln einen positiven Einfluss auf die Wertschöpfung haben, sondern der gemeinsame Einsatz aller drei Variablen diesen positiven Einfluss noch verstärkt. Dann könnte davon ausgegangen werden, dass ein hoher technischer Stand der Anlagen, eine flexible Arbeitsorganisation und ein hoher Anteil an qualifizierten Arbeitnehmern in einer komplementären Beziehung zueinander stehen.

Auch wenn der gemeinsame Einsatz aller drei Inputvariablen zu einem höheren Gewinn führen kann, werden nicht alle Betriebe diese Strategie verfolgen, da die Einführungs- und Wechselkosten sich von Betrieb zu Betrieb unterscheiden können. Für einige Betriebe kann es daher auch rational sein, möglichst wenig dieser drei Variablen einzusetzen. Für die Betriebe, für die sich ein Wechsel lohnt, sollte ein abgestimmter Einsatz aller drei Variablen jedoch zu einem höheren Gewinn führen als die alleinige Veränderung nur einer Variablen.

Für die Schätzung der Produktionsfunktion wird eine Cobb-Douglas-Produktionsfunktion verwendet, die die folgende Form besitzt:

(1) $Y = \beta_0 * A^{\beta 1} * K^{\beta 2}$ mit Y = Output, A = Arbeit und K = Kapital

Diese Funktion wird um weitere Einflussgrößen erweitert.[367]

(2) $Y = \beta_0 * A^{\beta 1} * K^{\beta 2} * e^{X\beta}$

Für die Schätzung wird die Gleichung (2) linearisiert und man erhält die folgen de Gleichung:

(3) $\ln Y = \beta_0 + \beta_1 \ln A + \beta_2 \ln K + X\beta$

Als abhängige Variable wird die logarithmierte betriebliche Wertschöpfung verwendet. Sie wird durch die Subtraktion der Vorleistungen vom erzielten Umsatz berechnet. Diese Variable kann wiederum nicht für die Banken / Kreditinstitute und die Versicherungen erhoben werden, so dass diese Branchen aus der

[367] Die Konstruktion der Schätzgleichung ist angelehnt an Möller (2000), S. 574f.

Analyse ausgeschlossen werden. In jeder Welle wird der Umsatz aus dem vorangegangenen Jahr erhoben, so dass für jeden Untersuchungszeitpunkt die Angabe über die Höhe der Wertschöpfung aus der nachfolgenden Welle verwendet werden muss. Daher konnten nur für die Jahre 1998 und 2000 Produktionsfunktionen geschätzt werden.

Für die Schätzung der Produktionsfunktionen wird eine Größe für die Arbeit (A) und eine für das Kapital (K) benötigt. Der *Arbeitseinsatz* wird durch das logarithmierte Arbeitsvolumen operationalisiert. Diese Größe wird durch die Multiplikation der Anzahl der Beschäftigten mit der durchschnittlichen Wochenarbeitszeit errechnet.[368] Der *Kapitalbestand* der Betriebe wird im IAB-Betriebspanel nicht erfasst, so dass auf die Größe der Ersatzinvestitionen zurückgegriffen werden muss. Dabei wird davon ausgegangen, dass Betriebe mit einem relativ hohen Kapitalbestand auch relativ hohe Ersatzinvestitionen tätigen müssen.

Neben diesen Variablen wurden die drei Inputvariablen, deren Beziehung analysiert werden soll (der technische Stand der Anlagen, die flexible Arbeitsorganisation, der Anteil der qualifizierten Arbeitnehmer) in die Analysen aufgenommen. Zur Analyse der Komplementarität zwischen diesen Variablen wurden zusätzlich verschiedene Interaktionsterme aus diesen Variablen in die Modelle einbezogen.

Als Kontrollvariablen dienen die Weiterbildungstätigkeiten, die Forschungs- und Entwicklungstätigkeiten, der Anteil der Exporte am Umsatz sowie die Branche. Mit Ausnahme der Branchendummys wird von allen Variablen ein positiver Einfluss auf die abhängige Variable erwartet.

Die Ergebnisse der Regressionsanalysen für das Jahr 1998 werden in Tabelle 6-3 dargestellt.

Zunächst weisen alle sechs Modelle eine große Erklärungskraft auf. Von denen als komplementär angenommen Variablen beeinflusst der Anteil der qualifizierten Arbeitnehmer und der technische Stand der Anlagen signifikant die abhängige Variable. Die Betriebe, die einen sehr hohen oder hohen technischen Stand der Anlagen besitzen, konnten eine höhere Wertschöpfung erzielen als die Betriebe mit einem niedrigeren technischen Stand der Anlagen. Ebenso konnte eine umso höhere Wertschöpfung erreicht werden, je höher der Anteil der qualifizierten Arbeitnehmer war. In keinem Modell weist jedoch die flexible Arbeitsorganisation einen signifikanten Einfluss auf die abhängige Variable auf.

Auch die verschiedenen Interaktionsterme, die in die Modelle 3 – 6 aufgenommen wurden, weisen in keinem Modell einen signifikanten Einfluss auf. Der Interaktionsterm aus allen drei Variablen besitzt sogar anstatt des erwarteten positiven Vorzeichens einen negativen Einfluss, der jedoch nicht als signifikant anzusehen ist.

---

[368] Bei den Teilzeitbeschäftigten wird die durchschnittliche Wochenarbeitszeit mit dem Faktor 0,5 multipliziert.

Zwar deuteten die Ergebnisse der Korrelationsanalysen auf eine komplementäre Beziehung zwischen den drei Inputvariablen hin, diese kann aber durch die Schätzung von Produktionsfunktionen nicht bestätigt werden.

*Tabelle 6-3: Produktionsfunktionsschätzungen für das Jahr 1998*
*(Qualifikationsvariable: Qualifikationsstruktur)*

| | **Modell 1** | **Modell 2** | **Modell 3** | **Modell 4** | **Modell 5** | **Modell 6** |
|---|---|---|---|---|---|---|
| **Konstante** | 5,830*** (25,02) | 5,961*** (24,43) | 5,770*** (23,92) | 5,894*** (23,29) | 5,726*** (20,15) | 5,841*** (19,58) |
| **Log Kapital** | 0,097*** (4,03) | 0,088*** (3,69) | 0,092*** (3,93) | 0,086*** (3,60) | 0,095*** (4,06) | 0,089*** (3,75) |
| **Log Arbeit** | 1,000*** (33,55) | 0,986*** (32,25) | 1,001*** (33,51) | 0,989*** (32,19) | 0,996*** (33,26) | 0,985*** (32,01) |
| **Tech** | 0,170*** (2,68) | 0,161** (2,49) | 0,222*** (2,66) | 0,216** (2,55) | 0,235 (1,09) | 0,248 (1,13) |
| **AO** | 0,031 (0,85) | 0,022 (0,59) | 0,065 (1,28) | 0,059 (1,12) | -0,078 (-0,53) | -0,103 (-0,69) |
| **QualA** | 0,005*** (4,50) | 0,005*** (4,25) | 0,005*** (4,45) | 0,005*** (4,23) | 0,007** (2,38) | 0,007** (2,22) |
| **Tech*AO** | | | | | 0,237 (1,37) | 0,239 (1,37) |
| **Tech*QualA** | | | | | -0,002 (-0,54) | -0,002 (-0,57) |
| **AO*QualA** | | | | | 0,001 (0,52) | 0,002 (0,70) |
| **Tech*AO* QualA** | | | -0,0008 (-0,96) | -0,0008 (-1,01) | -0,003 (-1,12) | -0,003 (-1,19) |
| **FE** | | -0,009 (-0,12) | | -0,108 (-0,14) | | -0,016 (-0,21) |
| **WB** | | 0,134* (1,79) | | 0,129* (1,72) | | 0,124* (1,65) |
| **Int** | | 0,003* (1,75) | | 0,003* (1,75) | | 0,003* (1,71) |
| **Branchen-dummys** | Ja | Ja | Ja | Ja | Ja | Ja |
| ***$R^2$ korrigiert*** | *0,9217* | *0,9227* | *0,9217* | *0,9227* | *0,9219* | *0,9230* |
| ***F-Test*** | *391,79**** | *335,70**** | *372,20**** | *321,15**** | *324,89**** | *285,27**** |
| ***Fallzahl*** | *632* | *618* | *632* | *618* | *632* | *618* |

*Eigene Berechnungen auf Basis des IAB-Betriebspanels, Wellen 3 - 7, abhängige Variable: logarithmierte Wertschöpfung, Schätzung von OLS-Modellen.*
****= signifikant auf dem 1 % Niveau, ** = signifikant auf dem 5 % Niveau, * = signifikant auf dem 10 % Niveau.*

Im Jahr 2000 konnte schon bei den Korrelationsanalysen nicht immer eine komplementäre Beziehung zwischen den jeweiligen Variablen festgestellt werden und auch bei der Schätzung von Produktionsfunktionen kann keine komplementäre Beziehung zwischen einem hohen technischen Stand der Anlagen, einer flexiblen Arbeitsorganisation und einem hohen Anteil an qualifizierten Arbeitnehmern festgestellt werden.

Die entsprechenden Ergebnisse der Regressionsanalysen werden in Tabelle 6-4 zusammengefasst.

*Tabelle 6-4: Produktionsfunktionsschätzungen für das Jahr 2000*
*(Qualifikationsvariable: Qualifikationsstruktur)*

| | Modell 1 | Modell 2 | Modell 3 | Modell 4 | Modell 5 | Modell 6 |
|---|---|---|---|---|---|---|
| **Konstante** | 5,616*** (23,05) | 5,745*** (22,80) | 5,585*** (22,12) | 5,704*** (21,94) | 5,719*** (19,19) | 5,853*** (19,21) |
| **Log Kapital** | 0,125*** (5,63) | 0,123*** (5,51) | 0,125*** (5,63) | 0,123*** (5,51) | 0,124*** (5,59) | 0,122*** (5,45) |
| **Log Arbeit** | 0,955*** (31,80) | 0,938*** (29,79) | 0,954*** (31,70) | 0,936*** (29,68) | 0,953*** (31,58) | 0,935*** (29,58) |
| **Tech** | 0,054 (0,79) | 0,055 (0,80) | 0,082 (0,90) | 0,094 (1,03) | -0,104 (-0,44) | -0,120 (-0,51) |
| **AO** | 0,032 (0,79) | 0,013 (0,31) | 0,052 (0,88) | 0,041 (0,69) | 0,080 (0,51) | 0,100 (0,61) |
| **QualA** | 0,006*** (4,67) | 0,005*** (4,32) | 0,006*** (4,38) | 0,006*** (4,17) | 0,003 (0,95) | 0,003 (0,85) |
| **Tech*AO** | | | | | -0,007 (-0,04) | -0,021 (-0,11) |
| **Tech*QualA** | | | | | 0,004 (1,03) | 0,005 (1,15) |
| **AO*QualA** | | | | | 0,0001 (0,05) | -0,0003 (-0,13) |
| **Tech*AO* QualA** | | | -0,0004 (-0,46) | -0,0006 (-0,65) | -0,001 (-0,35) | -0,001 (-0,33) |
| **FE** | | 0,020 (0,23) | | 0,216 (0,26) | | 0,025 (0,30) |
| **WB** | | 0,081 (1,01) | | 0,080 (1,00) | | 0,083 (1,04) |
| **Int** | | 0,004** (2,36) | | 0,004** (2,37) | | 0,004** (2,41) |
| **Branchen-dummys** | Ja | Ja | Ja | Ja | Ja | Ja |
| ***$R^2$ korrigiert*** | *0,9098* | *0,9096* | *0,9097* | *0,9095* | *0,9095* | *0,9095* |
| ***F-Test*** | *284,23**** | *247,43**** | *272,05**** | *238,05**** | *241,51**** | *214,30**** |
| ***Fallzahl*** | *647* | *638* | *647* | *638* | *647* | *638* |

*Eigene Berechnungen auf Basis des IAB-Betriebspanels, Wellen 3 - 9, abhängige Variable: logarithmierte Wertschöpfung, Schätzung von OLS-Modellen.*
****= signifikant auf dem 1 % Niveau, ** = signifikant auf dem 5 % Niveau, * = signifikant auf dem 10 % Niveau.*

Von den drei als komplementär angenommenen Variablen weist nur der Anteil der qualifizierten Arbeitnehmer einen signifikant positiven Einfluss auf die Wertschöpfung auf, der aber insignifikant wird, wenn alle vier Interaktionsterme in das Modell aufgenommen werden. Der technische Stand der Anlagen und die flexible Arbeitsorganisation beeinflussen die abhängige Variable nicht signifikant. Folglich weist auch keiner der in das Modell aufgenommenen Interaktionsterme einen signifikanten Einfluss auf.

Von den übrigen unabhängigen Variablen weisen sowohl im Jahr 1998 als auch im Jahr 2000 in allen Modellen das Arbeitsvolumen, die Ersatzinvestitionen und der Anteil der Exporte einen signifikant positiven Einfluss auf die Wertschöpfung auf. Im Jahr 1998 beeinflusst zusätzlich noch das Angebot an Fort- und Weiterbildungsmöglichkeiten die Höhe der betrieblichen Wertschöpfung. Die Forschungs- und Entwicklungstätigkeiten weisen in keinem Modell einen signifikanten Zusammenhang mit der abhängigen Variablen auf.
Nach diesen Ergebnissen kann somit nicht davon ausgegangen werden, dass der Einsatz qualifizierter Arbeitnehmer in ein Bündel komplementärer Maßnahmen eingebunden ist, die der Betrieb in Abstimmung zueinander verändern sollte. Ein hoher technischer Stand der Anlagen und eine flexible Arbeitsorganisation können zwar trotzdem die Qualifikationsstruktur der Betriebe beeinflussen, dieser Zusammenhang kann in diesen Untersuchungen aber nicht auf eine komplementäre Beziehung zwischen den drei Inputvariablen zurückgeführt werden. Darüber hinaus kann nach den oben dargestellten Resultaten nicht länger davon ausgegangen werden, dass das gemeinsame Vorhandensein eines hohen technischen Stands der Anlagen und einer flexiblen Arbeitsorganisation den vermuteten positiven Einfluss beider Variablen auf die betriebliche Qualifikationsstruktur noch verstärkt. Ebenso sind ein hoher technischer Stand der Anlagen und eine flexible Arbeitsorganisation möglicherweise doch nicht die entscheidenden Erklärungsgrößen der betrieblichen Qualifikationsstruktur. Ob die beiden Variablen überhaupt einen Einfluss auf die betriebliche Qualifikationsstruktur ausüben, wird im Folgenden durch Mittelwertvergleiche und durch die Schätzung von Faktornachfragefunktionen untersucht.

#### 6.2.2.6 Faktoreinsätze und mittlere Qualifikationsstruktur

Da einige der unabhängigen Variablen aus Dummy-Variablen bestehen, bietet es sich an dieser Stelle an, die weiteren Analysen mit Mittelwertvergleichen hinsichtlich des durchschnittlichen Anteils an qualifizierten Arbeitnehmern zu beginnen. Für diese Untersuchung wurden einige zentrale Variablen ausgesucht (technischer Stand der Anlagen, flexible Arbeitsorganisation, Durchführung von Forschungs- und Entwicklungstätigkeiten, Existenz von Fort- und Weiterbildungstätigkeiten). Diese Variablen besitzen jeweils zwei Ausprägungen, die das Vorhandensein oder Nicht-Vorhandensein einer bestimmten Maßnahme angeben[369]. Für die beiden Ausprägungen wurde jeweils getrennt der durchschnittli-

[369] Die Variable für die flexible Arbeitsorganisation besteht eigentlich aus drei Ausprägungen. Um auch für diese Variable einen Mittelwertvergleich vornehmen zu können, musste diese Variable in eine Dummy-Variable umgeformt werden. Die hier verwendete Variable für die Arbeitsorganisation erhält den Namen AO2 und nimmt den Wert 0 an, wenn der Betrieb im Laufe seiner Existenz weder Verantwortung und Entscheidungen nach unten verlagert hat

che Anteil an qualifizierten Arbeitnehmern berechnet. Somit konnte überprüft werden, ob sich die durchschnittliche Qualifikationsstruktur bei dem Vorhandensein einer bestimmten Maßnahme signifikant von der durchschnittlichen Qualifikationsstruktur bei dem Nichtvorhandensein einer bestimmten Maßnahme unterscheidet. Die Ergebnisse werden in Tabelle 6-5 dargestellt.

*Tabelle 6-5: Mittelwertvergleiche für die Jahre 1998, 2000 und 2001*

| Variablen | Durchschnittlicher Anteil an qualifizierten Arbeitnehmern 1998 | | | Durchschnittlicher Anteil an qualifizierten Arbeitnehmern 2000 | | | Durchschnittlicher Anteil an qualifizierten Arbeitnehmern 2001 | | |
|---|---|---|---|---|---|---|---|---|---|
| | 0 | 1 | Signif.[370] | 0 | 1 | Signif. | 0 | 1 | Signif. |
| Tech | 56,71 | 60,84 | 0,0009 | 58,65 | 62,92 | 0,0019 | 58,65 | 64,26 | 0,0001 |
| AO2 | 53,11 | 64,69 | 0,0000 | 55,86 | 65,53 | 0,0000 | 56,67 | 66,13 | 0,0000 |
| FE | 57,86 | 65,23 | 0,0000 | 60,22 | 66,29 | 0,0001 | 61,31 | 68,04 | 0,0001 |
| WB | 46,68 | 64,87 | 0,0000 | 50,99 | 66,49 | 0,0000 | 51,52 | 67,49 | 0,0000 |

*Eigene Berechnungen auf Basis des IAB-Betriebspanels, Wellen 3 – 9.*

Anhand der Mittelwertvergleiche kann festgestellt werden, dass in allen drei Datensätzen die Betriebe, die einen sehr hohen oder hohen technischen Stand der Anlagen besitzen, eine durchschnittlich höhere Qualifikationsstruktur besitzen als Betriebe mit einem geringeren technischen Stand der Anlagen. Die Differenz der Mittelwerte ist dabei in allen drei Datensätzen höchst signifikant. Allerdings sind die Differenzen der Mittelwerte im Vergleich zu den anderen Variablen relativ gering.

Deutlicher fallen die Ergebnisse für die flexible Arbeitsorganisation aus. Wie erwartet, weisen die Betriebe, die eine flexible Arbeitsorganisation besitzen, eine höhere durchschnittliche Qualifikationsstruktur auf als die Betriebe, die keine flexible Arbeitsorganisation eingeführt haben. Dieses Ergebnis kann für alle drei verwendeten Datensätze festgestellt werden und die Differenz zwischen den Mittelwerten ist auch hier wiederum höchst signifikant. Zudem sind die Mittelwertdifferenzen im Vergleich zu der vorangegangenen Variable ungefähr doppelt so groß.

Die Analyse der Mittelwerte gibt somit einen ersten Hinweis darauf, dass die Variablen, die die betrieblichen Umstrukturierungsprozesse charakterisieren, möglicherweise zu einer relativ höheren betrieblichen Qualifikationsstruktur führen.

---

noch Gruppenarbeit oder eigenverantwortliche Arbeitsgruppen eingeführt hat. Den Wert 1 nimmt die Variable an, wenn der Betrieb eine dieser Maßnahmen eingeführt hat.

[370] Es wird darauf getestet, ob die durchschnittliche Qualifikationsstruktur bei dem Vorhandensein der jeweiligen Maßnahme höher ist als bei dem Nichtvorhandensein dieser Maßnahme.

Aber auch das Vorhandensein weiterer qualifikationsrelevanter Maßnahmen kann nach diesen Untersuchungen zu einer höheren Qualifikationsstruktur führen. Von den hier verwendeten Variablen weist die Variable für die Fort- und Weiterbildungsmaßnahmen die größte Mittelwertdifferenz auf. In allen drei Datensätzen weisen die Betriebe, die Weiterbildungsmaßnahmen anbieten, eine höhere durchschnittliche Qualifikationsstruktur auf, als Betriebe, die keine Weiterbildung fördern. Die betriebliche Weiterbildung scheint somit kein Substitut für die Einstellung qualifizierter Arbeitnehmer zu sein. In diesem Fall würden die Betriebe, die Weiterbildung anbieten, eine geringere durchschnittliche Qualifikationsstruktur besitzen als Betriebe, die keine Weiterbildung anbieten. Die hier vorliegenden Ergebnisse deuten eher darauf hin, dass Weiterbildungsmaßnahmen zusätzlich zu einer relativ hohen Beschäftigung von qualifizierten Arbeitnehmern angeboten werden.
Schließlich weisen auch die Betriebe, die Forschungs- und Entwicklungstätigkeiten vornehmen, in allen drei Datensätzen eine höhere durchschnittliche Qualifikationsstruktur auf als die Betriebe, die diese Tätigkeiten nicht ausführen. Auch dieses Ergebnis entspricht den vorher aufgestellten Erwartungen. Die Mittelwertdifferenzen fallen jedoch deutlich geringer aus als bei den Fort- und Weiterbildungsmaßnahmen.
Auch bei den beiden letzten genannten Maßnahmen weisen die Differenzen der Mittelwerte in allen drei Datensätzen ein sehr hohes Signifikanzniveau auf.
Der Einfluss dieser und weiterer Variablen auf die betriebliche Qualifikationsstruktur wird im Folgenden durch die Schätzung von Faktornachfragefunktionen eingehender untersucht.

### 6.2.2.7 Schätzung von Faktornachfragefunktionen

Mit den schon beschriebenen Datensätzen wurden sowohl Querschnitts- als auch Panelanalysen durchgeführt, in die alle der in Tabelle 6-1 aufgeführten Variablen aufgenommen wurden. Die verwendeten Methoden und die Ergebnisse dieser Analysen werden zunächst kurz beschrieben, bevor die Befunde ausführlich interpretiert und bewertet werden.

#### 6.2.2.7.1 Ergebnisse der Querschnittsanalysen

Die Querschnittsanalysen wurden jeweils für die Jahre 1998, 2000 und 2001 vorgenommen. Als abhängige Variable diente der Anteil der qualifizierten Arbeitnehmer an allen Beschäftigten. Diese Variable ist in ihrem Wertebereich beschränkt, da sie nur Werte zwischen 0 und 100 % bzw. als Anteilswert ausgedrückt zwischen 0 und 1 annehmen kann. In den Fällen, in denen die abhängige

Variable ($y_i$) aus einem Anteilswert oder einer Wahrscheinlichkeit besteht, werden gewöhnlich „Two-Limit-Tobit"-Modelle für die Schätzungen verwendet:[371]

$$(1)\quad y_i = \begin{cases} 0 & \text{wenn } y_i^* \leq \gamma_L \\ y_i^* = X\beta + \varepsilon_i & \text{wenn } \gamma_L < y_i^* < \gamma_U \\ 100 & \text{wenn } y_i^* \geq \gamma_U \end{cases}$$

In dem Modell wird von einer latenten (unbeobachteten) Variablen $y_i^*$ ausgegangen, die in einer linearen Beziehung zu einer Matrix von unabhängigen Variablen X steht ($y_i^* = X\beta + \varepsilon_i$). Diese latente Variable kann wie im klassischen Regressionsmodell Werte von ($-\infty$, $+\infty$) annehmen. Sie ist jedoch nur in einem bestimmten Intervall beobachtbar. Innerhalb dieses Intervalls wird angenommen, dass der Wert der latenten Variable durch die beobachtete abhängige Variable wiedergegeben wird. Unterschreitet die latente Variable jedoch einen gewissen Schwellenwert ($\gamma_L$), so kann sie nicht weiter beobachtet werden, da für jeden Wert der latenten Variable die beobachtete abhängige Variable den Wert 0 aufweist. Auf der anderen Seite weist die abhängige Variable bei jedem Wert der latenten Variable, der einen gewissen Schwellenwert ($\gamma_U$) übersteigt, den Wert 100 auf.

Unter der latenten Variable kann sich in diesen Untersuchungen die gewünschte Qualifikationsintensität der Betriebe vorgestellt werden, die hinter der Entscheidung, eine bestimmte Anzahl qualifizierter Arbeitnehmer zu beschäftigen, steht. Sobald die gewünschte Qualifikationsintensität einen gewissen Wert unterschreitet, nimmt der Anteil an qualifizierten Arbeitnehmern den Wert 0 an und die Betriebe lassen sich nicht weiter differenzieren. Umgekehrt wird allen Betrieben ein Prozentwert von 100 für die beobachtete abhängige Variable zugewiesen, sobald die gewünschte Qualifikationsintensität einen bestimmten Schwellenwert überschreitet.

Die abhängige Variable ist somit nach oben und nach unten zensiert. Innerhalb des Intervalls von 0 bis 100 wird jedoch davon ausgegangen, dass der Anteil der qualifizierten Arbeitnehmer die gewünschte Qualifikationsintensität der Betriebe widerspiegelt. Durch die Schätzung von „Two-Limit-Tobit"-Modellen kann diese Struktur der abhängigen Variable bei der Schätzung des Modells berücksichtigt werden. Eine Schätzung dieses Modells mit der Methode der kleinsten Quadrate würde zu ineffizienten Ergebnissen führen, da eine Häufung der Werte bei den Grenzwerten auftritt. Statt dessen wird beim Tobit-Modell der Maximum-

---

[371] Vgl. Long (1997), S. 212.
Das Tobit-Modell in seiner Grundstruktur ist zurückzuführen auf James Tobin (1958). Das hier verwendete „Two-Limit-Tobit"-Modell wurde im Jahr 1975 von Rosett und Nelson entwickelt.

Likelihood-Schätzer verwendet, der die Wahrscheinlichkeit für das Auftreten eines zensierten Falls berücksichtigt.[372]

*Tabelle 6-6: Determinanten des Anteils an qualifizierten Arbeitnehmern für das Jahr 1998*

| | **Modell 1** | **Modell 2** | **Modell 3** | **Modell 4** | **Modell 5** | **Modell 6** |
|---|---|---|---|---|---|---|
| **Exogene Variablen** | **Koef. (t-Wert)** | **Koef. (t-Wert)** | **Koef. (t-Wert)** | **Koef. (t-Wert)** | **Koef. (t-Wert)** | **Koef. (t-Wert)** |
| Konstante | 50,565*** (38,48) | 41,843*** (8,62) | 50,559*** (31,61) | 42,192*** (8,62) | 42,715*** (9,67) | 42,640*** (9,56) |
| Tech | 3,655*** (2,62) | 0,816 (0,55) | 3,664* (1,89) | 0,118 (0,06) | 0,392 (0,31) | 0,541 (0,30) |
| AO | 7,337*** (9,69) | 2,593*** (2,79) | 7,345*** (5,37) | 1,978 (1,32) | 2,075*** (2,62) | 2,197* (1,71) |
| Tech*AO | | | -0,111 (-0,01) | 0,903 (0,52) | | -0,180 (-0,12) |
| FE | | 0,8424 (0,42) | | 0,807 (0,40) | 1,009 (0,61) | 1,012 (0,61) |
| Ausgli | | 4,184 (1,25) | | 4,113 (1,23) | 5,866** (2,08) | 5,868** (2,08) |
| WB | | 8,636*** (5,15) | | 8,648*** (5,15) | 8,721*** (5,66) | 8,715*** (5,65) |
| Int | | 0,156 (0,41) | | 0,165 (0,43) | | |
| Fsize | | -0,002** (-2,21) | | -0,002** (-2,26) | -0,0004 (-0,65) | -0,0004 (-0,64) |
| Fsize$^2$ | | 5,17e$^{-08}$** (1,97) | | 5,26e$^{-08}$** (2,00) | 1,40 e$^{-08}$ (0,65) | 1,39 e$^{-08}$ (0,64) |
| AntTZ | | -0,338*** (-9,67) | | -0,338*** (-9,67) | -0,302*** (-9,72) | -0,302*** (-9,72) |
| Brat | | 6,097*** (3,50) | | 6,104*** (3,51) | 7,071*** (4,71) | 7,072*** (4,71) |
| *Branchenkontrolle* | *Nein* | *Ja* | *Nein* | *Ja* | *Ja* | *Ja* |
| *Pseudo-$R^2$* | *0,0051* | *0,0257* | *0,0051* | *0,0258* | *0,0280* | *0,0280* |
| *Fallzahl* | *2188* | *1741* | *2188* | *1741* | *2178* | *2178* |
| *Anteil zensierter Fälle* | *7,54%* | *8,04%* | *7,54%* | *8,04%* | *7,53%* | *7,53%* |
| *LR $\chi^2$* | *101,19**** | *408,65**** | *101,19**** | *408,93**** | *556,52**** | *556,54**** |

*Eigene Berechnungen auf Basis des IAB-Betriebspanels, Wellen 3 - 6, abhängige Variable: Anteil der qualifizierten Arbeitnehmer, Schätzung von Two-Limit-Tobit-Modellen. ***= signifikant auf dem 1 % Niveau, ** = signifikant auf dem 5 % Niveau, * = signifikant auf dem 10 % Niveau.*

[372] Einen guten Überblick über die theoretischen Grundlagen des Tobit-Modells befindet sich u. a. bei: Amemiya (1985), S. 360ff.; Greene (1997), S. 959ff.; Ronning (1991), S. 121ff.; Long (1997), S. 187ff.

Die Matrix der unabhängigen Variablen X umfasst hier alle die in Tabelle 6-1 dargestellten Variablen sowie einen Interaktionsterm aus dem technischen Stand der Anlagen und der flexiblen Arbeitsorganisation. Die Ergebnisse der Querschnittsanalysen werden für die Welle von 1998 in Tabelle 6-6 zusammengefasst.

Die Modelle 2, 4, 5 und 6 unterscheiden sich danach, ob der Interaktionsterm aus technischem Stand der Anlagen und flexibler Arbeitsorganisation bzw. der Anteil der Exporte am Umsatz in die Analysen aufgenommen wurden. Da die Variable für den Anteil der Exporte am Umsatz nicht für die Banken / Kreditinstitute und Versicherungen vorliegt, sind diese Branchen in den entsprechenden Analysen nicht vertreten. Die Modelle 1 und 3 wurden berechnet, um den Erklärungsgrad der Modelle, in die nur die Umstrukturierungsvariablen einbezogen wurden, mit den Modellen, in die alle Variablen aufgenommen wurden, vergleichen zu können. Der Erklärungsgrad aller Modelle ist aufgrund der niedrigen Werte für das Pseudo-$R^2$ als gering anzusehen.[373]

Der erwartete Einfluss des technischen Stands der Anlagen auf den Anteil der qualifizierten Arbeitnehmer konnte in den Modellen 2, 4, 5 und 6 nicht festgestellt werden. Die Koeffizienten weisen zwar auf eine positive Einflussrichtung hin, diese ist jedoch in keinem dieser Modelle signifikant. In den Modellen 2, 5 und 6 ist jedoch ein teilweise sogar höchst signifikanter Einfluss der flexiblen Arbeitsorganisation auf die betriebliche Qualifikationsstruktur beobachtbar. Je flexibler die Arbeitsorganisation eines Betriebs gestaltet ist, desto höher ist auch seine Qualifikationsstruktur. Durch Hinzunahme des Interaktionsterms im Modell 4 verliert die flexible Arbeitsorganisation jedoch ihren signifikanten Einfluss.

Da in keinem der Modelle, in denen der Interaktionsterm berücksichtigt wurde, der technische Stand der Anlagen einen signifikanten Einfluss auf die abhängige Variable aufweist, kann auch kein signifikanter Einfluss des Interaktionseffekts auf die Qualifikationsstruktur festgestellt werden.

Ein höchst signifikanter Einfluss geht in allen Modellen von dem Angebot an Weiterbildung, dem Anteil an Teilzeitbeschäftigten und der Existenz eines Betriebsrats aus. Die Betriebe, die Weiterbildungsmöglichkeiten anbieten, besitzen eine signifikant höhere Qualifikationsstruktur als die Betriebe, die keine Weiterbildungsaktivitäten anbieten. Darüber hinaus existiert ein negativer Zusammenhang zwischen dem Anteil an Teilzeitbeschäftigten und dem Anteil an qualifizierten Arbeitnehmern. Weiterhin weisen in allen vier Modellen die Betriebe, die einen Betriebsrat besitzen, einen höheren Anteil an qualifizierten Arbeitnehmern auf als die Betriebe ohne Betriebsrat. In den Modellen 5 und 6 führt

[373] Die Werte für das Pseudo-$R^2$ bei Two-Limit-Tobit-Modellen liegen jedoch im Allgemeinen deutlich unterhalb der Werte für das gewöhnliche $R^2$ bei Regressionsanalysen. In vielen Studien nimmt das Pseudo-$R^2$ Werte an, die deutlich unter 0,2 liegen.

weiterhin eine Ausgliederung oder Ausgründung von Betriebsteilen zu einer signifikanten Veränderung des Anteils an qualifizierten Arbeitnehmern. Die Betriebe, die eine Outsourcingentscheidung getroffen haben, besitzen eine höhere Qualifikationsstruktur als die Betriebe, die keine Betriebsteile ausgegliedert oder ausgegründet haben. Für die Modelle 2 und 4 kann schließlich noch ein negativer Einfluss der Firmengröße auf den Anteil an qualifizierten Arbeitnehmern festgestellt werden, wobei dieser negative Zusammenhang mit steigender Betriebsgröße tendenziell größer ausfällt.
Für die Forschungs- und Entwicklungstätigkeiten und den Grad der Internationalisierung konnte kein signifikanter Einfluss auf die abhängige Variable festgestellt werden.
Schließlich weisen die Modelle, in die nur die Umstrukturierungsvariablen einbezogen wurden, ein deutlich geringeres Pseudo-$R^2$ auf als die Modelle, in die alle Variablen einbezogen wurden. Damit kann die Vermutung, dass die Qualifikationsstruktur vorwiegend durch den technisch-organisatorischen Wandel beeinflusst wird, nicht bestätigt werden.

Im Jahr 2000 konnte kein signifikanter Einfluss der hauptsächlich interessierenden Variablen (technischer Stand der Anlagen, flexible Arbeitsorganisation) auf den Anteil an qualifizierten Arbeitnehmern festgestellt werden. Die Ergebnisse für die anderen unabhängigen Variablen unterscheiden sich hinsichtlich Signifikanz und Einflussrichtung kaum von denen für das Jahr 1998. Die einzige Ausnahme stellt die Variable, die den Grad der Internationalisierung misst, dar. Die Betriebe, die einen höheren Anteil der Exporte am Umsatz aufweisen, besitzen ebenfalls einen höheren Anteil an qualifizierten Arbeitnehmern im Vergleich zu den Betrieben, die einen geringeren Anteil ihrer Produkte exportieren. Dies bestätigt die Vermutung, dass für die Herstellung von Exportgütern vorwiegend qualifizierte Arbeitnehmer benötigt werden.[374]

Im Jahr 2001 kann, wie aus Tabelle 6-7 ersichtlich wird, zumindest für die Modelle 2 und 5 erstmals ein signifikanter Einfluss des technischen Stands der Anlagen auf die Qualifikationsstruktur festgestellt werden. Die Betriebe, die einen sehr hohen oder hohen technischen Stand der Anlagen besitzen, weisen einen höheren Anteil an qualifizierten Arbeitnehmern auf als die Betriebe mit einem geringen technischen Stand der Anlagen. In den Modellen 4 und 6 ist der Einfluss dieser Variablen nach Aufnahme des Interaktionsterms jedoch insignifikant. Eine flexible Arbeitsorganisation weist in keinem der Modelle 2, 4, 5 oder 6 einen signifikanten Einfluss auf die abhängige Variable auf, ebenso der Interaktionsterm.

[374] Die Ergebnisse der Querschnittsanalysen aus dem Jahr 2000 sind im Anhang in Tabelle A-34 dargestellt.

*Tabelle 6-7: Determinanten des Anteils an qualifizierten Arbeitnehmern für das Jahr 2001*

| | **Modell 1** | **Modell 2** | **Modell 3** | **Modell 4** | **Modell 5** | **Modell 6** |
|---|---|---|---|---|---|---|
| **Exogene Variablen** | **Koef. (t-Wert)** | **Koef. (t-Wert)** | **Koef. (t-Wert)** | **Koef. (t-Wert)** | **Koef. (t-Wert)** | **Koef. (t-Wert)** |
| Konstante | 53,603*** (34,85) | 36,975*** (6,39) | 53,091*** (27,51) | 36,986*** (6,31) | 38,466*** (7,16) | 38,337*** (7,03) |
| Tech | 5,336*** (3,35) | 3,364** (1,97) | 6,103*** (2,58) | 3,343 (1,36) | 2,722* (1,82) | 2,950 (1,34) |
| AO | 5,445*** (6,30) | 0,844 (0,77) | 6,005*** (3,90) | 0,829 (0,48) | 0,665 (0,71) | 0,831 (0,55) |
| Tech*AO | | | -0,818 (-0,44) | 0,023 (0,01) | | -0,243 (-0,14) |
| FE | | 2,168 (0,86) | | 2,167 (0,86) | 2,731 (1,26) | 2,735 (1,26) |
| Ausgli | | 9,864** (2,36) | | 9,897** (2,36) | 7,561** (2,26) | 7,543** (2,25) |
| WB | | 7,325*** (3,85) | | 7,325*** (3,85) | 8,525*** (4,84) | 8,520*** (4,84) |
| Int | | 0,072* (1,65) | | 0,072* (1,65) | | |
| Fsize | | -0,003** (-2,31) | | -0,003** (-2,30) | -0,0004 (-0,59) | -0,0004 (-0,58) |
| $Fsize^2$ | | $6,86e^{-08}$** (2,01) | | $6,86e^{-08}$** (2,01) | $1,90e^{-08}$ (0,70) | $1,89\ e^{-08}$ (0,69) |
| AntTZ | | -0,274*** (-6,61) | | -0,275*** (-6,61) | -0,231*** (-6,29) | -0,231*** (-6,29) |
| Brat | | 4,165** (2,11) | | 4,165** (2,11) | 4,114** (2,42) | 4,110** (2,42) |
| *Branchenkontrolle* | *Nein* | *Ja* | *Nein* | *Ja* | *Ja* | *Ja* |
| *Pseudo-$R^2$* | *0,0040* | *0,0214* | *0,0040* | *0,0214* | *0,0236* | *0,0236* |
| *Fallzahl* | *1433* | *1145* | *1433* | *1145* | *1428* | *1428* |
| *Anteil zensierter Fälle* | *6,07%* | *6,38%* | *6,07%* | *6,38%* | *6,09%* | *6,09%* |
| *LR $\chi^2$* | *51,80**** | *223,37**** | *52,00**** | *223,37**** | *306,65**** | *306,67**** |

*Eigene Berechnungen auf Basis des IAB-Betriebspanels, Wellen 3 - 9, abhängige Variable: Anteil der qualifizierten Arbeitnehmer, Schätzung von Two-Limit-Tobit-Modellen. ***= signifikant auf dem 1 % Niveau, ** = signifikant auf dem 5 % Niveau, * = signifikant auf dem 10 % Niveau.*

Ansonsten entsprechen die Ergebnisse für die übrigen unabhängigen Variablen weitgehend den Ergebnissen aus dem Jahr 1998. Die Betriebe, die einen Betriebsrat besitzen, weisen einen höheren Anteil an qualifizierten Arbeitnehmern auf als die Betriebe, die keinen Betriebsrat besitzen. Ebenso die Betriebe, die Weiterbildungsmaßnahmen anbieten oder Outsourcingentscheidungen getroffen haben. Der Anteil an Teilzeitbeschäftigung weist wieder einen negativen Zusammenhang mit der Qualifikationsstruktur auf. Zudem besitzen Betriebe mit einem hohen Anteil an Exporten am Umsatz - wie schon für das Jahr 2000 fest-

gestellt - eine höhere Qualifikationsstruktur als Betriebe mit einem geringeren Exportanteil. Für die Forschungs- und Entwicklungstätigkeiten sowie für den Grad der Internationalisierung kann wiederum kein signifikanter Zusammenhang mit der Qualifikationsstruktur festgestellt werden.
Der Wert des Pseudo-$R^2$ in den Modellen, in die nur die Umstrukturierungsvariablen einbezogen wurden, liegt wiederum deutlich unter den Angaben für die Modelle, in die alle Variablen einbezogen wurden. Zudem konnte lediglich im Jahr 1998 ein signifikant positiver Einfluss der flexiblen Arbeitsorganisation auf den Anteil an qualifizierten Arbeitnehmern und im Jahr 2001 ein signifikant positiver Einfluss des technischen Stands der Anlagen auf die abhängige Variable ausgemacht werden. Ein entscheidender Einfluss der Umstrukturierungsprozesse auf den Anteil der qualifizierten Arbeitnehmer kann somit bislang nur sehr eingeschränkt festgestellt werden.
Die drei verwendeten Datensätze wurden zur weiteren Analyse zu einem Datensatz zusammengefügt, so dass Panelanalysen über einen größeren Zeitraum durchgeführt und zudem auf unbeobachtete Heterogenität zwischen den Betrieben kontrolliert werden konnte. Möglicherweise besitzen die bisherigen Modelle eine so geringe Erklärungskraft, da unbeobachtete Heterogenität eine nicht unerhebliche Rolle in den zu Grunde liegenden Datensätzen spielt.

#### 6.2.2.7.2 Ergebnisse der Panelanalyse

Im Vergleich zum Querschnittsdatensatz, dem nur ein Beobachtungszeitpunkt zu Grund liegt, werden bei einem Paneldatensatz die Teilnehmer regelmäßig befragt, so dass mehrere Beobachtungen für jeden Befragungsteilnehmer vorliegen. Dies ermöglicht es, individuelle Unterschiede zwischen den Befragungsteilnehmern in das Modell mit einzubeziehen und somit bei der Schätzung mit Paneldaten unbeobachtete Individualeffekte zu berücksichtigen.[375] In das zu schätzende Modell wird eine Variable für den individuellen Effekt jedes Befragungsteilnehmers aufgenommen, um auf die Heterogenität zwischen den Befragungsteilnehmern zu kontrollieren.
Ein einfaches Regressionsmodell besitzt dann die folgende Form:

(1a) $y_{it} = u_i + \beta' x_{it} + e_{it}$

bzw. mit Konstante:

(1b) $y_{it} = u + \mu_i + \beta' x_{it} + e_{it}$ und $u_i = u + \mu_i$

[375] Vgl. Greene (1997), S. 613ff.; Baltagi (1995), S. 3ff.; Hsiao (1986), S. 1ff.

In dieser Gleichung gibt $u_i$ den individuellen Effekt an, der als konstant über die Zeit t und spezifisch für die Befragungseinheit i angesehen wird. Wenn davon ausgegangen werden kann, dass die individuellen Effekte sich zwischen den Befragungsteilnehmern nicht unterscheiden, dann liefert die Schätzung dieser Gleichung nach der Methode der kleinsten Quadrate konsistente und effiziente Schätzer für u und β.[376] In der Regel ist jedoch davon auszugehen, dass sich die individuellen Effekte zwischen den Befragungsteilnehmern unterscheiden, so dass andere Methoden für die Analysen heranzuziehen sind. Die am häufigsten verwendeten Modelle sind das Fixed-Effects- und das Random-Effects-Modell.
Beim Fixed-Effects-Modell wird davon ausgegangen, dass die Individualeffekte $u_i$ über die Zeit für jeden Befragungsteilnehmer konstant sind. Es wird auch zugelassen, dass die Individualeffekte mit den unabhängigen Variablen korrelieren. Für die Gleichung (1a) bedeutet dies, dass für jede Befragungseinheit ein konstantes Glied in die Schätzung aufgenommen wird.

(2) $y_{it} = u_i d_i + \ldots + u_i dn + \beta' x_{it} + e_{it}$

Der Fixed-Effects-Schätzer wird daher auch als Dummyvariablenschätzer bezeichnet. Da die Aufnahme einer Dummy-Variablen für jede einzelne Person zu einer sehr umfangreichen Schätzgleichung führen würde, werden für die Schätzung die Individualeffekte aus der Gleichung ausdifferenziert. Nach dieser Transformation erhält man die folgende Gleichung, die für die Schätzung herangezogen wird:

(3) $(y_{it} - \bar{y}_i) = \beta'(x_{it} - \bar{x}_i)$

Für diese Schätzung wird nur die Abweichung der Variablen um die individuellen Mittelwerte berücksichtigt. Die geschätzten Koeffizienten geben an, inwieweit eine Abweichung von x vom individuenspezifischen Mittelwert ( $\bar{x}_i$ ) unter Konstanthalten des Individualeffektes zum Abweichen von y vom individuenspezifischen Mittelwert ( $\bar{y}_i$ ) führt. Dies bedeutet auch, dass Koeffizienten für die Variablen, die sich im Zeitverlauf nicht verändern, nicht geschätzt werden können.
Da bei dem Fixed-Effects-Schätzer davon ausgegangen wird, dass die Individualeffekte $u_i$ fix sind und keiner Verteilung folgen, werden die Ergebnisse durch die Stichprobe bedingt und diese Schätzung eignet sich besonders gut für Vollerhebungen.[377]

---

376 Vgl. Greene (1997), S. 615.

377 Ein Überblick über das Fixed-Effects-Modell befindet sich u. a. bei Greene (1997), S. 615ff.; Baltagi (1995), S. 10ff.; Hsiao (1986), S. 29ff.

Besteht die Datengrundlage dagegen aus einer Stichprobe, von der auf die Grundgesamtheit geschätzt werden soll, dann ist der Random-Effects-Schätzer vorzuziehen. Bei diesem Schätzer wird angenommen, dass die Individualeffekte einer Normalverteilung folgen und zufällig zwischen den Individuen variieren. Der Individualeffekt kann als ein individuenspezifischer Störterm angesehen werden und ähnelt der Störgröße $e_{it}$, allerdings mit dem Unterschied, dass er für jede Befragungseinheit zu jedem Zeitpunkt den gleichen Wert annimmt. Das Ausgangsmodell besitzt dann die folgende Form:

(4) $y_{it} = u + \mu_i + \beta' x_{it} + e_{it} = u + \beta' x_{it} + v_{it} \quad \text{mit } v_{it} = \mu_i + e_{it}$

Die Komponente $\mu_i$ ist der zufällige Störterm, der die i-te Beobachtung charakterisiert und er ist konstant über die Zeit.
Für die Schätzung des Random-Effects-Modells wird eine Größe $\theta$ in das Modell aufgenommen, die definiert ist als 1 abzüglich des Anteils der Streuung der allgemeinen Fehler an der Streuung der individuellen und der allgemeinen Fehler. Die Schätzgleichung besitzt dann die folgende Form:

(5) $(y_{it} - \theta\ \bar{y}_i) = u(1-\theta) + \beta'(x_{it} - \theta\ \bar{x}_i)$

Für den Fall, dass $\theta$ den Wert 1 annimmt, ergibt sich der Fixed-Effects-Schätzer. Der Random-Effects-Schätzer ist somit eine Generalisierung des Fixed-Effects-Schätzers.
Da die beiden Residuen korreliert sein können, ist der OLS-Schätzer kein geeigneter Schätzer. Stattdessen wird der Generalized-least-squares (GLS)-Schätzer verwendet. Der Random-Effects-Schätzer nutzt sowohl die Streuung der Variablen zwischen den Personen als auch die Streuung um die individuellen Mittelwerte. Damit ist der Random-Effects-Schätzer effizienter als der Fixed-Effects-Schätzer. Eine wichtige Voraussetzung für die Schätzung eines Random-Effects-Modells ist die Unkorreliertheit der Individualeffekte und der unabhängigen Variablen, da nur dann der Random-Effects-Schätzer konsistente Ergebnisse liefert.[378]
Die Entscheidung, den Fixed-Effects-Schätzer oder den Random-Effects-Schätzer zu verwenden, kann demnach an drei Kriterien festgemacht werden:

1. Das Vorliegen einer Vollerhebung oder einer Stichprobe: Der Fixed-Effects-Schätzer eignet sich eher bei Vollerhebungen, da die Individualeffekte als fix angesehen werden und keiner Verteilung folgen. Beim Random-Effects-Schätzer werden die Individualeffekte als Zufallsvariablen angesehen und dieser Schätzer ist daher eher beim Vorhandensein einer Stichprobe geeignet.

[378] Ein Überblick über das Random-Effects-Modell befindet sich bei Greene (1997), S. 623ff.; Baltagi (1995), S. 13ff.; Hsiao (1986), S. 32ff.

2. Das Vorhandensein zeitkonstanter Variablen: Für diese Variablen können mit dem Fixed-Effects-Schätzer keine Koeffizienten geschätzt werden. Besteht das Modell aus vielen Variablen, deren Wert über die Zeit konstant bleibt (z. B. Branchenzugehörigkeit bei Betrieben, Geschlecht oder höchster Schulabschluss bei Personen), so sollte der Random-Effects-Schätzer vorgezogen werden.
3. Korrelation zwischen den Individualeffekten und der unabhängigen Variablen: Der Random-Effects-Schätzer ist zwar effizienter als der Fixed-Effects-Schätzer, er liefert aber nur konsistente Ergebnisse, wenn die Individualeffekte und die unabhängigen Variablen unkorreliert sind. Trifft diese Bedingung nicht zu, so sollte der Fixed-Effects-Schätzer vorgezogen werden. Diese Bedingung kann mit einem statistischen Test überprüft werden. Das Ergebnis dieses Tests gilt in der Regel als das entscheidende Kriterium zur Verwendung des Fixed-Effects oder des Random-Effects-Schätzers.[379]

Mit dem Paneldatensatz, der sich aus den Datensätzen für die Jahre 1998, 2000 und 2001 zusammensetzt, wurde zum einen ein gepooltes Tobit-Modell berechnet. In dieses Modell wurden zusätzlich Dummy-Variablen für die einzelnen Wellen aufgenommen, um auf Zeiteffekte zu kontrollieren. Außerdem wurde ein Random-Effects-Tobit-Modell[380] geschätzt, dessen Ergebnisse in Tabelle 6-8 dargestellt sind. In der Ergebnistabelle gibt Sigma u den Einfluss der Standardabweichung des Individualeffekts und Sigma e den Einfluss der Standardabweichung des verbleibenden Störterms an. Hier werden nur die Ergebnisse des Random-Effects-Tobit-Modells dargestellt, da Sigma u auf einen höchst signifikanten Einfluss hinweist und Rho[381] ungleich 0 ist. Dies bedeutet, dass die zwischenbetriebliche Heterogenität die Ergebnisse beeinflusst und daher auf diese Effekte zu kontrollieren ist. Daher sind die Ergebnisse des Random-Effects-Tobit-Modells denen des gepoolten Modells vorzuziehen. Hinsichtlich der signifikanten Einflüsse der unabhängigen Variablen gibt es zwischen den beiden Schätzmodellen auch nur geringe Unterschiede.
Wie schon bei den Querschnittsanalysen wurden Modellvarianten mit der unabhängigen Variablen „Anteil der Exporte am Umsatz“ (Modell 2 und Modell 4) und Varianten ohne diese Variable (Modell 5 und Modell 6) geschätzt. Letzteres führte zum Ausschluss der Banken / Kreditinstitute und der Versicherungen.

---

[379] Vgl. Greene (1997), S. 632ff.; Hsiao (1986), S. 41ff.
[380] Für das Random-Effects-Tobit-Modell spricht, dass es sich bei dem verwendeten Datensatz um eine Stichprobe handelt und dass sich zeitkonstante Variablen in dem Modell befinden. Außerdem können für Tobit-Modelle aufgrund des zu Grunde liegenden Schätzers nur Random-Effects-Modelle geschätzt werden und keine Fixed-Effects-Modelle.
[381] Rho ist definiert als der Anteil der Varianz des Individualeffektes an der gesamten Varianz. Wenn Rho den Wert 0 annimmt, dann ist die Varianz der Panelkomponente unwichtig und der Panelschätzer unterscheidet sich nicht von einem gepoolten Schätzer.

*Tabelle 6-8: Determinanten des Anteils an qualifizierten Arbeitnehmern*
*(Verwendung des Panel-Datensatzes)*

| | Modell 1 | Modell 2 | Modell 3 | Modell 4 | Modell 5 | Modell 6 |
|---|---|---|---|---|---|---|
| **Exogene Va-Riablen** | **Koef. (t-Wert)** | **Koef. (t-Wert)** | **Koef. (t-Wert)** | **Koef. (t-Wert)** | **Koef. (t-Wert)** | **Koef. (t-Wert)** |
| Konstante | 55,313*** (52,17) | 36,703*** (7,26) | 55,573*** (46,38) | 36,941*** (7,28) | 38,156*** (8,17) | 38,377*** (8,19) |
| Tech | 1,873** (2,30) | 0,792 (0,84) | 1,501 (1,32) | 0,400 (0,31) | 1,020 (1,25) | 0,661 (0,57) |
| AO | 5,128*** (7,16) | 3,117*** (3,62) | 4,822*** (4,96) | 2,778** (2,40) | 2,241*** (3,12) | 1,955** (2,02) |
| Tech*AO | | | 0,442 (0,47) | 0,488 (0,44) | | 0,413 (0,44) |
| FE | | 2,981** (1,97) | | 2,982** (1,97) | 1,772 (1,36) | 1,766 (1,36) |
| Ausgli | | 3,912** (2,07) | | 3,916** (2,07) | 2,689* (1,77) | 2,696* (1,77) |
| WB | | 3,294*** (3,17) | | 3,297*** (3,17) | 4,162*** (4,37) | 4,167*** (4,38) |
| Int | | 0,043 (1,33) | | 0,043 (1,32) | | |
| Fsize | | -0,002** (-2,44) | | -0,002** (-2,47) | -0,000026 (-0,04) | -0,000037 (-0,06) |
| $Fsize^2$ | | $5{,}02e^{-08}$** (2,09) | | $5{,}06e^{-08}$** (2,11) | $3{,}71e^{-09}$ (0,20) | $3{,}90e^{-09}$ (0,21) |
| AntTZ | | -0,190*** (-7,06) | | -0,190*** (-7,07) | -0,150*** (-6,27) | -0,150*** (-6,28) |
| Brat | | 4,256*** (2,91) | | 4,272*** (2,92) | 4,848*** (3,81) | 4,851*** (3,81) |
| *Sigma u* | *23,131*** (47,54)* | *20,667*** (36,53)* | *23,132*** (47,51)* | *20,662*** (36,52)* | *20,637*** (41,08)* | *20,633*** (41,09)* |
| *Sigma e* | *16,551*** (71,87)* | *17,202*** (62,53)* | *16,552*** (71,87)* | *17,204*** (62,53)* | *16,548*** (70,84)* | *16,549*** (70,84)* |
| *Rho* | *0,661* | *0,591* | *0,661* | *0,591* | *0,609* | *0,609* |
| *Branchenkon-trolle* | *Nein* | *Ja* | *Nein* | *Ja* | *Ja* | *Ja* |
| *Fallzahl (Grup-pen)* | *4200 (1401)* | *3332 (1152)* | *4200 (1401)* | *3332 (1152)* | *4184 (1401)* | *4184 (1401)* |
| *Anteil zensierter Fälle* | *6,95%* | *7,29%* | *6,95%* | *7,29%* | *6,96%* | *6,96%* |
| *Wald* $\chi^2$ | *56,36**** | *285,36**** | *56,64**** | *285,63**** | *396,52**** | *397,09**** |

*Eigene Berechnungen auf Basis des IAB-Betriebspanels, Wellen 3 - 9, abhängige Variable: Anteil der qualifizierten Arbeitnehmer, Schätzung von Random-Effects-Tobit-Modellen.*
****= signifikant auf dem 1 % Niveau, ** = signifikant auf dem 5 % Niveau, * = signifikant auf dem 10 % Niveau.*

Weiterhin wurden Varianten inklusive des Interaktionsterms aus dem technischen Stand der Anlagen und der flexiblen Arbeitsorganisation (Modell 4 und Modell 6) und solche ohne diese Variable (Modell 2 und Modell 5) berechnet. Die Ergebnisse unterscheiden sich insgesamt nur geringfügig von denen der Querschnittsanalysen. Der erwartete deutliche Einfluss der Umstrukturierungsmaßnahmen innerhalb der Betriebe kann auch mit dem Paneldatensatz nicht festgestellt werden. Einzig die flexible Arbeitsorganisation besitzt in allen Modellen einen signifikant positiven Einfluss auf den Anteil an qualifizierten Arbeitnehmern. Für einen hohen oder sehr hohen technischen Stand der Anlagen und den Interaktionsterm lässt sich dagegen kein signifikanter Einfluss auf die abhängige Variable feststellen.

Einen höchst signifikanten Einfluss auf die abhängige Variable weisen wiederum die Fort- und Weiterbildungsmöglichkeiten, der Anteil der Teilzeitbeschäftigten und die Existenz eines Betriebsrats auf. Die Betriebe, die interne Weiterbildungsmöglichkeiten anbieten, besitzen eine signifikant höhere Qualifikationsstruktur als Betriebe, die diese Möglichkeit nicht anbieten. Wie schon bei den Querschnittsanalysen zeigt sich auch hier ein signifikant negativer Zusammenhang zwischen dem Anteil an Teilzeitbeschäftigten und dem Anteil an qualifizierten Beschäftigten. Zudem beeinflusst das Vorhandensein eines Betriebsrats die abhängige Variable wiederum signifikant positiv.

Anders als bei den Querschnittsanalysen ist bei den Panelanalysen erstmals ein signifikant positiver Einfluss der Forschungs- und Entwicklungstätigkeiten auf die Qualifikationsstruktur erkennbar. In den Modellen 2 und 4 weisen die Betriebe, die Forschungs- und Entwicklungstätigkeiten betreiben, einen höheren Anteil an qualifizierten Arbeitnehmern auf als die Betriebe, die keine Forschungs- und Entwicklungstätigkeiten vornehmen. Dieser Einfluss ist jedoch nicht mehr signifikant, wenn die Variable, die den Anteil der Exporte am Umsatz angibt, aus der Analyse ausgeschlossen wird und somit auch die Banken / Kreditinstitute und die Versicherungen in die Berechnungen mit einbezogen werden. Diese Betriebsarten werden auch typischerweise nur wenig Forschung und Entwicklung betreiben, aber trotzdem ein relativ hoch qualifiziertes Personal besitzen, so dass die Ergebnisse daher bei dieser Variable verzerrt sein können. Darüber hinaus führt eine Ausgliederung oder Ausgründung von Betriebsteilen zu einem signifikant höheren Anteil an qualifizierten Arbeitnehmern im Vergleich zu den Betrieben, die keine Outsourcingentscheidungen getroffen haben. Schließlich sinkt in den Modellen 2 und 4 mit steigender Firmengröße der Anteil der qualifizierten Arbeitnehmer. Dieser negative Zusammenhang fällt mit steigender Betriebsgröße tendenziell größer aus.

Die Stärke der Internationalisierung der Betriebe beeinflusst die Qualifikationsstruktur nicht signifikant.

### 6.2.2.7.3 Zusammenfassung und Bewertung der Ergebnisse

In Tabelle 6-9 werden die Ergebnisse über die Einflussfaktoren auf die betriebliche Qualifikationsstruktur noch einmal zusammengefasst.

*Tabelle 6-9: Zusammenfassung der Ergebnisse über die Determinanten des Anteils an qualifizierten Arbeitnehmern*

| | Querschnittsanalysen | Panelanalysen |
|---|---|---|
| Tech | (+) | |
| AO | (+) | + |
| Tech*AO | | |
| FE | | + |
| Ausgli | + | + |
| WB | + | + |
| Int | (+) | |
| AntTZ | - | - |
| Brat | + | + |
| Fsize | - | - |
| $Fsize^2$ | + | + |

*+ = signifikant positive Beziehung zwischen der jeweiligen Variablen und der betrieblichen Qualifikationsstruktur*

*- = signifikant negative Beziehung zwischen der jeweiligen Variablen und der betrieblichen Qualifikationsstruktur*

*In Klammern gesetzte Zeichen weisen darauf hin, dass für diese Variable nur in einzelnen Modellen ein signifikanter Zusammenhang mit der betrieblichen Qualifikationsstruktur festgestellt werden konnte.*

Für die Variablen, die den Umstrukturierungsprozess der Betriebe charakterisieren, kann nur teilweise ein Einfluss auf die betriebliche Qualifikationsstruktur festgestellt werden. Bei den Querschnittsanalysen ergibt sich nur im Jahr 2001 ein signifikanter Einfluss des *technischen Stands der Anlagen* und nur im Jahr 1998 ein signifikanter Einfluss einer *flexiblen Arbeitsorganisation* auf die abhängige Variable. Die Panelanalysen deuten jedoch darauf hin, dass einzig die flexible Arbeitsorganisation einen signifikanten Einfluss auf die betriebliche Qualifikationsstruktur hat. Je flexibler die Arbeitsorganisation eines Betriebs ist, desto höher ist seine Qualifikationsstruktur.

Eine Erklärung dafür, dass kein signifikanter Einfluss des technischen Fortschritts auf die abhängige Variable festgestellt werden kann, ist möglicherweise in der Operationalisierung dieser Variablen zu finden. Wie schon erläutert, beruht die Beurteilung des technischen Stands der Anlagen auf den Selbsteinschätzungen der Befragten. Diesen Einschätzungen können somit unterschiedliche Referenzgrößen zu Grunde liegen. Dafür spricht auch, dass der Anteil der Betriebe, der nach eigenen Angaben einen sehr hohen oder hohen technischen Stand der Anlagen besitzt, sehr hoch ist und die Betriebe sich durch diese Variable nur wenig differenzieren lassen. Schon bei der Analyse der Mittelwertvergleiche wurde deutlich, dass die Betriebe, die einen sehr hohen oder hohen technischen Stand der Anlagen besitzen, zwar eine signifikant höhere Qualifikationsstruktur aufweisen als die Betriebe mit einem geringeren technischen Stand

der Anlagen; die Differenz der Mittelwerte zwischen den beiden Betriebsgruppen ist jedoch relativ gering.
Da in keinem Modell sowohl der technische Stand der Anlagen als auch die flexible Arbeitsorganisation einen signifikanten Einfluss auf die abhängige Variable aufweisen, beeinflusst auch in keinem Modell der Interaktionseffekt aus beiden Variablen die betriebliche Qualifikationsstruktur signifikant. Aber selbst für den Fall, dass für beide Variablen ein signifikant positiver Zusammenhang mit der abhängigen Variable festgestellt werden könnte, würde der Interaktionsterm wahrscheinlich keinen signifikant positiven Einfluss aufweisen. Denn die vorangegangenen Analysen lieferten keinen Hinweis darauf, dass ein hoher technischer Stand der Anlagen, eine flexible Arbeitsorganisation und eine hohe Qualifikationsstruktur in einer komplementären Beziehung zueinander stehen.
Darüber hinaus fiel die Erklärungskraft der Umstrukturierungsvariablen nur sehr gering aus, so dass auch nicht davon ausgegangen werden kann, dass der technisch-organisatorische Wandel innerhalb der Betriebe den entscheidenden Einfluss auf die betriebliche Qualifikationsstruktur ausübt.
Ein Grund für dieses nicht ganz den Erwartungen entsprechende Ergebnis kann auch die mangelnde Differenzierbarkeit der Arbeitnehmer hinsichtlich ihres Qualifikationsniveaus sein. Möglicherweise würde sich ein deutlicherer Einfluss der Umstrukturierungsvariablen zeigen, wenn der Bestand an hoch qualifizierten Arbeitnehmern als abhängige Variable verwendet werden könnte. Allerdings führten Bauer und Bender (2001) ähnliche Analysen mit dem employer-employee-Datensatz des IAB[382] durch. Mithilfe dieses Datensatzes lässt sich für jeden Betrieb der Bestand an hoch qualifizierten Arbeitnehmern von dem der qualifizierten und unqualifizierten Arbeitnehmer abgrenzen. Die Autoren untersuchten den Effekt einer Investition in Informations- und Kommunikationstechnologien sowie verschiedener Maßnahmen zur Flexibilisierung der Arbeitsorganisation auf die betriebliche Qualifikationsstruktur. Keine dieser Maßnahmen und auch nicht der Interaktionsterm aus den technologischen und arbeitsorganisatorischen Veränderungen wies jedoch einen signifikanten Einfluss auf den Bestand an hoch qualifizierten Arbeitnehmern auf.[383]
In allen Modellen konnte jedoch ein höchst signifikanter Einfluss der *Weiterbildungsmöglichkeiten* auf die abhängige Variable festgestellt werden. Die Betriebe, die Weiterbildung anbieten, besitzen eine signifikant höhere Qualifikationsstruktur als die Betriebe, die keine Weiterbildung anbieten. Die Weiterbildungsmöglichkeiten innerhalb des Betriebs sind demnach nicht als Substitut zur

[382] Der employer-employee-Datensatz ist eine Verknüpfung des IAB-Betriebspanels mit der Beschäftigtenstatistik. Dieser Datensatz wurde für diese Arbeit nicht verwendet, weil erst für wenige Jahre die Verknüpfung zwischen Beschäftigtenstatistik und Betriebspanel vorgenommen wurde und somit nicht alle verwendeten Wellen des Betriebspanels mit den Daten der Beschäftigten kombiniert werden können.
[383] Vgl. Bauer/Bender (2001), S. 21.

Einstellung qualifizierter Arbeitnehmer anzusehen. In diesem Fall würde ein negativer Zusammenhang zwischen den beiden Variablen bestehen. Die positive Beziehung zwischen den Fort- und Weiterbildungsmaßnahmen und der Qualifikationsstruktur deutet darauf hin, dass die Betriebe, die einen großen Bedarf an qualifizierten Arbeitnehmern haben, zum einen auf dem externen Arbeitsmarkt nach entsprechend qualifizierten Arbeitnehmern suchen und gleichzeitig die schon vorhandenen Mitarbeiter weiterbilden.

Der positive Zusammenhang lässt sich möglicherweise aber auch dadurch erklären, dass qualifizierte Arbeitnehmer eher ein Interesse an Weiterbildung besitzen und sich daher eher von Betrieben, die in die Fort- und Weiterbildung ihrer Arbeitnehmer investieren, angezogen fühlen. Diesen Betrieben fällt es somit leichter, ihre Arbeitsplätze mit qualifizierten Arbeitnehmern zu besetzen und sie weisen daher einen höheren Anteil an qualifizierten Arbeitnehmern auf als Betriebe, die keine Weiterbildung anbieten. Von Schmidtke und Backes-Gellner (2002) wurde mithilfe des IAB-Betriebspanels untersucht, von welchen Arbeitsplatz- und Betriebscharakteristika der Rekrutierungserfolg von Betrieben abhängt. Sowohl bei den qualifizierten Angestellten als auch bei den Facharbeitern konnte ein signifikanter Einfluss der Existenz eines Weiterbildungssystems auf den Rekrutierungserfolg festgestellt werden. Dies wurde von den Autoren als ein deutliches Zeichen für die Signalwirkung des Angebots an Fort- und Weiterbildungsmaßnahmen angesehen.[384]

Es kann jedoch auch umgekehrt argumentiert werden. Von Düll / Bellmann (1998) und Bellmann / Düll / Leber (2001) wurde anhand von Analysen mit dem IAB-Betriebspanel festgestellt, dass die Betriebe mit einer hohen Qualifikationsstruktur eher Fort- und Weiterbildungsmaßnahmen anbieten als Betriebe mit einer geringeren Qualifikationsstruktur. Das Angebot an Fort- und Weiterbildung richtet sich zudem zu einem großen Teil an die Arbeitnehmer mit einem hohen Qualifikationsniveau.[385] Als Erklärung für diese Beobachtung kann angeführt werden, dass die Erträge der Weiterbildung oftmals bei qualifizierten Arbeitnehmern höher ausfallen als bei geringer qualifizierten Arbeitnehmern, da bei höher qualifizierten Arbeitnehmern eine höhere Lernfähigkeit und Lernwilligkeit vorausgesetzt wird. Die Investitionen in Weiterbildung lohnen sich demnach eher bei qualifizierten Arbeitnehmern. Auch nach dieser Argumentation besteht ein positiver Zusammenhang zwischen der Qualifikationsstruktur und der internen Weiterbildung.

Ein weiterer höchst signifikanter Zusammenhang mit der Qualifikationsstruktur konnte in allen Modellen für den Anteil an Teilzeitbeschäftigten und die Existenz eines Betriebsrats festgestellt werden.

---

[384] Vgl. Schmidtke/Backes-Gellner (2002), S. 116ff.

[385] Vgl. Düll/Bellmann (1998), S. 218ff.; Bellmann/Düll/Leber (2001), S. 115ff.

Wie erwartet ist der Zusammenhang zwischen dem *Anteil an Teilzeitbeschäftigten* und der Qualifikationsstruktur negativ, so dass Betriebe mit einem höheren Anteil an Teilzeitbeschäftigten eine geringere Qualifikationsstruktur besitzen als Betriebe mir einem niedrigeren Anteil an Teilzeitbeschäftigten. Dieses Ergebnis bestätigt die Vermutung, dass Teilzeitarbeitsplätze vorwiegend in Bereichen entstehen, in denen eher gering qualifizierte Arbeitskräfte benötigt werden. Verschiedene Untersuchungen über die Struktur der Teilzeitarbeitsplätze führten zu dem Ergebnis, dass diese vor allem für einfache Tätigkeiten in den Branchen „Handel" und „einfache Dienstleistungen" und damit in den Niedriglohnbranchen bereitgestellt werden. Auf diesen Arbeitsplätzen ist häufig nur ein geringes Qualifikationsniveau erforderlich. Sie werden zum größten Teil von verheirateten Frauen besetzt, deren Verdienst nicht das einzige Einkommen der Familie ist und denen so die Möglichkeit gegeben wird, berufliche und familiäre Verpflichtungen zu vereinbaren.[386] So fassen Bäcker und Stolz-Willig (1993) die Merkmale von Teilzeitarbeitsplätzen folgendermaßen zusammen: „Bei Teilzeit handelt es sich überwiegend um das Segment eher unattraktiver, unqualifizierter und schlecht bezahlter Frauenarbeitsplätze am unteren Ende der betrieblichen Hierarchie... ."[387]

Durch Teilzeitarbeit kann der jeweilige Betrieb zwar flexibler auf Veränderungen der Produktion reagieren und oftmals lässt sich auf diesem Weg auch die Arbeitsproduktivität erhöhen; auf der anderen Seite werden aber durch die Bereitstellung von Teilzeitarbeitsplätzen Kosten verursacht. Gerade bei Arbeitsplätzen mit einem hohen Qualifikationsniveau können die Aufwendungen für die Umstrukturierung des Arbeitsplatzes und der mit Teilzeitarbeit verbundene Koordinations- und Organisationsaufwand sehr hoch sein. Daher erscheint die Einrichtung von Teilzeitarbeitsplätzen in diesem Segment aus Rentabilitätsüberlegungen heraus für die Arbeitgeber oft nicht lohnenswert.[388] Auch ist es für die Betriebe häufig mit Schwierigkeiten verbunden, zusätzlich hoch qualifizierte Arbeitskräfte auf dem Arbeitsmarkt zu finden. Dies erschwert eine Aufteilung der Arbeit auf mehrere Arbeitnehmer. Oftmals besitzen aber die hoch qualifizierten Fach- und Führungskräfte auch gar kein Interesse an einer Teilzeitbeschäftigung, da es für ihre Karriereaussichten oftmals nachteilig ist, einer Teilzeitbeschäftigung nachzugehen.[389] Das Zusammenspiel der Interessen von Arbeitgeber und Arbeitnehmer kann dazu führen, dass Teilzeitarbeitsplätze eher für gering qualifizierte Arbeitnehmer bereitgestellt werden und diese Annahme steht in Einklang mit den Ergebnissen der hier vorgenommen Untersuchungen.

[386] Vgl. Kohler/Spitznagel (1995), S. 341ff. und S. 349f.; Kohler/Spitznagel (1993), S. 88ff.; Heilmann/Troyano (2002), S. 159ff.; Bäcker/Stolz-Willig (1993), S. 545ff.

[387] Bäcker/Stolz-Willig (1993), S. 548ff.

[388] Vgl. Kohler/Spitznagel (1995), S. 345ff.; Kohler/Spitznagel (1993), S. 90f.; Bäcker/Stolz-Willig (1993), S. 548ff.; Heilmann/Troyano (2002), S. 178ff.

[389] Vgl. Heilmann/Troyano (2002), S. 164; Bäcker/Stolz-Willig (1993), S. 550f.

Zwischen der Existenz eines *Betriebs- oder Personalrats* und dem Anteil der qualifizierten Arbeitnehmer kann ein signifikant positiver Zusammenhang festgestellt werden. Die Betriebe, die einen Betriebs- oder Personalrat besitzen, weisen demnach eine höhere Qualifikationsstruktur der betrieblichen Mitarbeiter auf als die Betriebe ohne Betriebs- oder Personalrat. Eine mögliche Erklärung für diesen Zusammenhang kann durch die Betrachtung des Betriebsrats als Akteur betriebsinterner Arbeitsmärkte gewonnen werden. Betriebsinterne Arbeitsmärkte zeichnen sich durch langfristige Beschäftigungsverhältnisse, durch eine geringe Anzahl an Einstiegsarbeitsplätzen und durch Aufstiegs- und Beförderungsmöglichkeiten innerhalb der Betriebe aus.
Durch die Existenz eines Betriebsrats kann ein Abbau von Informationsasymmetrien zwischen Arbeitgeber und Arbeitnehmer und dadurch eine verbesserte Kommunikation zwischen den beiden Parteien erzielt werden. Da auftretende Probleme so eher beseitigt werden können, kann das Vorhandensein eines Betriebsrats die Fluktuation der Arbeitnehmer verringern und dadurch zum Aufbau langfristiger Beschäftigungsverhältnisse und zur Entstehung einer Stammbelegschaft beitragen. Der vermutete Zusammenhang zwischen der Fluktuation der Arbeitnehmer und der Existenz eines Betriebsrats wurde u. a. von Frick (1997) und Addison / Schnabel / Wagner (1998) untersucht. Mit den Daten von mehr als 2.000 deutschen Betrieben, die für die Evaluierung des Beschäftigungsförderungsgesetzes erhoben wurden, bzw. mit dem Hannoveraner Firmenpanel konnte von den genannten Autoren festgestellt werden, dass das Vorhandensein eines Betriebsrats die Fluktuation der Arbeitnehmer signifikant reduziert.[390]
Zum Aufbau langfristiger Beschäftigungsverhältnisse und gleichzeitig zum Schutz der Stammbelegschaft kann der Betriebsrat auch dadurch beitragen, indem er durch die Wahrnehmung seiner Mitspracherechte die ausgedehnte Schaffung geringfügiger Beschäftigung innerhalb der Betriebe erschweren oder sogar verhindern kann. Von Düll und Ellguth (1999) wurde mit den Daten des IAB-Betriebspanels festgestellt, dass die Wahrscheinlichkeit für den Einsatz geringfügiger Beschäftigung umso größer ist, wenn in den Betrieben kein Betriebsrat vorhanden ist.[391] Auf den Arbeitsplätzen für geringfügig Beschäftigte ist oftmals ein geringeres Qualifikationsniveau ausreichend als auf den Arbeitsplätzen der Stammbelegschaft, denn von den Arbeitnehmern der Stammbelegschaft werden u. a. größere Entscheidungskompetenzen und die Erfüllung eines breiteren Aufgabenspektrums erwartet.
Darüber hinaus werden sie eher in Bereichen eingesetzt, die für den Betrieb eine größere strategische Bedeutung haben.[392] Eine geringere Bereitstellung von Arbeitsmöglichkeiten für geringfügig Beschäftigte und eine gleichzeitige Schaf-

---

[390] Vgl. Frick (1997), S. 215ff.; Addison/Schnabel/Wagner (1998), S. 68ff.
[391] Vgl. Düll/Ellguth (1999), S. 165ff.
[392] Vgl. Becker/Jörges-Süß (2002), S. 130.

fung einer relativ großen Stammbelegschaft können somit zu einer höheren Qualifikationsstruktur innerhalb der Betriebe führen.
Durch die Entstehung langfristiger Beschäftigungsverhältnisse kann sowohl für den Arbeitgeber als auch für den Arbeitnehmer ein Anreiz zu weiteren Investitionen in das Humankapital der Arbeitnehmer entstehen. Solange man nicht davon ausgehen kann, dass von beiden Seiten ein Interesse an einer langfristigen Zusammenarbeit besteht, werden diese Investitionen nicht vorgenommen. Die Unsicherheiten hinsichtlich der Amortisation dieser Investitionen sind in dem Fall zu groß. Durch die Beteiligung der Arbeitnehmer in den Entscheidungs- und Kontrollgremien der Betriebe können diese Investitionen geschützt werden. Neben der Erzielung von Erträgen aus den Investitionen in das Humankapital seitens der Arbeitnehmer kann der Betriebsrat auch aus einem weiteren Grund ein Interesse an der weiteren Qualifizierung der Stammbelegschaft haben: Durch höhere Qualifikationen kann sich die Arbeitsmarktposition der Arbeitnehmer vor allem innerhalb aber auch außerhalb des Betriebs verbessern.[393] Somit zeigt sich wiederum, dass die Existenz eines Betriebsrats zu einer besseren Qualifikation der Mitarbeiter führt. Allerdings bestehen die innerhalb eines Betriebs erworbenen Qualifikationen vorwiegend aus betriebsspezifischem Humankapital. Mit der in diesen Analysen verwendeten Qualifikationsvariablen wird jedoch nicht nur das betriebsspezifische Humankapital, sondern vor allem auch das allgemeine Humankapital gemessen. Um betriebsspezifisches Humankapital zu erlangen, ist jedoch häufig auch ein bestimmtes Niveau an allgemeinem Humankapital notwendig, so dass der hier festgestellte Zusammenhang zwischen Betriebsrat und der Qualifikationsstruktur der Betriebe trotz der vielleicht nicht ganz geeigneten Messung der Qualifikation auch auf die hier angeführte Argumentation zurückgeführt werden kann.
Schließlich kann die Existenz eines Betriebsrats auch die Arbeitsplatzwahl der Arbeitnehmer beeinflussen. In der schon erwähnten Studie von Schmidtke und Backes-Gellner (2002) über Einflussgrößen für den Rekrutierungserfolg von Betrieben konnte zumindest bei den Facharbeitern ein größerer Rekrutierungserfolg in Betrieben mit Betriebsrat festgestellt werden. Die Autoren sahen das Vorhandensein eines Betriebsrats dabei als Signal für Arbeitsplatzsicherheit und ein gutes Betriebsklima an. Bei den qualifizierten Arbeitnehmern weisen die Ergebnisse auf die gleiche Einflussrichtung hin, der Zusammenhang kann jedoch nicht als signifikant angesehen werden.[394] Insgesamt kann jedoch angenommen werden, dass Betriebe mit Betriebsräten eher qualifizierte Arbeitnehmer finden und damit auch eine höhere Qualifikationsstruktur der betrieblichen Mitarbeiter aufweisen können als die Betriebe ohne Betriebsrat.

---

[393] Vgl. Sadowski/Backes-Gellner/Frick (1995), S. 158ff.; Sadowski/Junkes/Lindenthal (2001), S. 116.
[394] Vgl. Schmidtke/Backes-Gellner (2002), S. 116ff.

Weiterhin konnte in den meisten Modellen ein signifikanter Einfluss der *Ausgliederungs- und Ausgründungsmaßnahmen* auf die betriebliche Qualifikationsstruktur festgestellt werden. Sowohl die Querschnitts- als auch die Panelanalysen deuten darauf hin, dass die Betriebe, die eine Outsourcingmaßnahme durchgeführt haben, eine höhere Qualifikationsstruktur besitzen als die Betriebe, die eine solche Maßnahme nicht durchgeführt haben. Dies deutet darauf hin, dass vor allem Arbeitsbereiche, für die ein geringeres Qualifikationsniveau erforderlich ist, ausgegliedert werden. Dies bestätigt die Vermutung, dass die Betriebe bei der Ausgliederung von Abteilungen mit einer hohen Qualifikationsintensität zurückhaltend sind, da diese eher eine strategische Bedeutung haben können. Weiterhin haben die Betriebe oftmals mehr in die Weiterbildung qualifizierter Arbeitnehmer investiert, so dass diese nun umfangreiche betriebsspezifische Kenntnisse besitzen, die der Betrieb nicht verlieren möchte. In den Abteilungen mit einem relativ hohen Qualifikationsniveau wird der Betrieb somit eher nach internen Optimierungsstrategien suchen als die gesamte Abteilung auszugliedern.

Nicht mehr so eindeutig stellt sich der Einfluss der *Forschungs- und Entwicklungstätigkeiten* auf die abhängige Variable dar. Während bei den Querschnittsanalysen in keinem Modell ein signifikanter Zusammenhang mit der betrieblichen Qualifikationsstruktur festgestellt werden konnte, deuten zumindest die Ergebnisse der Panelanalysen auf einen signifikanten Einfluss der Forschungs- und Entwicklungstätigkeiten hin. Die Betriebe, die Forschungs- und Entwicklungstätigkeiten durchführen, besitzen demnach einen höheren Anteil an qualifizierten Arbeitnehmern als die Betriebe, die keine Forschungs- und Entwicklungstätigkeiten vornehmen. Die Arbeitsaufgaben, die mit der Durchführung von Forschungs- und Entwicklungstätigkeiten verbunden sind, erfordern von den Arbeitnehmern ein starkes Innovationsbewusstsein, kreative Fähigkeiten, ständiger Erwerb neuen Wissens und neuer Kenntnisse sowie eine hohe Abstraktions- und Analysefähigkeit. Weiterhin benötigt die Erforschung und Entwicklung neuer Produkte oder neuer Verfahren eine langfristige strategische Vorbereitung, mit der vielfältige Führungsaufgaben, Planungs- Organisations- und Kontrollprozesse mit einem hohen Kreativitätsanspruch verbunden sind.[395] Diese anspruchsvollen Aufgaben können häufig am besten von gut ausgebildeten Personen ausgeführt werden, so dass Betriebe, die Forschung und Entwicklung betreiben, für diese strategische Abteilung vermutlich auch qualifizierte Arbeitnehmer benötigen. Diese Annahme bestätigt sich in den empirischen Ergebnissen.

Schließlich kann in einigen Modellen ein signifikant negativer Zusammenhang zwischen der *Betriebsgröße* und der betrieblichen Qualifikationsstruktur festgestellt werden. Je größer die Betriebe sind, desto geringer ist die Qualifikations-

---

[395] Vgl. Sabisch (1991), S. 11 und S. 25.

struktur. Dieser Zusammenhang ist jedoch nicht linear, sondern tendenziell zunehmend. Eine Erklärung für dieses Ergebnis kann die Tatsache sein, dass Betriebe mit einer relativ hohen Qualifikationsstruktur wie die wissensintensiven Dienstleistungsbetriebe oftmals kleiner sind als die Industriebetriebe, in denen relativ gesehen eine größere Anzahl von gering qualifizierten Arbeitnehmern beschäftigt wird. Außerdem lohnt es sich für Großbetriebe möglicherweise eher, die Arbeitskräfte intern weiterzubilden und so für die anfallenden Arbeitsaufgaben zu qualifizieren. Somit besitzen die größeren Betriebe möglicherweise eine relativ geringere Qualifikationsstruktur in Bezug auf die formalen Qualifikationen. Hinsichtlich der tatsächlichen Kenntnisse und Fähigkeiten sind die Unterschiede in der Qualifikationsstruktur zwischen kleinen und großen Betrieben wahrscheinlich geringer. Kleinere Betriebe suchen somit möglicherweise eher qualifizierte Arbeitnehmer auf dem externen Arbeitsmarkt, während größere Betriebe eher die Möglichkeit haben, formal geringer qualifizierte Arbeitnehmer intern weiterzubilden.

Der Grad der *Internationalisierung* scheint dagegen die betriebliche Qualifikationsstruktur kaum zu beeinflussen. Der Zusammenhang ist entweder insignifikant oder nur sehr schwach positiv signifikant. Somit kann die Vermutung, dass ein höherer Anteil der Exporte am Umsatz mit einer relativ höheren Qualifikationsstruktur verbunden ist, nur sehr eingeschränkt bestätigt werden. Die Ausfallquote ist bei dieser Variablen jedoch auch sehr hoch, da für einige Branchen die Umsatzvariable gar nicht erhoben wird und weitere Betriebe keine Angabe zur Höhe ihres Umsatzes gemacht haben.

Insgesamt wird die betriebliche Qualifikationsstruktur also nicht wie vermutet hauptsächlich durch den technisch-organisatorischen Wandel bestimmt, sondern auch durch andere betriebliche Maßnahmen (Angebot an Fort- und Weiterbildung, Outsourcingentscheidungen, Forschungs- und Entwicklungstätigkeiten) und durch einige betriebliche Charakteristika (Teilzeit, Betriebsrat).

In den bisherigen Untersuchungen wurde nur ein Teil der Arbeitsnachfrage betrachtet und zwar der Teil, der schon zu einer Einstellung von Arbeitnehmern geführt hat. Darüber hinaus suchen die Betriebe nach weiteren Arbeitnehmern. Die Determinanten dieses Teils der Arbeitsnachfrage sollen im Folgenden ebenfalls untersucht werden.

### 6.2.3 Erklärungsgründe für den Zusatzbedarf an qualifizierten bzw. hoch qualifizierten Arbeitnehmern

Es werden nun Determinanten für den zusätzlichen Bedarf an qualifizierten bzw. hoch qualifizierten Arbeitnehmern untersucht. Wie schon in den Ausführungen über die Struktur der empirischen Analyse deutlich gemacht wurde, kann nun der Zusammenhang zwischen aktuellen Umstrukturierungsprozessen innerhalb der Betriebe und der Qualifikationsvariable untersucht werden. Die Analysen werden zunächst mit dem Zusatzbedarf an qualifizierten Arbeitnehmern und anschließend mit dem zusätzlichen Bedarf an hoch qualifizierten Arbeitnehmern durchgeführt. Damit werden die Hypothesen 4 – 7 untersucht.

#### 6.2.3.1 Erklärungsgründe für den zusätzlichen Bedarf an qualifizierten Arbeitnehmern

##### 6.2.3.1.1 Operationalisierung und Auswahl der Datensätze

Neben der Qualifikationsvariable werden auch einige Operationalisierungen der unabhängigen Variablen – vor allem diejenigen, die die Umstrukturierungsprozesse innerhalb der Betriebe charakterisieren – verändert. Diese veränderten Operationalisierungen werden im Folgenden dargestellt. Für alle weiteren Variablen wird auf die Beschreibung der Operationalisierungen in den vorangegangenen Analysen verwiesen.

**Variable für die Personalsuche**

Für die folgenden Analysen wurde der Anteil der offenen Arbeitsstellen, die sofort oder zu einem späteren Zeitpunkt mit qualifizierten Arbeitnehmern besetzt werden sollen, als Qualifikationsvariable verwendet. Die qualifizierten Arbeitnehmer setzen sich wiederum aus den Angestellten / Beamten für qualifizierte Tätigkeiten und den Facharbeitern zusammen.

**Variable für den technischen Fortschritt**

In den theoretischen Ausführungen wurde davon ausgegangen, dass der Einsatz neuer Technologien einen Bedarf an qualifizierten Arbeitnehmern entstehen lässt. Der Einsatz neuer Technologien wird durch den Anteil der Investitionen in Informations- und Kommunikationstechnik am gesamten Investitionsvolumen operationalisiert. Es wird davon ausgegangen, dass der zusätzliche relative Bedarf an qualifizierten Arbeitnehmern umso höher ist, je größer der Anteil an Investitionen in Informations- und Kommunikationstechnik ist.

**Variable für die Arbeitsorganisation**

Die flexible Arbeitsorganisation wird in diesen Analysen mithilfe der Frage operationalisiert, ob der Betrieb innerhalb der vergangenen zwei Jahre Verantwortung und Entscheidung nach unten verlagert und ob er Gruppenarbeit bzw. eigenverantwortliche Arbeitsgruppen eingeführt hat. Zur Kennzeichnung der Flexibilität der Arbeitsorganisation wird die Anzahl der eingeführten Maßnahmen verwendet. Angenommen wird, dass die Anforderungen, die mit einer flexiblen Arbeitsorganisation verknüpft sind, eher von qualifizierten Arbeitnehmern bewältigt werden können. Daher kann davon ausgegangen werden, dass je flexibler die Arbeitsorganisation eines Betriebs ist, desto größer ist auch sein zusätzlicher relativer Bedarf an qualifizierten Arbeitnehmern.

**Weitere Kontrollvariablen**

Als weitere unabhängige Variablen wurden überwiegend die Variablen verwendet, die auch schon bei den Bestandsanalysen berücksichtigt wurden. Eine abweichende Operationalisierung erfolgte bei den *Forschungs- und Entwicklungstätigkeiten*, die nun durch die Produktinnovationen operationalisiert wurden. Diese wurden mithilfe einer Dummy-Variablen operationalisiert, die den Wert 1 annimmt, wenn der Betrieb in den letzten zwei Jahren Maßnahmen getroffen hat, um eine bereits von ihm angebotene Leistung oder ein Produkt zu verbessern oder weiterzuentwickeln oder um eine völlig neue Leistung oder ein neues Produkt, für das ein neuer Markt geschaffen werden musste, neu in das Programm aufzunehmen. Es wird davon ausgegangen, dass für diese Tätigkeiten ein qualifiziertes Personal benötigt wird und somit der zusätzliche relative Bedarf an qualifizierten Arbeitnehmern steigt.

In die nachfolgenden Analysen wurde noch eine zusätzliche Dummy-Variable aufgenommen, die den *Standort* der Betriebe in Ost- und Westdeutschland angibt. Da nun sowohl west- als auch ostdeutsche Betriebe in den Analysen vorhanden sind[396], kann darauf kontrolliert werden, ob es in beiden Landesteilen signifikante Unterschiede hinsichtlich des zusätzlichen relativen Bedarfs an qualifizierten Arbeitnehmern gibt.

In Tabelle 6-10 werden alle in die Modelle aufgenommenen Variablen und deren Operationalisierungen noch einmal zusammengefasst.

Die Analysen wurden exemplarisch für die Welle aus dem Jahr 2000 durchgeführt.[397] Bis auf die Variable für die Forschungs- und Entwicklungstätigkeiten sind alle Variablen in dieser Welle vorhanden. Die fehlende Variable wurde aus der Welle von 1998 zugespielt. In dem Datensatz für das Jahr 2000 sind somit nur die Betriebe enthalten, die sowohl im Jahr 1998 als auch im Jahr 2000 befragt wurden.

---

[396] Aufgrund der veränderten Operationalisierung der flexiblen Arbeitsorganisation ist es nicht mehr notwendig, nur Betriebe zu berücksichtigen, die seit 1995 an der Befragung teilgenommen haben. Somit werden auch nicht länger die ostdeutschen Betriebe aus den Analysen ausgeschlossen.

[397] Die Analysen werden hier auf eine Welle beschränkt, da der zusätzliche Bedarf an unterschiedlich qualifizierten Arbeitnehmern im Folgenden anhand des Zusatzbedarfs an hoch qualifizierten Arbeitnehmer noch weiter untersucht wird.

*Tabelle 6-10: Die Operationalisierung der verwendeten Variablen*
*(Qualifikationsvariable: zusätzlicher Bedarf an qualifizierten Arbeitnehmern)*

| Variable | Verwendete Abkürzung | Operationalisierung |
|---|---|---|
| Anteil der gesuchten qualifizierten Arbeitnehmer | QualAS | Anteil der gesuchten qualifizierten Arbeitnehmer an allen gesuchten Arbeitnehmern |
| Investitionen in Informations- und Kommunikationstechnologien | IundK | Anteil der Investitionen in Informations- und Kommunikationstechnologien am gesamten Investitionsvolumen |
| Flexible Arbeitsorganisation | Arborg | Anzahl der arbeitsorganisatorischen Veränderungen, die der Betrieb innerhalb der letzten zwei Jahre eingeführt hat |
| Produktinnovationen | Innov | Dummy (=1, wenn der Betrieb eine Leistung bzw. ein Produkt verbessert hat oder wenn ein völlig neues Produkt, für das ein neuer Markt geschaffen wurde, in das Angebot aufgenommen wurde) |
| Ausgliederungen oder Ausgründungen von Betriebsteilen | Ausgli | Dummy (=1, wenn Betrieb aktuell Ausgliederungen oder Ausgründungen vorgenommen hat) |
| Weiterbildung | WB | Dummy (=1, wenn Betrieb aktuell Fort- und Weiterbildungsmaßnahmen fördert) |
| Internationalisierung | Int | Anteil der Exporte am Umsatz |
| Branche | Bra | Dummy-Variablen für die verschiedenen Branchen |
| Betriebsgröße | Fsize | Anzahl der Beschäftigten |
| Betriebsgröße$^2$ | Fsize$^2$ | Anzahl der Beschäftigten * Anzahl der Beschäftigten |
| Teilzeitbeschäftigung | AntTZ | Anteil der Teilzeitbeschäftigten |
| Betriebsrat | Brat | Dummy (=1, wenn in dem Betrieb ein Betriebs- oder Personalrat existiert) |
| Westost | WO | Dummy (=1, wenn Betriebsstandort in Westdeutschland) |

Aus den Analysen wurden wiederum alle Organisationen ohne Erwerbscharakter, private Haushalte sowie die Gebietskörperschaften und die Sozialversicherung ausgeschlossen.[398]

### 6.2.3.1.2 Korrelationsanalysen zur Bestimmung komplementärer Beziehungen

Zu Beginn der Untersuchungen werden anhand von Korrelationsanalysen die Beziehungen zwischen der zusätzlichen relativen Nachfrage nach qualifizierten Arbeitnehmern, den Investitionen in Informations- und Kommunikationstechnologien und der Einführung einer flexiblen Arbeitsorganisation untersucht. Die entsprechenden Ergebnisse sind in Tabelle 6-11 dargestellt.
Während bei den Bestandsanalysen nur eingeschränkt eine positive Korrelation zwischen einer flexiblen Arbeitsorganisation und dem technischen Stand der Anlagen festgestellt werden konnte, kann an dieser Stelle von einer komple-

398 Eine Übersicht über die Struktur des verwendeten Querschnittsdatensatzes befindet sich im Anhang in Tabelle A-32.

mentären Beziehung zwischen den Investitionen in Informations- und Kommunikationstechnologien und der Einführung einer flexiblen Arbeitsorganisation ausgegangen werden. Die veränderte Operationalisierung der beiden Variablen führt somit zu einer Verbesserung der Ergebnisse. Auch zwischen der zusätzlichen relativen Nachfrage nach qualifizierten Arbeitnehmern und den beiden Umstrukturierungsvariablen kann jeweils eine positive und höchst signifikante Korrelation festgestellt werden. Die Korrelationsanalysen deuten somit darauf hin, dass die Beziehungen zwischen den drei Variablen durch Komplementarität gekennzeichnet sind. Die Stärke der Beziehung ist jedoch jedesmal als gering anzusehen.

*Tabelle 6-11: Korrelationen zwischen den Investitionen in Informations- und Kommunikationstechnologien, der Einführung einer flexiblen Arbeitsorganisation und dem zusätzlichen relativen Bedarf an qualifizierten Arbeitnehmern*

| | IundK | Arborg | QualAS |
|---|---|---|---|
| **IundK** | 1,0000<br><br>5514 | | |
| **Arborg** | 0,0580***<br>0,0000<br>5496 | 1,0000<br><br>5672 | |
| **QualAS** | 0,0794***<br>0,0000<br>5514 | 0,1871***<br>0,0000<br>5672 | 1,0000<br><br>5691 |

*Eigene Berechnungen auf Grundlage des IAB-Betriebspanels, 6. - 8. Welle.*
****= signifikant auf dem 1 % Niveau.*

Auf die Schätzung von Produktionsfunktionen zur Überprüfung der Komplementarität wird an dieser Stelle verzichtet, da die gesuchten, aber noch nicht eingestellten, Arbeitnehmer keinen Beitrag zur Wertschöpfung der Betriebe leisten können. Die Analysen werden daher mit der Schätzung von Faktornachfragefunktionen fortgesetzt.

#### 6.2.3.1.3 Schätzung von Faktornachfragefunktionen

Für diese Analysen wird der Anteil der gesuchten qualifizierten Arbeitnehmer an allen gesuchten Arbeitnehmern als abhängige Variable verwendet. Anhand dieser Variablen lassen sich die Betriebe in zweifacher Weise differenzieren. Einmal können die Betriebe danach unterschieden werden, ob sie überhaupt qualifizierte Arbeitnehmer suchen oder nicht. Für die Betriebe, die qualifizierte Arbeitnehmer suchen, nimmt die abhängige Variable einen positiven Wert an. Die Betriebe, die keine zusätzlichen qualifizierten Arbeitnehmer benötigen, weisen dagegen bei dieser Variablen den Wert 0 auf. Die Betriebe, die qualifizierte

Arbeitnehmer suchen, lassen sich zudem hinsichtlich ihres Anteils an gesuchten qualifizierten Arbeitnehmern differenzieren. Um zu kontrollieren, ob die unabhängigen Variablen nicht nur den Anteil an gesuchten qualifizierten Arbeitnehmern beeinflussen, sondern möglicherweise auch die Entscheidung der Betriebe, überhaupt zusätzliche qualifizierte Arbeitnehmer nachzufragen, wird zunächst der Einfluss der unabhängigen Variablen auf die Suchentscheidung der Betriebe untersucht. Anschließend werden dann Einflussgrößen für den Anteil der gesuchten qualifizierten Arbeitnehmer bestimmt.
Die Entscheidung, zusätzliche qualifizierte Arbeitnehmer nachzufragen oder nicht, wird anhand einer Dummy-Variablen operationalisiert, die den Wert 1 annimmt, wenn ein Betrieb qualifizierte Arbeitnehmer sucht, und im anderen Fall den Wert 0 besitzt. Da die abhängige Variable somit nur zwei Werte annehmen kann, werden für die Schätzung dichotome Probit-Modelle verwendet.[399]
Wie bei den Tobit-Modellen existiert auch bei den binären Probit-Modellen eine latente oder unbeobachtbare Variable, die Werte von $-\infty$ bis $\infty$ annehmen kann und deren Beziehung zu den unabhängigen Variablen durch die folgende Gleichung gegeben ist:

$$(1) \quad y_i^* = X_i\beta + \varepsilon_i.$$

wobei $X_i$ einen Vektor aus verschiedenen unabhängigen Variablen für die i-te Beobachtung, $\beta$ einen Parametervektor und $\varepsilon$ die Störgröße abbildet.
Übertragen auf den konkreten Anwendungsfall kann die latente Variable aus der Intensität des zusätzlichen Bedarfs an qualifizierten Arbeitnehmern bestehen. Beobachtbar ist aber nur die abhängige Variable $y_1$, die die Werte 1 und 0 annehmen kann und somit angibt, ob ein bestimmtes Ereignis eintritt oder nicht. In diesem Fall gibt die abhängige Variable an, ob die Betriebe qualifizierte Arbeitnehmer suchen oder nicht. Die abhängige Variable nimmt ab einem bestimmten Schwellenwert ($\gamma$) für die latente Variable den Wert 1 an und unterhalb dieses Schwellenwertes besitzt sie den Wert 0.

[399] Bei dem Vorliegen einer Dummy-Variablen als abhängige Variable können auch Logit-Modelle geschätzt werden. Der Unterschied zwischen Probit- und Logit-Modellen besteht in der Annahme über die Verteilung der Störgrößen. Während bei dem Probit-Modell von einer Normalverteilung ausgegangen wird, liegt dem Logit-Modell die Annahme einer logistischen Verteilung zu Grunde. Da Probit-Modelle aber häufiger verwendet werden und dieses Modell zudem Ähnlichkeiten zu dem schon verwendeten Tobit-Modell aufweist, wird es hier verwendet. Aus Kontrollzwecken wurden für alle aufgeführten Modelle jedoch auch Logit-Schätzungen durchgeführt; die Ergebnisse weisen allerdings nur geringe Unterschiede zu denen der Probit-Modelle auf.

Der Zusammenhang zwischen der latenten Variable $y_i$* und der beobachtbaren abhängigen Variable $y_l$ kann somit durch die folgende Beziehung dargestellt werden:

$$(2)\quad y_l = \begin{cases} 1 & \text{wenn } y_1^* = X_i\beta + \varepsilon_i > \gamma \\ 0 & \text{wenn } y_1^* = X_i\beta + \varepsilon_i \leq \gamma \end{cases}$$

Die Koeffizienten, die mithilfe eines Maximum-Likelihood-Schätzers im dichotomen Probit-Modell berechnet werden, geben den mittleren Einfluss der unabhängigen Variablen auf die Wahrscheinlichkeit an, dass die latente Variable einen Wert oberhalb des Schwellenwertes annimmt und damit auch auf die Wahrscheinlichkeit, dass die abhängige Variable den Wert 1 annimmt und somit das Ereignis eintritt.[400]

Die Ergebnisse der Probit- und Tobit-Modelle werden in der Tabelle 6-12 zusammengefasst.[401] Insgesamt haben von den 5691 Betrieben, die in dem Datensatz vorhanden sind, 1736 Betriebe (30,5 %) qualifizierte Arbeitnehmer gesucht und 3955 Betriebe (69,5 %) hatten keinen zusätzlichen Bedarf an Arbeitnehmern aus dieser Qualifikationsgruppe.

*Tabelle 6-12: Determinanten für die Suchwahrscheinlichkeit und den Anteil an gesuchten qualifizierten Arbeitnehmern*

| | Probit-Modelle | Tobit-Modelle |
|---|---|---|
| IundK | + | + |
| Arborg | + | + |
| IundK*Arborg | | |
| Innov | + | + |
| Ausgli | | |
| WB | + | + |
| Int | + | + |
| AntTZ | - | - |
| Brat | + | + |
| Fsize | + | + |
| $Fsize^2$ | - | - |
| WO | + | + |

*+ = signifikant positive Beziehung zwischen der jeweiligen Variablen und der betrieblichen Qualifikationsstruktur*

*- = signifikant negative Beziehung zwischen der jeweiligen Variablen und der betrieblichen Qualifikationsstruktur*

[400] Ein Überblick über das dichotome Probit-Modell befindet sich u. a. bei Greene (1997), S. 873ff.; Ronning (1991), S. 44ff.; Long (1997), S. 34ff.; Long/Freese (2001), S. 99ff.

[401] Die ausführlichen Ergebnisse der geschätzten Probit- und Tobit-Modelle werden im Anhang in den Tabellen A-35 und A-36 dargestellt.

Bis auf die *Ausgliederung oder Ausgründung von Betriebsteilen* weisen alle unabhängigen Variablen einen höchst signifikanten Einfluss auf die abhängigen Variablen auf.
Es kann sowohl für den *Anteil an Investitionen in Informations- und Kommunikationstechnologien* als auch für die *Flexibilität der Arbeitsorganisation* ein signifikant positiver Einfluss auf die Suchwahrscheinlichkeit nach qualifizierten Arbeitnehmern und auf den Anteil an gesuchten qualifizierten Arbeitnehmern festgestellt werden. Die Umstrukturierungsprozesse innerhalb der Betriebe erhöhen demnach sowohl die Wahrscheinlichkeit, dass die Betriebe qualifizierte Arbeitnehmer suchen als auch den zusätzlichen relativen Bedarf an qualifizierten Arbeitnehmern. Der Interaktionsterm aus beiden Variablen weist in allen Modellen ein positives Vorzeichen auf. Ein gleichzeitiger Einsatz von Informations- und Kommunikationstechnologien und eine Flexibilisierung der Arbeitsorganisation verstärkt somit den positiven Einfluss beider Einzelvariablen auf die Suchwahrscheinlichkeit und den Anteil an gesuchten qualifizierten Arbeitnehmern. Dies kann als ein Hinweis auf die Komplementarität der drei Inputvariablen gedeutet werden. Dieses Ergebnis kann jedoch nicht als gesichert angesehen werden, da der Einfluss des Interaktionsterms in allen Modellen nicht signifikant ist. Auch liefern die Umstrukturierungsvariablen für sich genommen nur einen geringen Erklärungsbeitrag für die Suchwahrscheinlichkeit und den Anteil der gesuchten qualifizierten Arbeitnehmer. Somit kann nicht davon ausgegangen werden, dass von diesen Variablen der entscheidende Einfluss auf die abhängigen Variablen ausgeht.
Darüber hinaus weisen die *Produktinnovationen* in allen Modellen einen höchst signifikanten Einfluss auf die beiden abhängigen Variablen auf. Die Verbesserung einer Leistung bzw. eines Produkts oder die Aufnahme eines völlig neuen Produkts in das Angebot führt sowohl zu einer höheren Suchwahrscheinlichkeit als auch zu einem höheren relativen zusätzlichen Bedarf an qualifizierten Arbeitnehmern. Es bestätigt sich somit die Vermutung, dass zur erfolgreichen Durchführung von Produktinnovationen qualifizierte Arbeitnehmer benötigt werden.
Weiterhin werden beide abhängigen Variablen positiv von dem *Angebot an Fort- und Weiterbildung* und dem Grad der Internationalisierung beeinflusst. Es zeigt sich somit noch einmal, dass Betriebe, die einen hohen zusätzlichen Bedarf an qualifizierten Arbeitnehmern besitzen, sowohl ihre vorhandenen Arbeitnehmer intern weiterbilden als auch auf dem externen Arbeitsmarkt nach entsprechend qualifizierten Arbeitnehmern suchen.
Während der *Grad der Internationalisierung* kaum einen Erklärungsbeitrag für den Bestand an qualifizierten Arbeitnehmern aufwies, beeinflusst diese Variable sowohl die Suchwahrscheinlichkeit als auch den Anteil an gesuchten qualifizierten Arbeitnehmern. Es bestätigt sich somit die Vermutung, dass die Betriebe

vor allem qualifikationsintensive Produkte exportieren. Nimmt nun der Anteil der Exporte am Umsatz zu, so steigt auch der zusätzliche Bedarf an qualifizierten Arbeitnehmern, um die qualifikationsintensiven Exportprodukte produzieren zu können.

Von den betrieblichen Charakteristika beeinflussen die Betriebsgröße, der Anteil an Teilzeitbeschäftigten, die Existenz eines Betriebsrats und der Betriebsstandort beide abhängigen Variablen signifikant.

Wie erwartet weist der *Anteil an Teilzeitbeschäftigung* einen negativen Zusammenhang mit der Suchwahrscheinlichkeit und dem Anteil an gesuchten qualifizierten Arbeitnehmern auf. Es wurde schon gezeigt, dass die Betriebe, die einen hohen Anteil an Teilzeitbeschäftigten besitzen, auch eine geringere Qualifikationsstruktur aufweisen, da Teilzeitbeschäftigung häufig in bestimmten Tätigkeitsbereichen vorherrschend ist, für die nur ein relativ geringes Qualifikationsniveau erforderlich ist. Bei diesen Betrieben wird somit auch der zusätzliche relative Bedarf an gering qualifizierten Arbeitnehmern größer sein als bei Betrieben mit einem geringeren Anteil an Teilzeitarbeitsplätzen. Diese Vermutung wird mit den vorliegenden Ergebnissen bestätigt.

Weiterhin führt die Existenz eines *Betriebs- oder Personalrats* sowohl zu einer höheren Suchwahrscheinlichkeit als auch zu einem relativ höheren zusätzlichen Bedarf an qualifizierten Arbeitnehmern. Dieses Ergebnis kann wiederum durch die Betrachtung des Betriebsrats als Akteur betriebsinterner Arbeitsmärkte erklärt werden. Da der Betriebsrat zum Aufbau von langfristigen Arbeitsverhältnissen beiträgt, kann in dem jeweiligen Betrieb eine relative große Stammbelegschaft aufgebaut werden. Im Gegenzug nimmt die Anzahl der beschäftigten Arbeitnehmer in der Randbelegschaft ab. Für die Stammbelegschaft werden im Allgemeinen qualifiziertere Arbeitnehmer gesucht als für die Randbelegschaft.

Während die *Betriebsgröße* einen negativen Zusammenhang mit der betrieblichen Qualifikationsstruktur aufweist, steht diese Variable in einem unterproportional zunehmenden Zusammenhang mit der Suchwahrscheinlichkeit und dem Anteil an gesuchten qualifizierten Arbeitnehmern. Möglicherweise sind es eher die größeren Betriebe, die im Zuge technologischer und arbeitsorganisatorischer Änderungen einen Personaltausch vornehmen, in dem sie ihren relativ hohen Anteil an gering qualifizierten Arbeitnehmern durch qualifizierte Arbeitnehmer ersetzen. Damit werden vor allem größere Betriebe einen zusätzlichen Bedarf an qualifizierten Arbeitnehmer haben.

Schließlich spiegeln sich auch die strukturellen Unterschiede zwischen West- und Ostdeutschland in den Ergebnissen wieder. Betriebe mit einem westdeutschen *Betriebsstandort* besitzen sowohl eine höhere Suchwahrscheinlichkeit als auch einen höheren Anteil an gesuchten qualifizierten Arbeitnehmern.

Anders als bei der Untersuchung der Determinanten der aktuellen Qualifikationsstruktur kann hier nun der erwartete positive Einfluss der Umstrukturie-

rungsvariablen auf die abhängige Variable festgestellt werden. Sowohl der Anteil der Investitionen in Informations- und Kommunikationstechnologien als auch die Flexibilität der Arbeitsorganisation weisen einen signifikant positiven Zusammenhang mit der Suchwahrscheinlichkeit und mit dem relativen zusätzlichen Bedarf an qualifizierten Arbeitnehmern auf. Der Interaktionsterm besitzt auch in allen Modellen ein positives Vorzeichen. Dieses Ergebnis kann ein Anzeichen dafür sein, dass die drei Inputvariablen in einer komplementären Beziehung zueinander stehen. Auch die Korrelationskoeffizienten weisen zwischen den drei Variablen jeweils eine höchst signifikante positive Korrelation auf. Allerdings kann der Einfluss des Interaktionsterms in keinem Modell als signifikant angesehen werden, so dass die Untersuchungshypothesen nicht eindeutig bestätigt werden können.
Dies kann unter anderem in der schon öfter erwähnten ungenügenden Differenzierbarkeit der Arbeitnehmer hinsichtlich ihres Qualifikationsniveaus begründet liegen. Für die Analysen wäre es vorteilhafter, wenn die Personen mit einer hoch qualifizierenden Berufsausbildung (Universitätsabschluss / Fachhochschulabschluss) von Arbeitnehmern mit einer niedrigeren Berufsausbildung unterschieden werden könnten. Zumindest teilweise bietet die Welle aus dem Jahr 2000 diese Möglichkeit. Die Neueinstellungen sowie die offenen Stellen der Betriebe werden differenziert nach verschiedenen Qualifikationsniveaus erfasst. Es kann somit der zusätzliche Bedarf an hoch qualifizierten Arbeitnehmern (Arbeitnehmer mit Universitätsabschluss oder Fachhochschulabschluss) von dem zusätzlichen Bedarf an Arbeitnehmern mit einem geringeren Qualifikationsniveau unterschieden werden. Somit können Erklärungsgründe für den zusätzlichen relativen Bedarf an hoch qualifizierten Arbeitnehmern bestimmt werden.

#### 6.2.3.2 Erklärungsgründe für den zusätzlichen Bedarf an hoch qualifizierten Arbeitnehmern

##### 6.2.3.2.1 Operationalisierung der Variablen und Auswahl des Datensatzes

Als Qualifikationsvariable wird in diesem Teil der Untersuchungen der Anteil der neu eingestellten hoch qualifizierten Arbeitnehmer und der unbesetzten Stellen für diese Qualifikationsgruppe an der Summe aus den gesamten Neueinstellungen und unbesetzten Stellen verwendet.[402] Es existiert damit die Möglich-

[402] Alle Analysen wurden auch mit dem Anteil der neu eingestellten hoch qualifizierten Arbeitnehmer an allen Neueinstellungen als Qualifikationsvariable vorgenommen. Da sich der zusätzliche Bedarf an hoch qualifizierten Arbeitnehmern jedoch nicht nur in den Neueinstellungen, sondern auch in den offenen Stellen niederschlägt, werden beide Variablen in die Analysen einbezogen. Darüber hinaus haben nur sehr wenige Betriebe in diesem Untersuchungsjahr hoch qualifizierte Arbeitnehmer neu eingestellt. Durch die zusätzliche Berück-

keit, die hoch qualifizierten Arbeitnehmer von den Arbeitskräften mit einem geringeren Qualifikationsniveau zu trennen und speziell die Determinanten für den zusätzlichen relativen Bedarf an hoch qualifizierten Arbeitnehmern zu bestimmen.

Die unabhängigen Variablen sind identisch mit denen, die zur Erklärung der zusätzlichen relativen Nachfrage nach qualifizierten Arbeitnehmern verwendet wurden, so dass auf eine neuerliche Darstellung der Operationalisierungen an dieser Stelle verzichtet wird. Das Gleiche gilt für die verwendete Datengrundlage.[403]

Die Analysen wurden zusätzlich mit einem weiteren Datensatz, in dem nur die Industriebetriebe enthalten sind, durchgeführt, da die beschriebenen Umstrukturierungsprozesse der Betriebe möglicherweise eher in Industriebetrieben stattfinden.[404]

Bevor die Ergebnisse der Zusammenhangsanalysen dargestellt werden, erfolgt zunächst die Darstellung einiger deskriptiver Analysen.

#### 6.2.3.2.2 Der zusätzliche Bedarf an unterschiedlich qualifizierten Arbeitnehmern

In Abbildung 6-3 wird die Anzahl der neu eingestellten Arbeitskräfte zuzüglich der unbesetzten Stellen differenziert nach Qualifikationsgruppen für das Jahr 2000 dargestellt. Alle Angaben wurden mit den entsprechenden Hochrechnungsfaktoren auf Gesamtdeutschland hochgerechnet.

---

sichtigung der offenen Stellen für diese Personengruppe vergrößert sich der Anteil der Betriebe, der einen zusätzlichen Bedarf an hoch qualifizierten Arbeitnehmern aufweist.

403 Die Struktur dieses Datensatzes wird im Anhang in Tabelle A-32 dargestellt.

404 Die Struktur des Datensatzes für die Industriebetriebe wird im Anhang in Tabelle A-33 dokumentiert.
In den vorangegangenen Untersuchungen wurde auf die gesonderte Darstellung der Ergebnisse für die Industriebetriebe verzichtet, da bei den Analysen über die Erklärungsgründe der aktuellen Qualifikationsstruktur für die Operationalisierung der Arbeitsorganisation Angaben ab dem Jahr 1995 benötigt wurden und somit nur Betriebe berücksichtigt werden konnten, die seit diesem Zeitpunkt an der Befragung teilgenommen haben. Dadurch hat sich die Fallzahl in den verwendeten Datensätzen erheblich reduziert. Bei einer ausschließlichen Berücksichtigung der Industriebetriebe reduziert sich die Fallzahl noch weiter, so dass nur noch wenige Betriebe in den Analysen berücksichtigt werden konnten. Daher wurde auf die Darstellung der entsprechenden Ergebnisse für die Industriebetriebe bei der Analyse der betrieblichen Qualifikationsstruktur verzichtet. Darüber hinaus stellt der zusätzliche Bedarf an hoch qualifizierten Arbeitnehmer die bessere Qualifikationsvariable dar als der Zusatzbedarf an qualifizierten Arbeitnehmern. Daher ist es sinnvoll, die Analysen mit der geeigneteren Qualifikationsvariablen ausführlicher darzustellen, so dass bei den Untersuchungen mit dem Zusatzbedarf an hoch qualifizierten Arbeitnehmern die Analysen erstmals auch getrennt für die Industriebetriebe durchgeführt wurden.

*Abbildung 6-3: Der zusätzliche Bedarf an unterschiedlich qualifizierten Arbeitnehmern im Jahr 2000*

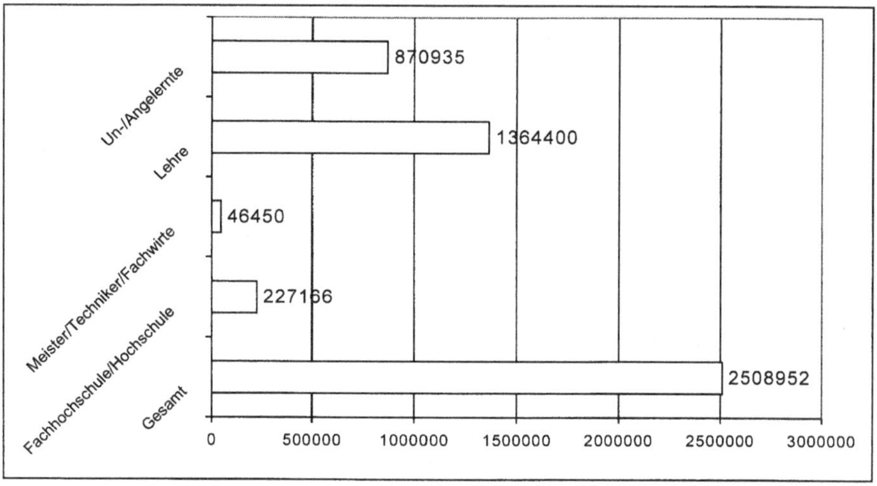


*Eigene Berechnungen auf Basis des IAB-Betriebspanels, Welle 8, hochgerechnete Werte.*

Aus der Abbildung wird deutlich, dass in diesem Untersuchungsjahr die zusätzliche Arbeitsnachfrage nach Lehrabsolventen am größten war. 54,4 % des gesamten zusätzlichen Bedarfs an Arbeitskräften entfielen auf diese Personengruppe. An zweiter Stelle folgte die Gruppe der un- oder angelernten Arbeiter und Angestellten. Sie konnten 34,7 % des gesamten zusätzlichen Bedarfs für sich verzeichnen. Die zusätzliche Arbeitsnachfrage nach den höher qualifizierten Personen fiel deutlich geringer aus. Auf die Fachhochschul- und die Hochschulabsolventen entfielen 9,1 % des gesamten zusätzlichen Bedarfs an Arbeitskräften. Der zusätzliche Bedarf an Meistern, Technikern und Fachwirten fiel am geringsten aus.

In Abbildung 6-4 wird der durchschnittliche zusätzliche relative Bedarf an hoch qualifizierten Arbeitnehmern für die einzelnen Branchen dargestellt.

Aus der Abbildung wird zunächst deutlich, dass im Durchschnitt alle Branchen mehrheitlich einen zusätzlichen Bedarf an Arbeitnehmer mit einem anderen Qualifikationsniveau als einem Fachhochschul- oder Hochschulabschluss erkennen lassen. Die Mehrheit der Branchen wies sogar nur einen sehr geringen durchschnittlichen zusätzlichen relativen Bedarf an hoch qualifizierten Arbeitnehmern auf. Den mit weitem Abstand größten zusätzlichen relativen Bedarf an hoch qualifizierten Arbeitnehmern besaßen im Jahr 2000 die Branchen „Datenverarbeitung" (27 %) und „Forschung / Entwicklung" (19 %).

*Abbildung 6-4: Der durchschnittliche zusätzliche relative Bedarf an hoch qualifizierten Arbeitnehmern nach Branche*

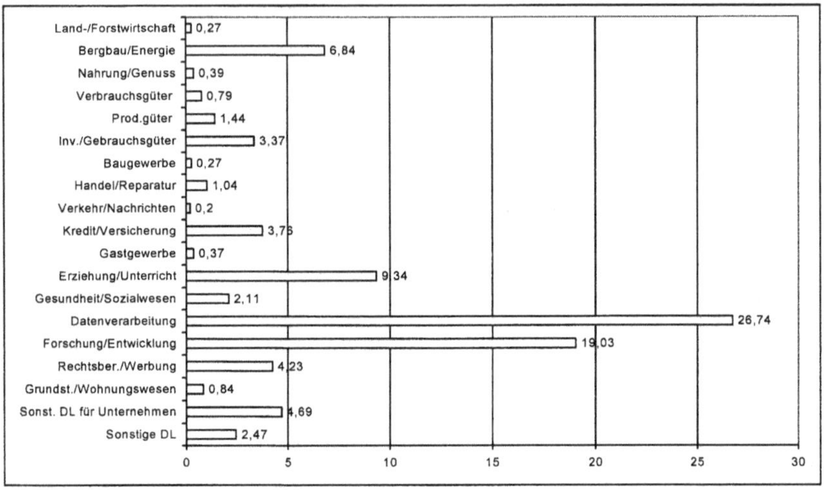


*Eigene Berechnungen auf Basis des IAB-Betriebspanels, 6. – 8. Welle, hochgerechnete Werte.*

In Abbildung 6-5 werden ausschließlich die Anteile der nicht besetzten Stellen an allen möglichen Einstellungen im Jahr 2000 nach Qualifikationen ausgewiesen.

Es wird deutlich, dass es für die Arbeitgeber besonders schwierig ist, die Arbeitsplätze für qualifizierte Arbeitnehmer zu besetzen. Im Bereich der un- und angelernten Arbeiter und Angestellten konnte jeder zehnte Arbeitsplatz nicht besetzt werden. Deutlich schwieriger war es für die Arbeitgeber, die Arbeitsplätze, für die eine Berufsausbildung erforderlich ist, zu besetzen.

Bei den Arbeitsplätzen, für die eine Lehrausbildung erforderlich ist, konnten im Jahr 2000 27 % der möglichen Einstellungen nicht vorgenommen werden und bei den Arbeitsplätzen für Meister, Techniker und Fachwirte waren es sogar fast 38 %.

In diesem Untersuchungszeitraum standen ebenfalls nicht genügend Arbeitskräfte mit einem Fachhoch- oder Hochschulabschluss zur Verfügung. Für jeden vierten bereitgestellten Arbeitsplatz konnte kein geeigneter Arbeitnehmer gefunden werden. Besonders schwierig gestaltete sich die Suche nach Informatikern, Ingenieuren und Mathematikern. Mehr als 36 % der zur Verfügung gestellten Arbeitsplätze konnten in diesen Tätigkeitsbereichen nicht besetzt werden.

*Abbildung 6-5: Anteile der nicht besetzten Arbeitsplätze an allen möglichen Einstellungen im Jahr 2000*

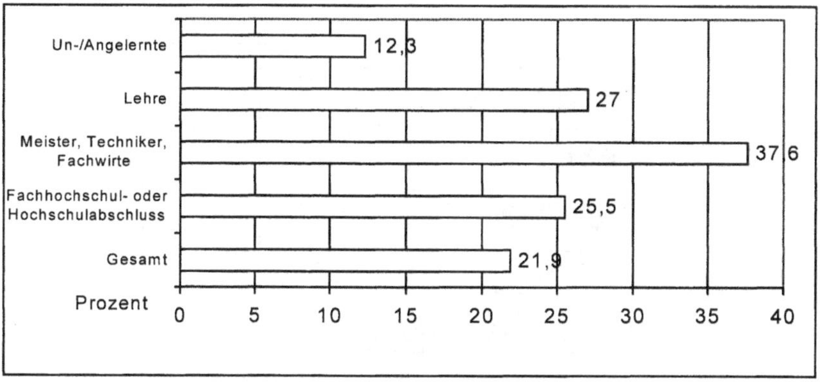


*Eigene Berechnungen auf Basis des IAB-Betriebspanels, 8. Welle, hochgerechnete Werte.*

Die nicht besetzten Stellen entfallen je nach Qualifikationsbedarf zu unterschiedlichen Teilen auf die einzelnen Organisationseinheiten der Betriebe. Um diese Feststellung zu verdeutlichen, werden in Abbildung 6-6 die Anteile der Betriebe mit offenen Stellen nach Qualifikationsniveau und Organisationseinheiten differenziert.

Von den Betrieben, die offene Stellen für Lehrabsolventen besitzen, wurde am häufigsten (41,5 %) angegeben, dass diese Stellen auf den Bereich der Produktion und der Leistungserstellung entfielen. Auch auf den Bereich „Service, Kundenbetreuung, Marketing und Marktforschung“ entfiel ein großer Teil der offenen Stellen für Personen mit einem Lehrabschluss. Ein ähnliches Bild zeichnet sich bei den unbesetzten Positionen für Meister, Techniker und Fachwirte ab. Befragt nach der Verteilung der offenen Stellen für diese Qualifikationsgruppe auf die einzelnen Organisationseinheiten, wurde von den Betrieben wiederum am häufigsten (37,5 %) der Bereich der Produktion und der Leistungserstellung genannt. Es folgten die Organisationseinheiten „Service, Kundenbetreuung, Marketing, Marktforschung“ (23,9 %) und „Wartung und Instandhaltung“ (22,2 %). Die offenen Stellen für Arbeitskräfte mit einem Fachhoch- oder Hochschulabschluss entfielen dagegen am häufigsten auf die sonstigen Organisationseinheiten und den Bereich der Informationstechnik und Datenverarbeitung. Auf diesen Organisationsbereich entfiel ein Viertel aller Nennungen. Hoch qualifizierte Arbeitnehmer fehlten den Betrieben weiterhin relativ häufig im Bereich

„Service, Kundenbetreuung, Marketing und Marktforschung" sowie im Bereich „Forschung und Entwicklung".

*Abbildung 6-6: Verteilung der offenen Stellen auf die Organisationseinheiten*

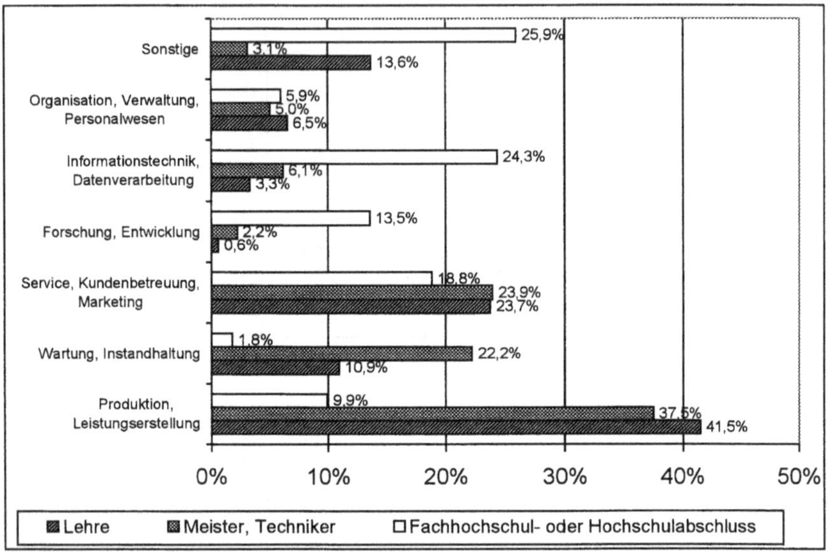


*Eigene Berechnungen auf Basis des IAB-Betriebspanels, 8. Welle, hochgerechnete Werte.*

Unabhängig vom geforderten Qualifikationsniveau wurden von den befragten Betrieben der Mangel an Bewerbern und das Fehlen der erforderlichen Berufsausbildung als die wichtigsten Gründe für die Nichtbesetzung der offenen Stellen genannt. In Abbildung 6-7 werden die relativen Häufigkeiten der genannten Gründe für eine Nichtbesetzung der offenen Stellen differenziert nach Qualifikationsniveau dargestellt.

Aus der Abbildung wird ersichtlich, dass der Mangel an Bewerbern bei den Arbeitsplätzen mit einem hohen Qualifikationsbedarf größer ist als bei den Arbeitsplätzen, für die eine geringere Ausbildung erforderlich ist. Zu 22,7 % wurde für die Nichtbesetzung von Stellen für Personen mit einer Lehrausbildung der Mangel an Bewerbern als Ursache genannt. Der entsprechende Wert betrug bei den offenen Stellen für Meister, Techniker und Fachwirte 26,9 % und bei den nicht besetzten Stellen für Fachhoch- und Hochschulabsolventen 27,6 %.

Zusammenfassend kann festgestellt werden, dass die Betriebe im Jahr 2000 vorwiegend Arbeitsplätze für qualifizierte Arbeitskräfte nicht besetzen konnten.

Im Bereich der Arbeitsmöglichkeiten für Akademiker gestaltete sich die Suche nach Ingenieuren, Informatikern und Mathematikern besonders schwierig. Diese hoch qualifizierten Fachkräfte fehlten den Betrieben vorwiegend in den Bereichen „Informationstechnik, Datenverarbeitung“ und „Forschung, Entwicklung“. Der häufigste Grund für eine Nichtbesetzung der zur Verfügung stehenden Arbeitsplätze in diesen Bereichen war der Mangel an Bewerbern.[405]

*Abbildung 6-7: Gründe für die Nichtbesetzung von Stellen*

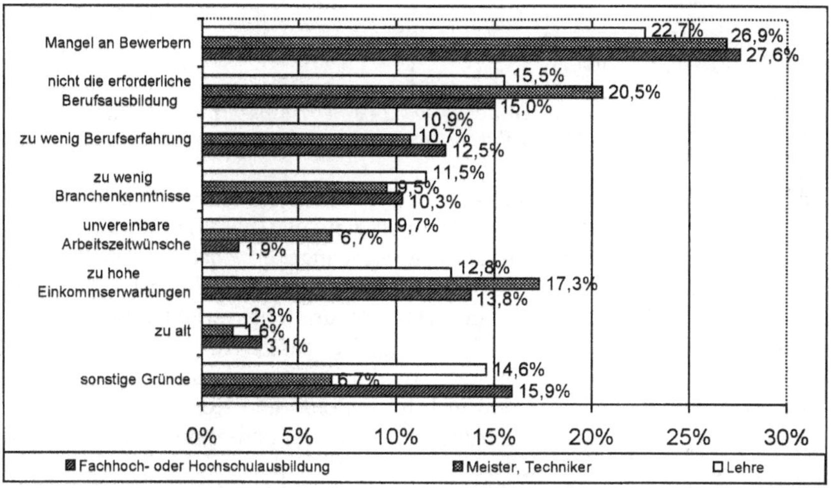


*Eigene Berechnungen auf Basis des IAB-Betriebspanels, 8. Welle, hochgerechnete Werte.*

Im Folgenden sollen die Bestimmungsgründe des zusätzlichen relativen Bedarfs an hoch qualifizierten Arbeitnehmern (Fachhochschul- oder Hochschulabschluss) untersucht werden. Die Analysen beginnen mit der Berechnung von Korrelationskoeffizienten und der Schätzung von Produktionsfunktionen, um zu überprüfen, ob die Einführung neuer Technologien, die Flexibilisierung der Arbeitsorganisation und der zusätzliche relative Bedarf an hoch qualifizierten Arbeitnehmern (HochA) komplementär zueinander sind.

#### 6.2.3.2.3 Korrelationsanalysen zur Bestimmung komplementärer Beziehungen

In Tabelle 6-13 werden die Ergebnisse der Korrelationsanalysen dargestellt.

[405] Für eine weitergehende Analyse der Sondererhebung zum Facharbeitermangel siehe Kölling (2002).

*Tabelle 6-13: Korrelationen zwischen den Investitionen in Informations- und Kommunikationstechnologien, der Einführung einer flexiblen Arbeitsorganisation und dem zusätzlichen relativen Bedarf an hoch qualifizierten Arbeitnehmern*

| | Alle Betriebe | | | Nur Industriebetriebe | | |
|---|---|---|---|---|---|---|
| | **IundK** | **Arborg** | **HochA** | **IundK** | **Arborg** | **HochA** |
| **IundK** | 1,0000<br><br>5514 | | | 1,0000<br><br>1339 | | |
| **Arborg** | 0,0580***<br>0,000<br>5496 | 1,0000<br><br>5672 | | 0,0130<br>0,6340<br>1336 | 1,0000<br><br>1383 | |
| **HochA** | 0,0656***<br>0,000<br>5474 | 0,1066***<br>0,0000<br>5627 | 1,0000<br><br>5646 | 0,0778***<br>0,0044<br>1339 | 0,1400***<br>0,0000<br>1383 | 1,0000<br><br>1387 |

*Eigene Berechnungen auf Grundlage des IAB-Betriebspanels, 6. – 8. Welle.*
****= signifikant auf dem 1 % Niveau.*

Die signifikant positive Korrelation zwischen dem Anteil der Investitionen in Informations- und Kommunikationstechnologien und der Flexibilität der Arbeitsorganisation wurde schon in den vorausgegangenen Analysen gezeigt. Mithilfe dieser Analysen lässt sich darüber hinaus jedoch eine höchst signifikante und positive Beziehung zwischen den Umstrukturierungsvariablen und der verwendeten Qualifikationsvariablen feststellen. Der zusätzliche relative Bedarf an hoch qualifizierten Arbeitnehmer steht sowohl in einer komplementären Beziehung zum Anteil der Investitionen in Informations- und Kommunikationstechnologien als auch zur Flexibilisierung der Arbeitsorganisation. Die Stärke der Zusammenhänge ist jedoch wiederum nur gering.
Werden nur die Industriebetriebe in die Analysen einbezogen, so bestätigt sich die signifikant positive Korrelation zwischen dem zusätzlichen relativen Bedarf an hoch qualifizierten Arbeitnehmern und den Umstrukturierungsvariablen. Auch der Korrelationskoeffizient zwischen dem Anteil an Investitionen in Informations- und Kommunikationstechnologien und der Einführung einer flexiblen Arbeitsorganisation deutet auf einen positiven Zusammenhang zwischen den beiden Variablen hin; dieser Zusammenhang ist allerdings nicht als signifikant anzusehen.
Für die weitere Untersuchung dieser Zusammenhänge wurden Produktionsfunktionen geschätzt, die im Folgenden dargestellt werden.

#### 6.2.3.2.4 Schätzung von Produktionsfunktionen

Für die Schätzungen wurden wiederum Cobb-Douglas-Produktionsfunktionen verwendet. Die Operationalisierung aller in die Modelle aufgenommenen Variablen wurde schon an anderer Stelle erläutert. Die Schätzungen basieren auf der Welle aus dem Jahr 2000. Als Qualifikationsvariable wurde der zusätzliche relative Bedarf an hoch qualifizierten Arbeitnehmern verwendet. Berücksichtigt werden muss hierbei, dass sich diese Variable aus den neu eingestellten hoch qualifizierten Arbeitnehmern und aus den unbesetzten Stellen für diese Qualifikationsgruppe zusammensetzt. Ein Einfluss auf die Wertschöpfung kann jedoch nur von besetzten Arbeitsstellen ausgehen. Allerdings beziehen sich in dem verwendeten Datensatz die Angaben für den zusätzlichen Bedarf an Arbeitnehmern und die Wertschöpfung auf unterschiedliche Zeitpunkte. Der zusätzliche Bedarf an Arbeitnehmern wird in der Jahresmitte festgestellt. Die Betriebe werden danach befragt, wie viele Arbeitskräfte sie im 1. Halbjahr neu eingestellt haben und ob sie über die Zahl der tatsächlich eingestellten Arbeitnehmer hinaus noch weitere Arbeitskräfte einstellen wollten. Die ermittelte Größe für die Wertschöpfung des Betriebs bezieht sich dagegen auf das Jahresende. Es kann somit davon ausgegangen werden, dass in der zweiten Jahreshälfte noch weitere Arbeitskräfte eingestellt werden, die die Wertschöpfung des Betriebs beeinflussen können. Allerdings werden sicher nicht alle offenen Stellen in diesem Zeitraum besetzt. Aber in den hier vorgenommenen Analysen besteht die Qualifikationsvariable aus einem Anteilswert (Anteil der neu eingestellten hoch qualifizierten Arbeitnehmer und der unbesetzten Stellen für diese Qualifikationsgruppe an der Summe aus den gesamten Neueinstellungen und unbesetzten Stellen). Bei der Schätzung von Produktionsfunktionen muss nun die Annahme getroffen werden, dass diese Qualifikationsvariable ungefähr dem Anteil der neu eingestellten hoch qualifizierten Arbeitnehmer am Jahresende entspricht. Dem wahren, nicht beobachteten Anteilswert wird man sich so aber sicherlich nur annähern.[406]

Die Ergebnisse der Produktionsfunktionsschätzungen werden in Tabelle 6-14 dargestellt.

Zunächst kann festgestellt werden, dass alle Modelle eine relativ hohe Erklärungskraft besitzen. Die Erklärungskraft der Modelle, in die nur die Industriebetriebe einbezogen wurden, liegt dabei etwas über der Erklärungskraft der Modelle, in denen auch die übrigen Betriebe berücksichtigt wurden.

Betrachtet man zunächst die Modelle 1 - 4, in die alle Betriebe einbezogen wurden, so wird deutlich, dass in allen Modellen der Anteil der Investitionen in Informations- und Kommunikationstechnologien einen signifikant positiven Ein-

---

[406] Aber auch die alleinige Berücksichtigung des Anteils der neu eingestellten hoch qualifizierten Arbeitnehmer wird dem Anteil der hoch qualifizierten Arbeitnehmer am Jahresende nicht entsprechen. Es wurde schon gezeigt, dass es besonders schwer ist, die Arbeitsplätze für hoch qualifizierte Arbeitnehmer zu besetzen, so dass möglicherweise gerade ein relativ großer Teil der Arbeitsplätze für diese Qualifikationsgruppe in der Jahresmitte noch nicht besetzt werden konnte. Auch die alleinige Verwendung des Anteils der neu eingestellten hoch qualifizierten Arbeitnehmer als Qualifikationsvariable kann somit zu Verzerrungen in den Ergebnissen führen. Außerdem würde bei der Verwendung dieser Variablen die Anzahl der Betriebe, die einen zusätzlichen Bedarf an hoch qualifizierten Arbeitnehmern besitzen, stark reduziert.

fluss auf die betriebliche Wertschöpfung hat. Zumindest in den Modellen 3 und 4 kann dieses Ergebnis auch für die Einführung einer flexiblen Arbeitsorganisation festgestellt werden.

*Tabelle 6-14: Ergebnisse der Produktionsfunktionsschätzungen für das Jahr 2000*
*(Qualifikationsvariable: Anteil des zusätzlichen Bedarfs an hoch qualifizierten Arbeitnehmern)*

| | **Alle Betriebe** | | | | **Nur Industriebetriebe** | | | |
|---|---|---|---|---|---|---|---|---|
| | **Modell 1** | **Modell 2** | **Modell 3** | **Modell 4** | **Modell 5** | **Modell 6** | **Modell 7** | **Modell 8** |
| **Konstante** | 5,404***<br>(39,37) | 5,736***<br>(41,45) | 5,394***<br>(39,29) | 5,724***<br>(41,34) | 5,495***<br>(29,94) | 5,993***<br>(29,94) | 5,455***<br>(29,56) | 5,952***<br>(29,52) |
| **Log Kapital** | 0,181***<br>(13,43) | 0,161***<br>(12,07) | 0,182***<br>(13,48) | 0,162***<br>(12,12) | 0,155***<br>(7,26) | 0,129***<br>(5,97) | 0,157***<br>(7,36) | 0,131***<br>(6,08) |
| **Log Arbeit** | 0,927***<br>(53,27) | 0,892***<br>(50,20) | 0,926***<br>(53,16) | 0,891***<br>(50,13) | 1,013***<br>(33,89) | 0,968***<br>(30,33) | 1,012***<br>(33,88) | 0,968***<br>(30,31) |
| **IundK** | 0,005***<br>(7,09) | 0,004***<br>(5,90) | 0,005***<br>(6,74) | 0,004***<br>(5,64) | 0,007***<br>(5,39) | 0,006***<br>(4,71) | 0,007***<br>(5,02) | 0,006***<br>(4,35) |
| **Arborg** | 0,051<br>(1,58) | 0,018<br>(0,57) | 0,115**<br>(2,51) | 0,080*<br>(1,76) | 0,093**<br>(2,10) | 0,076*<br>(1,72) | 0,160**<br>(2,53) | 0,133**<br>(2,09) |
| **HochA** | 0,0009<br>(0,94) | 0,001<br>(1,18) | 0,001<br>(0,98) | 0,002<br>(1,23) | 0,0009<br>(0,70) | 0,001<br>(1,06) | 0,003*<br>(1,78) | 0,003*<br>(1,81) |
| **IundK*<br>Arborg** | | | -0,002<br>(-1,49) | -0,002<br>(-1,39) | | | -0,002<br>(-1,08) | -0,002<br>(-0,95) |
| **IundK*<br>HochA** | | | $9{,}57e^{-06}$<br>(0,33) | $6{,}13e^{-06}$<br>(0,21) | | | -0,0001<br>(-1,62) | -0,00009<br>(-1,50) |
| **Arborg*<br>HochA** | | | -0,003*<br>(-1,82) | -0,003**<br>(-2,02) | | | -0,005**<br>(-2,27) | -0,005**<br>(-2,03) |
| **IundK*<br>Arborg*<br>HochA** | | | 0,00005<br>(1,27) | 0,00006<br>(1,50) | | | 0,0002**<br>(2,40) | 0,0002**<br>(2,32) |
| **Innov** | | 0,054<br>(1,37) | | 0,052<br>(1,31) | | -0,016<br>(-0,23) | | -0,020<br>(-0,29) |
| **WB** | | 0,149***<br>(3,41) | | 0,146***<br>(3,33) | | 0,133*<br>(1,73) | | 0,127*<br>(1,65) |
| **Int** | | 0,006***<br>(4,99) | | 0,006***<br>(4,98) | | 0,005***<br>(4,03) | | 0,005***<br>(4,02) |
| **WO** | | 0,355***<br>(9,37) | | 0,357***<br>(9,41) | | 0,227***<br>(3,76) | | 0,226***<br>(3,74) |
| ***Branchen-dummys*** | *Ja* | *Ja* | *Ja* | *Ja* | *Ja* | *Ja* | *Ja* | *Ja* |
| ***$R^2$ korrigiert*** | *0,8641* | *0,8710* | *0,8642* | *0,8711* | *0,8866* | *0,8896* | *0,8870* | *0,8899* |
| ***F-Test*** | *599,48**** | *535,80**** | *511,22**** | *467,26**** | *712,40**** | *482,32**** | *477,29**** | *363,09**** |
| ***Fallzahl*** | *2166* | *2139* | *2166* | *2139* | *729* | *718* | *729* | *718* |

*Eigene Berechnungen auf Basis des IAB-Betriebspanels, Wellen 6 - 8, abhängige Variable: logarithmierte Wertschöpfung, Schätzung von OLS-Modellen.*
****= signifikant auf dem 1 % Niveau, ** = signifikant auf dem 5 % Niveau, * = signifikant auf dem 10 % Niveau.*

Der relative Bedarf an hoch qualifizierten Arbeitnehmern weist zwar auch auf einen positiven Einfluss auf die abhängige Variable hin; der Einfluss ist jedoch nicht signifikant. Ebenso verhält es sich bei dem Interaktionsterm aus allen drei Variablen. Da der entsprechende Regressionskoeffizient ein positives Vorzeichen besitzt, könnte davon ausgegangen werden, dass die drei Variablen komplementär zueinander sind. Da der Einfluss dieser Variablen - wie schon der Einfluss des relativen Bedarfs an hoch qualifizierten Arbeitnehmern - jedoch nicht signifikant ist, kann dieses Ergebnis nicht als gesichert gelten. Möglicherweise liegt dies darin begründet, dass nur ein relativ geringer Anteil an Betrieben überhaupt einen Bedarf an hoch qualifizierten Arbeitnehmern hatte.

In den Modellen, in die nur die Industriebetriebe einbezogen wurden, weisen dagegen nicht nur der Anteil der Investitionen in Informations- und Kommunikationstechnologien und die Einführung einer flexiblen Arbeitsorganisation einen signifikant positiven Einfluss auf die abhängige Variable auf, sondern auch der zusätzliche relative Bedarf an hoch qualifizierten Arbeitnehmern. Darüber hinaus weist auch der Interaktionsterm aus allen drei Inputvariablen einen signifikant positiven Einfluss auf. Es kann somit zumindest für die Industriebetriebe festgestellt werden, dass sich der Einsatz einer flexiblen Arbeitsorganisation, der Anteil der Investitionen in Informations- und Kommunikationstechnologien und der zusätzliche relative Bedarf an hoch qualifizierten Arbeitnehmern gegenseitig in ihrer positiven Wirkung auf die betriebliche Wertschöpfung verstärken. Der gemeinsame Einsatz von zwei der drei Variablen scheint dagegen die Höhe der Wertschöpfung zu vermindern, denn alle Interaktionsterme weisen in den Modellen 7 und 8 ein negatives Vorzeichen auf und für den Interaktionsterm aus Arbeitsorganisation und Qualifikationsvariable ist dieser Einfluss sogar signifikant.

Somit kann zumindest für die Industriebetriebe gezeigt werden, dass die Einführung einer flexiblen Arbeitsorganisation, die Investitionen in Informations- und Kommunikationstechnologien und der zusätzliche relative Bedarf an hoch qualifizierten Arbeitnehmern komplementär zueinander sind. Die Hypothese über den Zusammenhang zwischen den drei Variablen kann somit zumindest für einen Teil der Betriebe bestätigt werden. Allerdings muss noch einmal darauf hingewiesen werden, dass diese Ergebnisse unter der Annahme erzielt wurden, dass der zusätzliche relative Bedarf an hoch qualifizierten Arbeitnehmern ungefähr dem Anteil an neu eingestellten hoch qualifizierten Arbeitnehmern zum Zeitpunkt der Erhebung der Wertschöpfung entspricht.

Für beide Datensätze ließ sich darüber hinaus in allen Modellen ein höchst signifikanter, positiver Einfluss des Arbeitsvolumens und des Kapitalbestands auf die abhängige Variable feststellen. Weiterhin können die Betriebe, die Fort- und Weiterbildungsmaßnahmen anbieten, eine signifikant höhere Wertschöpfung aufweisen als die Betriebe, die diese Möglichkeit nicht anbieten. Und schließlich

steigt die Wertschöpfung signifikant mit dem Anteil der Exporte und ein westdeutscher Betriebsstandort führt zu einer signifikant höheren Wertschöpfung als ein Betriebsstandort in Ostdeutschland. Zwischen der Durchführung von Produktinnovationen und der betrieblichen Wertschöpfung kann dagegen kein signifikanter Zusammenhang festgestellt werden.
Ob sich die Hinweise auf eine komplementäre Beziehung zwischen den Investitionen in neue Technologien, der Einführung einer flexiblen Arbeitsorganisation und dem relativen Bedarf an hoch qualifizierten Arbeitnehmern auch in den Faktornachfragefunktionen niederschlagen, wird im Folgenden untersucht.

#### 6.2.3.2.5 Schätzung von Faktornachfragefunktionen

Von den gesamten Betrieben in diesem Datensatz hatten 18,7 % zum Zeitpunkt der Befragung einen zusätzlichen Bedarf an hoch qualifizierten Arbeitnehmern. Bei den Industriebetrieben betrug der entsprechende Wert 28,4 %. Es wird wiederum zunächst untersucht, ob die unabhängigen Variablen auch die Entscheidung der Betriebe beeinflussen, überhaupt zusätzliche hoch qualifizierte Arbeitnehmer nachzufragen. Für diese Analyse wurden wiederum dichotome Probit-Modelle geschätzt, deren Ergebnisse im Anhang in den Tabellen A-37 und A-38 dargestellt und in der Tabelle 6-15 kurz zusammengefasst werden.

*Tabelle 6-15: Determinanten für die Wahrscheinlichkeit des zusätzlichen Bedarfs an hoch qualifizierten Arbeitnehmern*

| | Alle Betriebe | Industriebetriebe |
|---|---|---|
| **IundK** | | |
| **Arborg** | (+) | |
| **IundK*Arborg** | | |
| **Innov** | + | + |
| **Ausgli** | + | + |
| **WB** | + | + |
| **Int** | + | + |
| **AntTZ** | - | |
| **Brat** | + | + |
| **Fsize** | + | + |
| **$Fsize^2$** | - | - |
| **WO** | (-) | - |

*+ = signifikant positive Beziehung zwischen der jeweiligen Variablen und der betrieblichen Qualifikationsstruktur*
*- = signifikant negative Beziehung zwischen der jeweiligen Variablen und der betrieblichen Qualifikationsstruktur*
*In Klammern gesetzte Zeichen weisen darauf hin, dass für diese Variable nur in einzelnen Modellen ein signifikanter Zusammenhang mit der betrieblichen Qualifikationsstruktur festgestellt werden konnte.*

Die Ergebnisse deuten nur auf einen sehr geringen Einfluss der Umstrukturierungsvariablen auf die Wahrscheinlichkeit des Bedarfs an hoch qualifizierten Arbeitnehmern hin. Einzig die Einführung einer flexiblen Arbeitsorganisation erhöht in einigen Modellen die Wahrscheinlichkeit, dass ein Betrieb zusätzliche hoch qualifizierte Arbeitnehmer nachfragt. Bei einer alleinigen Betrachtung der Industriebetriebe ist auch dieser Zusammenhang nicht mehr signifikant, obwohl in den vorangegangenen Analysen für diesen Teil der Betriebe ein komplementärer Zusammenhang zwischen diesen beiden Variablen festgestellt werden konnte.

Von den übrigen unabhängigen Variablen beeinflussen die Produktinnovationen, die Ausgliederungen, das Weiterbildungsangebot, der Grad der Internationalisierung und die Existenz eines Betriebsrats in beiden Betriebsgruppen die abhängige Variable signifikant positiv. Darüber hinaus führt ein höherer Anteil an Teilzeitbeschäftigten zu einer signifikant sinkenden Wahrscheinlichkeit des Bedarfs an hoch qualifizierten Arbeitnehmern. Dieser Zusammenhang gilt jedoch nicht für die alleinige Betrachtung der Industriebetriebe. Schließlich nimmt die Wahrscheinlichkeit des Bedarfs an hoch qualifizierten Arbeitnehmern unterproportional mit der Größe der Betriebe zu und im Vergleich zu ostdeutschen Betrieben ist die Wahrscheinlichkeit, dass hoch qualifizierte Arbeitnehmer nachgefragt werden, in einigen Modellen bei den westdeutschen Betrieben signifikant niedriger.

Alle Variablen, die die Wahrscheinlichkeit beeinflussen, dass ein Betrieb zusätzliche hoch qualifizierte Arbeitnehmer nachfragt, haben auch einen Einfluss auf den Anteil an zusätzlich benötigten hoch qualifizierten Arbeitnehmern. Die Tobit-Modelle, mit denen Determinanten für den zusätzlichen relativen Bedarf an hoch qualifizierten Arbeitnehmern bestimmt werden können, werden in den Tabellen 6-16 (alle Betriebe) und 6-17 (nur Industriebetriebe) dargestellt.

Zunächst werden die Ergebnisse der Modelle diskutiert, in die alle Betriebe einbezogen wurden. Der Erklärungsgrad dieser Modelle kann noch als gut angesehen werden. Er übersteigt die entsprechenden Werte der Tobit-Modelle, mit denen Determinanten für den Anteil an gesuchten qualifizierten Arbeitnehmern bestimmt wurden. Die unabhängigen Variablen erklären somit besser den zusätzlichen relativen Bedarf an hoch qualifizierten Arbeitnehmern als an qualifizierten Arbeitnehmern.

Während von den Umstrukturierungsvariablen nur die Einführung einer flexiblen Arbeitsorganisation die Wahrscheinlichkeit beeinflusst, dass ein Betrieb einen zusätzlichen Bedarf an hoch qualifizierten Arbeitnehmern besitzt, beeinflussen zumindest in einigen Modellen beide Umstrukturierungsvariablen den Anteil an zusätzlich benötigten hoch qualifizierten Arbeitnehmern (Modell 5). Auffällig ist, dass der positive Einfluss der Einführung neuer Technologien und einer flexiblen Arbeitsorganisation insignifikant wird, sobald ein Interaktionsterm aus beiden Variablen in das Modell aufgenommen wird. Dies deutet darauf hin, dass nicht der einzelne Einsatz beider Variablen den entscheidenden Einfluss auf die abhängige Variable darstellt, sondern vor allem die Betriebe einen relativ hohen zusätzlichen Bedarf an hoch qualifizierten Arbeitnehmern besitzen, die beide Umstrukturierungsvariablen gemeinsam einsetzen.

*Tabelle 6-16: Determinanten des relativen zusätzlichen Bedarfs an hoch qualifizierten Arbeitnehmern, alle Betriebe*

| | Modell 1 | Modell 2 | Modell 3 | Modell 4 | Modell 5 | Modell 6 |
|---|---|---|---|---|---|---|
| **Exogene Variablen** | **Koef. (t-Wert)** | **Koef. (t-Wert)** | **Koef. (t-Wert)** | **Koef. (t-Wert)** | **Koef. (t-Wert)** | **Koef. (t-Wert)** |
| Konstante | -103,533*** (-23,76) | -166,871*** (-10,61) | -104,003*** (-23,52) | -166,148*** (-10,59) | -146,541*** (-11,96) | -145,769*** (-11,92) |
| lundK | 0,215*** (3,59) | 0,134* (1,84) | 0,238*** (3,50) | 0,061 (0,74) | 0,146** (2,52) | 0,091 (1,40) |
| Arborg | 33,247*** (10,78) | 3,131 (0,95) | 34,856*** (9,05) | -1,903 (-0,46) | 4,538* (1,67) | 0,620 (0,18) |
| lundK*Arborg | | | -0,70 (-0,70) | 0,215** (2,00) | | 0,164* (1,86) |
| Innov | | 26,231*** (5,40) | | 26,102*** (5,37) | 20,712*** (5,45) | 20,784*** (5,47) |
| Ausgli | | 21,942*** (2,58) | | 21,394** (2,51) | 12,066* (1,71) | 11,940* (1,69) |
| WB | | 44,862*** (7,51) | | 45,305*** (7,58) | 40,094*** (7,93) | 40,285*** (7,97) |
| Int | | 0,344*** (3,15) | | 0,345*** (3,17) | | |
| Fsize | | 0,031*** (7,79) | | 0,031*** (7,83) | 0,034*** (10,84) | 0,034*** (10,89) |
| $Fsize^2$ | | $-1,52e^{-06}$*** (-5,82) | | $-1,54e^{-06}$*** (-5,89) | $-1,83\ e^{-06}$*** (-8,28) | $-1,84e^{-06}$*** (-8,34) |
| AntTZ | | -0,499*** (-3,33) | | -0,486*** (-3,25) | -0,346*** (-3,62) | -0,342*** (-3,57) |
| Brat | | 36,124*** (7,01) | | 36,414*** (7,07) | 40,443*** (9,61) | 40,508*** (9,64) |
| WO | | -13,371*** (-2,92) | | -13,282*** (-2,90) | -15,747*** (-4,31) | -15,728*** (-4,31) |
| *Branchenkontrolle* | *Nein* | *Ja* | *Nein* | *Ja* | *Ja* | *Ja* |
| *Pseudo-$R^2$* | *0,0106* | *0,1173* | *0,0106* | *0,1178* | *0,1027* | *0,1029* |
| *Fallzahl* | *5496* | *4547* | *5496* | *4547* | *5486* | *5486* |
| *Anteil zensierter Fälle* | *85,21 %* | *88,48 %* | *85,21 %* | *88,48 %* | *85,20 %* | *85,20 %* |
| *LR $\chi^2$* | *141,47**** | *1042,88**** | *141,97**** | *1046,84**** | *1370,95**** | *1374,40**** |

*Eigene Berechnungen auf Basis des IAB-Betriebspanels, Wellen 3 - 6, abhängige Variable: Anteil des Bedarfs an hoch qualifizierten Arbeitnehmern an der gesamten zusätzlichen Arbeitsnachfrage, Schätzung von Two-Limit-Tobit-Modellen.*

****= signifikant auf dem 1 % Niveau, ** = signifikant auf dem 5 % Niveau, * = signifikant auf dem 10 % Niveau.*

Durch die Schätzung von Produktionsfunktionen konnte die Komplementarität des Einsatzes neuer Technologien, einer flexiblen Arbeitsorganisation und eines hohen zusätzlichen relativen Bedarfs an hoch qualifizierten Arbeitnehmern nicht eindeutig bestätigt werden. Und auch die Ergebnisse der Faktornachfrageschätzungen deuten nicht darauf hin, dass ein gemeinsamer Einsatz von neuen Technologien und einer flexiblen Arbeitsorganisation den positiven Einfluss der Einzelvariablen auf die Qualifikationsvariable noch verstärkt. Aber es kann zumindest festgestellt werden, dass der gemeinsame Einsatz beider Variablen den entscheidenden Einfluss auf den zusätzlichen relativen Bedarf an hoch qualifizierten Arbeitnehmern ausübt und nicht so sehr der einzelne Einsatz der Variablen.
Die Ergebnisse der weiteren unabhängigen Variablen entsprechen weitgehend den Ergebnissen, die bei der Analyse der Erklärungsgründe für den Anteil an gesuchten qualifizierten Arbeitnehmern erzielt wurden. Es wird an dieser Stelle nur auf Unterschiede in den Ergebnissen hingewiesen, die sich durch die veränderte abhängige Variable ergeben.
Während die Ausgliederung oder Ausgründung von Betriebsteilen keinen Einfluss auf die Suchwahrscheinlichkeit und den Anteil an gesuchten qualifizierten Arbeitnehmern hat, wird der zusätzliche Bedarf an hoch qualifizierten Arbeitnehmern von dieser Maßnahme beeinflusst. Sowohl die Wahrscheinlichkeit, dass ein zusätzlicher Bedarf an hoch qualifizierten Arbeitnehmern entsteht sowie der Anteil an zusätzlich benötigten hoch qualifizierten Arbeitnehmern werden signifikant positiv durch die Outsourcingentscheidungen beeinflusst. Durch die Ausgliederung oder Ausgründung von Betriebsteilen scheinen somit nicht nur die gering qualifizierten Arbeitnehmer sondern auch die mittleren Qualifikationsniveaus betroffen zu sein, so dass sich diese betriebliche Maßnahme nicht zu Gunsten der qualifizierten Arbeitnehmer sondern nur zu Gunsten der hoch qualifizierten Arbeitnehmer auswirkt.
Ein weiterer Unterschied lässt sich bei der Standortvariablen feststellen. Die Betriebe, die ihren Standort in Westdeutschland haben, besitzen eine höhere Suchwahrscheinlichkeit und einen höheren Anteil an gesuchten qualifizierten Arbeitnehmern als ostdeutsche Betriebe. Bei dem zusätzlichen Bedarf an hoch qualifizierten Arbeitnehmern verhält es sich dagegen umgekehrt. Bei ostdeutschen Betrieben ist die Wahrscheinlichkeit, dass ein zusätzlicher Bedarf an hoch qualifizierten Arbeitnehmern vorhanden ist höher als bei westdeutschen Betrieben und auch der Anteil an zusätzlich benötigten hoch qualifizierten Arbeitnehmern ist bei ostdeutschen Betrieben größer als bei westdeutschen Betrieben. Für die Standortvariable können somit keine konsistenten Ergebnisse ermittelt werden.

Betrachtet man die Ergebnisse, die sich ergeben, wenn nur die Industriebetriebe in die Analysen einbezogen werden, so wird aus Tabelle 6-17 deutlich, dass der

Erklärungsgrad der Modelle abnimmt, wenn nur diese Betriebsgruppe in die Analysen einbezogen wird. Eine Erklärung dafür könnte die deutlich geringere Fallzahl sein.

*Tabelle 6-17: Determinanten des relativen zusätzlichen Bedarfs an hoch qualifizierten Arbeitnehmern, nur Industriebetriebe*

| | **Modell 1** | **Modell 2** | **Modell 3** | **Modell 4** | **Modell 5** | **Modell 6** |
|---|---|---|---|---|---|---|
| **Exogene Variablen** | **Koef. (t-Wert)** | **Koef. (t-Wert)** | **Koef. (t-Wert)** | **Koef. (t-Wert)** | **Koef. (t-Wert)** | **Koef. (t-Wert)** |
| Konstante | -48,492*** (-11,89) | -105,650*** (-9,61) | -47,437*** (-11,45) | -104,682*** (-9,55) | -109,878*** (-10,14) | -108,708*** (-10,06) |
| IundK | 0,179* (1,89) | 0,129 (1,38) | 0,118 (1,08) | 0,052 (0,47) | 0,141 (1,55) | 0,065 (0,60) |
| Arborg | 21,799*** (6,84) | 4,423 (1,42) | 19,155*** (4,87) | 1,451 (0,38) | 3,567 (1,18) | 0,539 (0,15) |
| IundK*Arborg | | | 0,163 (1,13) | 0,181 (1,34) | | 0,186 (1,41) |
| Innov | | 19,383*** (3,36) | | 19,437*** (3,37) | 22,368*** (4,01) | 22,384*** (4,02) |
| Ausgli | | 25,636*** (3,21) | | 25,245*** (3,16) | 25,958*** (3,37) | 25,535*** (3,32) |
| WB | | 35,081*** (5,35) | | 35,438*** (5,40) | 37,628*** (5,79) | 37,953*** (5,85) |
| Int | | 0,207*** (2,33) | | 0,204** (2,31) | | |
| Fsize | | 0,023*** (6,41) | | 0,022*** (6,30) | 0,020*** (6,25) | 0,020*** (6,18) |
| $Fsize^2$ | | $-1{,}10e^{-06}$*** (-5,20) | | $-1{,}09e^{-06}$*** (-5,18) | $-1{,}07e^{-06}$*** (-5,31) | $-1{,}06e^{-06}$*** (-5,30) |
| AntTZ | | -0,114 (-0,50) | | -0,105 (-0,46) | -0,115 (-0,51) | -0,106 (-0,47) |
| Brat | | 19,602*** (3,56) | | 19,722*** (3,59) | 22,599*** (4,23) | 22,632*** (4,24) |
| WO | | -17,883*** (-3,67) | | -17,725*** (-3,65) | -14,520*** (-3,31) | -14,466*** (-3,13) |
| *Branchenkontrolle* | *Nein* | *Ja* | *Nein* | *Ja* | *Ja* | *Ja* |
| *Pseudo-$R^2$* | *0,0109* | *0,0744* | *0,0112* | *0,0748* | *0,0708* | *0,0712* |
| *Fallzahl* | *1336* | *1291* | *1336* | *1291* | *1332* | *1332* |
| *Anteil zensierter Fälle* | *74,03 %* | *74,75 %* | *74,03 %* | *74,75 %* | *73,95 %* | *73,95 %* |
| *LR $\chi^2$* | *53,15**** | *342,80**** | *54,42**** | *344,59**** | *345,23**** | *347,20**** |

*Eigene Berechnungen auf Basis des IAB-Betriebspanels, Wellen 3 - 6, abhängige Variable: Anteil des Bedarfs an hoch qualifizierten Arbeitnehmern an der gesamten zusätzlichen Arbeitsnachfrage, Schätzung von Two-Limit-Tobit-Modellen.*
****= signifikant auf dem 1 % Niveau, ** = signifikant auf dem 5 % Niveau, * = signifikant auf dem 10 % Niveau.*

Für die meisten Variablen ändern sich bei einer alleinigen Berücksichtigung der Industriebetriebe die Ergebnisse nicht. Es gibt jedoch zwei Ausnahmen. Dies sind die Umstrukturierungsmaßnahmen und der Anteil an Teilzeitbeschäftigung. Der Koeffizient für den Anteil an Teilzeitbeschäftigung weist zwar immer noch ein negatives Vorzeichen auf; der Einfluss dieser Variablen ist jedoch nicht mehr signifikant. Da hier nur noch eine Betriebsgruppe betrachtet wird, ist es möglich, dass sich die Anteile an Teilzeitbeschäftigten zwischen den Betrieben nur noch in einem geringen Ausmaß unterscheiden und deshalb diese Variable ihren signifikanten Einfluss verliert.
Auch der Anteil an Investitionen in Informations- und Kommunikationstechnologien und die Einführung einer flexiblen Arbeitsorganisation weisen keinen signifikanten Einfluss auf die abhängige Variable auf. Die entsprechenden Koeffizienten besitzen zwar ein positives Vorzeichen; es kann jedoch nicht ausgeschlossen werden, dass der Einfluss auf die abhängige Variable nur zufällig ist. Obwohl bei den Schätzungen der Produktionsfunktionen eine komplementäre Beziehung zwischen der Einführung neuer Technologien, dem Einsatz einer flexiblen Arbeitsorganisation und dem zusätzlichen relativen Bedarf an hoch qualifizierten Arbeitnehmern festgestellt werden konnte, lässt sich der erwartete Einfluss der beiden Umstrukturierungsvariablen auf den zusätzlichen relativen Bedarf an hoch qualifizierten Arbeitnehmern nicht feststellen. Die Komplementarität der drei Variablen kann jedoch auch nur unter bestimmten Annahmen festgestellt werden. Darüber hinaus können hier Kausalitätsprobleme eine Rolle spielen. Die Betriebe sollten die drei Inputvariablen bei einem Vorliegen von Komplementarität zwar gemeinsam einführen, möglicherweise setzten sie aber nur neue Technologien und eine flexible Arbeitsorganisation ein, wenn auch ein entsprechend qualifiziertes Personal vorhanden ist. Denn der Arbeitseinsatz ist für viele Betriebe ein kurzfristig inflexibler Faktor. Somit beeinflussen möglicherweise eher die zur Verfügung stehenden Arbeitskräfte die Einführung neuer Technologien und einer flexiblen Arbeitsorganisation als umgekehrt. Bei den Schätzungen der Produktionsfunktionen wird dieses Kausalitätsproblem umgangen, da hier das Zusammenwirken aller drei Faktoren untersucht wird.
In fast allen der bislang aufgeführten Modelle konnte ein signifikant positiver Einfluss des Angebots an Fort- und Weiterbildung auf die jeweiligen abhängigen Variablen festgestellt werden. Dies wurde u. a. dahingehend interpretiert, dass die Betriebe, die einen großen zusätzlichen Bedarf an qualifizierten Arbeitnehmern haben, parallel auf dem externen Arbeitsmarkt nach entsprechend qualifizierten Arbeitnehmern suchen und intern die vorhandenen Arbeitnehmer weiterqualifizieren. Somit könnten die betrieblichen Umstrukturierungsprozesse nicht nur zu einer höheren formalen Qualifikationsstruktur, sondern auch zu einem Angebot an Fort- und Weiterbildungsmaßnahmen für die vorhandenen Arbeitnehmer führen. Möglicherweise beeinflussen die Umstrukturierungsprozesse

eher die interne Fort- und Weiterbildung als die externe Suche nach entsprechend qualifizierten Arbeitnehmern, da durch Weiterbildung kurzfristiger auf den Qualifikationsbedarf reagiert werden kann. Zum Abschluss der Untersuchungen werden daher im Folgenden die Determinanten des betrieblichen Angebots an Fort- und Weiterbildungsmaßnahmen untersucht.

### 6.2.4 Erklärungsgründe für das Angebot an Fort- und Weiterbildungsmaßnahmen

Im Folgenden wird untersucht, ob die Betriebe auf den zunehmenden Qualifikationsbedarf nicht nur mit einer externen Rekrutierung von qualifizierten oder hoch qualifizierten Arbeitnehmern, sondern auch mit dem Angebot an Fort- und Weiterbildungsmaßnahmen reagieren, um die Arbeitnehmer intern weiterzubilden. Speziell werden in diesem Teil der Analysen die Hypothesen 8 und 9 untersucht.
Die Qualifikationsvariable besteht in diesen Untersuchungen aus einer Dummy-Variablen, die den Wert 1 annimmt, wenn der Betrieb augenblicklich Fort- und Weiterbildungsmaßnahmen für seine Mitarbeiter anbietet.
Als unabhängige Variablen werden alle die Größen verwendet, die schon zur Analyse der Determinanten des Bedarfs an hoch qualifizierten Arbeitnehmern verwendet wurden. Die Erwartungen über die Einflussrichtung der unabhängigen Variablen auf die abhängige Variable entsprechen ebenfalls den in den vorangegangenen Kapiteln dargelegten Vermutungen.
Um die Ergebnisse dieser Analysen mit den vorangegangenen Untersuchungen vergleichen zu können, wird wiederum der Datensatz aus dem Jahr 2000 verwendet.

#### 6.2.4.1 Der Anteil der Weiterbildungsbetriebe nach Branche

In dem Datensatz aus dem Jahr 2000 befinden sich 5691 Betriebe, von denen 3588 (63 %) Weiterbildung angeboten haben. In dem Datensatz, der nur aus den Industriebetrieben besteht, befinden sich 1387 Betriebe, von denen 957 (69 %) Weiterbildungsbetriebe sind. Die Verteilung der Weiterbildungsbetriebe auf die einzelnen Branchen wird in Abbildung 6-8 dargestellt. Angegeben wird jeweils der Anteil der Betriebe aus der jeweiligen Branche, der Fort- und Weiterbildung anbietet.
Aus der Abbildung wird deutlich, dass vor allem in den Branchen ein hoher Anteil an Weiterbildungsbetrieben zu finden ist, die auch einen hohen zusätzlichen relativen Bedarf an hoch qualifizierten bzw. qualifizierten Arbeitnehmern aufweisen. Die höchsten Anteile an Weiterbildungsbetrieben entfallen auf die Branchen „Forschung / Entwicklung“ (73,4 %), „Datenverarbeitung“ (68,1 %),

„Kredit / Versicherung“ (66,9 %) und „Erziehung / Unterricht" (66 %). Mit 6,3 % ist der Anteil an Weiterbildungsbetrieben im Gastgewerbe am geringsten. Es bestätigt sich somit wiederum, dass die Betriebe, die einen hohen Qualifikationsbedarf haben, zum einen auf dem externen Arbeitsmarkt nach entsprechend qualifizierten Arbeitnehmern suchen und gleichzeitig die vorhandenen Arbeitnehmer weiterbilden.

*Abbildung 6-8: Anteil der Weiterbildungsbetriebe nach Branche im Jahr 2000*

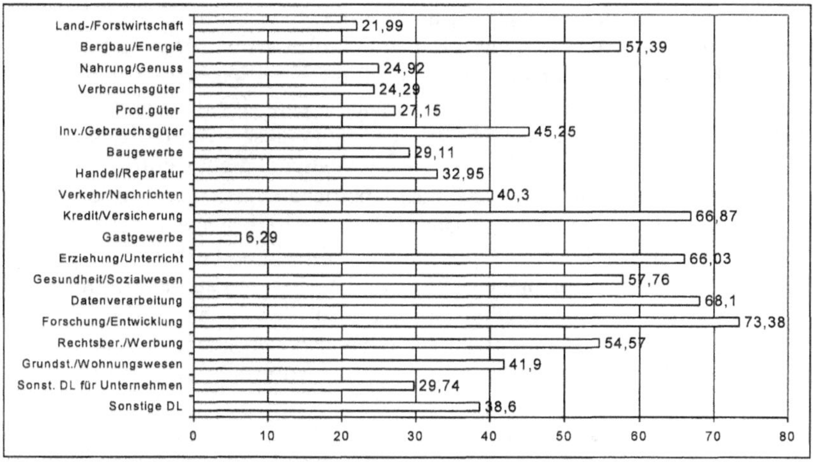


*Eigene Berechnungen auf Basis des IAB-Betriebspanels, 6. – 8. Welle, hochgerechnete Werte.*

#### 6.2.4.2 Determinanten für das Weiterbildungsangebot der Betriebe

Vor der Bestimmung der Determinanten für das Weiterbildungsangebot der Betriebe, wurde anhand von Korrelationsanalysen und der Schätzung von Produktionsfunktionen untersucht, ob die Investitionen in Informations- und Kommunikationstechnologien, die Einführung einer flexiblen Arbeitsorganisation und das Weiterbildungsangebot der Betriebe komplementär zueinander sind.
Die Korrelationsanalysen[407] deuten darauf hin, dass zwischen den drei Variablen jeweils eine höchst signifikante positive Korrelation besteht. Werden nur die Industriebetriebe in die Analysen einbezogen, so kann - wie schon in vorangegangenen Untersuchungen gezeigt - keine signifikant positive Korrelation zwischen den Investitionen in Informations- und Kommunikationstechnologien und der Einführung einer flexiblen Arbeitsorganisation festgestellt werden. Die je-

[407] Die Ergebnisse der Korrelationsanalysen werden im Anhang in Tabelle A-39 dargestellt.

weiligen Beziehungen zwischen den beiden Umstrukturierungsvariablen und dem Weiterbildungsangebot deuten aber auch für diese Betriebsgruppe auf eine signifikant positive Beziehung hin.
Mithilfe der Produktionsfunktionen[408] bestätigt sich die Annahme einer komplementären Beziehung zwischen den Investitionen in Informations- und Kommunikationstechnologien, der Einführung einer flexiblen Arbeitsorganisation und dem Weiterbildungsangebot jedoch nicht. Werden alle Betriebe in die Schätzungen aufgenommen, so weisen in allen Modellen nur die Investitionen in Informations- und Kommunikationstechnolgien und das Weiterbildungsangebot der Betriebe einen signifikanten Einfluss auf die betriebliche Wertschöpfung auf. Der Koeffizient für die Variable der flexiblen Arbeitsorganisation besitzt zwar auch ein positives Vorzeichen, der Einfluss dieser Variable ist jedoch nicht als signifikant anzusehen. Das gleiche Ergebnis kann für den Interaktionsterm aus allen drei Variablen festgestellt werden. Auch dieser Koeffizient besitzt ein positives Vorzeichen, der Einfluss ist jedoch wiederum nicht signifikant.
In den Modellen, in denen nur die Industriebetriebe einbezogen wurden, weisen zwar die beiden Umstrukturierungsvariablen und das Angebot an Fort- und Weiterbildung einen signifikant positiven Einfluss auf die betriebliche Wertschöpfung auf. Die Komplementarität der drei Variablen kann jedoch nicht festgestellt werden, da der Interaktionsterm aus den drei Variablen keinen signifikanten Einfluss aufweist. Somit kann nicht davon ausgegangen werden, dass ein gemeinsamer Einsatz der Variablen den positiven Einfluss der Einzelvariablen auf die Wertschöpfung verstärkt.
Ob die Umstrukturierungsvariablen trotzdem die Weiterbildungsentscheidung der Betriebe beeinflussen, wird anhand der Schätzung von dichotomen Probit-Modellen untersucht. Die Ergebnisse dieser Modelle, mit denen Erklärungsgründe für ein Weiterbildungsangebot der Betriebe bestimmt werden können, werden in der Tabelle 6-18 dargestellt.
Die Erklärungskraft dieser Modelle ist als gut anzusehen. Es wird deutlich, dass sowohl der Anteil an Investitionen in Informations- und Kommunikationstechnologien als auch die Einführung einer flexiblen Arbeitsorganisation einen höchst signifikanten Einfluss auf die Wahrscheinlichkeit, dass ein Betrieb Weiterbildung anbietet, haben. Die Betriebe scheinen damit auf den veränderten Qualifikationsbedarf, der durch den technisch-organisatorischen Wandel entsteht, auch durch eine interne Fort- und Weiterbildung zu reagieren.[409] Durch Fort- und Weiterbildung können die Betriebe oftmals schneller auf diese verän-

---

[408] Die Ergebnisse der Schätzungen der Produktionsfunktionen werden im Anhang in Tabelle A-40 dargestellt.

[409] Diese Ergebnisse sind sehr robust. Es wurden außerdem Probit-Modelle mit der Welle aus dem Jahr 2001 und Random-Effects-Probit-Modelle mit einem Paneldatensatz aus den Jahren 2000 und 2001 durchgeführt. Auch in diesen Analysen ergibt sich jeweils ein höchst signifikanter Einfluss der beiden Umstrukturierungsvariablen.

derten Anforderungen reagieren als durch die Suche nach entsprechend qualifizierten Arbeitnehmern auf dem externen Arbeitsmarkt. Auf die beiden Umstrukturierungsvariablen kann zudem fast ein Viertel der Erklärungskraft des Gesamtmodells zurückgeführt werden. Somit haben diese beiden Variablen einen erheblichen Einfluss auf die Weiterbildungsentscheidung der Betriebe.

*Tabelle 6-18: Determinanten des Angebots an Fort- und Weiterbildungsmaßnahmen im Jahr 2000, alle Betriebe*

| | Modell 1 | Modell 2 | Modell 3 | Modell 4 | Modell 5 | Modell 6 |
|---|---|---|---|---|---|---|
| **Exogene Variablen** | **Koef. (t-Wert)** | **Koef. (t-Wert)** | **Koef. (t-Wert)** | **Koef. (t-Wert)** | **Koef. (t-Wert)** | **Koef. (t-Wert)** |
| Konstante | 0,079*** (3,61) | -0,410*** (-4,13) | 0,067*** (3,05) | -0,416*** (-4,18) | -0,378*** (-4,01) | -0,381*** (-4,03) |
| IundK | 0,005*** (8,39) | 0,004*** (6,25) | 0,006*** (8,80) | 0,005*** (6,45) | 0,004*** (5,85) | 0,004*** (5,81) |
| Arborg | 0,631*** (16,33) | 0,429*** (9,08) | 0,709*** (14,57) | 0,489*** (8,17) | 0,426*** (9,57) | 0,457*** (8,15) |
| IundK*Arborg | | | -0,004** (-2,79) | -0,003* (-1,68) | | -0,001 (-0,92) |
| Innov | | 0,320*** (6,99) | | 0,322*** (7,03) | 0,346*** (8,07) | 0,346*** (8,08) |
| Ausgli | | -0,014 (-0,10) | | -0,015 (-0,11) | 0,113 (0,89) | 0,113 (0,88) |
| Int | | 0,001 (0,68) | | 0,001 (0,65) | | |
| Fsize | | 0,002*** (9,41) | | 0,002*** (9,38) | 0,001*** (9,57) | 0,001*** (9,55) |
| $Fsize^2$ | | $-7{,}78e^{-08}$*** (-7,74) | | $-7{,}75e^{-08}$*** (-7,71) | $-5{,}93e^{-08}$*** (-7,61) | $-5{,}91e^{-08}$*** (-7,59) |
| AntTZ | | -0,004*** (-3,57) | | -0,004*** (-3,63) | -0,004*** (-4,39) | -0,004*** (-4,42) |
| Brat | | 0,722*** (12,58) | | 0,722*** (12,55) | 0,790*** (15,88) | 0,789*** (15,86) |
| WO | | -0,164*** (-3,75) | | -0,164*** (-3,74) | -0,121*** (-2,98) | -0,121*** (-2,98) |
| *Branchenkontrolle* | *Nein* | *Ja* | *Nein* | *Ja* | *Ja* | *Ja* |
| *Pseudo-$R^2$* | *0,0548* | *0,2167* | *0,0559* | *0,2171* | *0,2475* | *0,2476* |
| *Fallzahl* | *5496* | *4547* | *5496* | *4547* | *5486* | *5486* |
| *LR $\chi^2$* | *399,54**** | *1344,37**** | *407,00**** | *1347,15**** | *1799,45**** | *1800,29**** |

*Eigene Berechnungen auf Basis des IAB-Betriebspanels, Wellen 6 - 8, abhängige Variable: Dummy-Variable (Angebot an Fort- und Weiterbildung: ja/nein), Schätzung von Probit-Modellen.*

****= signifikant auf dem 1 % Niveau, ** = signifikant auf dem 5 % Niveau, * = signifikant auf dem 10 % Niveau.*

Es kann jedoch nicht festgestellt werden, dass ein gemeinsamer Einsatz von neuen Technologien und einer flexiblen Arbeitsorganisation den positiven Einfluss der Einzelvariablen auf die abhängige Variable noch verstärkt. Der Interaktionsterm aus beiden Variablen weist in allen Modellen ein negatives Vorzeichen auf; der Einfluss dieser Variablen ist jedoch nur als schwach signifikant oder als insignifikant anzusehen. Auch die Produktinnovationen beeinflussen die abhängige Variable signifikant. Eine Weiterentwicklung eines Produkts oder einer Leistung bzw. die Neueinführung eines Produktes erhöht die Wahrscheinlichkeit, dass der Betrieb Weiterbildung anbietet. Es wurde schon mehrfach darauf hingewiesen, dass die erfolgreiche Einführung von Produktinnovationen von den Arbeitnehmern spezielle Fähigkeiten erfordert, die offensichtlich zu einem Bedarf an betrieblicher Weiterbildung führen.

Von den betrieblichen Charakteristika weisen die Betriebsgröße, der Anteil an Teilzeitbeschäftigten und der Betriebsstandort einen signifikanten Einfluss auf die abhängige Variable auf.

Mit steigender Betriebsgröße steigt die Wahrscheinlichkeit, dass der Betrieb Weiterbildung anbietet, unterproportional an. Für die Betriebe wird es erst ab einer bestimmten Mitarbeiterzahl rentabel sein, Fort- und Weiterbildungsmaßnahmen zu organisieren, so dass kleinere Betriebe oftmals auf ein eigenes Weiterbildungsangebot verzichten müssen.

Auch das Vorhandensein eines Betriebsrats beeinflusst die Weiterbildungsentscheidung positiv. Durch die Vermittlung des Betriebsrats lässt sich der Wunsch der Arbeitnehmer nach Fort- und Weiterbildung womöglich leichter durchsetzen.

Negativ wird die Weiterbildungsentscheidung durch den Anteil an Teilzeitbeschäftigten bestimmt. Es wurde schon darauf hingewiesen, dass sich Weiterbildung eher an qualifizierte Arbeitnehmer richtet, da die Erträge der Weiterbildung bei dieser Personengruppe größer ausfallen als bei gering qualifizierten Arbeitnehmern. Ein Betrieb mit einer hohen Teilzeitbeschäftigung besitzt gleichzeitig auch relativ viele gering qualifizierte Arbeitnehmer und somit nimmt die Wahrscheinlichkeit, dass dieser Betrieb Weiterbildung anbietet, ab.

Es konnte schon festgestellt werden, dass die ostdeutschen Betriebe einen höheren Anteil an zusätzlich benötigten hoch qualifizierten Arbeitnehmern aufweisen als westdeutsche Betriebe. Auch die Wahrscheinlichkeit eines Weiterbildungsangebots ist bei ostdeutschen Betrieben größer als bei westdeutschen Betrieben. Betrachtet man jedoch nur die Industriebetriebe, so verliert die Standortvariable ihren signifikanten Einfluss.[410] Bei diesen Betrieben gibt es somit hinsichtlich des Weiterbildungsangebots zwischen den beiden Landesteilen nur geringe Unterschiede.

Keinen signifikanten Einfluss auf die abhängige Variable geht von den Outsourcingentscheidungen und dem Grad der Internationalisierung aus.

[410] Die Ergebnisse der Modelle, in die nur die Industriebetriebe einbezogen wurden, werden im Anhang in Tabelle A-41 dargestellt. Diese Ergebnisse entsprechen weitgehend den Resultaten aus den Berechnungen mit allen Betrieben.

Insgesamt kann somit gezeigt werden, dass die Variablen, die einen zusätzlichen Bedarf an qualifizierten oder hoch qualifizierten Arbeitnehmern entstehen lassen, teilweise auch die Weiterbildungsentscheidung der Betriebe beeinflussen. Bei den Umstrukturierungsvariablen fällt der Einfluss sogar größer aus als bei der zusätzlichen relativen Nachfrage nach qualifizierten bzw. hoch qualifizierten Arbeitnehmern. Es kann jedoch nicht festgestellt werden, dass vor allem durch den gemeinsamen Einsatz beider Umstrukturierungsvariablen die Wahrscheinlichkeit des Angebots an Fort- und Weiterbildung zunimmt.
Im Folgenden werden die Ergebnisse des gesamten Kapitels noch einmal zusammengefasst und dabei gleichzeitig mit Ergebnissen für die USA verglichen.

### 6.2.5 Zusammenfassung der empirischen Ergebnisse und Vergleich mit Resultaten für die USA

In den vorausgegangenen Analysen wurden acht Hypothesen untersucht. Diese werden in der Abbildung 6-9 noch einmal dargestellt und es wird gekennzeichnet, welche dieser Hypothesen durch die empirischen Untersuchungen bestätigt werden konnten und welche nicht.
Es wurde zunächst untersucht, ob der *Bestand an qualifizierten Arbeitnehmern* komplementär zu einem hohen technischen Stand der Anlagen und einer flexiblen Arbeitsorganisation ist und maßgeblich durch diese beiden Variablen bestimmt wird. Zwar deuten die Korrelationskoeffizienten zwischen diesen Variablen zumindest teilweise auf komplementäre Beziehungen hin, mithilfe der Schätzung von Produktionsfunktionen ließ sich jedoch keine komplementäre Beziehung zwischen den drei Variablen feststellen. Auch beeinflusst nur die flexible Arbeitsorganisation die betriebliche Qualifikationsstruktur signifikant positiv und nicht der technische Stand der Anlagen. Folglich weist auch der Interaktionseffekt aus beiden Variablen keinen signifikanten Einfluss auf die Qualifikationsvariable auf. Nach den hier vorgenommenen Analysen kann somit nicht davon ausgegangen werden, dass der Bestand an qualifizierten Arbeitnehmern maßgeblich durch ein Bündel komplementärer Variablen bestehend aus einem hohen technischen Stand der Anlagen und einer flexiblen Arbeitsorganisation bestimmt wird.
Anschließend wurde in weiteren Analysen der Zusatzbedarf an qualifizierten bzw. hoch qualifizierten Arbeitnehmern als Qualifikationsvariable verwendet. Durch die veränderte Qualifikationsvariable konnten auch die Umstrukturierungsprozesse innerhalb der Betriebe anhand anderer Variablen operationalisiert werden. Durch diese Veränderungen konnten Verbesserungen in den Ergebnissen erzielt werden. Der *Anteil der gesuchten qualifizierten Arbeitnehmer* wird signifikant positiv von dem Anteil an Investitionen in Informations- und Kom-

munikationstechnologien und der Einführung einer flexiblen Arbeitsorganisation bestimmt.

*Abbildung 6-9: Übersicht der empirischen Ergebnisse für die Untersuchungshypothesen*

| Hypothesen | Ergebnisse für alle Betriebe | Ergebnisse für die Industriebetriebe |
|---|---|---|
| *Hypothese 2:* *Ein hoher technischer Stand der Anlagen, eine flexible Arbeitsorganisation und ein hoher Anteil an qualifizierten Arbeitnehmern sind komplementär zueinander.* | + | nicht untersucht |
| *Hypothese 3:* *Sowohl ein hoher technischer Stand der Anlagen als auch eine flexible Arbeitsorganisation haben einen positiven Einfluss auf den Anteil an qualifizierten Arbeitnehmern innerhalb eines Betriebs. Das gemeinsame Vorhandensein eines hohen technischen Stands der Anlagen und einer flexiblen Arbeitsorganisation verstärkt den positiven Einfluss der Einzelvariablen.* | + | |
| *Hypothese 4:* *Die Investitionen in neue Technologien, eine Flexibilisierung der Arbeitsorganisation und ein relativ hoher zusätzlicher Bedarf an qualifizierten Arbeitnehmern sind komplementär zueinander.* | + | nicht untersucht |
| *Hypothese 5:* *Die Investitionen in neue Technologien sowie die Flexibilisierung der Arbeitsorganisation haben einen positiven Einfluss auf den zusätzlichen relativen Bedarf des Betriebs an qualifizierten Arbeitnehmern. Die gemeinsame Einführung neuer Technologien sowie einer flexiblen Arbeitsorganisation verstärkt den positiven Einfluss der Einzelvariablen.* | ++ | |
| *Hypothese 6:* *Die Investitionen in neue Technologien, die Flexibilisierung der Arbeitsorganisation sowie ein relativ hoher zusätzlicher Bedarf an hoch qualifizierten Arbeitnehmern sind komplementär zueinander.* | ++ | ++ |
| *Hypothese 7:* *Die Investitionen in neue Technologien sowie die Flexibilisierung der Arbeitsorganisation haben einen positiven Einfluss auf den zusätzlichen relativen Bedarf des Betriebs an hoch qualifizierten Arbeitnehmern. Die gemeinsame Einführung neuer Technologien sowie einer flexiblen Arbeitsorganisation verstärkt den vermuteten positiven Einfluss der Einzelvariablen.* | ++ | + |
| *Hypothese 8:* *Die Investitionen in neue Technologien, die Flexibilisierung der Arbeitsorganisation sowie das betriebliche Angebot an Fort- und Weiterbildung sind komplementär zueinander.* | + | |
| *Hypothese 9:* *Die Investitionen in neue Technologien sowie die Flexibilisierung der Arbeitsorganisation haben einen positiven Einfluss auf die Wahrscheinlichkeit des Angebots an Fort- und Weiterbildungsmaßnahmen. Die gemeinsame Einführung neuer Technologien sowie einer flexiblen Arbeitsorganisation verstärkt den vermuteten positiven Einfluss der Einzelvariablen.* | + | + |

*+ = Hypothese kann nur sehr eingeschränkt bestätigt werden; ++ = Hypothese kann teilweise bestätigt werden; +++ = Hypothese kann ganz bestätigt werden*

Auch scheint der gemeinsame Einsatz beider Variablen den Einfluss der Einzelvariablen auf den zusätzlichen relativen Bedarf an qualifizierten Arbeitnehmern noch zu verstärken. Dieses Ergebnis kann aber nicht als gesichert angesehen werden, da der Interaktionseffekt aus den beiden Umstrukturierungsvariablen zwar einen positiven, aber keinen signifikanten Einfluss auf den Anteil an gesuchten qualifizierten Arbeitnehmern aufweist. Darüber hinaus weisen die Korrelationskoeffizienten jeweils auf eine komplementäre Beziehung zwischen den Variablen hin.

Bei der Suche nach den Erklärungsgründen für den *Anteil an zusätzlich benötigten hoch qualifizierten Arbeitnehmern* kann - zumindest für die Industriebetriebe - erstmals die Komplementarität der drei Inputvariablen durch die Schätzung von Produktionsfunktionen festgestellt werden. Obwohl damit Anhaltspunkte dafür bestehen, dass die neuen Technologien, die flexible Arbeitsorganisation und hoch qualifizierte Arbeitnehmer gemeinsam eingesetzt werden sollten, beeinflussen bei den Industriebetrieben die beiden Umstrukturierungsvariablen den zusätzlichen relativen Bedarf an hoch qualifizierten Arbeitnehmern nicht signifikant. Als Erklärung für diese Feststellung wurden mögliche Kausalitätsprobleme angeführt. Da es für die Betriebe nicht immer einfach ist, die benötigten Arbeitnehmer mit den entsprechenden Qualifikationen auf dem Arbeitsmarkt zu finden, ist es möglich, dass die Betriebe erst dann neue Technologien und eine flexible Arbeitsorganisation einführen, wenn entsprechend qualifizierte Arbeitnehmer zur Verfügung stehen.

Wenn alle Betriebe in die Analysen einbezogen werden, dann können komplementäre Beziehungen zwischen den drei Variablen anhand der Korrelationskoeffizienten festgestellt werden. Bei der Schätzung von Produktionsfunktionen weisen sowohl die Einzelvariablen als auch der Interaktionsterm aus allen drei Variablen einen positiven Einfluss auf die betriebliche Wertschöpfung auf. Dieses Ergebnis deutet ebenfalls auf eine komplementäre Beziehung zwischen den drei Variablen hin, allerdings ist der Einfluss des Anteils der zusätzlich benötigten hoch qualifizierten Arbeitnehmer und des Interaktionsterms statistisch nicht signifikant. Somit kann die komplementäre Beziehung zwischen den drei Inputvariablen nicht als gesichert angesehen werden. Bei der Schätzung von Faktornachfragefunktionen konnte festgestellt werden, dass sowohl der Anteil an Investitionen in Informations- und Kommunikationstechnologien als auch die Einführung einer flexiblen Arbeitsorganisation den zusätzlichen relativen Bedarf an hoch qualifizierten Arbeitnehmern signifikant positiv beeinflussen. Der Einfluss dieser Variablen wird jedoch insignifikant, wenn ein Interaktionsterm aus beiden Variablen in das Modell eingeführt wird. Anstelle der Einzelvariablen weist nun der Interaktionsterm einen signifikant positiven Einfluss auf die abhängige Variable auf. Dies deutet darauf hin, dass der gemeinsame Einsatz bei-

der Variablen den entscheidenden Einfluss auf die abhängige Variable ausübt und nicht so sehr die beiden Einzelvariablen.
Die Analysen mit verschiedenen Qualifikationsvariablen machen somit deutlich, dass die Untersuchungshypothesen am ehesten bestätigt werden können, wenn der zusätzliche Bedarf an hoch qualifizierten Arbeitnehmern als Qualifikationsvariable verwendet wird. Eine genauere Operationalisierung der Qualifikationsvariable verbessert somit die Ergebnisse.
Da der Bestand an Arbeitnehmern innerhalb eines Betriebs kurzfristig als konstant anzusehen ist und es für die Betriebe mitunter schwierig ist, innerhalb eines kurzen Zeitraums hoch qualifizierte Arbeitnehmer auf dem Arbeitsmarkt zu finden, ist es möglich, dass die Betriebe auf den technisch-organisatorischen Wandel auch durch interne Fort- und Weiterbildungsmaßnahmen reagieren. Daher wurde abschließend der Zusammenhang zwischen den betrieblichen Umstrukturierungsprozessen und dem Angebot an Fort- und Weiterbildung untersucht. Es konnte sowohl für die Industriebetriebe als auch für alle Betriebe festgestellt werden, dass sich beide Umstrukturierungsvariablen signifikant positiv auf die Weiterbildungsentscheidung der Betriebe auswirken. Der Einfluss der beiden Variablen fällt hier auch stärker aus als bei dem externen Bedarf an qualifizierten bzw. hoch qualifizierten Arbeitnehmern. Ein gemeinsamer Einsatz beider Umstrukturierungsvariablen reduziert jedoch den Einfluss der Einzelvariablen auf die Weiterbildungsentscheidung der Betriebe, während in den vorangegangenen Analysen ein positiver Einfluss des Interaktionsterms auf die Qualifikationsvariablen festgestellt werden konnte. Auch mit der Schätzung von Produktionsfunktionen konnte keine eindeutig komplementäre Beziehung zwischen den Umstrukturierungsvariablen und dem Weiterbildungsangebot festgestellt werden. Der gemeinsame Einsatz beider Umstrukturierungsvariablen scheint somit eher einen externen Bedarf an entsprechend qualifizierten Arbeitnehmern entstehen zu lassen als ein Angebot an Fort- und Weiterbildungsmaßnahmen.
Insgesamt können mit den hier vorgenommenen Analysen die in der Theorie aufgezeigten Zusammenhänge zwischen der Einführung neuer Technologien und der damit einhergehenden Flexibilisierung des Produktionsprozesses, der Einführung einer flexiblen Arbeitsorganisation und dem Bedarf an hoch qualifizierten Arbeitnehmern ansatzweise auch in der empirischen Untersuchung bestätigt werden. Es sind in den Ergebnissen Anhaltspunkte dafür vorhanden, dass vor allem die hoch qualifizierten Arbeitnehmer in einer komplementären Beziehung zu neuen Technologien und einer flexiblen Arbeitsorganisation stehen und dass der Bedarf an hoch qualifizierten Arbeitnehmern durch den technisch-organisatorischen Wandel beeinflusst wird. Es kann jedoch nicht eindeutig festgestellt werden, dass die betrieblichen Umstrukturierungsprozesse den entscheidenden Einfluss auf den Qualifikationsbedarf der Betriebe ausüben.

Die eigenen Untersuchungen sind angelehnt an eine Studie von Bresnahan, Brynjolfsson und Hitt (1999, 2002), die diese mit Betriebsdaten für die USA vorgenommen haben.[411] Die Autoren untersuchten mithilfe der Berechnung von Korrelationskoeffizienten, der Schätzung von Faktornachfrage- und Produktionsfunktionen die Beziehung zwischen der Einführung neuer Technologien, dem Einsatz einer flexiblen Arbeitsorganisation und der betrieblichen Qualifikationsstruktur.[412]
Zunächst wurden die Korrelationskoeffizienten zwischen den drei Variablen berechnet. Nach diesen Untersuchungen kann davon ausgegangen werden, dass neue Technologien, eine flexible Arbeitsorganisation und ein hoher Bestand an hoch qualifizierten Arbeitnehmern komplementär zueinander sind.
Anschließend wurden Faktornachfragefunktionen geschätzt, um zu überprüfen, ob einer der komplementären Faktoren signifikant von den anderen Variablen beeinflusst wird. Als abhängige Variable verwendeten die Autoren die betrieblichen Investitionen in das Humankapital der Arbeitnehmer, da diese schneller einem steigenden Qualifikationsbedarf angepasst werden können als der Bestand an Arbeitskräften. Die Autoren konnten feststellen, dass Betriebe mit einem hohen Bestand an neuen Technologien und einer flexiblen Arbeitsorganisation verstärkt in das Humankapital ihrer Arbeitnehmer investieren.
Schließlich wurde die Komplementarität der drei Variablen anhand der Schätzung von Produktionsfunktionen überprüft. In diese Funktionen wurde der Kapitalbestand an Informations- und Kommunikationstechnologien, der Index für die flexible Arbeitsorganisation und verschiedene Qualifikationsvariablen aufgenommen. Zumindest die neuen Technologien und die flexible Arbeitsorganisation weisen in allen Schätzungen einen signifikant positiven Einfluss auf die betriebliche Wertschöpfung auf. Für die Qualifikationsvariable kann dieses Ergebnis nicht in allen Modellen festgestellt werden. Darüber hinaus beeinflussen die Interaktionsterme aus jeweils zwei der drei Variablen die abhängige Variable

[411] Der verwendete Datensatz der Autoren setzt sich aus drei Quellen zusammen: 1. Paneldatensatz mit Informationen über den Bestand an Informations- und Kommunikationstechnologien innerhalb der Betriebe für den Zeitraum von 1987 – 1994; 2. Angaben von Compustat über andere Inputs der Produktionsfunktion und Outputs über den Zeitraum 1987 – 1994; 3. Querschnittserhebungen über die Charakteristika der Arbeitsorganisation und der Arbeitskräfte in den Jahren 1995 und 1996.

[412] Die drei Variablen wurden folgendermaßen operationalisiert:
a) neue Technologien: Kapitalbestand an Informations- und Kommunikationstechnologien
b) flexible Arbeitsorganisation: Index aus folgenden Variablen: Existenz von Teamarbeit, teambildende Maßnahmen, Teamarbeit als ein Beförderungskriterium, Existenz von Qualitätszirkeln, Mitbestimmung seitens der Arbeitnehmer bei der Arbeitsgeschwindigkeit und den Arbeitsmethoden.
c) Qualifikationsstruktur: 1.) Bildungsabschlüsse; 2.) geforderte Fähigkeiten der Arbeitnehmer; 3.) betrieblicher Status, 4.) betriebliche Investitionen in das Humankapital der Arbeitnehmer.

signifikant positiv. Für den Interaktionsterm aus allen drei Variablen kann ebenfalls ein positiver Einfluss festgestellt werden, dieser ist jedoch nicht als signifikant anzusehen. Trotzdem deuten die Autoren diese Ergebnisse insgesamt als Hinweis darauf, dass der Bedarf an hoch qualifizierten Arbeitnehmern komplementär zu einem Bündel an betrieblichen Veränderungen ist, die aus dem Einsatz neuer Technologien und einer flexiblen Arbeitsorganisation bestehen.[413]
Bresnahan, Brynjolfsson und Hitt führten die Faktornachfrageschätzungen nur mit den betrieblichen Investitionen in das Humankapital als abhängiger Qualifikationsvariable durch. In einer weiteren Studie für die USA analysierten Gale, Wojan und Olmstedt (2002) den Einfluss des technisch-organisatorischen Wandels auf die zunehmende Bedeutsamkeit von sechs Qualifikationsanforderungen (Lesefähigkeit, mathematische Kenntnisse, Problemlösefähigkeiten, Teamwork-Fähigkeit, Computerkenntnisse, andere technische Fähigkeiten).
Mithilfe der Schätzung von Ordered-Probit-Modellen konnten die Autoren zeigen, dass die Anzahl neuer Technologien, die in dem jeweiligen Betrieb benutzt werden und die Anzahl der Maßnahmen, die zu einer flexiblen Arbeitsorganisation führen, einen signifikant positiven Einfluss auf die zunehmende Bedeutung aller sechs Qualifikationsanforderungen aufweisen.[414] Dabei beeinflusst die Technologievariable am stärksten die Bedeutung von Computerkenntnissen und die Variable für die flexible Arbeitsorganisation am stärksten die Teamfähigkeit- und Problemlösungsfähigkeiten. Ein Interaktionsterm aus beiden Umstrukturierungsvariablen weist zwar in allen Modellen einen negativen Einfluss auf die abhängigen Variablen auf, aber zwei Interaktionsterme aus niedriger Losgröße und flexibler Arbeitsorganisation bzw. niedriger Losgröße und neuen Technologien beeinflussen zumindest teilweise die Qualifikationsanforderungen signifikant positiv. Dies bedeutet, dass die Qualifikationsanforderungen vor allem in den Betrieben ansteigen, in denen die neuen Technologien und eine flexible Arbeitsorganisation gemeinsam mit einer kleinen Losgröße eingesetzt werden. Wenn nun die geringe Losgröße als Indikator für eine flexible Produktionstechnologie angesehen wird, dann kann angenommen werden, dass der Einfluss einer flexiblen Produktionstechnologie und einer flexiblen Arbeitsorganisation auf die abhängigen Variablen größer ist, wenn diese beiden Maßnahmen gemeinsam eingesetzt werden. Es gibt also auch in dieser Studie Hinweise darauf, dass die geforderten Qualifikationen in den Betrieben vor allem von der gleichzeitigen Veränderung der Produktionsstruktur und der Organisation der Arbeitsaufgaben beeinflusst werden.

---

[413] Vgl. Bresnahan/Brynjolfsson/Hitt (2002), S. 347ff.; Bresnahan/Brynjolfsson/Hitt (1999), S. 9ff.

[414] Als Datengrundlage dient den Autoren der Rural Manufacturing Survey.
Die veränderte Bedeutung der Qualifikationsanforderungen basiert auf Einschätzungen der Arbeitgeber. (Vgl. Gale/Wojan/Olmstedt (2002), S. 55.)

Diese für die USA erzielten Ergebnisse können anhand der in dieser Arbeit vorgenommenen Analysen nun mit Einschränkungen auch für die Bundesrepublik Deutschland bestätigt werden. Zumindest in den Analysen, in denen der Zusatzbedarf an hoch qualifizierten Arbeitnehmern als Qualifikationsvariable verwendet wurde, können auch in den Untersuchungen für die Bundesrepublik Deutschland Hinweise darauf abgeleitet werden, dass der Einsatz von Arbeitnehmern mit einer hohen Qualifikation, die Investitionen in neue Technologien und die Einführung einer flexiblen Arbeitsorganisation komplementär zueinander sind und dass vor allem der gemeinsame Einsatz der beiden Umstrukturierungsvariablen den Bedarf an hoch qualifizierten Arbeitnehmern beeinflusst. Somit kann der technisch-organisatorische Wandel als ein wichtiger Erklärungsgrund für den qualifikatorischen Strukturwandel in der Bundesrepublik Deutschland angesehen werden.
Wie groß der Bedarf an hoch qualifizierten bzw. an qualifizierten Arbeitnehmern in jedem Betrieb ist, hängt jedoch auch noch von anderen Einflussfaktoren ab. Neben dem technisch-organisatorischen Wandel wurde in den eigenen Analysen der Einfluss weiterer betrieblicher Variablen auf die Qualifikationsvariablen untersucht. Diese Ergebnisse werden in der Tabelle 6-19 noch einmal zusammengefasst.

*Tabelle 6-19: Der Einfluss der Kontrollvariablen auf die Qualifikationsvariablen*

| | Qualifikationsstruktur | Anteil gesuchter qualifizierter Arbeitnehmer | Anteil gesuchter hoch qualifizierter Arbeitnehmer | | Weiterbildung | | *Beckmann/ Bellmann (2000); Anzahl gesuchter qualifizierter Arbeitnehmer* |
|---|---|---|---|---|---|---|---|
| | alle Betriebe | alle Betriebe | alle Betriebe | Industriebetriebe | alle Betriebe | Industriebetriebe | |
| FE bzw. Innov | (+) | + | + | + | + | + | + |
| Ausgll | + | | + | + | | | |
| WB | + | + | + | + | n. a. | n. a. | |
| Int | | + | + | + | | | + |
| AntTZ | - | - | - | | - | - | - |
| Brat | + | + | + | + | + | + | *n. a.* |
| Fsize | - | + | + | + | + | + | *Dummy* |
| Fsize$^2$ | + | - | - | - | - | - | *Dummy* |
| WO | n. a. | + | - | - | - | | *n. a.* |

*+ = signifikant positiver Einfluss*
*- = signifikant negativer Einfluss*
*n. a. = nicht in das Modell aufgenommen*

Für einige Kontrollvariablen konnten auch bei der Verwendung verschiedener abhängiger Variablen sehr robuste Ergebnisse erzielt werden. Zu diesen Variablen gehören einmal die *Forschungs- und Entwicklungstätigkeiten bzw. die Durchführung von Produktinnovationen.* Übereinstimmend konnte in fast allen Modellen ein signifikant positiver Einfluss dieser Variablen auf die jeweilige abhängige Variable festgestellt werden. Die Betriebe besitzen somit mehr qualifizierte Arbeitnehmer, wenn sie Forschungs- und Entwicklungstätigkeiten vornehmen bzw. sie benötigen entsprechend qualifizierte Arbeitnehmer, wenn sie Produktinnovationen durchführen. Diese Ergebnisse stimmen mit Berechnungen von Beckmann und Bellmann (2000) überein. Die beiden Autoren untersuchten mit dem IAB-Betriebspanel die Erklärungsgründe für die Anzahl an gesuchten qualifizierten Arbeitnehmern im Jahr 1998. Auch in dieser Untersuchung konnte ein signifikant positiver Einfluss der Produktinnovationen auf die abhängige Variable festgestellt werden.[415]

Ebenfalls sehr robust sind die Ergebnisse für das Angebot an *Fort- und Weiterbildungsmaßnahmen.* In allen Modellen beeinflusst diese Variable die verschiedenen Qualifikationsvariablen signifikant positiv. Die Betriebe, die einen hohen Bedarf an qualifizierten bzw. hoch qualifizierten Arbeitnehmern haben, suchen somit extern nach entsprechend qualifizierten Arbeitnehmern und bilden gleichzeitig die vorhandenen Arbeitnehmer weiter. Beckmann und Bellmann operationalisierten die Ausbildungsanstrengungen der Betriebe mit der Ausbildungsquote. Für diese Variable kann jedoch kein signifikanter Einfluss auf die Anzahl an gesuchten qualifizierten Arbeitnehmern festgestellt werden.

Ein deutlicher und sehr robuster Einfluss auf die Qualifikationsvariablen kann schließlich noch für zwei weitere Kontrollvariablen festgestellt werden: für den Anteil an Teilzeitbeschäftigten und für die Existenz eines Betriebsrats. Der *Anteil der Teilzeitbeschäftigung* besitzt bei allen Qualifikationsvariablen einen signifikant negativen Einfluss. Dies deutet darauf hin, dass Teilzeitarbeitsplätze vor allem in Tätigkeitsbereichen entstehen, für die ein relativ geringes Qualifikationsniveau erforderlich ist und somit die Betriebe, die einen hohen Anteil an Teilzeitarbeitsplätzen besitzen, auch relativ mehr gering qualifizierte Arbeitnehmer beschäftigen als Betriebe mit einem geringeren Anteil an Teilzeitbeschäftigung. Diese Ergebnisse stehen wiederum in Einklang mit den Berechnungen von Beckmann und Bellmann.

Das Vorhandensein eines *Betriebs- oder Personalrats* hat in allen Modellen einen signifikant positiven Einfluss auf den Qualifikationsbedarf bzw. das Weiterbildungsangebot der Betriebe. Dieses Ergebnis deutet darauf hin, dass der Be-

[415] Der Einfluss der Produktinnovationen wurde in der Studie von Beckmann und Bellmann jedoch mithilfe einer anderen Operationalisierung gemessen. Die Autoren verwendeten für die Operationalisierung dieser Variable den Anteil des erzielten Umsatzes durch Produktinnovationen am Gesamtumsatz.

triebsrat als Akteur betriebsinterner Arbeitsmärkte anzusehen ist. In diesem Fall trägt er dazu bei, dass langfristige Arbeitsbeziehungen entstehen und sich eine Kernbelegschaft bildet, an die höhere Qualifikationsanforderungen gestellt werden als an die Beschäftigten der Randbelegschaft und für die sich Investitionen in weitere Qualifikationen lohnen.
Für die übrigen Variablen kann nur in einigen Modellen ein signifikanter Einfluss auf die abhängige Variable festgestellt werden oder es ergeben sich widersprüchliche Ergebnisse. So kann für die *Ausgliederungsmaßnahmen* und den *Grad der Internationalisierung* nur in einigen Modellen ein signifikant positiver Einfluss auf die abhängigen Variablen festgestellt werden. In anderen Modellen kann dieser Einfluss jedoch nicht bestätigt werden. Beckmann und Bellmann konnten für den Grad der Internationalisierung einen signifikant positiven Einfluss auf die Anzahl der gesuchten qualifizierten Arbeitnehmer feststellen, nicht jedoch für die Ausgliederungsmaßnahmen.
Widersprüchliche Ergebnisse wurden in den eigenen Untersuchungen bei der *Betriebsgröße* und der *Standortvariablen* erzielt. In einigen Modellen weisen die westdeutschen Betriebe einen relativ höheren Qualifikationsbedarf auf und in anderen die ostdeutschen Betriebe. Ebenso scheinen in einigen Modellen die kleineren Betriebe den relativ größeren Qualifikationsbedarf zu haben, in anderen jedoch wiederum die größeren Betriebe.
Insgesamt wird deutlich, dass neben dem technisch-organisatorischen Wandel vor allem auch die Produktinnovationen, das Angebot an Fort- und Weiterbildung, der Anteil an Teilzeitbeschäftigung und die Existenz eines Betriebsrats wesentlich den betrieblichen Bedarf an gut ausgebildeten Arbeitnehmern bestimmen. Diese Resultate entsprechen weitgehend den Ergebnissen ähnlicher Studien, wie es hier für die Studie von Beckmann und Bellmann aus dem Jahr 2000 gezeigt wurde.

# 7. Schlussbetrachtung

Ausgangspunkt dieser Arbeit war der qualifikatorische Strukturwandel auf den Arbeitsmärkten vieler Industrieländer. Es kann in einigen dieser Länder beobachtet werden, dass die Nachfrage nach hoch qualifizierten Arbeitnehmern angestiegen ist und weiter ansteigt, während sich gleichzeitig die Arbeitsmarktsituation der gering qualifizierten Arbeitnehmer verschlechtert. Diese Entwicklung kann zu einem Nebeneinander von Engpässen bei Arbeitnehmern mit hohen Qualifikationen und zu einem gleichzeitigen Überangebot an geringer qualifizierten Arbeitnehmern führen. In Deutschland wurde dieses Problem zu Beginn dieses Jahrzehnts unter dem Stichwort „Fachkräftemangel" diskutiert. Aufgrund der augenblicklich sehr angespannten Arbeitsmarktlage ist dieses Problem im Moment wieder etwas in den Hintergrund geraten, wird aber bei einer Verbesserung der konjunkturellen Lage sicher wieder stärkere Beachtung finden.[416]
Die Frage, der in dieser Arbeit nachgegangen wurde, war die, welche nachfrageseitigen Faktoren zu dem qualifikatorischen Strukturwandel auf dem Arbeitsmarkt in der Bundesrepublik Deutschland beigetragen haben. Es wurden somit Gründe für die Veränderung der Arbeitsplatzanforderungen gesucht. Dass diese in den letzten Jahrzehnten auch in der Bundesrepublik Deutschland zunehmend angestiegen sind, wird zu Beginn der Arbeit mithilfe der Entwicklung qualifikationsspezifischer Arbeitslosenquoten und der Entwicklung der Beschäftigungsanteile verschiedener Qualifikationsgruppen belegt. Es kann jedoch auch festgestellt werden, dass sich das formale Qualifikationsniveau der Bevölkerung ebenfalls erhöht hat. Auch wenn hier der qualifikatorische Strukturwandel ausschließlich von der Nachfrageseite her erklärt wird, darf nicht außer acht gelassen werden, dass der relativ steigende Einsatz hoch qualifizierter Arbeitnehmer auch durch eine Veränderung des Arbeitsangebots bedingt sein kann.

Der qualifikatorische Strukturwandel kann von der Nachfrageseite her nicht allein durch einen Faktor erklärt werden, sondern nur durch ein Zusammenspiel mehrerer Ursachen. In der vorliegenden Arbeit werden gesamtwirtschaftliche, zwischenbetriebliche und innerbetriebliche Erklärungsgründe untersucht.

Die Analysen beginnen mit der Darstellung gesamtwirtschaftlicher Erklärungsgründe für die zunehmend steigende Nachfrage nach hoch qualifizierten Arbeitnehmern. In diesem Teil der Arbeit wurden keine eigenen empirischen Untersuchungen vorgenommen, da die gesamtwirtschaftlichen Erklärungsgründe für den qualifikatorischen Strukturwandel in der Literatur schon ausführlich behandelt wurden. Es werden stattdessen die zentralen Ergebnisse ausgewählter Studien dargestellt. Die relativ steigende Nachfrage nach hoch qualifizierten Arbeitnehmern wird auf der gesamtwirtschaftlichen Ebene entweder durch die Zunahme des internationalen Handels oder durch einen qualifikationsverzerrenden techni-

---

[416] Vgl. Kölling (2003), S. 139.

schen Fortschritt erklärt. Die Ergebnisse der dargestellten Studien lassen den Schluss zu, dass sowohl der internationale Handel als auch der qualifikationsverzerrende technische Fortschritt den qualifikatorischen Strukturwandel beeinflusst haben können. In der wissenschaftlichen Diskussion ist es auch weitgehend unbestritten, dass beide Faktoren zu einer relativ verbesserten Arbeitsmarktsituation der hoch qualifizierten Arbeitnehmer beigetragen haben; Differenzen treten jedoch bei der Frage auf, wie hoch der Erklärungsgrad dieser Faktoren ist.[417] In einigen Studien kann nur ein geringer Teil des qualifikatorischen Strukturwandels auf die beiden gesamtwirtschaftlichen Erklärungsgründe zurückgeführt werden. Es müssen also weitere Gründe für die relativ steigende Nachfrage nach hoch qualifizierten Arbeitnehmern vorhanden sein. Darüber hinaus wird an beiden Erklärungsansätzen umfangreiche methodische Kritik geübt.

Mit dieser Arbeit soll nun ein Beitrag zur Identifikation weiterer Erklärungsgründe für die betrachteten Arbeitsmarktveränderungen in der Bundesrepublik Deutschland geleistet werden. Der mangelnde Erklärungsgehalt der beiden gesamtwirtschaftlichen Faktoren und die methodische Kritik an den Studien, in denen der Zusammenhang dieser Faktoren mit dem qualifikatorischen Strukturwandel untersucht wird, rechtfertigen es, auf einer disaggregierteren Ebene nach weiteren Erklärungsgrößen zu suchen. In dieser Arbeit sind dies die zwischen- und die innerbetriebliche Ebene. Auf diesen beiden Untersuchungsebenen wurden eigene empirische Untersuchungen durchgeführt. Als Datenbasis diente dafür das Betriebspanel des Instituts für Arbeitsmarkt- und Berufsforschung (IAB). Da in dieser Arbeit nachfrageseitige Erklärungsgründe für den qualifikatorischen Strukturwandel untersucht wurden, bietet eine Befragung von Betrieben die adäquate Datengrundlage für die durchgeführten Untersuchungen.

Ein nicht unerhebliches Problem stellte auf der Basis dieser Datengrundlage jedoch die Operationalisierung der Qualifikationen der Arbeitnehmer dar. Zunächst trat hier - wie in jeder Studie, deren zentraler Inhalt die Erfassung von Qualifikationen einzelner Personen ist - das Problem auf, dass der mehrdimensionale Charakter der Qualifikation nur mit eindimensionalen Größen gemessen werden kann. Im IAB-Betriebspanel können die Qualifikationen der Arbeitnehmer durch den betrieblichen Status gemessen werden. Bei dieser Qualifikationsvariablen tritt zusätzlich das Problem auf, dass die durch die Einordnung in eine bestimmte Statusgruppe zum Ausdruck gebrachte eingesetzte Qualifikation nicht mit dem formalen Qualifikationspotenzial des Arbeitnehmers übereinstimmen muss. Weiterhin sind die konkrete Tätigkeit des Arbeitnehmers und die damit verbundenen tatsächlichen und eingesetzten Qualifikationen nicht bekannt.[418] Das hauptsächliche Problem bei der Operationalisierung der Arbeit-

417 Vgl. Landmann/Pflüger (1996), S. 176.
418 Vgl. Brasche (1989), S. 85; Alaluf (1991), S. 34.

nehmer liegt jedoch darin begründet, dass die Befragungen des IAB-Betriebspanels nur eine für diese Studie unzureichende Differenzierung der Qualifikationen zulassen. In der Regel kann nur zwischen qualifizierten und gering qualifizierten Arbeitnehmern unterschieden werden. Das eigentliche Ziel der Arbeit war es jedoch, die steigende Nachfrage nach hoch qualifizierten Arbeitnehmern zu erklären. Die verwendete Datengrundlage lässt es jedoch häufig nicht zu, die hoch qualifizierten Arbeitnehmer von den Arbeitnehmern mit einer mittleren Qualifikation abzugrenzen. Es kann jedoch davon ausgegangen werden, dass eine Verbesserung der Ergebnisse erzielt werden könnte, wenn die Arbeitnehmer genauer hinsichtlich ihres Qualifikationsniveaus differenziert werden könnten. Für zukünftige Analysen bietet es sich daher an, verstärkt auf den employer-employee-Datensatz des IAB zurückzugreifen. Dieser Datensatz wird im Augenblick durch eine Kombination des IAB-Betriebspanels mit der Beschäftigtenstichprobe des IAB erstellt. Bei der Verwendung dieser Datengrundlage stünden dann neben dem betrieblichen Status auch der Ausbildungsabschluss und die ausgeübte Tätigkeit der Arbeitnehmer für die Operationalisierung der Qualifikationen zur Verfügung. Da dieser Datensatz im Augenblick noch nicht für alle Wellen fertig gestellt ist, wurden die empirischen Analysen auf der zwischen- und innerbetrieblichen Ebene ausschließlich auf der Basis des IAB-Betriebspanels durchgeführt.

Für die Untersuchungen auf der zwischenbetrieblichen Ebene wurde der von der OECD entwickelte Job-Turnover-Ansatz mit dem sektoralen und dem qualifikatorischen Strukturwandel verknüpft. Aus diesen theoretischen Darstellungen konnte die Untersuchungshypothese abgeleitet werden, dass die zunehmende Nachfrage nach qualifizierten Arbeitnehmern möglicherweise durch einen relativ hohen Beschäftigungszuwachs für die qualifizierten Arbeitnehmer im tertiären Sektor und durch einen relativ hohen Abbau von Arbeitsplätzen für gering qualifizierte Arbeitnehmer im sekundären Sektor bedingt sein kann. In den empirischen Untersuchungen konnte insgesamt festgestellt werden, dass die neu geschaffenen Arbeitsplätze der expandierenden und neu gegründeten Betriebe zu einem relativ stärkeren Beschäftigungsanstieg bei den qualifizierten Arbeitnehmern und die abgebauten Arbeitsplätze der schließenden und schrumpfenden Betriebe zu einem relativ größeren Beschäftigungsabbau bei den gering qualifizierten Arbeitnehmern geführt haben. Die Analysen lassen jedoch nicht den Schluss zu, dass diese Arbeitsnachfrageverschiebungen hauptsächlich auf den sektoralen Strukturwandel zwischen dem sekundären und dem tertiären Sektor zurückzuführen sind. Vielmehr konnte eine hohe Fluktuation an Arbeitsplätzen innerhalb des tertiären Sektors festgestellt werden. Für den untersuchten Zeitraum kann somit nicht eindeutig bestätigt werden, dass die durch den sektoralen Strukturwandel bedingte zwischenbetriebliche Fluktuation von Arbeitsplätzen ein wesentlicher Erklärungsfaktor für den qualifikatorischen Strukturwandel ist.

Es kann aus diesen Ergebnissen aber noch nicht der Schluss gezogen werden, dass der sektorale Strukturwandel überhaupt keinen Einfluss auf die relativ steigende Nachfrage nach hoch qualifizierten Arbeitnehmern ausgeübt hat.
Der Schwerpunkt der Analysen liegt jedoch auf den innerbetrieblichen Erklärungsgründen für den qualifikatorischen Strukturwandel. Das theoretische Argument, dass den Analysen zu Grunde liegt, besteht aus zwei Teilen. Eine Komponente ist die, dass die Einführung neuer Technologien zu einer umfassenden Flexibilisierung des Produktionsprozesses innerhalb der Betriebe führt. Dadurch wird es dem Betrieb ermöglicht, die Produktionskosten zu senken oder qualitativ verbesserte oder neue Produkte herzustellen. Auf der anderen Seite erhöht die Einführung neuer Technologien und die damit einhergehende Flexibilisierung des Produktionsprozesses die ökonomischen Anreize zu komplementären Investitionen wie der Veränderung der Arbeitsorganisation. Das Zusammenwirken dieser Entwicklungen führt in diesem Ansatz zu einer steigenden Nachfrage nach hoch qualifizierten Arbeitnehmern. Die treibende Kraft dieses Ansatzes sind der technische Fortschritt und die sinkenden Preise für die neuen Technologien. Auch wenn die Fortschritte bei den Technologien in dieser Argumentation eine wichtige Ursache des gesamten Prozesses sind, ist es dennoch die Verbindung der Variablen, die die zentrale Rolle spielt. Es wird davon ausgegangen, dass die Betriebe nur mit einem abgestimmten Bündel an Veränderungen die neuen Technologien gewinnbringend einsetzen können. Zu diesem komplementären Bündel gehören eine flexible Arbeitsorganisation und der Einsatz hoch qualifizierter Arbeitnehmer. Da diese Überlegungen auch theoretisch fundiert werden sollten, wurde in Ermangelung eines Modells, mit dem das theoretische Argument formal dargestellt werden kann, hier mit der Zusammenfügung zweier Modelle von Milgrom/Roberts und Lindbeck/Snower gearbeitet. Denn der Schwerpunkt der Arbeit sollte auf den empirischen Untersuchungen und weniger auf der Entwicklung neuer theoretischer Modelle liegen. Auf theoretischer Ebene bestehen hier aber sicherlich noch Forschungsbedarf und Forschungsmöglichkeiten.
Es existiert schon eine Reihe von Studien, in denen der Einfluss des technisch-organisatorischen Wandels auf den Qualifikationsbedarf der Betriebe untersucht wurde. Es gibt jedoch kaum Untersuchungen - und vor allem nicht für die Bundesrepublik Deutschland - in denen analysiert wird, ob die Einführung neuer Technologien, eine flexible Arbeitsorganisation und der Einsatz hoch qualifizierter Arbeitnehmer komplementär zueinander sind und ob vor allem der gemeinsame Einsatz der beiden Umstrukturierungsvariablen eine entscheidende Erklärungsgröße für den Qualifikationsbedarf der Betriebe ist. Diese Zusammenhänge wurden in den hier vorgenommenen Untersuchungen analysiert. Für die Überprüfung der Komplementarität zwischen den drei Untersuchungsvariablen wurden Korrelationskoeffizienten und Produktionsfunktionen geschätzt

und die Einflussgrößen des Qualifikationsbedarfs wurden anhand von Faktornachfragemodellen bestimmt. Als Qualifikationsvariable wurde dabei die aktuelle Qualifikationsstruktur der Betriebe, der Zusatzbedarf an qualifizierten bzw. hoch qualifizierten Arbeitnehmern und das Weiterbildungsangebot der Betriebe verwendet.

Die Hypothesen können am ehesten bestätigt werden, wenn der zusätzliche Bedarf an hoch qualifizierten Arbeitnehmern als Qualifikationsvariable verwendet wird. Für die Ergebnisse scheint somit eine genaue Differenzierung der Arbeitnehmer hinsichtlich ihres Qualifikationsniveaus wichtig zu sein. Bei der Verwendung dieser Variablen gibt es Hinweise darauf, dass die Investitionen in Informations- und Kommunikationstechnologien, die Einführung einer flexiblen Arbeitsorganisation und der zusätzliche Bedarf an hoch qualifizierten Arbeitnehmern als komplementär angesehen werden können. Gleichzeitig wird deutlich, dass der gemeinsame Einsatz der beiden Umstrukturierungsvariablen den entscheidenden Einfluss auf den Zusatzbedarf an hoch qualifizierten Arbeitnehmern ausübt und nicht so sehr die beiden Einzelvariablen. Wenn der Anteil an qualifizierten Arbeitnehmern, der Zusatzbedarf an qualifizierten Arbeitnehmern und das Weiterbildungsangebot der Betriebe als Qualifikationsvariable verwendet werden, können die Hypothesen meistens nur eingeschränkt oder fast gar nicht bestätigt werden. Aber zumindest zwischen den Umstrukturierungsvariablen und den hoch qualifizierten Arbeitnehmern scheint eine komplementäre Beziehung zu bestehen. Der technisch-organisatorische Wandel kann somit als ein weiterer Grund für den qualifikatorischen Strukturwandel in der Bundesrepublik Deutschland angesehen werden. Diese Ergebnisse stehen damit in Einklang mit entsprechenden Resultaten für die USA.

Die Hinweise auf eine komplementäre Beziehung zwischen dem Einsatz neuer Technologien, der Einführung einer flexiblen Arbeitsorganisation und dem Einsatz hoch qualifizierter Arbeitnehmer bedeutet für die Betriebe, dass diese drei Inputvariablen nicht alleine eingeführt bzw. verändert werden sollten. Durch die Komplementarität der betrachteten Faktoren können die Betriebe durch einen abgestimmten, gemeinsamen Einsatz aller drei Faktoren eine größere Produktivität erzielen, als wenn nur ein Faktor alleine verändert wird. Um wettbewerbsfähig zu bleiben, werden die Betriebe auch zukünftig technologische und arbeitsorganisatorische Veränderungen vornehmen müssen. Nach den erzielten Ergebnissen bedeutet dies, dass der relativ große Bedarf an hoch qualifizierten Arbeitnehmern weiter bestehen bleibt bzw. sogar noch weiter zunimmt. Es muss daher darauf geachtet werden, dass die Struktur des Arbeitsangebots den Anforderungen der Arbeitsnachfrageseite gerecht wird. Dies ist einmal aus der Sicht jedes einzelnen Arbeitnehmers wichtig, da eine qualifizierende Ausbildung immer mehr die Grundlage für die Chance auf eine langfristige Erwerbstätigkeit darstellt. Zum anderen sind auch die Unternehmen darauf angewiesen, entsprechend qualifizierte Arbeitnehmer zu finden, um die Potenziale des technischen Fortschritts auch effizient nutzen zu können. Arbeitnehmer mit hoher Qualifikation sind somit ein wichtiger Wettbewerbsfaktor für die Betriebe in der Bundesrepublik Deutschland.

# Anhang

*Tabelle A-1: Die Anteile der Schulabschlüsse in Westdeutschland von 1976 - 1999*

| Jahr | Haupt-(Volks-) schulabschluss | Realschulabschluss | Fachhoch-/ Hochschulreife | Ohne Schulabschluss |
|---|---|---|---|---|
| 1976 | 74,00 | 14,21 | 7,67 | |
| 1978 | 72,59 | 14,35 | 8,02 | |
| 1980 | 71,18 | 14,44 | 9,58 | |
| 1982 | 68,91 | 15,89 | 9,96 | |
| 1985 | 65,15 | 17,62 | 12,14 | |
| 1987 | 63,74 | 18,24 | 12,90 | |
| 1989 | 61,62 | 19,32 | 14,67 | |
| 1991 | 51,97 | 18,68 | 13,86 | |
| 1993 | 50,73 | 18,53 | 15,19 | |
| 1995 | 51,90 | 19,78 | 16,53 | |
| 1996 | 50,82 | 19,32 | 16,77 | 2,79 |
| 1997 | 50,15 | 19,86 | 17,32 | 2,63 |
| 1998 | 49,40 | 20,13 | 17,75 | 2,57 |
| 1999 | 48,64 | 20,22 | 18,28 | 2,53 |

*Quelle: absolute Zahlen: Statistisches Bundesamt (verschiedene Jahrgänge); relative Zahlen: eigene Berechnungen.*

*Tabelle A-2: Die Anteile der Schulabschlüsse in Westdeutschland von 1976 - 1999 für die Männer*

| Jahr | Haupt-(Volks-) schulabschluss | Realschulabschluss | Fachhoch-/ Hochschulreife |
|---|---|---|---|
| 1976 | 71,97 | 13,03 | 10,54 |
| 1978 | 70,64 | 13,07 | 10,86 |
| 1980 | 69,25 | 12,97 | 12,61 |
| 1982 | 67,11 | 14,27 | 12,91 |
| 1985 | 63,63 | 15,61 | 15,62 |
| 1987 | 62,46 | 16,06 | 16,40 |
| 1989 | 60,04 | 17,03 | 18,28 |
| 1991 | 51,34 | 16,44 | 17,25 |
| 1993 | 49,96 | 16,14 | 18,51 |
| 1995 | 51,20 | 17,41 | 19,85 |
| 1997 | 50,00 | 17,49 | 20,40 |

*Quelle: absolute Zahlen: Statistisches Bundesamt (verschiedene Jahrgänge); relative Zahlen: eigene Berechnungen.*

*Tabelle A-3: Die Anteile der Schulabschlüsse in Westdeutschland von 1976 - 1999 für die Frauen*

| Jahr | Haupt-(Volks-) schulabschluss | Realschulabschluss | Fachhoch-/ Hochschulreife |
|---|---|---|---|
| 1976 | 75,77 | 15,27 | 5,15 |
| 1978 | 74,30 | 15,48 | 5,52 |
| 1980 | 72,89 | 15,74 | 6,89 |
| 1982 | 70,51 | 17,34 | 7,33 |
| 1985 | 66,52 | 19,42 | 9,02 |
| 1987 | 64,89 | 20,20 | 9,76 |
| 1989 | 63,05 | 21,39 | 11,40 |
| 1991 | 52,55 | 20,73 | 10,75 |
| 1993 | 51,44 | 20,74 | 12,11 |
| 1995 | 52,55 | 21,98 | 13,45 |
| 1997 | 50,31 | 22,07 | 14,44 |

*Quelle: absolute Zahlen: Statistisches Bundesamt (verschiedene Jahrgänge); relative Zahlen: eigene Berechnungen.*

*Tabelle A-4: Die Anteile der Schulabschlüsse in Westdeutschland nach Altersgruppen (1978)*

| Alter | 15-19 | 20-24 | 25-29 | 30-34 | 35-39 | 40-44 | 45-49 | 50-54 | 55-59 | 60-64 | 65 und mehr |
|---|---|---|---|---|---|---|---|---|---|---|---|
| Hauptschul-abschluss | 39,71 | 56,62 | 65,97 | 68,28 | 73,49 | 79,25 | 80,64 | 80,35 | 80,84 | 80,85 | 86,14 |
| Realschulab-schluss | 15,34 | 22,20 | 17,81 | 18,46 | 16,39 | 12,79 | 11,67 | 12,27 | 12,84 | 13,40 | 9,71 |
| Fachhoch-/ Hochschul-reife | 2,39 | 18,35 | 14,79 | 11,98 | 9,12 | 6,90 | 6,45 | 7,38 | 6,29 | 5,71 | 4,14 |

*Quelle: absolute Zahlen: Statistisches Bundesamt (verschiedene Jahrgänge); relative Zahlen: eigene Berechnungen.*

*Tabelle A-5: Die Anteile der Schulabschlüsse in Westdeutschland nach Altersgruppen (1985)*

| Alter | 15-19 | 20-24 | 25-29 | 30-34 | 35-39 | 40-44 | 45-49 | 50-54 | 55-59 | 60-64 | 65 und mehr |
|---|---|---|---|---|---|---|---|---|---|---|---|
| Hauptschul-abschluss | 33,10 | 44,08 | 50,88 | 58,47 | 64,37 | 67,64 | 75,67 | 79,38 | 78,33 | 78,79 | 80,82 |
| Realschulab-schluss | 21,90 | 29,40 | 23,59 | 20,44 | 18,86 | 18,75 | 14,28 | 12,46 | 12,42 | 12,68 | 11,62 |
| Fachhoch-/ Hochschul-reife | 4,48 | 24,12 | 24,55 | 20,22 | 15,85 | 12,79 | 9,18 | 7,21 | 8,16 | 7,04 | 5,40 |

*Quelle: absolute Zahlen: Statistisches Bundesamt (verschiedene Jahrgänge); relative Zahlen: eigene Berechnungen.*

*Tabelle A-6: Die Anteile der Schulabschlüsse in Westdeutschland nach Altersgruppen (1991)*

| **Alter** | **15-19** | **20-24** | **25-29** | **30-34** | **35-39** | **40-44** | **45-49** | **50-54** | **55-59** | **60-64** | **65 und mehr** |
|---|---|---|---|---|---|---|---|---|---|---|---|
| Hauptschul-abschluss | 20,78 | 32,24 | 36,60 | 41,66 | 47,98 | 53,73 | 55,97 | 63,78 | 68,13 | 67,92 | 66,90 |
| Realschul-abschluss | 16,07 | 29,87 | 26,63 | 24,19 | 20,74 | 18,75 | 19,13 | 15,22 | 12,88 | 12,06 | 12,32 |
| Fachhoch-/ Hochschul-reife | 2,46 | 24,96 | 24,36 | 21,76 | 19,23 | 15,45 | 13,38 | 9,93 | 7,87 | 8,14 | 6,30 |

*Quelle: absolute Zahlen: Statistisches Bundesamt (verschiedene Jahrgänge); relative Zahlen: eigene Berechnungen.*

*Tabelle A-7: Die Anteile der Schulabschlüsse in Westdeutschland nach Altersgruppen (1997)*

| **Alter** | **15-19** | **20-24** | **25-29** | **30-34** | **35-39** | **40-44** | **45-49** | **50-54** | **55-59** | **60-64** | **65 und mehr** |
|---|---|---|---|---|---|---|---|---|---|---|---|
| Hauptschul-abschluss | 16,83 | 31,02 | 33,27 | 36,90 | 42,21 | 48,24 | 55,40 | 56,96 | 63,76 | 68,48 | 68,46 |
| Realschul-abschluss | 13,62 | 28,46 | 29,58 | 28,62 | 26,23 | 22,09 | 19,28 | 18,96 | 15,63 | 12,34 | 11,53 |
| Fachhoch-/ Hochschul-reife | 2,50 | 30,47 | 30,66 | 27,92 | 24,92 | 22,88 | 18,52 | 14,48 | 10,69 | 8,15 | 7,33 |

*Quelle: absolute Zahlen: Statistisches Bundesamt (verschiedene Jahrgänge); relative Zahlen: eigene Berechnungen.*

*Tabelle A-8: Die Anteile der Berufsabschlüsse in Westdeutschland von 1976 - 1998*

| **Jahr** | **Lehre** | **Fachschulabschluss** | **Fachhochschulabschluss** | **Universitätsabschluss** |
|---|---|---|---|---|
| 1976 | 42,46 | 4,50 | 1,58 | 3,19 |
| 1978 | 42,85 | 4,45 | 1,63 | 3,37 |
| 1980 | 48,23 | 4,80 | 1,98 | 3,75 |
| 1982 | 44,72 | 4,65 | 1,86 | 3,85 |
| 1985 | 45,64 | 5,16 | 2,20 | 4,16 |
| 1987 | 47,10 | 5,04 | 2,40 | 4,38 |
| 1989 | 49,43 | 5,66 | 2,57 | 4,85 |
| 1991 | 43,82 | 5,63 | 2,69 | 4,68 |
| 1993 | 46,08 | 5,57 | 2,84 | 5,20 |
| 1995 | 48,84 | 5,83 | 3,21 | 5,77 |
| 1996 | 46,65 | 5,47 | 3,62 | 5,82 |
| 1997 | 48,17 | 5,91 | 3,86 | 6,03 |
| 1998 | 48,40 | 5,95 | 3,96 | 6,19 |

*Quelle: absolute Zahlen: Statistisches Bundesamt (verschiedene Jahrgänge); relative Zahlen: eigene Berechnungen.*

*Tabelle A-9: Die Anteile der Berufsabschlüsse in Westdeutschland von 1976 - 1997 für die Männer*

| Jahr | Lehre | Fachschulabschluss | Fachhochschulabschluss | Universitätsabschluss |
|---|---|---|---|---|
| 1976 | 50,62 | 7,69 | 2,59 | 4,51 |
| 1978 | 50,79 | 7,51 | 2,60 | 4,69 |
| 1980 | 56,06 | 7,46 | 3,26 | 4,96 |
| 1982 | 51,31 | 7,67 | 2,97 | 5,21 |
| 1985 | 51,10 | 8,45 | 2,99 | 5,63 |
| 1987 | 52,30 | 8,24 | 3,79 | 5,83 |
| 1989 | 53,58 | 9,03 | 4,01 | 6,33 |
| 1991 | 49,21 | 8,79 | 4,09 | 6,16 |
| 1993 | 48,80 | 8,68 | 4,26 | 6,69 |
| 1995 | 51,10 | 8,95 | 4,75 | 7,30 |
| 1997 | 49,78 | 9,05 | 5,52 | 7,48 |

*Quelle: absolute Zahlen: Statistisches Bundesamt (verschiedene Jahrgänge); relative Zahlen: eigene Berechnungen.*

*Tabelle A-10: Die Anteile der Berufsabschlüsse in Westdeutschland von 1976 - 1997 für die Frauen*

| Jahr | Lehre | Fachschulabschluss | Fachhochschulabschluss | Universitätsabschluss |
|---|---|---|---|---|
| 1976 | 35,31 | 1,72 | 0,69 | 2,04 |
| 1978 | 35,88 | 1,75 | 0,77 | 2,22 |
| 1980 | 41,29 | 2,44 | 0,84 | 2,68 |
| 1982 | 38,85 | 1,96 | 0,87 | 2,65 |
| 1985 | 40,74 | 2,21 | 1,00 | 2,85 |
| 1987 | 42,40 | 2,17 | 1,15 | 3,08 |
| 1989 | 45,67 | 2,60 | 1,27 | 3,50 |
| 1991 | 42,70 | 2,71 | 1,41 | 3,32 |
| 1993 | 43,56 | 2,69 | 1,53 | 3,81 |
| 1995 | 46,74 | 2,94 | 1,78 | 4,36 |
| 1997 | 46,67 | 3,00 | 2,30 | 4,67 |

*Quelle: absolute Zahlen: Statistisches Bundesamt (verschiedene Jahrgänge); relative Zahlen: eigene Berechnungen.*

*Tabelle A-11: Die Anteile der Berufsabschlüsse in Westdeutschland nach Altersgruppen (1978)*

| Alter | 15-19 | 20-24 | 25-29 | 30-34 | 35-39 | 40-44 | 45-49 | 50-54 | 55-59 | 60-64 | 65 und mehr |
|---|---|---|---|---|---|---|---|---|---|---|---|
| Lehrabschluss | 15,38 | 55,85 | 56,53 | 55,21 | 53,29 | 49,27 | 44,78 | 45,92 | 42,77 | 39,15 | 31,63 |
| Fachschul-abschluss | 0,18 | 2,37 | 4,99 | 6,13 | 6,69 | 6,41 | 5,68 | 5,21 | 4,95 | 4,68 | 3,58 |
| Fachhoch-schulabschluss | 0 | 1,02 | 2,62 | 3,09 | 2,57 | 2,00 | 1,85 | 1,78 | 1,43 | 1,41 | 1,10 |
| Universitäts-abschluss | 0 | 1,45 | 6,20 | 7,55 | 5,72 | 4,00 | 3,44 | 3,51 | 3,06 | 2,51 | 1,89 |

*Quelle: absolute Zahlen: Statistisches Bundesamt (verschiedene Jahrgänge); relative Zahlen: eigene Berechnungen.*

*Tabelle A-12: Die Anteile der Berufsabschlüsse in Westdeutschland nach Altersgruppen (1985)*

| **Alter** | **15-19** | **20-24** | **25-29** | **30-34** | **35-39** | **40-44** | **45-49** | **50-54** | **55-59** | **60-64** | **65 und mehr** |
|---|---|---|---|---|---|---|---|---|---|---|---|
| Lehrabschluss | 12,8 | 55,94 | 58,82 | 56,29 | 55,27 | 54,81 | 51,08 | 46,51 | 45,75 | 43,73 | 35,69 |
| Fachschul-abschluss | 0,16 | 2,03 | 5,64 | 7,38 | 7,83 | 8,18 | 7,46 | 6,45 | 5,86 | 4,77 | 3,97 |
| Fachhoch-schulabschluss | 0 | 0,86 | 3,66 | 4,26 | 3,82 | 3,51 | 2,65 | 2,22 | 2,33 | 1,65 | 1,17 |
| Universitäts-abschluss | 0 | 0,55 | 6,13 | 9,87 | 9,02 | 7,09 | 4,87 | 3,37 | 3,61 | 2,95 | 2,23 |

*Quelle: absolute Zahlen: Statistisches Bundesamt (verschiedene Jahrgänge); relative Zahlen: eigene Berechnungen.*

*Tabelle A-13: Die Anteile der Berufsabschlüsse in Westdeutschland nach Altersgruppen (1991)*

| **Alter** | **15-19** | **20-24** | **25-29** | **30-34** | **35-39** | **40-44** | **45-49** | **50-54** | **55-59** | **60-64** | **65 und mehr** |
|---|---|---|---|---|---|---|---|---|---|---|---|
| Lehrabschluss | 8,07 | 52,29 | 56,82 | 53,83 | 52,57 | 52,18 | 51,90 | 49,57 | 45,44 | 43,03 | 36,73 |
| Fachschul-abschluss | 0 | 2,05 | 5,53 | 7,39 | 7,80 | 7,83 | 7,62 | 7,40 | 6,57 | 5,58 | 4,17 |
| Fachhoch-schulabschluss | 0 | 0,77 | 3,21 | 4,55 | 4,64 | 4,09 | 3,99 | 3,19 | 2,35 | 2,23 | 1,43 |
| Universitäts-abschluss | 0 | 0,47 | 4,61 | 8,31 | 9,33 | 8,20 | 7,16 | 4,89 | 3,83 | 3,57 | 2,67 |

*Quelle: absolute Zahlen: Statistisches Bundesamt (verschiedene Jahrgänge); relative Zahlen: eigene Berechnungen.*

*Tabelle A-14: Die Anteile der Berufsabschlüsse in Westdeutschland nach Altersgruppen (1997)*

| **Alter** | **15-19** | **20-24** | **25-29** | **30-34** | **35-39** | **40-44** | **45-49** | **50-54** | **55-59** | **60-64** | **65 und mehr** |
|---|---|---|---|---|---|---|---|---|---|---|---|
| Lehrabschluss | 6,37 | 45,83 | 57,86 | 56,84 | 55,64 | 54,92 | 54,93 | 53,47 | 51,34 | 47,69 | 41,22 |
| Fachschulab-schluss | 0,80 | 1,63 | 5,34 | 7,72 | 8,21 | 7,78 | 7,68 | 7,31 | 7,13 | 7,49 | 4,09 |
| Fachhoch-schulabschluss | 0 | 1,35 | 4,35 | 6,09 | 6,03 | 6,30 | 5,16 | 4,54 | 3,95 | 2,98 | 1,99 |
| Universitäts-abschluss | 0 | 0,99 | 6,39 | 9,10 | 9,66 | 10,34 | 9,84 | 7,93 | 5,45 | 3,89 | 3,15 |

*Quelle: absolute Zahlen: Statistisches Bundesamt (verschiedene Jahrgänge); relative Zahlen: eigene Berechnungen.*

*Tabelle A-15: Die Anteile der Schulabschlüsse in Ostdeutschland von 1991 - 1999*

| Jahr | Haupt-(Volks-) schulabschluss | Realschulabschluss | Fachhoch-/ Hochschulreife | Ohne Schulabschluss |
|---|---|---|---|---|
| 1991 | 36,01 | 43,45 | 11,80 | |
| 1993 | 36,15 | 41,90 | 12,89 | |
| 1995 | 35,45 | 42,60 | 13,39 | |
| 1996 | 33,95 | 43,43 | 13,70 | 0,95 |
| 1997 | 34,19 | 42,16 | 14,26 | 0,89 |
| 1998 | 33,36 | 42,86 | 14,73 | 0,95 |
| 1999 | 32,74 | 42,33 | 15,49 | 0,96 |

*Quelle: abs. Zahlen: Statistisches Bundesamt (verschiedene Jahrgänge); rel. Zahlen: eigene Berechnungen.*

*Tabelle A-16: Die Anteile der Berufsabschlüsse in Ostdeutschland von 1991 - 1998*

| Jahr | Lehre | Fachschulabschluss | Fachhochschulabschluss | Universitätsabschluss |
|---|---|---|---|---|
| 1991 | 53,52 | 15,77 | 1,49 | 6,62 |
| 1993 | 54,08 | 12,18 | 2,13 | 6,83 |
| 1995 | 54,03 | 13,90 | 2,76 | 7,08 |
| 1996 | 53,78 | 12,72 | 3,24 | 7,04 |
| 1997 | 53,89 | 13,22 | 3,33 | 7,14 |
| 1998 | 54,20 | 12,84 | 3,47 | 7,32 |

*Quelle: abs. Zahlen: Statistisches Bundesamt (verschiedene Jahrgänge); rel. Zahlen: eigene Berechnungen.*

*Tabelle A-17: Die qualifikationsspezifischen Arbeitslosenquoten in Westdeutschland*

| Jahr | Insgesamt | Lehre | Fachschule | Fachhoch-schule | Universität | Ohne Ausbildung |
|---|---|---|---|---|---|---|
| 1975 | 3,9 | 2,9 | 1,5 | 2,8 | 1,2 | 6,1 |
| 1976 | 3,6 | 2,8 | 1,9 | 3,0 | 1,6 | 5,3 |
| 1977 | 3,6 | 2,7 | 1,8 | 2,7 | 1,8 | 5,6 |
| 1978 | 3,4 | 2,5 | 1,6 | 2,1 | 1,6 | 5,7 |
| 1979 | 2,9 | 2,1 | 1,3 | 1,8 | 1,7 | 5,0 |
| 1980 | 3,2 | 2,2 | 1,3 | 1,8 | 1,9 | 5,9 |
| 1981 | 4,8 | 3,3 | 1,8 | 2,5 | 2,6 | 8,8 |
| 1982 | 6,8 | 5,1 | 2,7 | 3,8 | 3,3 | 11,8 |
| 1983 | 7,6 | 5,8 | 3,0 | 4,2 | 4,0 | 13,3 |
| 1984 | 7,6 | 5,9 | 2,8 | 4,0 | 4,3 | 13,5 |
| 1985 | 8,1 | 6,1 | 2,7 | 4,0 | 4,6 | 14,9 |
| 1986 | 7,6 | 5,5 | 2,6 | 3,5 | 4,3 | 15,2 |
| 1987 | 7,8 | 5,5 | 2,7 | 3,5 | 4,7 | 16,6 |
| 1988 | 7,7 | 5,5 | 2,7 | 3,7 | 4,9 | 16,4 |
| 1989 | 6,8 | 5,0 | 2,5 | 3,4 | 4,3 | 15,0 |
| 1990 | 5,9 | 4,3 | 2,1 | 2,8 | 3,9 | 13,3 |
| 1991 | 5,4 | 3,9 | 1,9 | 2,5 | 3,5 | 12,8 |
| 1992 | 5,9 | 4,3 | 2,0 | 2,6 | 3,4 | 14,1 |
| 1993 | 7,5 | 5,6 | 2,6 | 3,3 | 3,9 | 17,6 |
| 1994 | 8,0 | 6,1 | 2,8 | 3,5 | 4,1 | 19,1 |
| 1995 | 8,2 | 6,2 | 2,9 | 3,4 | 4,0 | 20,0 |
| 1996 | 9,0 | 6,8 | 3,6 | 2,9 | 3,9 | 22,2 |
| 1997 | 9,5 | 7,4 | 3,9 | 2,8 | 4,1 | 24,2 |
| 1998 | 8,9 | 6,9 | 3,6 | 2,4 | 3,5 | 23,3 |

*Quelle: Reinberg/Hummel (IAB) (2002), S. 27.*

*Tabelle A-18: Die Beschäftigungsanteile für verschiedene Qualifikationsgruppen in Westdeutschland von 1975 - 1998*

| Jahr | Lehre | Fachschule | Fachhochschule | Universität | Ohne Ausbildung |
|---|---|---|---|---|---|
| 1975 | 49,9 | 6,3 | 2,1 | 5,0 | 36,7 |
| 1976 | 51,0 | 6,5 | 2,2 | 5,2 | 35,1 |
| 1977 | 52,2 | 6,6 | 2,3 | 5,4 | 33,4 |
| 1978 | 53,4 | 6,8 | 2,4 | 5,6 | 31,7 |
| 1979 | 54,2 | 7,1 | 2,7 | 5,8 | 30,1 |
| 1980 | 55,1 | 7,3 | 3,0 | 6,0 | 28,6 |
| 1981 | 55,2 | 7,2 | 2,9 | 6,2 | 28,5 |
| 1982 | 55,3 | 7,1 | 2,9 | 6,3 | 28,5 |
| 1983 | 55,7 | 7,4 | 3,1 | 6,5 | 27,3 |
| 1984 | 56,2 | 7,7 | 3,3 | 6,7 | 26,1 |
| 1985 | 56,7 | 8,1 | 3,5 | 6,9 | 24,9 |
| 1986 | 57,9 | 8,0 | 3,7 | 7,1 | 23,2 |
| 1987 | 59,2 | 8,0 | 3,9 | 7,4 | 21,5 |
| 1988 | 59,6 | 8,2 | 4,0 | 7,6 | 20,6 |
| 1989 | 60,1 | 8,3 | 4,1 | 7,8 | 19,6 |
| 1990 | 60,3 | 8,6 | 4,2 | 7,8 | 19,1 |
| 1991 | 60,4 | 8,9 | 4,4 | 7,8 | 18,5 |
| 1992 | 60,3 | 8,9 | 4,6 | 8,2 | 18,1 |
| 1993 | 60,2 | 8,8 | 4,8 | 8,7 | 17,6 |
| 1994 | 60,2 | 8,7 | 5,0 | 8,9 | 17,1 |
| 1995 | 60,3 | 8,7 | 5,2 | 9,2 | 16,6 |
| 1996 | 60,1 | 8,3 | 5,9 | 9,6 | 16,1 |
| 1997 | 60,2 | 8,8 | 6,2 | 9,8 | 15,1 |
| 1998 | 60,1 | 8,7 | 6,3 | 10,0 | 14,9 |

*Quelle: Reinberg/Hummel (IAB) (2002), S. 27.*

*Tabelle A-19: Die qualifikationsspezifischen Arbeitslosenquoten in Ostdeutschland von 1991 – 1998*

| Jahr | Insgesamt | Lehre | Fachschule | Fachhochschule | Universität | Ohne Ausbildung |
|---|---|---|---|---|---|---|
| 1991 | 12,2 | 12,5 | 7,1 | 6,8 | 7,3 | 31,0 |
| 1992 | 14,7 | 15,4 | 5,2 | 4,8 | 5,4 | 44,8 |
| 1993 | 15,8 | 16,4 | 6,3 | 4,5 | 5,7 | 49,6 |
| 1994 | 14,2 | 15,5 | 5,3 | 3,3 | 5,1 | 43,8 |
| 1995 | 13,9 | 15,3 | 4,9 | 3,5 | 5,1 | 44,1 |
| 1996 | 15,0 | 16,3 | 5,6 | 3,3 | 5,3 | 47,0 |
| 1997 | 18,4 | 20,1 | 6,8 | 4,3 | 6,3 | 55,0 |
| 1998 | 17,0 | 18,6 | 5,9 | 3,8 | 5,2 | 53,5 |

*Quelle: Reinberg/Hummel (IAB) (2002), S. 27.*

*Tabelle A-20: Die Beschäftigungsanteile für verschiedene Qualifikationsgruppen in Ostdeutschland für die Jahre 1991 – 1998*

| Jahr | Lehre | Fachschule | Fachhochschule | Universität | Ohne Ausbildung |
|---|---|---|---|---|---|
| 1991 | 61,5 | 20,8 | 2,1 | 9,9 | 5,7 |
| 1992 | 62,0 | 19,6 | 2,7 | 10,7 | 5,1 |
| 1993 | 62,5 | 18,4 | 3,2 | 11,5 | 4,4 |
| 1994 | 62,0 | 18,7 | 3,5 | 11,3 | 4,4 |
| 1995 | 61,4 | 19,0 | 4,1 | 11,2 | 4,3 |
| 1996 | 62,3 | 17,5 | 4,8 | 11,4 | 4,0 |
| 1997 | 61,3 | 17,9 | 5,0 | 11,8 | 3,9 |
| 1998 | 61,1 | 17,5 | 5,3 | 12,2 | 3,9 |

*Quelle: Reinberg/Hummel (IAB) (2002), S. 32.*

*Tabelle A-21: Ergebnisse ausgewählter Studien zu den Auswirkungen des internationalen Handels auf den Arbeitsmarkt (gesamtwirtschaftliche Ebene)*

| Autoren | Untersu-chungs-zeitraum/ Land | Datengrundlage | Operationali-sierung der Qualifikation | Ergebnisse |
|---|---|---|---|---|
| Borjas, Freeman, Katz (1992) | 1967–1985<br><br>USA | Current Population Surveys (CPS); NBER Immigration, Trade, and Labor Markets Data Files | • Abbrecher der High-School<br>• High-School-Absolventen<br>• Abrecher des Colleges<br>• College-Absolventen | <u>*Veränderung des Arbeitsangebots*</u><br>Gesamtbeschäftigung +1,6%<br>Männer (gering qualif.) +4-8%<br>Frauen (gering qualif.) +8-13%<br>Industriesektor<br>Männer (gering qualif.) + 14-27%<br>Frauen (gering qualif.) +24-40% |
| Murphy, Welch (1991) | 1967–1986<br><br>USA | Economic Report of the President; Current Populations Surveys (CPS) | • 8-11 Jahre Ausbildung<br>• 12 Jahre Ausbildung<br>• 13-15 Jahre Ausbildung<br>• 16 Jahre und mehr Ausbildung | <u>*Veränderung der Arbeitsnachfrage*</u><br>8-11 Jahre -1,55%<br>12 Jahre -0,36%<br>13-15 Jahre +0,53%<br>16 Jahre und mehr +1,54% |
| Sachs, Shatz (1994) | 1978–1990<br><br>USA | NBER Productivity Data Set; U.S. Department of Commerce Trade Statistics; U.S. Department of Commerce, Bureau of Economic Analysis | • Nicht-Produktionsbe-schäftigte<br>• Produktionsbe-schäftigte | <u>*Veränderung der Beschäftigung insgesamt*</u><br>Industriesektor -5,9%<br>Produktionsbeschäftigte -7,2%<br>Nicht-Produktionsbeschäftigte -2,1%<br><u>*Veränderung der Beschäftigung (Handel: USA – Entwicklungsländer)*</u><br>Industriesektor -5,7%<br>Produktionsbeschäftigte -6,2%<br>Nichtproduktionsbeschäftigte -4,3% |
| Wood (1991, 1994) | Bis 1990<br><br>Industrie-länder | UN Industrial Statistics Yearbook, ILO Yearbook of Labour Statistics, OECD Labour Force Statistics | • Nur grundlegende Schulausbildung<br>• Weitergehende Schulausbildung | <u>*Veränderung der Arbeitsnachfrage*</u><br>Gesamtbeschäftigung -2,6%<br>Gering qualifizierte -5,3%<br>Qualifizierte +0,1%<br>Industriesektor -9Mio. (-12,1%)<br>Gering qualifizierte -9,2Mio.<br>Qualifizierte +0,1Mio. |

*Tabelle A-22: Ergebnisse ausgewählter Studien zu den Auswirkungen des technischen Fortschritts auf den Arbeitsmarkt (gesamtwirtschaftliche Ebene)*

| Autor | Land | Untersuchungszeitraum | Datengrundlage | Operationalisierung Qualifikation | Funktion | Freisetzungseffekte des technischen Fortschritts | Partielle Substitutionselastizitäten zwischen Kapital und unterschiedlich qualifizierten Arbeitnehmern |
|---|---|---|---|---|---|---|---|
| Schulte zur Surlage (1985) | Westdeutschland | 1960–1980 | Jahresdaten für die Hauptgruppen des Waren-produzierenden Gewerbes | Arbeiter: 3 Leistungsgruppen<br>Angestellte: 3 Leistungsgruppen | CES-Produktionsfunktion<br>CRESH-Produktionsfunktion<br>Translog-Kostenfunktion | Freisetzungseffekte durch technischen Fortschritt nehmen mit abnehmendem Qualifikationsniveau zu | Vorwiegend im Verarbeitenden Gewerbe sind die SE zwischen Kapital und gut ausgebildeten Personen geringer als zwischen Kapital und gering qualifizierten Arbeitnehmern |
| Kugler/ Müller/ Sheldon (1988, 1989, 1990) | Westdeutschland | 1960-1981<br>1960-1984<br>1970-1984 | Datensätze, die im Rahmen eines Sonderforschungsbereiches an der Universität Frankfurt erhoben wurden | Arbeiter: 3 Leistungsgruppen<br>Angestellte: 4 Leistungsgruppen | Translog-Kostenfunktion | Bei Arbeitern und Angestellten ist Bias zugunsten der höher qualifizierten Leistungsgruppe festzustellen; in anderen Leistungsgruppen überwiegend faktorsparender technischer Fortschritt | Für einige Wirtschaftszweige komplementäre Beziehung zwischen Angestellten und Ausrüstungen; zwischen Arbeitern und Ausrüstungen substitutive Beziehungen |
| Fitz-Roy/ Funke (1995) | Westdeutschland | 1975-1990 | Jahresdaten für 32 westdeutsche Industriesektoren | Qualifizierte Arbeitnehmer<br>Unqualifizierte Arbeitnehmer | CES-Produktionsfunktion | | Hypothese kann nur dann bestätigt werden, wenn Arbeiter als gering qualifiziert und Angestellte als hoch qualifiziert angesehen werden |

*Tabelle A-22 (Fortsetzung): Ergebnisse ausgewählter Studien zu den Auswirkungen des technischen Fortschritts auf den Arbeitsmarkt (gesamtwirtschaftliche Ebene)*

| Autor | Land | Untersuchungszeitraum | Datengrundlage | Operationalisierung Qualifikation | Funktion | Freisetzungseffekte des technischen Fortschritts | Partielle Substitutionselastizitäten zwischen Kapital und unterschiedlich qualifizierten Arbeitnehmern |
|---|---|---|---|---|---|---|---|
| Falk/ Koebel (1997) | Westdeutschland | 1977-1994 | Beschäftigtenstichprobe des IAB, Volkswirtschaftliche Gesamtrechnung, Statistik der gesamten sozialversicherungspflichtigen Beschäftigten | Arbeitnehmer ohne Qualifikation<br><br>Arbeitnehmer mit Lehrabschluss<br><br>Arbeitnehmer mit Hochschulabschluss | Normalisierte quadratische Kostenfunktion | *Gering qualifiziert (1977 – 1984):* Ind.sektor: -915.000 *1977 – 1994:* Groß- und Einzelhandel: -280.000 Baugewerbe: -110.000 Energie, Wasser, Bergbau: -28.000 *Hoch qualifiziert:* Ind.sektor: +50.000 | Hypothese kann nicht bestätigt werden |
| Falk/ Koebel (1998) | Westdeutschland | 1978-1990 | Siehe: Falk/Koebel (1997) | Siehe: Falk/ Koebel (1997) | Normalisierte quadratische Kostenfunktion | *Gering qualifiziert:* Sonstige Industrien: -1,5% pro Jahr FuE-intensive Industrien: -1,2% pro Jahr | Hypothese kann nicht bestätigt werden |

*Tabelle A-23: Differenzierung der Betriebe anhand der Gruppenvariable*

| | Westdeutschland 1993/1994 | Westdeutschland 1996/1997 | Ostdeutschland 1996/1997 |
|---|---|---|---|
| **Neu gegründete Betriebe** | 75 (2,32%) | 106 (3,21%) | 193 (6,15%) |
| **Expandierende Betriebe** | 1601 (49,55%) | 1709 (51,77%) | 1503 (47,90%) |
| **Schließende Betriebe** | 91 (2,82%) | 113 (3,42%) | 162 (5,16%) |
| **Schrumpfende Betriebe** | 1464 (45,31%) | 1373 (41,59%) | 1280 (40,79%) |
| **Gesamt** | 3231 (100%) | 3301 (100%) | 3138 (100%) |

*Quelle: IAB-Betriebspanel, 1., 2., 4. und 5. Welle.*

*Tabelle A-24: Differenzierung der Betriebe anhand der Drei-Sektoren-Variable*

| | Westdeutschland 1993/1994 | Westdeutschland 1996/1997 | Ostdeutschland 1996/1997 |
|---|---|---|---|
| **Primärer Sektor** | 62 (1,92%) | 63 (1,91%) | 144 (4,59%) |
| **Sekundärer Sektor** | 1492 (46,18%) | 1432 (43,38%) | 1289 (41,08%) |
| **Tertiärer Sektor** | 1677 (51,90%) | 1806 (54,71%) | 1705 (54,33%) |
| **Gesamt** | 3231 (100%) | 3301 (100%) | 3138 (100%) |

*Quelle: IAB-Betriebspanel, 1., 2., 4. und 5. Welle.*

*Tabelle A-25: Differenzierung der Betriebe anhand der Vier-Sektoren-Variable*

| | Westdeutschland 1993/1994 | Westdeutschland 1996/1997 | Ostdeutschland 1996/1997 |
|---|---|---|---|
| **Primärer Sektor** | 62 (1,92%) | 63 (1,91%) | 144 (4,59%) |
| **Sekundärer Sektor** | 1492 (46,18%) | 1432 (43,38%) | 1289 (41,08%) |
| **Wissensintensive Dienstleistungen** | 524 (16,22%) | 532 (16,12%) | 443 (14,12%) |
| **Übrige Dienstleistungen** | 1153 (35,69%) | 1274 (38,59%) | 1262 (40,22%) |
| **Gesamt** | 3231 (100%) | 3301 (100%) | 3138 (100%) |

*Quelle: IAB-Betriebspanel, 1., 2., 4. und 5. Welle.*

*Tabelle A-26: Differenzierung der Betriebe anhand der Drei-Sektoren- und der Gruppenvariable*

| | Westdeutschland 1993/1994 | Westdeutschland 1996/1997 | Ostdeutschland 1996/1997 |
|---|---|---|---|
| **Primärer Sektor / neu gegründet** | 2 (0,06%) | 1 (0,03%) | 6 (0,19%) |
| **Primärer Sektor / schließend** | 1 (0,03%) | 2 (0,06%) | 3 (0,10%) |
| **Primärer Sektor / expandierend** | 40 (1,24%) | 44 (1,33%) | 65 (2,07%) |
| **Primärer Sektor / schrumpfend** | 19 (0,59%) | 16 (0,48%) | 70 (2,23%) |
| **Sekundärer Sektor / neu gegründet** | 20 (0,62%) | 22 (0,67%) | 74 (2,36%) |
| **Sekundärer Sektor / schließend** | 44 (1,36%) | 44 (1,33%) | 85 (2,71%) |
| **Sekundärer Sektor / expandierend** | 554 (17,15%) | 632 (19,15%) | 557 (17,75%) |
| **Sekundärer Sektor / schrumpfend** | 874 (27,05%) | 734 (22,24%) | 573 (18,26%) |
| **Tertiärer Sektor / neu gegründet** | 53 (1,64%) | 83 (2,51%) | 113 (3,60%) |
| **Tertiärer Sektor / schließend** | 46 (1,42%) | 67 (2,03%) | 74 (2,36%) |
| **Tertiärer Sektor / expandierend** | 1007 (31,17%) | 1033 (31,29%) | 881 (28,08%) |
| **Tertiärer Sektor / schrumpfend** | 571 (17,67%) | 623 (18,87%) | 637 (20,30%) |
| **Gesamt** | 3231 (100%) | 3301 (100%) | 3138 (100%) |

*Quelle: IAB-Betriebspanel, 1., 2., 4. und 5. Welle.*

*Tabelle A-27: Differenzierung der Betriebe anhand der Vier-Sektoren- und der Gruppenvariable*

| | **Westdeutschland 1993/1994** | **Westdeutschland 1996/1997** | **Ostdeutschland 1996/1997** |
|---|---|---|---|
| **Primärer Sektor / neu gegründet** | 2 (0,06%) | 1 (0,03%) | 6 (0,19%) |
| **Primärer Sektor / schließend** | 1 (0,03%) | 2 (0,06%) | 3 (0,10%) |
| **Primärer Sektor / expandierend** | 40 (1,24%) | 44 (1,33%) | 65 (2,07%) |
| **Primärer Sektor / schrumpfend** | 19 (0,59%) | 16 (0,48%) | 70 (2,23%) |
| **Sekundärer Sektor / neu gegründet** | 20 (0,62%) | 22 (0,67%) | 74 (2,36%) |
| **Sekundärer Sektor / schließend** | 44 (1,36%) | 44 (1,33%) | 85 (2,71%) |
| **Sekundärer Sektor / expandierend** | 554 (17,15%) | 632 (19,15%) | 557 (17,75%) |
| **Sekundärer Sektor / schrumpfend** | 874 (27,05%) | 734 (22,24%) | 573 (18,26%) |
| **Wissensintensive DL / neu gegründet** | 13 (0,40%) | 13 (0,39%) | 27 (0,86%) |
| **Wissensintensive DL / schließend** | 14 (0,43%) | 25 (0,76%) | 21 (0,67%) |
| **Wissensintensive DL / expandierend** | 317 (9,81%) | 306 (9,27%) | 199 (6,34%) |
| **Wissensintensive DL / schrumpfend** | 180 (5,57%) | 188 (5,70%) | 196 (6,25%) |
| **Übrige DL / neu gegründet** | 40 (1,24%) | 70 (2,12%) | 86 (2,74%) |
| **Übrige DL / schließend** | 32 (0,99%) | 42 (1,27%) | 53 (1,69%) |
| **Übrige DL / expandierend** | 690 (21,36%) | 727 (22,02%) | 682 (21,73%) |
| **Übrige DL / schrumpfend** | 391 (12,10%) | 435 (13,18%) | 441 (14,05%) |
| **Gesamt** | 3231 (100%) | 3301 (100%) | 3138 (100%) |

*Quelle: IAB-Betriebspanel, 1., 2., 4. und 5. Welle.*

*Tabelle A-28: Ergebnisse ausgewählter Studien zu den Auswirkungen des technisch-organisatorischen Wandels auf den Arbeitsmarkt (betriebliche Ebene)*

| Autor | Untersu-chungs-zeitraum/ Land | Datensätze | Methode | Operationali-sierung Qualifikation | Operatio-nalisierung Technologie/ Arbeits-organisation | Ergebnisse |
|---|---|---|---|---|---|---|
| Doms, Dunne, Troske (1997) | 1993<br><br>1977-1992<br><br>USA | Survey of Manufacturing Technology; Matched employer-employee data set; Census Bureau´s Longitudinal Research Database; Census of Manufacturers | OLS-Schätzung von Faktor-nachfrage-funktionen im Längs- und im Quer-schnitt | a)<br>mit College-abschluss<br>ohne College-abschluss<br><br>b)<br>Nicht-Produktions-besch.<br>Produktions-besch. | Dummy-Variablen für verschiedene Produktions-technologien;<br><br>Investitionen in Computer-technologie | Positiver Zusammen-hang zwischen dem Einsatz von neuen Technologien und dem Anteil der hoch quali-fizierten Beschäftigten im Querschnitt, jedoch nicht im Längsschnitt; Im Längsschnitt Zu-sammenhang zwi-schen Investitionen in Computertechnologie und Anteil der hoch qual. Beschäftigten |
| Falk/ Seim (1999) | 1994<br><br>Deutsch-land | Mannheimer Innovations-panel für deutsche Dienstlei-stungsunter-nehmen | Tobit-Modelle Veränderung des Anteils der hoch qual. Beschäftigten | Uni- oder Fachhoch-schulabschluss<br>Fachschulabsch luss / Lehre<br>Keine Berufs-ausbildung | Investitionen in IundK-technologien | Signifikant positive Beziehung zwischen dem Anteil der hoch qual. Arbeitnehmer und der Investition in IundK-technologien; negative Beziehung zwischen den In-vestitionen in IundK-technologien und dem Anteil der gering qual. Arbeitnehmer |
| Falk (2001) | 2000<br><br>Deutsch-land | Querschnitts-daten für 4150 deutsche Be-triebe | Schätzung von Faktor-nachfrage-funktionen | Arbeitnehmer im IundK-bereich<br>Uniabschluss nach 4 Jahren<br>Uniabschluss nach 5 Jahren<br>Meister und Techniker<br>Berufsbildende Schule<br>Gering qual. Arbeitnehmer | Durchdrin-gung des Betriebs mit IundK-technologien | Positiver Zu-sammenhang zwi-schen der Durch-dringung der Betriebe mit IundK-techno-logien und dem Anteil an hoch qual. Arbeit-nehmern; negativer Zusammenhang der Durchdringung mit IundK-technologien und dem Anteil der gering qual. Arbeit-nehmer |

*Tabelle A-28 (Fortsetzung): Ergebnisse ausgewählter Studien zu den Auswirkungen des technisch-organisatorischen Wandels auf den Arbeitsmarkt (betriebliche Ebene)*

| **Autor** | **Untersu-chungs-zeitraum/ Land** | **Datensätze** | **Methode** | **Operationali-sierung Qualifikation** | **Operatio-nalisierung Technologie/ Arbeits-organisation** | **Ergebnisse** |
|---|---|---|---|---|---|---|
| Caroli / Van Reenen (1999) | a) 1984–1990 Großbritannien<br><br>b) 1992–1996 Frankreich | a) British Workplace Industrial Relations Survey / General Household Survey<br><br>b) Relations Professionnelles et Négociations d'Enterprise survey; Survey of employment structure; Enquête Emploi | Faktornachfragemodelle<br><br>Veränderungen im Anteil der qual. Arbeitnehmer<br><br>OLS-Regressionen | a) 6 Qualifikationsgruppen<br><br>b) unqualifizierte Arbeiter, qualifizierte Arbeiter, Büroangestellte, mittleres Management, Führungsebene | Arbeitsorganisatorische Veränderungen<br><br>Anteil der Arbeitnehmer, die elektronische Technologien benutzen<br><br>Einführung von Computertechnik | a) negative Beziehung zwischen den arbeitsorganisatorischen Veränderungen und dem Anteil der gering qual. Arbeitnehmer positive Beziehung zwischen Technologievariablen und dem Anteil der hoch qualifizierten Beschäftigten<br>b) negative Beziehung zwischen den arbeitsorganisatorischen Veränderungen und dem Anteil der gering qual. Arbeitnehmer |
| Falk (2001) | 1995-1997<br><br>Deutschland | Mannheimer Innovationspanel | Faktornachfragemodelle Beschäftigungserwartung für verschiedene Qualifikationsgruppen | Universitätsabschluss, technischer Abschluss; Universitätsabschluss, anderer Abschluss; Meister; Berufsausbildung; Unqualifizierte Arbeitnehmer | Veränderung der Arbeitsorganisation<br><br>Einführung von IundK-technologien | Veränderung der Arbeitsorganisation hat einen positiven Effekt auf die erwartete Beschäftigung für alle Qualifikationsgruppen bis auf die Gruppe der unqualifizierten Arbeitnehmer |
| Bresnahan/ Brynjolfsson / Hitt (1999, 2002) | 1987 – 1994<br><br>USA | Paneldatensatz mit Informationen über den Bestand an Technologien; Angaben von Compustat über andere Faktoren und Outputs; Querschnittserhebungen über Arbeitsorganisation und Arbeitskräfte | Korrelationskoeffizienten Faktornachfragefkt. Produktionsfunktionen | Bildungsabschlüsse; Geforderte Fähigkeiten der Arbeitnehmer, betrieblicher Status; Investitionen in das Humankapital | Kapitalbestand an I+K-technologien<br><br>Index für eine flexible Arbeitsorganisation | Komplementarität der Qualitätsvariablen, der Technologien und der flexiblen Arbeitsorganisation kann eingeschränkt festgestellt werden; Betriebe mit einem hohen Bestand an neuen Technologien und einer flexiblen Arbeitsorganisation investieren verstärkt in das Humankapital ihrer Arbeitnehmer |

*Tabelle A-28 (Fortsetzung): Ergebnisse ausgewählter Studien zu den Auswirkungen des technisch-organisatorischen Wandels auf den Arbeitsmarkt (betriebliche Ebene)*

| **Autor** | **Untersuchungs-zeitraum/ Land** | **Datensätze** | **Methode** | **Operationalisierung Qualifikation** | **Operationalisierung Technologie/ Arbeits-organisation** | **Ergebnisse** |
|---|---|---|---|---|---|---|
| Beck-Mann/ Bell-mann (2000) | 1998<br>BRD | IAB-Betriebspanel | Tobit-Schätzungen von Faktor-nachfrage-funktionen | Anzahl der gesuchten, qualifizierten Arbeitnehmer | Technischer Stand der Anlagen; Investitionen in neue Technologien<br><br>Kompetenz-verlagerung, Gruppen-arbeit | ein hoher technischer Stand der Anlagen, Prozessinnovationen sowie die Verlagerung von Entscheidungs-kompetenzen beeinflussen in Westdeutschland signifikant positiv die Suche nach qualifi-zierten Mitarbeitern |
| Bauer/ Bender (2001) | 1993-1997<br>BRD | Employer-employee-Datensatz des IAB | Faktornach-frage-funktionen | gering quali-fizierte, mittel qualifizierte, hoch qualifi-zierte Arbeiter bzw. Ange-stellte | Investitionen in I+K-technologien<br><br>Flexibilitäts-grad der Ar-beitsorgani-sation | Weder die Investitionen in I+K-technologien noch eine flexible Ar-beitsorganisation und auch nicht ein Inter-aktionsterm aus beiden Variablen beeinflussen den Beschäftigungs-anteil der hoch qualifi-zierten Arbeitnehmer signifikant |
| Gale/ Wojan/ Olm-Stedt (2002) | 1996<br>USA | Rural Manufacturing Survey | Probit-Schätzungen von Nachfrage-funktionen | Sechs Qualifi-kationsanfor-derungen (Lesefähigkeit, Problemlö-sungsfähigkeit, Teamwork, Computer-kenntnisse, andere tech-nische Fähig-keiten) | Anzahl an Produktions-techniken, die verwendet werden, Anzahl an Maßnahmen, die zu einer flexiblen Arbeitsorga-nisation führen | Die neuen Techno-logien und die flexible Arbeitsorganisation haben einen signifikant positiven Einfluss auf die Qualifikationsan-forderungen, der Einfluss der Umstrukturierungsva-riablen auf die Quali-fikationsanforderungen wird größer, wenn sie gemeinsam mit einer kleinen Losgröße eingesetzt werden |

*Tabelle A-29: Struktur des Querschnittsdatensatzes von 1998 (Qualifikationsstruktur)*[1]

| Variable | Min | Max | Mittelwert | Standardab-weichung | Gültige Fälle |
|---|---|---|---|---|---|
| QualA | 0 | 100 | 59,60 | 28,33 | 2188 |
| Tech | 0 | 1 | 0,70 | | 2190 |
| AO | 0 | 2 | 0,85 | | 2190 |
| FE | 0 | 1 | 0,24 | | 2190 |
| Ausgli | 0 | 1 | 0,05 | | 2190 |
| WB | 0 | 1 | 0,71 | | 2187 |
| Int | 0 | 100 | 12,27 | 22,33 | 1748 |
| Fsize | 1 | 44756 | 587,27 | 1749,29 | 2190 |
| AntTZ | 0 | 100 | 17,29 | 21,61 | 2183 |
| Brat | 0 | 1 | 0,55 | | 2190 |
| Tech*AO | 0 | 2 | 0,62 | | 2190 |

*Quelle: IAB-Betriebspanel, 3. – 6. Welle.*

*Tabelle A-30: Struktur des Querschnittsdatensatzes von 2000 (Qualifikationsstruktur)*

| Variable | Min | Max | Mittelwert | Standardab-weichung | Gültige Fälle |
|---|---|---|---|---|---|
| QualA | 0 | 100 | 61,66 | 27,54 | 1675 |
| Tech | 0 | 1 | 0,70 | | 1675 |
| AO | 0 | 2 | 0,92 | | 1675 |
| FE | 0 | 1 | 0,24 | | 1675 |
| Ausgli | 0 | 1 | 0,06 | | 1675 |
| WB | 0 | 1 | 0,69 | | 1675 |
| Int | 0 | 100 | 13,25 | 23,32 | 1675 |
| Fsize | 1 | 41638 | | | 1675 |
| AntTZ | 0 | 100 | 15,83 | 20,28 | 1668 |
| Brat | 0 | 1 | 0,53 | | 1675 |
| Tech*AO | 0 | 2 | 0,65 | | 1675 |

*Quelle: IAB-Betriebspanel 3. – 8. Welle.*

*Tabelle A-31: Struktur des Querschnittsdatensatzes von 2001 (Qualifikationsstruktur)*

| Variable | Min | Max | Mittelwert | Standardab-weichung | Gültige Fälle |
|---|---|---|---|---|---|
| QualA | 0 | 100 | 62,51 | 26,83 | 1433 |
| Tech | 0 | 1 | 0,69 | | 1435 |
| AO | 0 | 2 | 0,96 | | 1435 |
| FE | 0 | 1 | 0,18 | | 1435 |
| Ausgli | 0 | 1 | 0,05 | | 1435 |
| WB | 0 | 1 | 0,69 | | 1435 |
| Int | 0 | 100 | 12,63 | 23,21 | 1149 |
| Fsize | 1 | 40388 | 550,897 | 1814,66 | 1435 |
| AntTZ | 0 | 100 | 18,62 | 21,78 | 1430 |
| Brat | 0 | 1 | 0,53 | | 1435 |
| Tech*AO | 0 | 2 | 0,68 | | 1435 |

*Quelle: IAB-Betriebspanel 3. – 9. Welle.*

[1] Bei fehlenden Angaben konnten diese vom Programm nicht berechnet werden.

*Tabelle A-32: Struktur des Querschnittsdatensatzes von 2000 (Bedarf an qualifizierten und hoch qualifzierten Arbeitnehmern, Weiterbildung)*

| Variable | Min | Max | Mittelwert | Standardabweichung | Gültige Fälle |
|---|---|---|---|---|---|
| QualAS | 0 | 100 | 28,45 | 44,33 | 5691 |
| HochA | 0 | 100 | 8,32 | 22,73 | 5691 |
| IundK | 0 | 100 | | | 5514 |
| Arborg | 0 | 2 | 0,28 | | 5672 |
| Innov | 0 | 1 | 0,45 | | 5691 |
| Ausgli | 0 | 1 | 0,04 | | 5691 |
| WB | 0 | 1 | 0,63 | | 5691 |
| Int | 0 | 100 | 6,79 | 17,61 | 4667 |
| Fsize | 1 | 41638 | | | 5691 |
| AntTZ | 0 | 100 | 15,26 | 22,19 | 5677 |
| Brat | 0 | 1 | 0,40 | | 5691 |
| Westost | 0 | 1 | 0,48 | | 5691 |
| IundK*Arborg | 0 | 200 | 6,25 | 22,08 | 5496 |

*Quelle: IAB-Betriebspanel 6.– 8. Welle.*

*Tabelle A-33: Struktur des Querschnittsdatensatzes von 2000 (Bedarf an hoch qualifizierten Arbeitnehmern, Weiterbildung), nur Industriebetriebe*

| Variable | Min | Max | Mittelwert | Standardabweichung | Gültige Fälle |
|---|---|---|---|---|---|
| HochA | 0 | 100 | 10,28 | 23,11 | 1379 |
| IundK | 0 | 100 | | | 1339 |
| Arborg | 0 | 2 | 0,41 | | 1383 |
| Innov | 0 | 1 | 0,70 | | 1387 |
| Ausgli | 0 | 1 | 0,06 | | 1387 |
| WB | 0 | 1 | 0,69 | | 1387 |
| Int | 0 | 100 | 19,31 | 25,21 | 1335 |
| Fsize | 1 | 41638 | | | 1387 |
| AntTZ | 0 | 100 | 7,40 | 13,35 | 1383 |
| Brat | 0 | 1 | 0,56 | | 1387 |
| Westost | 0 | 1 | 0,58 | | 1387 |
| IundK*Arborg | 0 | 200 | 6,30 | 18,35 | 1336 |

*Quelle: IAB-Betriebspanel 6.– 8. Welle.*

*Tabelle A-34: Determinanten des Anteils an qualifizierten Arbeitnehmern für das Jahr 2000*

| | Modell 1 | Modell 2 | Modell 3 | Modell 4 | Modell 5 | Modell 6 |
|---|---|---|---|---|---|---|
| **Exogene Variablen** | **Koef. (t-Wert)** | **Koef. (t-Wert)** | **Koef. (t-Wert)** | **Koef. (t-Wert)** | **Koef. (t-Wert)** | **Koef. (t-Wert)** |
| Konstante | 53,238*** (34,99) | 30,731*** (5,49) | 54,670*** (28,29) | 31,894*** (5,61) | 31,919*** (6,03) | 33,238*** (6,18) |
| Tech | 4,221*** (2,71) | 1,389 (0,84) | 2,180 (0,95) | -0,555 (-0,24) | 1,508 (1,04) | -0,573 (-0,27) |
| AO | 5,777*** (6,88) | 1,624 (1,56) | 4,239*** (2,77) | 0,085 (0,05) | 1,126 (1,24) | -0,429 (-0,29) |
| Tech*AO | | | 2,198 (1,20) | 2,225 (1,16) | | 2,268 (1,34) |
| FE | | 1,191 (0,53) | | 1,102 (0,49) | 0,019 (0,01) | -0,082 (-0,04) |
| Ausgli | | 8,404*** (2,58) | | 8,532*** (2,62) | 5,938** (2,15) | 6,038** (2,18) |
| WB | | 5,896*** (3,16) | | 5,837*** (3,13) | 6,968*** (3,98) | 6,929*** (3,96) |
| Int | | 0,080* (1,93) | | 0,080* (1,94) | | |
| Fsize | | -0,002** (-2,34) | | -0,002** (-2,44) | -0,0002 (-0,28) | -0,0003 (-0,38) |
| $Fsize^2$ | | $5,42e^{-08}$* (1,79) | | $5,62e^{-08}$* (1,86) | $7,32^{-09}$ (0,28) | $8,62\ e^{-09}$ (0,34) |
| AntTZ | | -0,305*** (-7,28) | | -0,306*** (-7,29) | -0,249*** (-6,74) | -0,250*** (-6,76) |
| Brat | | 5,219*** (2,71) | | 5,308*** (2,75) | 5,960*** (3,58) | 6,037*** (3,62) |
| *Branchenkontrolle* | *Nein* | *Ja* | *Nein* | *Ja* | *Ja* | *Ja* |
| *Pseudo-$R^2$* | *0,0035* | *0,0231* | *0,0036* | *0,0232* | *0,0234* | *0,0235* |
| *Fallzahl* | *1674* | *1343* | *1674* | *1343* | *1668* | *1668* |
| *Anteil zensierter Fälle* | *7,23%* | *7,59%* | *7,23%* | *7,59%* | *7,25%* | *7,25%* |
| *LR $\chi^2$* | *53,77**** | *281,56**** | *55,21**** | *282,91**** | *355,22**** | *357,02**** |

*Eigene Berechnungen auf Basis des IAB-Betriebspanels, Wellen 3 - 8, abhängige Variable: Anteil der qualifizierten Arbeitnehmer, Schätzung von Two-Limit-Tobit-Modellen.*
****= signifikant auf dem 1 % Niveau, ** = signifikant auf dem 5 % Niveau, * = signifikant auf dem 10 % Niveau.*

*Tabelle A-35: Determinanten der Suche nach qualifizierten Arbeitnehmern (2000)*

| | Modell 1 | Modell 2 | Modell 3 | Modell 4 | Modell 5 | Modell 6 |
|---|---|---|---|---|---|---|
| **Exogene Variablen** | **Koef. (t-Wert)** | **Koef. (t-Wert)** | **Koef. (t-Wert)** | **Koef. (t-Wert)** | **Koef. (t-Wert)** | **Koef. (t-Wert)** |
| Konstante | -7,101*** (-30,36) | -1,555*** (-11,82) | -0,719*** (-29,83) | -1,553*** (-11,80) | -1,532*** (-12,61) | -1,530*** (-12,59) |
| IundK | 0,003*** (5,05) | 0,002*** (3,15) | 0,003*** (5,18) | 0,002*** (2,57) | 0,002*** (2,99) | 0,002** (2,50) |
| Arborg | 0,430*** (13,79) | 0,203*** (5,18) | 0,465*** (11,82) | 0,180*** (3,66) | 0,178*** (5,18) | 0,164*** (3,80) |
| IundK*Arborg | | | -0,002 (-1,44) | 0,001 (0,76) | | 0,0006 (0,52) |
| Innov | | 0,342*** (7,29) | | 0,342*** (7,28) | 0,364*** (8,77) | 0,364*** (8,77) |
| Ausgli | | 0,001 (0,01) | | 0,0005 (0,00) | 0,054 (0,56) | 0,054 (0,56) |
| WB | | 0,386*** (7,69) | | 0,387*** (7,71) | 0,394*** (8,32) | 0,395*** (8,33) |
| Int | | 0,007*** (4,72) | | 0,007*** (4,74) | | |
| Fsize | | 0,0003*** (4,82) | | 0,0003*** (4,83) | 0,0004*** (7,29) | 0,0004*** (7,30) |
| $Fsize^2$ | | $-1,42^{-08}$*** (-3,34) | | $-1,43e^{-08}$*** (-3,37) | $-1,89e^{-08}$*** (-5,51) | $-1,89e^{-08}$*** (-5,52) |
| AntTZ | | -0,004*** (-3,13) | | -0,004*** (-3,10) | -0,004*** (-4,06) | -0,004*** (-4,05) |
| Brat | | 0,123** (2,26) | | 0,124** (2,28) | 0,155*** (3,31) | 0,155*** (3,32) |
| WO | | 0,171*** (3,76) | | 0,170*** (3,76) | 0,175*** (4,38) | 0,175*** (4,38) |
| *Branchenkontrolle* | *Nein* | *Ja* | *Nein* | *Ja* | *Ja* | *Ja* |
| *Pseudo-$R^2$* | *0,0334* | *0,1600* | *0,0337* | *0,1601* | *0,1501* | *0,1502* |
| *Fallzahl* | *5496* | *4547* | *5496* | *4547* | *5486* | *5486* |
| *LR $\chi^2$* | *224,33**** | *861,27**** | *226,39**** | *861,85**** | *1006,22**** | *1006,49**** |

*Eigene Berechnungen auf Basis des IAB-Betriebspanels, Wellen 6 - 8, abhängige Variable: Dummy-Variable (Suche nach qualifizierten Arbeitnehmern: ja/nein), Schätzung von Probit-Modellen.*
****= signifikant auf dem 1 % Niveau, ** = signifikant auf dem 5 % Niveau, * = signifikant auf dem 10 % Niveau.*

*Tabelle A-36: Determinanten des Anteils an gesuchten qualifizierten Arbeitnehmern (2000)*

| | Modell 1 | Modell 2 | Modell 3 | Modell 4 | Modell 5 | Modell 6 |
|---|---|---|---|---|---|---|
| **Exogene Variablen** | **Koef. (t-Wert)** | **Koef. (t-Wert)** | **Koef. (t-Wert)** | **Koef. (t-Wert)** | **Koef. (t-Wert)** | **Koef. (t-Wert)** |
| Konstante | -633,219*** (-12,55) | -1249,887*** (-8,52) | -638,694*** (-12,51) | -1247,298*** (-8,51) | -1192,893*** (-9,40) | -1190,71*** (-9,39) |
| IundK | 2,628*** (4,86) | 1,902*** (3,14) | 2,902*** (4,83) | 1,668** (2,54) | 1,526*** (2,97) | 1,342** (2,38) |
| Arborg | 353,156*** (9,82) | 150,078*** (4,54) | 376,099*** (8,85) | 128,917*** (3,20) | 127,355*** (4,62) | 111,457*** (3,28) |
| IundK*Arborg | | | -1,013 (-1,10) | 0,905 (0,89) | | 0,668 (0,78) |
| Innov | | 281,065*** (6,42) | | 280,501*** (6,41) | 286,685*** (7,61) | 286,846*** (7,61) |
| Ausgli | | 25,505 (0,28) | | 24,206 (0,27) | 36,816 (0,50) | 36,796 (0,50) |
| WB | | 300,155*** (6,42) | | 301,291*** (6,43) | 300,210*** (7,11) | 300,924*** (7,12) |
| Int | | 4,922*** (4,28) | | 4,939*** (4,29) | | |
| Fsize | | 0,164*** (3,59) | | 0,166*** (3,61) | 0,192*** (5,27) | 0,193*** (5,29) |
| $Fsize^2$ | | $-9{,}46e^{-06}$*** (-3,24) | | $-9{,}57e^{-06}$*** (-3,27) | -0,00001*** (-4,75) | -0,00001*** (-4,77) |
| AntTZ | | -3,438*** (-3,33) | | -3,409*** (-3,30) | -3,596*** (-4,31) | -3,581*** (-4,30) |
| Brat | | 98,491** (2,22) | | 99,406** (2,24) | 120,777*** (3,25) | 121,111*** (3,25) |
| WO | | 106,109*** (2,83) | | 106,002*** (2,82) | 109,901*** (3,43) | 109,834*** (3,43) |
| *Branchenkontrolle* | *Nein* | *Ja* | *Nein* | *Ja* | *Ja* | *Ja* |
| *Pseudo-$R^2$* | *0,0209* | *0,1009* | *0,0210* | *0,1010* | *0,0929* | *0,0930* |
| *Fallzahl* | *5496* | *4547* | *5496* | *4547* | *5486* | *5486* |
| *Anteil zensierter Fälle* | *96,34 %* | *96,64 %* | *96,34 %* | *96,64 %* | *99,35 %* | *99,35 %* |
| *LR $\chi^2$* | *204,05**** | *777,67**** | *205,27**** | *778,47**** | *904,35**** | *904,97**** |

*Eigene Berechnungen auf Basis des IAB-Betriebspanels, Wellen 6 - 8, abhängige Variable: Anteil der gesuchten qualifizierten Arbeitnehmer, Schätzung von Two-Limit-Tobit-Modellen.*
****= signifikant auf dem 1 % Niveau, ** = signifikant auf dem 5 % Niveau, * = signifikant auf dem 10 % Niveau.*

*Tabelle A-37: Determinanten für die Wahrscheinlichkeit des zusätzlichen Bedarfs an hoch qualifizierten Arbeitnehmern, alle Betriebe*

| | **Modell 1** | **Modell 2** | **Modell 3** | **Modell 4** | **Modell 5** | **Modell 6** |
|---|---|---|---|---|---|---|
| **Exogene Variablen** | **Koef. (t-Wert)** | **Koef. (t-Wert)** | **Koef. (t-Wert)** | **Koef. (t-Wert)** | **Koef. (t-Wert)** | **Koef. (t-Wert)** |
| Konstante | -1,085*** (-40,99) | -2,285*** (-11,26) | -1,094*** (-39,97) | -2,282*** (-11,24) | -1,985*** (-12,77) | -1,980*** (-12,74) |
| IundK | 0,001** (2,25) | 0,0003 (0,28) | 0,002*** (2,68) | -0,0004 (-0,36) | 0,001 (1,25) | 0,0005 (0,59) |
| Arborg | 0,420*** (12,87) | 0,027 (0,57) | 0,456*** (11,11) | -0,022 (-0,37) | 0,077** (1,96) | 0,041 (0,83) |
| IundK*Arborg | | | -0,002 (-1,46) | 0,002 (1,38) | | 0,002 (1,19) |
| Innov | | 0,339*** (5,30) | | 0,339*** (5,28) | 0,263*** (5,04) | 0,264*** (5,06) |
| Ausgli | | 0,354*** (2,89) | | 0,352*** (2,86) | 0,194* (1,86) | 0,194* (1,86) |
| WB | | 0,526*** (6,94) | | 0,531*** (6,99) | 0,458*** (6,95) | 0,460*** (6,98) |
| Int | | 0,006*** (3,91) | | 0,006*** (3,91) | | |
| Fsize | | 0,0007*** (10,58) | | 0,0007*** (10,58) | 0,0009*** (15,54) | 0,0009*** (15,56) |
| $Fsize^2$ | | $-3,41e^{-08}$*** (-7,58) | | $-3,42e^{-08}$*** (-7,61) | $-4,33e^{-08}$*** (-11,34) | $-4,34e^{-08}$*** (-11,37) |
| AntTZ | | -0,005*** (-2,82) | | -0,005*** (-2,76) | -0,003** (-2,14) | -0,003** (-2,11) |
| Brat | | 0,425*** (6,27) | | 0,428*** (6,32) | 0,464*** (8,28) | 0,465*** (8,30) |
| WO | | -0,053 (-0,87) | | -0,052 (-0,85) | -0,093* (-1,85) | -0,093* (-1,85) |
| *Branchenkontrolle* | *Nein* | *Ja* | *Nein* | *Ja* | *Ja* | *Ja* |
| *Pseudo-$R^2$* | *0,0330* | *0,3130* | *0,0335* | *0,3135* | *0,3012* | *0,3015* |
| *Fallzahl* | *5496* | *4539* | *5496* | *4539* | *5486* | *5486* |
| *LR $\chi^2$* | *170,89**** | *1135,36**** | *173,01**** | *1137,24**** | *1554,85**** | *1556,26**** |

*Eigene Berechnungen auf Basis des IAB-Betriebspanels, Wellen 6 - 8, abhängige Variable: Dummy-Variable (Bedarf an hoch qualifizierten Arbeitnehmern: ja/nein), Schätzung von Probit-Modellen.*
****= signifikant auf dem 1 % Niveau, ** = signifikant auf dem 5 % Niveau, * = signifikant auf dem 10 % Niveau.*

*Tabelle A-38: Determinanten für die Wahrscheinlichkeit des zusätzlichen Bedarfs an hoch qualifizierten Arbeitnehmern, nur Industriebetriebe*

| | **Modell 1** | **Modell 2** | **Modell 3** | **Modell 4** | **Modell 5** | **Modell 6** |
|---|---|---|---|---|---|---|
| **Exogene Variablen** | **Koef. (t-Wert)** | **Koef. (t-Wert)** | **Koef. (t-Wert)** | **Koef. (t-Wert)** | **Koef. (t-Wert)** | **Koef. (t-Wert)** |
| Konstante | -0,805*** (-15,60) | -2,084*** (-10,50) | -0,808*** (-15,11) | -2,091*** (-10,52) | -2,156*** (-11,07) | -2,166*** (-11,09) |
| IundK | 0,0007 (0,46) | -0,0008 (-0,40) | 0,0009 (0,49) | 0,0002 (0,10) | -0,0004 (-0,22) | 0,0007 (0,32) |
| Arborg | 0,444*** (8,13) | 0,058 (0,87) | 0,452*** (6,62) | 0,099 (1,22) | 0,072 (1,11) | 0,118 (1,49) |
| IundK*Arborg | | | -0,0005 (-0,19) | -0,003 (-0,89) | | -0,003 (-1,01) |
| Innov | | 0,317*** (2,73) | | 0,315*** (2,71) | 0,355*** (3,18) | 0,353*** (3,17) |
| Ausgli | | 0,562*** (3,02) | | 0,563*** (3,04) | 0,543*** (3,02) | 0,544*** (3,04) |
| WB | | 0,614*** (4,79) | | 0,608*** (4,74) | 0,660*** (5,22) | 0,654*** (5,16) |
| Int | | 0,005*** (2,63) | | 0,005*** (2,65) | | |
| Fsize | | 0,0008*** (8,17) | | 0,0008*** (8,16) | 0,0008*** (8,57) | 0,0008*** (8,58) |
| $Fsize^2$ | | $-3,59e^{-08}$*** (-6,00) | | $-3,64e^{-08}$*** (-6,02) | $-3,50e^{-08}$*** (-6,26) | $-3,54e^{-08}$*** (-6,29) |
| AntTZ | | -0,002 (-0,35) | | -0,002 (-0,38) | -0,002 (-0,34) | -0,002 (-0,38) |
| Brat | | 0,368*** (3,31) | | 0,363*** (3,26) | 0,434*** (4,05) | 0,430*** (4,01) |
| WO | | -0,239** (-2,41) | | -0,242** (-2,44) | -0,181* (-1,91) | -0,183* (-1,93) |
| *Branchenkontrolle* | *Nein* | *Ja* | *Nein* | *Ja* | *Ja* | *Ja* |
| *Pseudo-$R^2$* | *0,0424* | *0,2794* | *0,0424* | *0,2799* | *0,2766* | *0,2773* |
| *Fallzahl* | *1336* | *1291* | *1336* | *1291* | *1332* | *1332* |
| *LR $\chi^2$* | *66,62**** | *417,06**** | *66,66**** | *417,85**** | *434,36**** | *435,38**** |

*Eigene Berechnungen auf Basis des IAB-Betriebspanels, Wellen 6 - 8, abhängige Variable: Dummy-Variable (Bedarf an hoch qualifizierten Arbeitnehmern: ja/nein), Schätzung von Probit-Modellen.*
****= signifikant auf dem 1 % Niveau, ** = signifikant auf dem 5 % Niveau, * = signifikant auf dem 10 % Niveau.*

*Tabelle A-39: Korrelationen zwischen den Investitionen in Informations- und Kommunikationstechnolgien, der Einführung einer flexiblen Arbeitsorganisation und dem Weiterbildungsangebot*

| | Alle Betriebe | | | Nur Industriebetriebe | | |
|---|---|---|---|---|---|---|
| | **IundK** | **Arborg** | **WB** | **IundK** | **Arborg** | **WB** |
| **IundK** | 1,0000<br><br>5514 | | | 1,0000<br><br>1339 | | |
| **Arborg** | 0,0580***<br>0,000<br>5496 | 1,0000<br><br>5672 | | 0,0130<br>0,6340<br>1336 | 1,0000<br><br>1383 | |
| **WB** | 0,1260***<br>0,000<br>5514 | 0,2288***<br>0,0000<br>5672 | 1,0000<br><br>5691 | 0,0950***<br>0,0005<br>1339 | 0,2661***<br>0,0000<br>1383 | 1,0000<br><br>1387 |

*Eigene Berechnungen auf Basis des IAB-Betriebspanels, 6. – 8. Welle.*
****= signifikant auf dem 1 % Niveau, ** = signifikant auf dem 5 % Niveau.*

*Tabelle A-40: Ergebnisse der Produktionsfunktionsschätzungen für das Jahr 2000 (Qualifikationsvariable: Weiterbildungsangebot der Betriebe)*

| | Alle Betriebe | | | | Nur Industriebetriebe | | | |
|---|---|---|---|---|---|---|---|---|
| | **Modell 1** | **Modell 2** | **Modell 3** | **Modell 4** | **Modell 5** | **Modell 6** | **Modell 7** | **Modell 8** |
| **Konstante** | 5,431*** (39,93) | 5,709*** (41,83) | 5,419*** (39,47) | 5,699*** (41,37) | 5,527*** (30,23) | 5,952*** (30,30) | 5,449*** (29,26) | 5,879*** (29,43) |
| **Log Kapital** | 0,180*** (13,38) | 0,162*** (12,15) | 0,181*** (13,41) | 0,163*** (12,24) | 0,152*** (7,15) | 0,130*** (6,02) | 0,153*** (7,16) | 0,131*** (6,05) |
| **Log Arbeit** | 0,916*** (51,56) | 0,894*** (50,70) | 0,915*** (51,37) | 0,893*** (50,52) | 1,003*** (32,76) | 0,973*** (30,72) | 1,000*** (32,65) | 0,970*** (30,60) |
| **IundK** | 0,005*** (6,85) | 0,004*** (5,95) | 0,005*** (4,26) | 0,004*** (3,34) | 0,006*** (5,26) | 0,006*** (4,77) | 0,009*** (4,04) | 0,009*** (3,70) |
| **Arborg** | 0,045 (1,39) | 0,019 (0,59) | 0,150 (1,45) | 0,143 (1,42) | 0,089** (2,02) | 0,079* (1,79) | 0,349* (1,89) | 0,326* (1,79) |
| **WB** | 0,126*** (2,83) | 0,151*** (3,47) | 0,127** (2,21) | 0,140** (2,49) | 0,130* (1,69) | 0,136* (1,78) | 0,279*** (2,77) | 0,277*** (2,78) |
| **IundK* Arborg** | | | -0,003 (-1,02) | -0,003 (-1,12) | | | 0,001 (0,18) | 0,001 (0,17) |
| **IundK*WB** | | | 0,0003 (0,22) | 0,0009 (0,69) | | | -0,005 (-1,62) | -0,004 (-1,55) |
| **Arborg* WB** | | | -0,092 (-0,82) | -0,120 (-1,09) | | | -0,300 (-1,55) | -0,290 (-1,52) |
| **IundK* Arborg* WB** | | | 0,002 (0,62) | 0,002 (0,79) | | | -0,0003 (-0,04) | 3,14e$^{-06}$ (0,00) |
| **Innov** | | 0,057 (1,43) | | 0,056 (1,40) | | -0,015 (-0,22) | | -0,017 (-0,24) |
| **Int** | | 0,006*** (5,01) | | 0,006*** (5,04) | | 0,005*** (4,03) | | 0,005*** (4,05) |
| **WO** | | 0,353*** (9,32) | | 0,355*** (9,35) | | 0,221*** (3,67) | | 0,214*** (3,57) |
| ***Branchen-dummys*** | *Ja* | *Ja* | *Ja* | *Ja* | *Ja* | *Ja* | *Ja* | *Ja* |
| ***$R^2$ korrigiert*** | *0,8645* | *0,8710* | *0,8644* | *0,8709* | *0,8870* | *0,8896* | *0,8875* | *0,8900* |
| ***F-Test*** | *601,78**** | *556,25**** | *512,19**** | *481,90**** | *715,02**** | *525,98**** | *479,44**** | *387,60**** |
| ***Fallzahl*** | *2166* | *2139* | *2166* | *2139* | *729* | *718* | *729* | *718* |

*Eigene Berechnungen auf Basis des IAB-Betriebspanels, Wellen 6 - 8, abhängige Variable: logarithmierte Wertschöpfung, Schätzung von OLS-Modellen.*

**** = signifikant auf dem 1 % Niveau, ** = signifikant auf dem 5 % Niveau, * = signifikant auf dem 10 % Niveau.*

*Tabelle A-41: Determinanten des Angebots an Fort- und Weiterbildungsmaßnahmen im Jahr 2000, nur Industriebetriebe*

| | Modell 1 | Modell 2 | Modell 3 | Modell 4 | Modell 5 | Modell 6 |
|---|---|---|---|---|---|---|
| **Exogene Variablen** | **Koef. (t-Wert)** | **Koef. (t-Wert)** | **Koef. (t-Wert)** | **Koef. (t-Wert)** | **Koef. (t-Wert)** | **Koef. (t-Wert)** |
| Konstante | 0,179*** (3,78) | -0,456*** (-3,27) | 0,165*** (3,41) | -0,468*** (-3,33) | -0,465*** (-3,37) | -0,477*** (-3,44) |
| IundK | 0,006*** (3,41) | 0,005*** (2,97) | 0,007*** (3,73) | 0,006*** (3,18) | 0,005*** (3,04) | 0,006*** (3,26) |
| Arborg | 0,697*** (9,58) | 0,407*** (4,73) | 0,780*** (8,56) | 0,479*** (4,47) | 0,423*** (4,96) | 0,498*** (4,66) |
| IundK*Arborg | | | -0,005 (-1,62) | -0,005 (-1,18) | | -0,005 (-1,22) |
| Innov | | 0,335*** (3,62) | | 0,334*** (3,59) | 0,377*** (4,20) | 0,374*** (4,17) |
| Ausgli | | -0,121 (-0,50) | | -0,116 (-0,48) | -0,044 (-0,18) | -0,040 (-0,17) |
| Int | | 0,004 (1,55) | | 0,004 (1,54) | | |
| Fsize | | 0,001*** (5,01) | | 0,001*** (5,03) | 0,001*** (5,56) | 0,001*** (5,58) |
| Fsize$^2$ | | -5,28e$^{-08}$*** (-3,99) | | -5,27e$^{-08}$*** (-4,00) | -5,74e$^{-08}$*** (-4,41) | -5,72e$^{-08}$*** (-4,42) |
| AntTZ | | -0,007** (-2,09) | | -0,007** (-2,09) | -0,007** (-2,12) | -0,007** (-2,13) |
| Brat | | 0,746*** (7,45) | | 0,743*** (7,41) | 0,768*** (7,85) | 0,764*** (7,81) |
| WO | | -1,00 (-1,12) | | -0,098 (-1,10) | -0,073 (-0,84) | -0,071 (-0,82) |
| *Branchenkontrolle* | *Nein* | *Ja* | *Nein* | *Ja* | *Ja* | *Ja* |
| *Pseudo-$R^2$* | *0,0752* | *0,2742* | *0,0767* | *0,2750* | *0,2783* | *0,2791* |
| *Fallzahl* | *1336* | *1291* | *1336* | *1291* | *1332* | *1332* |
| *LR $\chi^2$* | *125,50**** | *445,79**** | *127,92**** | *447,11**** | *462,47**** | *463,89**** |

*Eigene Berechnungen auf Basis des IAB-Betriebspanels, Wellen 6 - 8, abhängige Variable: Dummy-Variable (Angebot an Fort- und Weiterbildung: ja/nein), Schätzung von Probit-Modellen.*
****= signifikant auf dem 1 % Niveau, ** = signifikant auf dem 5 % Niveau, * = signifikant auf dem 10 % Niveau.*

# Literaturverzeichnis


**Acemoglu, Daron (1998):** Why Do New Technologies Complement Skills? Direct Technical Change and Wage Inequality, in: The Quarterly Journal of Economics, 113, S. 1055 – 1089.

**Addison, John T. / Schnabel, Claus / Wagner, Joachim (1998):** Betriebsräte in der deutschen Industrie – Verbreitung, Bestimmungsgründe und Effekte, in: Gerlach, Knut / Hübler, Olaf / Meyer, Wolfgang (Hrsg.), Ökonomische Analysen betrieblicher Strukturen und Entwicklungen. Das Hannoveraner Firmenpanel, S. 59 – 87.

**Agliardi, Elettra (2000):** A generalization of supermodularity, in: Economics Letters, 68, S. 251 – 254.

**Aguirregabiria, Victor / Alonso-Borrego, Cesar (1997):** Employment Occupational Structure, Technological Capital and Reorganization of Production, University of Western Ontario, Department of Economics, Research Report 9703, London / Ontario.

**Alaluf, Mateo (1991):** Qualifikation: Wovon ist die Rede? Mittel der Hierarchisierung, in: Berufsbildung, Heft 2, S. 33 – 36.

**Alex, Laszlo (1991):** Beschreibung und Erfassung von Qualifikationen. Zum Qualifikationsbegriff, in: Berufsbildung, Heft 2, S. 23 – 27.

**Allen, Thomas J. / Morton, Michael S. Scott (1994):** Information Technology and the corporation of the 1990s. Research Studies, New York / Oxford.

**Amemiya, Takeshi (1985):** Advanced Econometrics, Cambridge Mass.

**Applegate, Lynda M. / Cash, James I., Jr. / Mills, D. Quinn (1988):** Information Technology and Tomorrow´s Mangager, in: Havard Business Review, November-Dezember, S. 128 – 136.

**Appleyard, Dennis R. / Field, Alfred J. (1992):** International Economics, 2. Auflage, Boston u. a.

**Asea, Patrick K. / Mendoza, Enrique G. (1994):** The Balassa-Samuelson Model: A General Equilibrium Appraisal, in: Review of International Economics, 2 (3), S. 244 – 267.

**Askenazy, Philippe (2000):** Organisational innovations, computerisation and employment: evidence from American manufacturing, in: Vivarelli, Marco / Pianta, Mario (Hrsg.), The Employment Impact of Innovation. Evidence and policy, London / New York, S. 96 – 120.

**Athey, Susan / Stern, Scott (1998):** An empirical framework for testing theories about complementarity in organizational design, NBER Working Paper No. 6600, Cambridge Mass.

**Autor, David H. / Katz, Lawrence F. / Krueger, Alan B. (1998):** Computing Inequality: Have Computers Changed the Labor Market, in: The Quarterly Journal of Economics, 113, S. 1169 – 1213.

**Bäcker, Gerhard / Stolz-Willig, Brigitte (1993):** Teilzeitarbeit – Probleme und Gestaltungschancen, in: WSI Mitteilungen, 46 (9), S. 545 – 553.

**Baethge, Martin / Mickler, Otfried / Mohr, Wilma (1977):** Erfassung des Zusammenhangs zwischen Qualifikation und Arbeitsmarkt, in: Baethge, Martin u. a., Bildungs- und Qualifikationsforschung, Beiträge aus der Arbeitsmarkt- und Berufsforschung 15, Nürnberg, S. 166 - 187.

**Baethge, Martin (1978):** Stichwort „Qualifikation – Qualifikationsstruktur", in: Wulf, Christoph, Wörterbuch der Erziehung, 4. Auflage, S. 478 – 484.

**Baethge, Martin / Baethge-Kinsky, Volker (1998):** Der implizite Innovationsmodus: Zum Zusammenhang von betrieblicher Arbeitsorganisation, human ressources development und Innovation, in: Lehner, Franz u. a. (Hrsg.), Beschäftigung durch Innovation. Eine Literaturstudie, München / Mering, S. 99 - 153.

**Balassa, Bela (1964):** The Purchasing-Power Parity Doctrine: A Reappraisal, in: Journal of Political Economy, 72, S. 584 – 596.

**Baldwin, John R. / Gorecki, Paul K. (1990):** Structural Change and the Adjustment Process. Perspectives on Firm Growth and Worker Turnover, Ottawa.

**Baldwin, Robert E. (1995):** The effect of trade and foreign direct investment on employment and relative wages, NBER Working Paper No. 5037, Cambridge Mass.

**Baltagi, Badi H. (1995):** Econometric Analysis of Panel Data, Chichester.

**Bandemer, Stephan von / Belzer, Volker (1998):** Innovationsstrategien, Wachstum und Beschäftigung, in: Lehner, Franz u. a. (Hrsg.), Beschäftigung durch Innovation. Eine Literaturstudie, München / Mering, S. 155 - 195.

**Bartel, Ann P. / Lichtenberg, Frank R. (1987):** The Comparative Advantage of Educated Workers in Implementing New Technology, in: The Review of Economics and Statistics, 69 (1), S. 1 – 11.

**Bartel, Ann P. / Sicherman, Nachum (1995):** Technological Change and the Skill Acquisition of Young Workers, NBER Working Paper No. 5107, Cambridge MA.

**Bauer, Thomas K. / Bender, Stefan (2001):** Flexible Work Systems and the Structure of Wages: Evidence from Matched Employer-Employee Data, IZA Discussion Paper No. 353, Bonn.

**Baumol, William J. (1967):** Macroeconomics of Unbalanced Growth: The Anatomy of Urban Crisis, in: The American Economic Review, 57, S. 415 – 426.

**Beck, Klaus (1980):** Zum Problem der Beschreibung des Verhältnisses von Mensch und Arbeit. Ein Vorschlag zur systematischen und terminologischen Präzisierung des Qualifikationsbegriffs am Beispiel der Berufswahl, in: Zeitschrift für Berufs- und Wirtschaftspädagogik, 76 (5), S. 355 – 364.

**Becker, Brian B. / Huselid, Mark A. (1998):** High Performance Work Systems and Firm Performance: A Synthesis of Research and Managerial Implications, in: Research in Personnel and Human Resources Management, 16, S. 53 – 101.

**Becker, Christina / Jörges-Süß, Katharina (2001):** Geringfügige Beschäftigung: Eine Analyse aus personalwirtschaftlicher Sicht, in: Martin, Albert / Nienhüser, Werner (Hrsg.), Neue Formen der Beschäftigung – neue Personalpolitik?, München / Mering, S. 121 - 151.

**Beckmann, Michael / Bellmann, Lutz (2000):** Betriebliche Suche nach qualifizierten Arbeitskräften in West- und Ostdeutschland, in: Backes-Gellner, Uschi u. a. (Hrsg.), Flexibilisierungstendenzen in der betrieblichen Personalpolitik. Anreize, Arbeitszeiten und Qualifikation, Beiträge zum 3. Köln-Bonner Kolloquium zur Personalökonomie, München und Mering, S. 205 – 232.

**Bell, Daniel (1976):** Die nachindustrielle Gesellschaft, 2. Auflage, Frankfurt / New York.

**Bellmann, Lutz / Reinberg, Alex / Tessaring, Manfred (1994):** Bildungsexpansion, Qualifikationsstruktur und Einkommensverteilung. Eine Analyse mit Daten des Mikrozensus und der Beschäftigtenstatistik, in: Lüdeke, Reinar (Hrsg.), Bildung, Bildungsfinanzierung und Einkommensverteilung, Schriften des Vereins für Socialpolitik, Band 221/II, Berlin, S. 13 – 70.

**Bellmann, Lutz (1997):** Das Betriebspanel des IAB, in: Hujer, Reinhard / Rendtel, Ulrich / Wagner, Gert (Hrsg.), Wirtschafts- und sozialwissenschaftliche Panelstudien. Datenstrukturen und Analyseverfahren, Sonderhefte zum Allgemeinen Statistischen Archiv 30, Göttingen, S. 169 – 182.

**Bellmann, Lutz u. a. (2000):** Codebook zum IAB-Betriebspanel, 2. durchgesehene und erweiterte Auflage, Stadtbergen / Nürnberg.

**Bellmann, Lutz / Düll, Herbert / Leber, Ute (2001):** Zur Entwicklung der betrieblichen Weiterbildungsaktivitäten. Eine empirische Untersuchung auf Basis des IAB-Betriebspanels, in: Reinberg, Alexander (Hrsg.), Arbeitsmarktrelevante Aspekte der Bildungspolitik, Beiträge zur Arbeitsmarkt- und Berufsforschung 245, S. 97 – 123.

**Bellmann, Lutz (2002):** Das IAB-Betriebspanel: Konzeption und Anwendungsbereiche, in: Allgemeines Statistisches Archiv, 86, S. 177 – 188.

**Bender, Dieter (1995):** Außenhandel, in: Bender, Dieter u. a. (Hrsg.), Vahlens Kompendium der Wirtschaftstheorie und Wirtschaftspolitik, Band 1, 6. Auflage, S. 421 – 481.

**Bergström, Villy / Panas, Epaminondas E. (1992):** How Robust is the Capital-Skill Complementarity Hypothesis?, in: The Review of Economics and Statistics, 74 (3), S. 540 - 553.

**Berndt, Ernst R. / Morrison, Catherine J. / Rosenblum, Larry S. (1992):** High-Tech Capital Formation and Labor Composition in U.S. Manufacturing Industries, NBER Working Paper No. 4010, Cambridge Mass.

**Bessau, Dirk / Lenk, Thomas (1999):** Innovationsökonomik: Ansätze der Innovationstheorie und der Innovationsforschung, ECOVIN-Arbeitsbericht Nr. 4, Leipzig.

**Bhagwati, Jagdish / Dehejia, Vivek H. (1994):** Freer Trade and Wages of the Unskilled – Is Marx Striking Again?, in: Bhagwati, Jagdish / Kosters, Marvin H. (Hrsg.), Trade and Wages. Leveling Wages Down?, Washington D.C., S. 36 – 75.

**Bhagwati, Jagdish (1998):** Trade and Wages: A Malign Relationship?, in: Collins, Susan M. (Hrsg.), Imorts, Exports and the American Worker, Washington D.C., S. 49 – 99.

**Birch, David L. (1979):** The Job Generation Process, Cambridge Mass.

**Blanchflower, David G. / Burgess, Simon (1994):** Job Creation and Job Destruction in Britain: 1980 – 1990, Centre for Economic Policy Research, Discussion Paper No. 912, London.

**Boehm, Ullrich (1974):** Ökonomisch-technische Entwicklung und Qualifikation, in: Crusius, Reinhard / Lempert, Wolfgang / Wilke, Manfred (Hrsg.), Berufsausbildung – Reformpolitik in der Sackgasse? Alternativprogramm für eine Strukturreform, Reinbek bei Hamburg, S. 19 – 30.

**Boeri, Tito / Cramer, Ulrich (1992):** Employment growth, incumbents and entrants. Evidence from Germany, in: International Journal of Industrial Organization, 10, S. 545 – 565.

**Boeri, Tito (1995):** Is Job Turnover Countercyclical?, EUI Working Paper ECO No. 95/12, San Domenico.

**Borchert, Manfred (1992):** Außenwirtschaftslehre. Theorie und Politik, 4., überarbeitete und erweiterte Auflage, Wiesbaden.

**Borjas, George J. / Freeman, Richard B. / Katz, Lawrence F. (1992):** On the Labor Market Effects of Immigration and Trade, in: Borjas, George J. / Freeman, Richard B. (Hrsg.), Immigration and the Work Force, Chicago, S. 213 – 244.

**Borjas, George J. / Freeman, Richard B. / Katz, Lawrence F. (1996):** Searching for the Effect of Immigration on the Labor Market, in: The American Economic Review, 86 (2), S. 246 – 251.

**Brasche, Ulrich (1989):** Qualifikation – Engpaß im Innovationsprozeß? Die Diffusion von Mikroelektronik und die Veränderungen der Qualifikationsanforderungen, Berlin.

**Brenton, Paul / Scott, Henry / Sinclair, Peter (1997):** International Trade. A European Text, Oxford.

**Bresnahan, Timothy F. / Brynjolfsson, Erik / Hitt, Lorin M. (1999):** Information Technology, Workplace Organization, and the Demand for Skilled Labor: Firm-Level Evidence, NBER Working Paper 7136, Cambridge Mass.

**Bresnahan, Timothy F. / Brynjolfsson, Erik / Hitt, Lorin M. (2002):** Information Technogy, Workplace Organization, and the Demand for Skilled Labor: Firm-Level Evidence, in: The Quarterly Journal of Economics, 117, S. 339 – 376.

**Brynjolfsson, Erik / Renshaw, Amy Austin / Alstyne, Marshall van (1997):** The Matrix of Change, in: Sloan Mangament Review, 38 (2), S. 37 – 54.

**Bullinger, Hans-Jörg / Fröschle, Hans-Peter / Brettreich-Teichmann, Werner (1993):** Informations- und Kommunikationsstrukturen für innovative Unternehmen, in: Zeitschrift Führung und Organisation, 62 (4), S. 225 – 232.

**Bundeszentrale für politische Bildung (1988):** Die DDR, Informationen zur politischen Bildung, Heft 205, Bonn.

**Cappelli, Peter / Rogovsky, Nikolai (1994):** New word systems and skill requirements, in: International Labour Review, 133 (2), S. 205 – 220.

**Cappelli, Peter u. a. (1997):** Change at Work, New York / Oxford.

**Carlton, Dennis W. / Perloff Jeffrey M. (1990):** Modern Industrial Organization, Glenview u. a.

**Caroli, Eve / Reenen, John Van (1999):** Organization, Skills and Technology: Evidence from a Panel of British and French Establishments, The Institute for Fiscal Studies, Working Paper Series No. W99/23, London.

**Chase, Richard B. / Garvin, David A. (1989):** The Service Factory, in: Harvard Business Review, 67 (4), S. 61 – 69.

**Clark, Colin (1983):** The Conditions of Economic Progress, Wiederabdruck der Ausgabe von 1957, 3. Auflage, New York / London.

**Cramer, Ulrich / Koller, Martin (1988):** Gewinne und Verluste von Arbeitsplätzen in Betrieben - der „Job-Turnover"-Ansatz, in: Mitteilungen aus der Arbeitsmarkt- und Berufsforschung, 21 (3), S. 361 – 377.

**Davenport, Thomas H. / Short, James E. (1990):** The New Industrial Engineering: Information Technology and Business Process Redesign, in: Sloan Management Review, 31 (4), S. 11 – 27.

**Davis, Steve J. / Haltiwanger, John (1991):** Gross Job Creation, Gross Job Destruction und Employment Reallocation, NBER Working Paper No. 3728, Cambridge Mass.

**Davis, Steve J. / Haltiwanger, John / Schuh, Scott (1996):** Job Creation and Job Destruction, Cambridge Mass.

**Deardorff, Alan V. / Hakura, Dalia S. (1994):** Trade and Wages – What are the Questions?, in: Bhagwati, Jagdish / Kosters, Marvin H. (Hrsg.), Trade and Wages: Levelling Wages Down?, Washington D.C., S. 76 – 107.

**Deutsche Bundesbank (1996):** Die längerfristige Entwicklung des Privaten Verbrauchs in Deutschland und seine Bestimmungsgründe, in: Monatsbericht, 48 (7), S. 17 – 29.

**Doms, Mark / Dunne, Timothy / Troske, Kenneth R. (1997):** Workers, Wages and Technology, in: The Quarterly Journal of Economics, 112, S. 253 – 290.

**Donges, Jürgen B. / Schmidt, Klaus-Dieter u. a. (1988):** Mehr Strukturwandel für Wachstum und Beschäftigung. Die deutsche Wirtschaft im Anpassungsstau, Kieler Studien Band 216, Tübingen.

**Dostal, Werner (1984):** Datenverarbeitung und Beschäftigung. Teil 3: Der Informationsbereich, in: Mitteilungen aus der Arbeitsmarkt- und Berufsforschung, 17 (4), S. 490 – 505.

**Dostal, Werner (1986):** Informationstechnik und Informationsbereich im Kontext aktueller Prognosen, in: Mitteilungen aus der Arbeitsmarkt- und Berufsforschung, 19 (1), S. 134 – 144.

**Dostal, Werner (1988):** Informatisierung und Wandel der Berufsstruktur, in: Dienstleistungen im Strukturwandel, Beihefte der Konjunkturpolitik, Zeitschrift für angewandte Wirtschaftsforschung Heft 35, Berlin, S. 105 – 119.

**Düll, Herbert / Bellmann, Lutz (1998):** Betriebliche Weiterbildungsaktivitäten in West- und Ostdeutschland. Eine theoretische und empirische Analyse mit Daten des IAB-Betriebspanels 1997, in: Mitteilungen aus der Arbeitsmarkt- und Berufsforschung, 31 (2), S. 205 – 225.

**Düll, Herbert / Ellguth, Peter (1999):** Atypische Beschäftigung: Arbeit ohne betriebliche Interessenvertretung? Empirische Analysen mit dem IAB-Betriebspanel zum Einfluß von Betriebsräten auf befristete und geringfügige Beschäftigung, in: WSI Mitteilungen, 52 (3), S. 165 – 176.

**Dunne, Timothy / Roberts, Mark J. / Samuelson, Larry (1989):** Plant Turnover and Gross Employment Flows in the U.S. Manufacturing Sector, in: Journal of Labor Economics, 7 (1), S. 48 – 71.

**Ebbinghaus, Angelika (1984):** Arbeiter und Arbeitswissenschaft. Zur Entstehung der wissenschaftlichen Betriebsführung, Opladen.

**Eberhardt, Stefan (1995):** Abschied vom Taylorismus. Mitarbeiterführung in schlanken Unternehmungen, Leonberg.

**Einem, Eberhard von (1986):** Dienstleistungen und Beschäftigungsentwicklung, Discussion Papers IIM /LMP 86-6, Berlin.

**European Commission (2001):** Employment in Europe. Recent Trends and Prospects, herausgegeben vom Amt für amtliche Veröffentlichungen in der EG, Luxemburg / Brüssel.

**Falk, Martin / Koebel, Bertrand (1997):** The Demand for Heterogeneous Labour in Germany: Non-Traded versus Traded Goods Sectors, Centre for European Economic Research, Mannheim.

**Falk, Martin / Koebel, Bertrand (1998):** Determinanten der qualifikatorischen Arbeitsnachfrage in der westdeutschen Industrie 1978-90: FuE-intensive versus nicht FuE-intensive Industrien, in: Pfeiffer, Friedhelm / Pohlmeier, Winfried (Hrsg.), Qualifikation, Weiterbildung und Arbeitsmarkterfolg, Baden-Baden, S. 339 – 373.

**Falk, Martin / Seim, Katja (1999):** Workers´ Skill Level and Information Technology: Evidence from German Service Firms, in: Bellmann, Lutz / Steiner, Viktor (Hrsg.), Panelanalysen zu Lohnstrukturen, Qualifikation und Beschäftigungsdynamik, Beiträge aus der Arbeitsmarkt- und Berufsforschung 229, Nürnberg, S. 79 – 116.

**Falk, Martin (2001a):** Diffusion of Information Technology, Internet Use and the Demand for Heterogeneous Labor, ZEW Discussion Paper No. 01-48, Mannheim.

**Falk, Martin (2001b):** Organizational Change, New Information and Communication Technologies and the Demand for Labor in Services, ZEW Discussion Paper No. 01-25, Mannheim.

**Fischer, Cornelia / Heier, Dieter (1983):** Entwicklungen der Arbeitsmarkttheorie, Frankfurt / New York.

**Fisher, Allen G. B. (1939):** Production, primary, secondary and tertiary, in: The Economic Record, 15, S. 24 – 28.

**Fitzenberger, Bernd (1997):** Außenhandel, technischer Fortschritt und Arbeitsmarkt in Westdeutschland von 1975 bis 1990, in: Mitteilungen aus der Arbeitsmarkt- und Berufsforschung, 30 (3), S. 642 – 651.

**Fitzenberger, Bernd (1999):** Wages and Emloyment across Skill Groups, Heidelberg.

**FitzRoy, Felix / Funke, Michael (1995):** Capital-Skill Complementarity in West German Manufacturing, in: Empirical Economics, 20, S. 651 – 665.

**FitzRoy, Felix / Acs, Zoltan J. / Gerlowski, Daniel (1998):** Management and Economics of Organization, Harlow.

**Ford, Henry (1923):** Mein Leben und Werk, autorisierte deutsche Ausgabe von Curt und Marguerite Thesing, 27. Auflage, Leipzig.

**Fourastié, Jean (1969):** Die große Hoffnung des zwanzigsten Jahrhunderts, Köln.

**Franzmeyer, Fritz (1994):** Auf dem Weg in die Dienstleistungsgesellschaft? Zum wirtschaftlichen Strukturwandel in sechs Industrieländern, in: DIW-Wochenbericht, Nr. 13, S. 184 – 191.

**Freeman, Richard B. (1998):** Will Globalization Dominate U.S. Labor Market Outcomes?, in: Collins, Susan M. (Hrsg.), Imports, Exports and the American Worker, Washington D.C., S. 101 – 140.

**Frick, Bernd (1997):** Mitbestimmung und Fluktuation, München / Mering.

**Fricke, Else / Fricke, Werner (1974):** Auf dem Wege zu einer dynamischen Theorie der Qualifikation, in: Soziale Welt, 25, S. 415 – 431.

**Fritsch, Michael (1990):** Arbeitsplatzentwicklung in Industriebetrieben. Entwurf einer Theorie der Arbeitsplatzdynamik und empirische Analysen auf einzelwirtschaftlicher Ebene, Berlin.

**Frondel, Michael / Schmidt, Christoph M. (2001):** Rejecting Capital-Skill Complementarity at all Costs, ZEW Discussion Paper No. 01-27, Mannheim.

**Gabisch, Günter (1995):** Konjunktur und Wachstum, in: Bender, Dieter u.a. (Hrsg.), Vahlens Kompendium der Wirtschaftstheorie und Wirtschaftspolitik, München.

**Gale, H. Frederick Jr. / Wojan, Timothy R. / Olmsted, Jennifer C. (2002):** Skills, Flexible Manufacturing Technology, and Work Organization, in: Industrial Relations, 41 (1), S. 48 – 79.

**Gerlach, Knut / Stephan, Gesine (1999):** Betriebsinterne Arbeitsmärkte und die qualifikatorische Lohn- und Beschäftigtenstruktur, in: Jahrbücher für Nationalökonomie und Statistik, 219 (1/2), S. 32 – 48.

**Gerlach, Knut / Hübler, Olaf / Meyer, Wolfang (1999):** Lohnspreizung durch Globalisierung, technischen Fortschritt oder institutionelle Einflüsse?, in: Ertel, Rainer / Gerlach, Knut / Wagner, Joachim, Beiträge zur Ökonomie offener Volkswirtschaften, NIW-Vortragsreihe, Band 12, Hannover, S. 149 – 175.

**Görgens, Egon (1975):** Die Drei-Sektoren-Hypothese, in: WISU – Das Wirtschaftsstudium, 4 (6), S. 287 – 292.

**Goldin, Claudia / Katz, Lawrence F. (1998):** The Origins of Technology-Skill Complementarity, in: The Quarterly Journal of Economics, 113, S. 693 – 732.

**Greene, William H. (1997):** Econometric Analysis, 3. Auflage, Upper Saddle River.

**Greenwood, Jeremy / Yorukoglu, Mehmet (1997):** 1974, in: Carnegie-Rochester Conference Series on Public Policy, 46, S. 49 – 95.

**Griliches, Zvi (1969):** Capital-Skill Complementarity, in: The Review of Economics and Statistics, 51, S. 465 – 468.

**Gruhler, Wolfram (1990):** Dienstleistungsbestimmter Strukturwandel in deutschen Industrieunternehmen. Einzel- und gesamtwirtschaftlicher Kontext, Determinanten, Interaktionen, empirischer Befund, Materialien des Instituts der deutschen Wirtschaft 6, Köln.

**Hammer, Michael (1990):** Reengineering Work: Don´t Automate, Obliterate, in: Havard Business Review, July-August, S. 104 – 112.

**Hammer, Michael / Champy, James (1993):** Reengineering the Corporation. A Manifesto for Business Revolution, London.

**Hansen, Hermann-Josef (1996):** Der Einfluß der Zinsen auf den privaten Verbrauch in Deutschland, Diskussionspapier 3/96, Volkswirtschaftliche Forschungsgruppe der Deutschen Bundesbank, Frankfurt am Main.

**Hardes, Heinz-Dieter (1999):** Komplementäre Systeme des Personalmanagements bei flexibler Industrieproduktion, in: Breisig, Thomas (Hrsg.), Mitbestimmung, Gesellschaftlicher Auftrag und ökonomische Ressource, Festschrift für Hartmut Wächter, München / Mering, S. 271 – 296.

**Heckscher, Eli (1949):** The Effect of Foreign Trade on the Distribution of Income, in: Readings in the Theory of International Trade, Homewood / Illinois, S. 272 – 300, Wiederabdruck aus: Ekonomisk Tidskrift, 21 (1919), S. 497 – 512.

**Heilmann, Joachim / Troyano, Nicole Martin (2002):** Teilzeitarbeit und ihre Wirkung auf das betriebliche Kooperationsniveau, in: Martin, Albert / Nienhüser, Werner (Hrsg.), Neue Formen der Beschäftigung – neue Personalpolitik?, München / Mering, S. 153 – 206.

**Héron, André (1976):** Der Taylorismus. Grundsätze, Methoden, Doktrin, in: Michel, Karl Markus / Wieser, Harald (Hrsg.), Kursbuch. Arbeitsorganisation – Ende des Taylorismus?, Berlin, S. 1 - 13.

**Hesse, Helmut (1996):** Internationale Konkurrenz: Ursache von Arbeitslosigkeit und Lohnungleichheit?, in: Gahlen, Bernhard / Hesse, Helmut / Ramser, Hans Jürgen (Hrsg.), Arbeitslosigkeit und Möglichkeiten ihrer Überwindung, Wirtschaftswissenschaftliches Seminar Ottobeuren, Band 25, Tübingen, S. 331 – 358.

**Hicks, J. R. (1963):** The Theory of Wages, 2. Auflage, London.

**Hinrichs, Peter (1981):** Um die Seele des Arbeiters. Arbeitspsychologie, Industrie- und Betriebssoziologie in Deutschland, Köln.

**Hsiao, Cheng (1986):** Analysis of panel data, Cambridge u. a.

**Huselid, Mark A. / Becker, Brian B. (1995):** The Strategic Impact of High Performance Work Systems, Working Paper.

**Huselid, Mark A. / Jackson, Susan E. / Schuler, Randall S. (1997):** Technical and Strategic Human Resource Management Effectiveness as Determinats of Firm Performance, in: Academy of Management Journal, 40 (1), S. 171 – 188.

**Ichniowski, Casey / Shaw, Kathryn / Prennushi, Giovanna (1995):** The Effects of Human Resource Management Practices on Productivity, NBER Working Paper No. 5333, Cambridge Mass.

**Ichniowski, Casey / Shaw, Kathryn / Prennushi, Giovanna (1997):** The Effects of Human Resource Management Practicies on Productivity: A Study of Steel Finishing Lines, in: The American Economic Review, 87 (3), S. 291 – 313.

**Juen, Christoph (1983):** Die Theorie des sektoralen Strukturwandels. Konzeptionelle Grundlegungen, Probleme und neuere theoretische Ansätze zur Erklärung des sektoralen Strukturwandels, Veröffentlichungen der Hochschule St. Gallen für Wirtschafts- und Sozialwissenschaften, Schriftenreihe Volkswirtschaft Band 7, Bern u. a.

**Kahn, James A. / Lim, Jong-Soo (1998):** Skilled Labor-Augmenting Technical Progress in U.S. Manufacturing, in: The Quarterly Journal of Economics, 113, S. 1281 – 1308.

**Kiley, Michael T. (1999):** The Supply of Skilled Labour and Skill-Biased Technological Progress, in: The Economic Journal, 109, S. 708 – 724.

**Klauder, Wolfgang (1986):** Technischer Fortschritt und Beschäftigung. Zum Zusammenhang von Technik, Strukturwandel, Wachstum und Beschäftigung, in: Mitteilungen aus der Arbeitsmarkt- und Berufsforschung, 19 (1), S. 1 – 19.

**Klodt, Henning / Schmidt, Klaus-Dieter u. a. (1989):** Weltwirtschaftlicher Strukturwandel und Standortwettbewerb. Die deutsche Wirtschaft auf dem Prüfstand, Kieler Studien Band 228, Tübingen.

**Klodt, Henning (1992):** Volkswirtschaftslehre für Juristen. Eine Einführung, Heidelberg.

**Klodt, Henning / Stehn, Jürgen u. a. (1994):** Standort Deutschland: Strukturelle Herausforderungen im neuen Europa, Kieler Studien Band 265, Tübingen.

**Klodt, Henning (1995):** Auf dem Weg in die Dienstleistungsgesellschaft. Geht die industrielle Basis verloren?, in: WIST – Wirtschaftswissenschaftliches Studium, 24 (6), S. 297 – 301.

**Klodt, Henning / Maurer, Rainer / Schimmelpfennig, Axel (1997):** Tertiarisierung in der deutschen Wirtschaft, Kieler Studien Band 283, Tübingen.

**Klodt, Henning (1998):** Tertiarisierung. Ursachen und Konsequenzen, in: WIST – Wirtschaftswissenschaftliches Studium, 27 (8), S. 394 – 399.

**Kölling, Arnd (2002):** Wer suchet, der findet ... oder doch nicht? – Analyse der betrieblichen Suche nach Fachkräften mit Daten des IAB-Betriebspanels, in: Bellmann, Lutz / Velling, Johannes (Hrsg.), Arbeitsmärkte für Hochqualifizierte, Beiträge zur Arbeitsmarkt- und Berufsforschung 256, Nürnberg, S. 3 – 26.

**Kölling, Arnd (2003):** Der Bedarf an qualifizierten Fachkräften und Probleme bei der Stellenbesetzung. Analysen mit dem IAB-Betriebspanel 2000, Beiträge zur Arbeitsmarkt- und Berufsforschung 264, Nürnberg.

**Kohler, Hans / Spitznagel, Eugen (1993):** Teilzeitarbeit, in: Personal, 61 (2), S. 88 – 91.

**Kohler, Hans / Spitznagel, Eugen (1995):** Teilzeitarbeit in der Gesamtwirtschaft und aus der Sicht von Arbeitnehmern und Betrieben in der Bundesrepublik Deutschland, in: Mitteilungen aus der Arbeitsmarkt- und Berufsforschung, 28 (3), S. 339 – 353.

**Konings, Jozef (1995):** Job Creation and Job Destruction in the UK Manufacturing Sector, in: Oxford Bulletin of Economics and Statistics, 57 (1), S. 5 – 24.

**Krämer, Werner (1982):** Der Zusammenhang zwischen Berufsausbildung und Berufstätigkeit – Eine empirische Untersuchung von Ausmaß, Entstehung und Folgen beruflicher Flexibilität bei Führungskräften kleiner Unternehmen, Schriften zur Mittelstandsforschung Nr. 88, Göttingen.

**Krause, Detlef (1976):** Herrschaft und Qualifikation in Organisationen: Eine politökonomische Analyse, in: Soziale Welt, 27, S. 343 – 370.

**Krauth, Christian (1996):** Die Mehrproduktfirma. Eine produktions- und transaktionskostentheoretische Untersuchung unter besonderer Berücksichtigung der Marktkonfiguration, Münster.

**Kravis, Irving / Heston, Alan / Summers, Robert (1983):** The Share of Services in Economic Growth, in: Adams, F. G. / Hickman, B. G. (Hrsg.), Global Econometrics: Essays in Honor of Lawrence R. Klein, Cambridge, S. 188 – 218.

**Krug, Walter / Nourney, Martin / Schmidt, Jürgen (1994):** Wirtschafts- und Sozialstatistik. Gewinnung von Daten, 3., völlig neubearbeitete Auflage, München.

**Krugman, Paul / Lawrence, Robert Z. (1993):** Trade, Jobs and Wages, NBER Working Paper No. 4478, Cambridge Mass.

**Krugman, Paul (1995a):** Technology, Trade and Factor Prices, NBER Working Paper No. 5355, Cambridge Mass.

**Krugman, Paul (1995b):** Growing World Trade: Causes and Consequences, in: Brookings Papers on Economic Activity, Heft 1, S. 327 – 377.

**Krugman, Paul R. / Obstfeld, Maurice (1997):** International Economics. Theory and Practice, 4. Auflage, Reading/Mass.

**Kugler, Peter / Müller, Urs / Sheldon, George (1988):** Struktur der Arbeitsnachfrage im technologischen Wandel – Eine empirische Analyse für die Bundesrepublik Deutschland, in: Weltwirtschaftliches Archiv, 124 (3), S. 490 – 500.

**Kugler, Peter / Müller, Urs / Sheldon, George (1989):** Arbeitsmarktentwicklungen moderner Technologien – eine ökonometrische Untersuchung für die Bundesrepublik Deutschland, in: Schettkat, Ronald / Wagner, Michael (Hrsg.), Technologischer Wandel und Beschäftigung. Fakten, Analysen, Trends, Berlin, S. 207 – 233.

**Kugler, Peter / Müller, Urs / Sheldon, George (1990):** Technical change and the demand for skills in West German manufacturing 1970 – 1984, in: Matzner, Egon / Wagner, Michael (Hrsg.), The Employment Impact of New Technology, Brookfield, S. 85 - 102.

**Kugler, Peter / Spycher, Stefan (1992):** Der Einfluss des Technologiewandels auf die Struktur der Arbeitsnachfrage in der Schweiz 1950 – 1988, in: Schweizerische Zeitschrift für Volkswirtschaft und Statistik, 128 (4), S. 617 – 641.

**Landmann, Oliver / Pflüger, Michael (1996):** Arbeitsmärkte im Spannungsfeld von Globalisierung und technologischem Wandel, in: Külp, Bernhard (Hrsg.), Arbeitsmarkt und Arbeitslosigkeit, Band 56 der Schriftenreihe des Instituts für Allgemeine Wirtschaftsforschung der Albert-Ludwigs-Universität Freiburg i. Br., Freibug i. Br., S. 173 – 230.

**Lawrence, Robert Z. (1984):** Can America Compete?, Washington D. C.

**Lawrence, Robert Z. / Slaughter, Matthew J. (1993):** International Trade and American Wages in the 1980s: Giant Sucking Sound or Small Hiccup?, in: Brookings Papers on Economic Activity, Heft 2, S. 161 – 226.

**Lawrence, Robert Z. (1994):** The Impact of Trade on OECD Labor Markets, Occasional Papers No. 45, Washington DC.

**Lawrence, Robert Z. (1996):** Single World, Diveded Nations?, International Trade and OECD Labor Markets, Paris.

**Leamer, Edward E. (1994):** Trade, Wages and Revolving Door Ideas, NBER Working Paper No. 4716, Cambridge Mass.

**Leamer, Edward E. (1996a):** Wage Inequality from International Competition and Technological Change: Theory and Country Experience, in: The American Economic Review, 86 (2), S. 309 – 314.

**Leamer, Edward E. (1996b):** What's the Use of Factor Contents?, NBER Working Paper No. 5448, Cambridge Mass.

**Leamer, Edward E. (1998):** In Search of Stolper-Samuelson Linkages between International Trade and Lower Wages, in: Collins, Susan M. (Hrsg.), Imorts, Exports and the American Worker, Washington D.C., S. 141 – 214.

**Legler, Harald / Speckner, Bernhard (1978):** Informationssektor in der Bundesrepublik Deutschland – Beschäftigung und Einkommen -, Endbericht des Instituts für Systemtechnik und Innovationsforschung der FhG zu einem Forschungsauftrag des Heinrich-Hertz-Instituts für Nachrichtentechnik GmbH, Karlsruhe.

**Leontief, Wassily (1953):** Domestic Production and Foreign Trade: The American Capital Position Re-Examined, in: Proccedings of the American Philosophical Society, 97, S. 332 – 349.

**Licht, Georg u. a. (1997):** Innovationen im Dienstleistungssektor. Empirischer Befund und wirtschaftspolitische Konsequenzen, Schriftenreihe des ZEW, Band 24, Baden-Baden.

**Lindbeck, Assar / Snower, Dennis J. (1995):** Restructuring Production and Work, Institute for International Economic Studies, Seminar Paper No. 602, Stockholm.

**Lindbeck, Assar / Snower, Dennis J. (1996):** Reorganization of Firms and Labor-Market Inequality, in: The American Economic Review, Papers and Proceedings, 86, S. 315 – 321.

**Lindbeck, Assar / Snower, Dennis J. (1997):** Centralized Bargaining, Multi-Tasking and Work Incentives, Centre for Economic Policy Research, Discussion Paper No. 1563, London.

**Lindbeck, Assar / Snower, Dennis J. (2000a):** Multitask Learning and the Reorganization of Work: From Tayloristic to Holistic Organization, in: Journal of Labor Economics, 18 (3), S. 353 – 376.

**Lindbeck, Assar / Snower, Dennis J. (2000b):** The Division of Labor and the Market for Organizations, IZA Discussion Paper No. 119, Bonn.

**Long, J. Scott (1997):** Regression Models for Categorial and Limited Dependent Variables, Thousand Oaks u. a.

**Long, Scott / Freese, Jeremy (2001):** Regression Models for Categorical Dependent Variables using Stata, College Station, Tex.

**Lücke, Matthias (1997):** European Trade with Lower-Income Countries and the Relative Wages of the Unskilled – An Exploratory Analysis for West Germany and the UK, Kieler Arbeitspapiere Nr. 819, Kiel.

**Lüttinger, Paul / Riede, Thomas (1997):** Der Mikrozensus. Amtliche Daten für die Sozialforschung, in: ZUMA-Nachrichten, 21, November, S. 19 – 43.

**Lutz, Burkart (1969):** Produktionsprozess und Berufsqualifikation, in: Adorno, Theodor W. (Hrsg.), Spätkapitalismus oder Industriegesellschaft?, Verhandlungen des 16. Deutschen Soziologentages, Stuttgart, S. 227 – 250.

**MacDuffie, John Paul (1995):** Human Resource Bundles and Manufacturing Performance: Organizational Logic and Flexible Production Systems in the World Auto Industry, in: Industrial and Labor Relations Review, 48 (2), S. 197 – 221.

**Machin, Stephen / Manning, Alan (1997):** Can supply create its own demand? Implications for rising skill differentials, in: European Economic Review, 41, S. 507 – 516.

**Maleri, Rudolf (1994):** Grundlagen der Dienstleistungsproduktion, 3. Auflage, Berlin u. a.

**Matzner, Egon / Schettkat, Ronald / Wagner, Michael (1988):** Beschäftigungsrisiko Innovation? Arbeitsmarktwirkungen moderner Technologien. Befunde aus der Meta-Studie, Berlin.

**Mertens, Dieter (1974):** Schlüsselqualifikationen. Thesen zur Schulung für eine moderne Gesellschaft, in: Mitteilungen aus der Arbeitsmarkt- und Berufsforschung, 7 (1), S. 36 – 43.

**Milgrom, Paul / Roberts, John (1990a):** The Economics of Modern Manufacturing: Technology, Strategy, and Organization, in: The American Economic Review, 80 (3), S. 511 – 528.

**Milgrom, Paul / Roberts, John (1990b):** Rationalizability, Learning, and Equilibrium in Games with Strategic Complementarities, in: Econometrica, 58 (6), S. 1255 – 1277.

**Milgrom, Paul / Roberts, John (1992):** Economics, Organization and Management, Englewood Cliffs.

**Milgrom, Paul / Roberts, John (1994a):** The Firm as an Incentive System, in: The American Economic Review, 84 (4), S. 972 – 991.

**Milgrom, Paul / Roberts, John (1994b):** Complementarities and Systems: Understanding Japanese Economic Organization, in: Estudios Económicos, 9 (1), S. 3 – 42.

**Milgrom, Paul / Roberts, John (1995):** Complementarities and fit. Strategy, structure, and organizational change in manufacturing, in: Journal of Accounting and Economics, 19 (2/3), S. 179 – 208.

**Mincer, Jacob (1989):** Human Capital Responses to Technological Change in the Labor Market, NBER Working Paper No. 3207, Cambridge Mass.

**Möller, Iris (2000):** Produktivitätswirkung von Mitarbeiterbeteiligung, in: Mitteilungen aus der Arbeitsmarkt- und Berufsforschung, 33 (4), S. 565 – 582.

**Möller, Joachim / Bellmann, Lutz (1996):** Qualifikations- und industriespezifische Lohnunterschiede in der Bundesrepublik Deutschland, in: ifo Studien, 42, S. 235 – 272.

**Mohnen, Pierre / Röller, Lars-Hendrik (2001):** Complementarities in Innovation Policy, Centre for Economic Policy Research, Discussion Paper No. 2712, London.

**Morton, Michael S. Scott (1991):** The Corporation of the 1990s. Information Technology and Organizational Transformation, New York / Oxford.

**Murphy, Kevin M. / Welch, Finis (1991):** The Role of International Trade in Wage Differentials, in: Kosters, Marvin (Hrsg.), Workers and Their Wages. Changing Patterns in the United States, Washington D.C., S. 39 - 69.

**Mussa, Michael (1974):** Tariffs and the Distribution of Income: The Importance of Factor Specificity, Substitutability, and Intensity in the Short and Long Run, in: Journal of Political Economy, 82, S. 1191 – 1203.

**Neven, Damien / Wyplosz, Charles (1996):** Relative Prices, Trade and Restructuring in European Industry, Centre for Economic Policy Research, Discussion Paper No. 1451, London.

**Noll, Ulrich (1990):** Die Entwicklung der Beschäftigung im Dienstleistungsbereich in der Bundesrepublik Deutschland und in den Vereinigten Staaten von Amerika. Theoretische und empirische Analyse sowie mögliche Erklärungsvariable, Augsburg.

**Ochel, Wolfgang / Wegner, Manfred (1987):** Service Economies in Europe. Opportunities for Growth, Brüssel / Luxemburg.

**Ochel, Wolfgang / Schreyer, Paul (1988a):** Beschäftigungsentwicklung im Bereich unternehmensorientierter Dienstleistungen: USA – Bundesrepublik im Vergleich, in: Dienstleistungen im Strukturwandel, Beihefte der Konjunkturpolitik, Zeitschrift für angewandte Wirtschaftsforschung Heft 35, Berlin, S. 139 - 173.

**Ochel, Wolfgang / Schreyer, Paul (1988b):** Beschäftigungsentwicklung im Bereich der privaten Dienstleistungen, Schriftenreihe des ifo-Instituts für Wirtschaftsforschung Nr. 123, Berlin.

**OECD (1987):** The OECD Employment Outlook, Paris.

**OECD (1994):** The OECD Employment Outlook, Paris.

**Ohlin, Bertil (1968):** Interregional and International Trade, 2. Auflage, Harvard Economic Studies Nr. 39, London.

**Oppenländer, Karl H. (1983):** Auswirkungen des technischen Wandels auf Beschäftigtenzahl und Beschäftigtenstruktur, in: Ifo-Studien, 29, S. 77 – 99.

**Paqué, Karl-Heinz (1998):** Internationaler Handel, technischer Fortschritt und Lohndifferenzierung. Ein Blick in die empirische Literatur, in: Gahlen, B. / Hesse, H. / Ramser, H. J. (Hrsg.), Verteilungsprobleme der Gegenwart, Tübingen, S. 359 – 379.

**Paqué, Karl-Heinz (1999):** Structural Unemployment and Real Wage Rigidity in Germany, Kieler Studien 301, Tübingen.

**Pfeiffer, Friedhelm / Falk, Martin (1999):** Der Faktor Humankapital in der Volkswirtschaft. Berufliche Spezialisierung und technologische Leistungsfähigkeit, Baden-Baden.

**Projektgruppe Betriebspanel (1991):** Das IAB-Betriebspanel – Ansatz und Aufbau, in: Mitteilungen aus der Arbeitsmarkt- und Berufsforschung, 24 (3), S. 514 – 530.

**Puhani, Patrick A. (2003):** A Test for the "Krugman Hypothesis" for the United States, Britain and Western Germany, ZEW Discussion Paper No. 03-18, Mannheim.

**Raffée, Hans (1993):** Grundprobleme der Betriebswirtschaftslehre, 8., unveränderte Auflage, Göttingen.

**Reinberg, Alexander (1997):** Bildung zahlt sich immer noch aus. Eine Analyse qualifikationsspezifischer Arbeitsmarktentwicklungen in der ersten Hälfte der 90er Jahre für West- und Ostdeutschland, IAB-Werkstattbericht, Diskussionsbeiträge des Instituts für Arbeitsmarkt- und Berufsforschung der Bundesanstalt für Arbeit, Nr. 15, Nürnberg.

**Reinberg, Alexander / Rauch, Angela (1998):** Bildung und Arbeitsmarkt. Der Trend zur höheren Qualifikation ist ungebrochen, IAB-Werkstattbericht, Diskussionsbeiträge des Instituts für Arbeitsmarkt- und Berufsforschung der Bundesanstalt für Arbeit, Nr. 15, Nürnberg.

**Reinberg, Alexander (1999):** Der qualifikatorische Strukturwandel auf dem deutschen Arbeitsmarkt – Entwicklungen, Perspektiven und Bestimmungsgründe, in: Mitteilungen aus der Arbeitsmarkt- und Berufsforschung, 32 (4), S. 434 – 443.

**Reinberg, Alexander / Hummel, Markus (2002a):** Qualifikationsspezifische Arbeitslosenquoten – reale Entwicklung oder statistisches Artefakt?, IAB-Werkstattbericht, Diskussionsbeiträge des Instituts für Arbeitsmarkt- und Berufsforschung der Bundesanstalt für Arbeit, Nr. 4, Nürnberg.

**Reinberg, Alexander / Hummel, Markus (2002b):** Zur langfristigen Entwicklung des qualifikationsspezifischen Arbeitskräfteangebots und –bedarfs in Deutschland. Empirische Befunde und aktuelle Projektionsergebnisse, in: Mitteilungen aus der Arbeitsmarkt- und Berufsforschung, 35 (4), S. 580 – 600.

**Roberts, Mark J. (1996):** Employment Flows and Producer Turnover, in: Roberts, Mark J. / Tybout, James R. (Hrsg.), Industrial Evolution in Developing Countries. Micro Patterns of Turnover, Productivity and Market Structure, Oxford, S. 18 – 42.

**Ronning, Gerd (1991):** Mikroökonometrie, Berlin u. a.

**Rosett, Richard N. / Nelson, Forrest D. (1975):** Estimation of the Two-Limit Probit Regression Model, in: Econometrica, 43 (1), S. 141 – 146.

**Rürup, Bert (1989):** Wirtschaftliche und gesellschaftliche Perspektiven der Bundesrepublik Deutschland, München.

**Sabisch, Helmut (1991):** Produktinnovationen, Stuttgart.

**Sachs, Jeffrey D. / Shatz, Howard J. (1994):** Trade and Jobs in U.S. Manufacturing, in: Brookings Papers on Economic Activity, Heft 1, S. 1 – 84.

**Sachs, Jeffrey D. / Shatz, Howard J. (1996):** U.S. Trade with Developing Countries and Wage Inequality, in: The American Economic Review, 86 (2), S. 234 – 239.

**Sachs, Jeffrey D. / Shatz, Howard J. (1998):** International Trade and Wage Inequality in the United States: Some New Results, in: Collins, Susan M. (Hrsg.), Imports, Exports and the American Worker, Washington D.C., S. 215 – 254.

**Sachverständigenrat zur Begutachtung der gesamtwirtschaftlichen Entwicklung (2000):** Jahresgutachten 2000/01, Bundestag-Drucksache 14/4792, Berlin.

**Sachverständigenrat zur Begutachtung der gesamtwirtschaftlichen Entwicklung (2001):** Jahresgutachten 2001/02, Bundestag-Drucksache 14/7569, Berlin.

**Sadowski, Dieter / Backes-Gellner, Uschi / Frick, Bernd (1995):** Betriebsräte in Deutschland: Gespaltene Rationalitäten?, in: Herder-Dorneich, Philipp / Schenk, Karl-Ernst / Schmidtchen, Dieter (Hrsg.), Jahrbuch für Neue Politische Ökonomie, 14. Band, Tübingen, S. 157 – 181.

**Sadowski, Dieter / Junkes, Joachim / Lindenthal, Sabine (2001):** Gesetzliche Mitbestimmung in Deutschland: Idee, Erfahrungen und Perspektiven aus ökonomischer Sicht, in: Zeitschrift für Unternehmens- und Gesellschaftsrecht, 30 (1), S. 110 – 145.

**Samuelson, Paul A. (1948):** International Trade and the Equalisation of Factor Prices, in: The Economic Journal, 58, S. 163 – 184.

**Samuelson, Paul A. (1949):** International Factor-Price Equalization once again, in: The Economic Journal, 59, S. 181 – 197.

**Schettkat, Ronald (1989):** Innovation und Arbeitsmarktdynamik, Berlin / New York.

**Schettkat, Ronald (1995):** Stromanalyse des Arbeitsmarktes. Der Jobturnover- und der Laborturnover-Ansatz, in: Wist - Wirtschaftswissenschaftliches Studium, 24 (9), S. 455 – 460.

**Schmidt, Christoph M. (1999):** Persistence and the German Unemployment Problem: Empirical Evidence on German Labor Market Flows, IZA Discussion Paper No. 31, Bonn.

**Schmidt, Christoph M. (2000):** The Heterogeneity and Cyclical Sensitivity of Unemployment. An Exploration of German Labor Market Flows, in: ifo Studien, 46, S. 73 – 98.

**Schmidt, Christoph M. u. a. (2001):** Perspektiven der Arbeitsmarktpolitik. Internationaler Vergleich und Empfehlungen für Deutschland, Berlin / Heidelberg.

**Schmidtke, Corinna / Backes-Gellner, Uschi (2002):** Betriebliche Strategien gegen Fachkräftemangel, in: Bellmann, Lutz / Kölling, Arnd (Hrsg.), Betrieblicher Wandel und Fachkräftebedarf, Beiträge zur Arbeitsmarkt- und Berufsforschung 257, Nürnberg, S. 101 – 127.

**Schüssler, Reinhard u. a. (1999):** Quantitative Projektion des Qualifikationsbedarfs bis 2010, Beiträge aus der Arbeitsmarkt- und Berufsforschung 211, Nürnberg.

**Schulte zur Surlage, Rolf (1985):** Qualifikationsstruktur der Arbeitsnachfrage, Frankfurt/Main.

**Shannon, Christina Marie (1992):** Complementarities, comparative statics, and nonconvexities in market economies, Ann Arbor.

**Siebert, Horst (1994):** Außenwirtschaft, 6. völlig überarbeitete Auflage, Stuttgart.

**Statistisches Bundesamt (verschiedene Jahrgänge):** Bevölkerung und Erwerbstätigkeit, Fachserie 1, Reihe 4.1.2: Beruf, Ausbildung und Arbeitsbedingungen der Erwerbstätigen (Ergebnisse des Mikrozensus), Stuttgart / Mainz.

**Steiner, Viktor / Mohr, Robert (1998):** Industrial Change, Stability of Relative Earnings, and Substitution of Unskilled Labor in West-Germany, Centre for European Economic Research, Discussion Paper No. 98-22, Mannheim.

**Stille, Frank (1988):** Dienstleistungsproduktion und Dienstleistungssektor, in: Dienstleistungen im Strukturwandel, Beihefte der Konjunkturpolitik, Zeitschrift für angewandte Wirtschaftsforschung Heft 35, Berlin, S. 73 - 100.

**Stolper, Wolfgang / Samuelson, Paul A. (1941):** Protection and Real Wages, in: Review of Economic Studies, 9, S. 58 – 73.

**Straumann, Peter R. (1977):** Qualifikationsbegriffe: Theoretische Divergenzen, in: Baethge, Martin u. a. (Hrsg.), Bildungs- und Qualifikationsforschung, Beiträge aus der Arbeitsmarkt- und Berufsforschung 15, Nürnberg, S. 65 - 81.

**Taylor, Frederick Winslow (1919):** Die Grundsätze wissenschaftlicher Betriebsführung (The Principles of Scientific Management), deutsche autorisierte Ausgabe von Rudolf Roesler, München / Berlin.

**Tengler, Hermann / Hennicke, Martin (1987):** Dienstleistungsmärkte in der Bundesrepublik Deutschland, Schriften zur Mittelstandsforschung Nr. 19 NF, Stuttgart.

**Thuy, Peter (1994):** Strukturwandel, Qualifikation und Beschäftigung. Eine ökonomische Analyse unter besonderer Berücksichtigung des tertiären Sektors, Bern u. a.

**Tobin, James (1958):** Estimation of Relationships for Limited Dependent Variables, in: Econometrica, 26, S. 24 – 36.

**Topkis, Donald M. (1978):** Minimizing a Submodular Function on a Lattice, in: Operations Research, 26 (2), S. 305 – 321.

**Topkis, Donald M. (1998):** Supermodularity and Complementarity, Princeton.

**Wagner, Joachim (1999):** Arbeitsplatzdynamik und Betriebsgröße, in: Bögenhold, Dieter / Schmidt, Dorothea (Hrsg.), Eine neue Gründerzeit? Die Wiederentdeckung kleiner Unternehmen in Theorie und Praxis, Amsterdam, S. 137 - 153.

**Wagner, Thomas / Jahn, Elke J. (1997):** Neue Arbeitsmarkttheorien, Düsseldorf.

**Walter-Busch, Emil (1996):** Organisationstheorien von Weber bis Weick, Amsterdam.

**Warnken, Jürgen / Ronning, Gerd (1989):** Technischer Wandel und Beschäftigungsstrukturen, in: Schettkat, Ronald / Wagner, Michael (Hrsg.), Technologischer Wandel und Beschäftigung. Fakten, Analysen, Trends, Berlin, S. 235 – 277.

**Wicher, Hans (1987):** Scientific Management, in: WISU - Das Wirtschaftsstudium, 16 (3), S. 123 – 125.

**Wikström, Solveig / Normann, Richard (1994):** Knowledge and Value. A new perspective on corporate transformation, London / New York.

**Willms, Manfred (1995):** Strukturpolitik, in: Bender, Dieter u. a. (Hrsg.), Vahlens Kompendium der Wirtschaftstheorie und Wirtschaftspolitik, Band 2, München, S. 371 – 404.

**Winter, Gustav (1920):** Der Taylorismus. Handbuch der wissenschaftlichen Betriebs- und Arbeitsweise für die Arbeitenden aller Klassen, Stände und Berufe, Leipzig.

**Witt, Jürgen (1996):** Produktinnovationen, München.

**Womack, James P. / Jones, Daniel T. / Roos, Daniel (1994):** Die zweite Revolution in der Autoindustrie. Konsequenzen aus der weltweiten Studie aus dem Massachusetts Institute of Technology, Deutsche Übersetzung von Wilfried Hof, Herausgegeben von Eberhard C. Stotko, 8., durchgesehene Auflage, Frankfurt/Main.

**Wood, Adrian (1991a):** How Much Does Trade with the South Affect Workers in the North?, in: The World Bank Research Observer, 6 (1), S. 19 – 36.

**Wood, Adrian (1991b):** The Factor Content of North-South Trade in Manufactures Reconsidered, in: Weltwirtschaftliches Archiv, 127 (4), S. 719 – 743.

**Wood, Adrian (1994a):** North-South Trade, Employment and Inequality. Changing Fortunes in a Skill-Driven World, Oxford.

**Wood, Adrian (1994b):** Give Heckscher and Ohlin a Chance!, in: Weltwirtschaftliches Archiv, 130 (1), S. 20 – 49.

**Wood, Adrian (1995):** How Trade Hurt Unskilled Workers, in: Journal of Economic Perspectives, 9 (3), S. 57 – 80.

Kolibri 360 GmbH
Ferdinand-Jühlke-Straße 7
99095 Erfurt, Deutschland
produktsicherheit@kolibri360.de

Druck:
CPI Druckdienstleistungen GmbH
im Auftrag der
Kolibri 360 GmbH
Ferdinand-Jühlke-Str. 7
99095 Erfurt